最後の「天朝」

毛沢東・金日成時代の中国と北朝鮮　上

最後の「天朝」

沈　志　華

朱　建　栄………訳

上

毛沢東・金日成時代の中国と北朝鮮

岩波書店

目　次

《下巻目次》

凡例

1 本書は沈志華『最後的「天朝」――毛沢東、金日成与中朝関係』(原文中国語簡体字、二〇一六年四月完成)の全訳である。日本語版は他の外国語版(中国語版を含む)にさきがけて世界で初めて刊行される。
2 原文は約五十八万華字に及ぶ。分量が多いので、著者の了解を得て、訳者の判断で翻訳を一部省略した。
3 章と節は基本的に原文に基づいているが、著者の了解を得て、元の第五章を二章(第五、第六章)に分け、節の一部を増やした。また、章、節のタイトルは訳者の判断で日本の読者に分かりやすく改めた。項の小見出し(ゴチック体)は原文にはないが、訳者が内容のまとまりごとに設定した。
4 本文中のパーレン(　)は著者による原注である。キッコー〔　〕は訳注である。長めの訳注は各巻の巻末にまとめた。
5 改行は原文に従ったが、読者の読みやすさを考慮して多めに施した。
6 朝鮮・韓国人とロシア人の人名には初出の箇所にローマ字の綴りを補った。また一部の欧米人、アジア人の人名にも同様の措置を行った。
7 中国の機関、会議などの主な訳語、略語は以下の通りである。
中国共産党→中共、中国共産党第八回全国代表大会→第八回党大会、八全大会、中国共産党第八期中央委員会第三回全体会議→八期三中全会、全国人民代表大会第四期第一回会議→第四期全人代第一回会議
8 国務院各部の名称、役職名は、原則として国務院総理、外交部、外交部長、外交部副部長など中国語の表現のままとした。
9 朝鮮、ソ連の国家機関、会議などの訳語は、外務省、外相、朝鮮労働党大会、ソ連共産党大会、中央委員会総会、中央幹部会などと訳した。
10 中朝関係略年表は訳者が作成した。
11 本書中の写真は全て著者の所蔵である。

中華人民共和国
遼寧省
吉林省
延辺朝鮮族自治州
長白朝鮮族自治県
四平
敦化
安図
図們
琿春
磐石
樺甸
延吉
開山屯
和竜
会寧
羅先
図們江(豆満江)
遼
河
柳河
清原
瀋陽
撫順
長白山
白頭山
通化
長白
普天堡
雲峰
恵山
遼陽
本渓
鞍山
鴨
長
津
江
集安
緑
江
江界
両江道
咸鏡北道
金策
舞水端
清津
慈江道
水豊
大楡洞
熙川
咸鏡南道
丹東
新義州
平安北道
遼東半島
博川
寧辺
寧遠
咸興
定州
安州
徳川
金野
高原
順川
平安南道
朝鮮民主主義人民共和国
ピョンヤン
大同江
元山
南浦
金剛山
黄海北道
朝鮮半島
日本海

黄　海
海州
開城
仁川
京畿道
ソウル
水原
利川
南
漢
江
江原道
大韓民国
忠清北道
忠清南道
錦
江
大田
慶尚北道
洛
東
江
浦項
全州
全羅北道
慶尚南道
蔚山
光州
釜山
全羅南道
済州道
済州島
福岡
日本国

ロシア連邦
ブラゴヴェシチェンスク
黒河
アムール川
黒竜江
ハバロフスク
大興安嶺
小興安嶺山脈
内モンゴル自治区
松花江
ウスリー川
饒河
佳木斯
湯原
宝清
チチハル
黒竜江省
依蘭
虎林
勃利
牡丹江
賓県
ハルピン
尚志(旧珠河県)
ウランホト

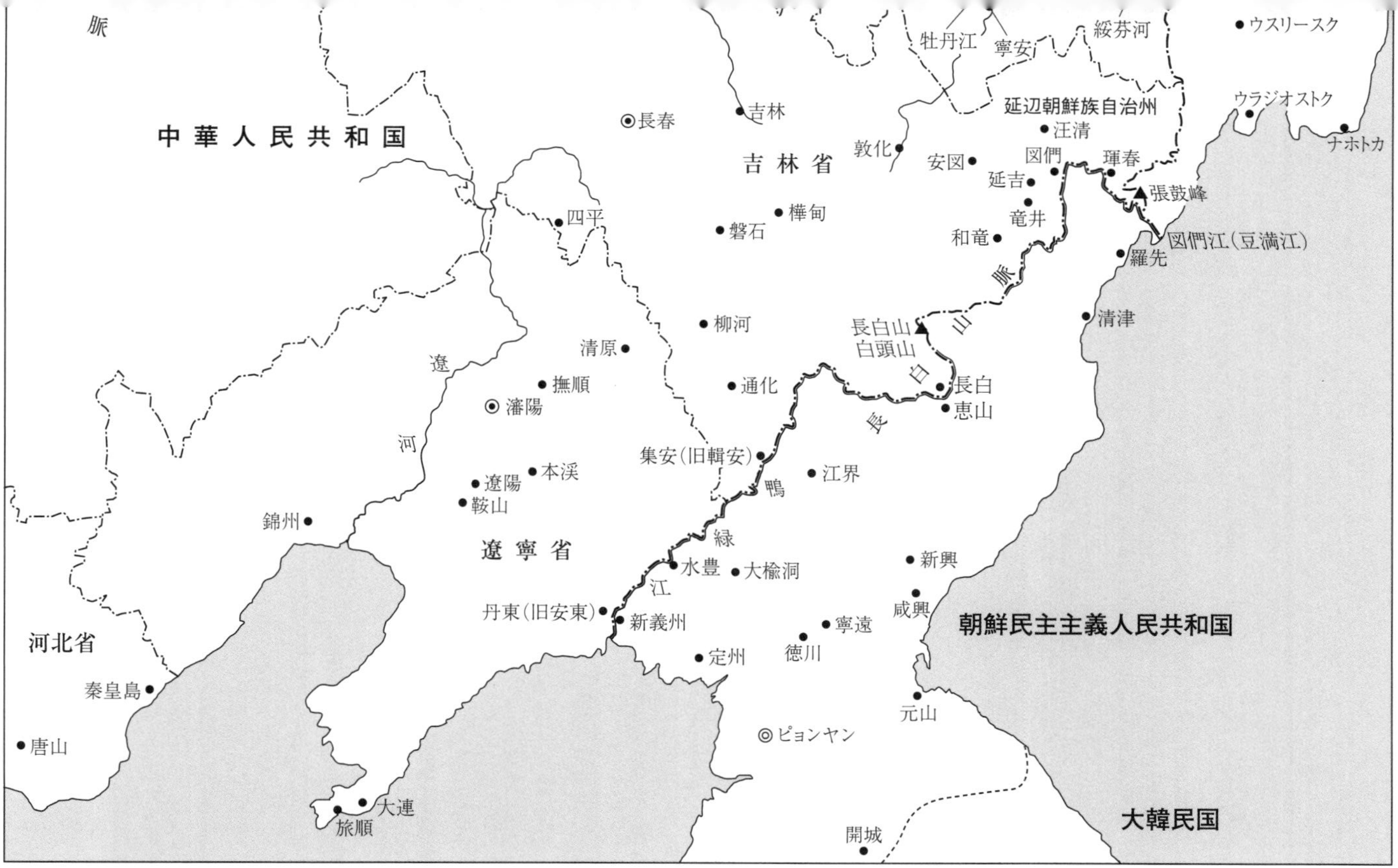

中華人民共和国
河北省
唐山
秦皇島
錦州
遼寧省
遼河
瀋陽
撫順
清原
遼陽
本渓
鞍山
丹東(旧安東)
旅順
大連
四平
長春
吉林
吉林省
磐石
樺甸
柳河
通化
集安(旧輯安)
敦化
安図
延吉
竜井
和竜
図們
汪清
琿春
延辺朝鮮族自治州
牡丹江
寧安
綏芬河
ウスリースク
ウラジオストク
ナホトカ
張鼓峰
図們江(豆満江)
羅先
清津
長白山
白頭山
長白山脈
長白
恵山
鴨緑江
江界
水豊
大楡洞
新義州
定州
徳川
寧遠
新興
咸興
元山
ピョンヤン
開城
朝鮮民主主義人民共和国
大韓民国

プロローグ　歴史に真実を返す

「血で結ばれた同盟」は神話

一つの神話が、一つの中朝関係に関する歴史の神話が、数十年来ずっと、中華人民共和国と朝鮮民主主義人民共和国の中で広く伝えられてきた。

新中国の樹立から今日まで、大半の時期において中国共産党中央の機関紙『人民日報』、朝鮮労働党機関紙『労働新聞』および両国のその他の新聞は千篇一律に次のような言葉を繰り返してきた。中朝両国は唇と歯、手と足のような関係で、中朝の間の友情は血で結ばれ、戦火の試練を受けたものであり、中朝人民の伝統的友好は世世代代伝わっていくものだ、と。

筆者は中華人民共和国誕生の翌年に生まれ、あらゆる中国の庶民と同じように中朝両国関係についてのこのような賛美の言葉を聴き慣れてきた。双方のハイレベルの関係がかなり緊張していた時でも、報道ではこの表現が繰り返された。中国に、「三人言えば虎になる」(実際にはありえないことでも、多くの人が言うと、みな事実として信じてしまう)との諺があるが、一つの物語、一つの言い方は、本当か嘘かは関係なく、六十年間も繰り返して言い続ければ、神話になり、信じざるをえないものになる。

いくらか豊かになり、海外旅行がブームになった多くの中国人にとって、朝鮮はいまだに厚いベールに包まれた神秘的な国である。(1) 筆者が朝鮮で自ら体験したことは、他の外国人と同様、見学、観光、買い物、旅行、休憩のすべての行動が物々しい監視下に置かれていたので、外部世界から完全に隔絶された国との印象を受けた。中国自身は、鎖国時代と決別した改革開放の時代に入り、朝鮮に対する政策も調整されつつあるが、政府系メディアでは「血で結ばれた同盟」といった両国関係を形容する表現が今でも繰り返されており、それと異なる声はほとんど聞こえてこない。(2) つい最近までの中国では、政治や外交の分野だけでなく、学術界でも、朝鮮や中朝関係についての言及に新味はなく、みな、多くのタブーが存在するこのデリケートな分野に足を踏みいれようとしなかった(3)。そのため、著名な中朝関係史専門家の楊昭全は論文の中でこのように嘆いた。「残念なことに、これまでわが国には、現代の中朝関係の歴史に関する本格的な学術専門書は未だに出現していない(4)」。その結果、歴史の神話は中国の政策決定機関にはね返り、毛沢東以後の歴代の指導者も、中朝関係の歴史に関して全面的、客観的、真実に迫る理解を持ち合わせてこなかった。彼らも中国の庶民同様、完全にあの歴史の神話に呑みこまれていた。

中朝関係は多くの中国人にとって、ガラス張りの壁の外に隔離されて、真実を見極めることも実態に触ることもできないものであると感じられてはいた。中国の北朝鮮政策は、右に行くのも左に行くのもみな地雷原ばかりで、取り組みようのないジレンマに置かれていることも中国人学者の間で指摘されている。突きつめていけば、朝鮮と中朝関係をめぐる歴史の神話がそのジレンマの源流にあることにたどり着く。歴史の神話は孫悟空の頭にはめ込まれた輪〔緊箍児《きんこじ》〕のように人々の思考と思索を厳しく縛り付け、いかなる打開策への試みも阻害している。

この神話のベールはどのように作られたのか。本書の結論は、それは冷戦という特定の歴史的時期において、中朝両国の第一世代の革命指導者が共同で作った、政治と外交の同盟を守るために考え出した一種の「話法」だ、ということである。この種の神話とベールは人々が無意識的に受け入れた「中国と朝鮮の伝統的友誼」という歴史の記憶と結びつけられ、さらに現実政治を超えた歴史的意義が付与されることによって、それは真実の中朝関係を認識し判断するときの色眼鏡となり、突破できない特殊な思考様式に変容したのである。ある意味では第三者にあたる米国やその他の西側の学者もこのような思考様式に影響され、中朝関係の閉鎖性と神秘性の本質を見抜くことができず、現実的な北東アジア問題を判断するにあたって、中国は果たして朝鮮に対して影響力を持つのか、どのような影響力を持ち、またいつ影響力を行使できるのか、をめぐって常に「五里霧中」の感覚に包まれやすいものである。

中朝関係の現実は歴史の重荷に押されて喘いでいる。そのため、中国(他の国も同様)は、中朝関係の現実を客観的に把握し、その行方に対し正確な予測を行い、そのうえで現実に合致する対北朝鮮政策を制定するには、まず中朝関係の歴史的真相を究明し、両国関係はどのようにして今日までたどり着いたのかを正確に理解する必要がある。これを達成するには、神話を打ち破り、ベールを剥がし、人々の頭を束縛する中朝関係の歴史に関する固定観念を突破しなければならない。現実の国際政治と外交政策に関心がなくても、歴史学は一つの科学として、中朝関係の歴史の神話を破り、歴史の本来の姿を取り戻す義務と責任がある。

遅れた真相研究

しかし、中朝関係の歴史に関する研究は長期にわたって立ち遅れた状況にある。

冷戦の時代から、中朝関係の歴史に関する国際的な学術分野での研究はずっとウィークポイントであった。この分野で研究成果を最も多く発表したのは韓国人学者で、主に政治学の方法を使って当時の中朝関係の現状およびその行方に関する分析に集中した。(5) その間、ソ連の学者も一定の研究成果を出したが、当時の中国の研究と大同小異で、イデオロギーの色彩が濃厚で、政治性が学術性に勝り、韓国人学者に比べてアーカイブ〔公文書、以下同〕の利用が強調されたものの、その分析の方法、および結論の科学性および公正性にはやはり疑わしいものが多かった。(6) 歴史学の見地から中朝関係に関して行った学術的研究成果として、筆者から見れば、冷戦時期における二冊の英語の著書は評価できる。米国アラバマ大学の韓国系学者張清(Chin O. Chung)教授は、中ソ分裂の間(一九五八年から一九七五年まで)、朝鮮がどのように中ソ関係の緊張状態を利用し、北京とモスクワの間で均衡術をうまく使い、朝鮮の独立性を高めたかについて注目し、当時の朝鮮は外交とイデオロギー分野において中国に傾斜した時期でも、軍事と経済の面ではソ連からの援助を引き出し続けていたと指摘した。(7) それに対し、韓国の金学俊(Kim Hak-joon)ソウル大学元教授は、朝鮮戦争期間中および中ソ関係の悪化以後の中朝関係の変化に関して比較的詳細にわたった考察を行った。(8) 著者は特に二つの問題を提起しその答えを探求した。一九五〇年より以前、中国共産党と朝鮮との関係はかなり限定的だったにもかかわらず、なぜ戦争中の一番困難で複雑な時期に中国は出兵しピョンヤンを助けたのか。その後、朝鮮はどのように中ソ両大国の顔をうまく立てながら自らの最大の利益を追求したのか。ただしこの二冊の著書とも、歴史学の方法を使ったものの、共通して不足していたのは、当時の条件下において、米国の外交公文書を除けば、依拠した歴史資料はいずれも中国と朝鮮の公の出版物しかなかったことだった。その他にも一部の学者の論文が中朝関係の歴史に触れたが、主に二次的資料に基づく研究であった。(9)

冷戦終結後、特に朝鮮半島における核拡散の危機が発生して以来、北東アジア問題は世界的に一段と注目された。これを背景に、朝鮮問題および中朝関係に関心を持つ学者も一段と増えた。ただし、この分野の研究成果を見渡しても、大半は国際関係の現状分析もしくは政治学の研究に属し、真に歴史学の角度から検討を行う学者はかなり限られていた[10]。中朝関係の歴史問題に関係するものとして、とくに注目すべきなのは一九九六年、在米韓国人学者李在錦(Chae-Jin Lee)が出版した『中国と朝鮮とのダイナミックな関係[11]』である。著書は戦争、軍事、外交、経済という四章に分かれ、一九五〇年代から九〇年代までの中国の朝鮮半島政策について検討を行った。著者の観点として、中国の政策変化は主に、中国国内の政治と政策の動向、南北朝鮮の動機と能力に関する中国の評価、ソビエト(ロシア)や米国、日本との関係、という三つの側面の要素によって決定されると主張した。

二〇〇三年、韓国人学者李元燁(Lee Gwang-yeop)は、香港で『中米両国の朝鮮半島政策の変化プロセスの研究[12]』を出版し、大半のスペースを米中関係の分析に割いたが、一つの側面として中国の朝鮮半島政策の変化の歴史も検証した。著者は、中朝両国は冊封体制から現代国際関係への転換を経験した過程の中で、歴史の特殊性(共同で日本に対抗、両国の共産党の「長期にわたる緊密な協力」など)により、「稀に見る良好なインターアクション」を保っていたと主張した。

ほかに二〇〇九年、韓国人学者崔明海(Choi Myeong-hae)が出版した著書は、国際関係理論の角度から、一九六一年の中朝同盟条約〔正式名称は「中朝友好協力相互援助条約」、以下同〕に関して再検証を行った。著者は、中朝関係に関する解読は、「共同で外部の脅威に対処する」という伝統的な見方から脱却し、中朝同盟関係の内部的機能をもっと重視すべきだとし、中朝同盟はただ外部の脅威に対処するための協力体系ではなく、同盟で結ばれた両国関係の未来に関わる不確定性を最小化するというマネジメントを図る体系でもあるとの見解を示した[13]。また、二〇一〇年、日本人学者平岩俊司は中朝両国のいわゆる「唇と歯との関係」の構造と転換を論ずる著書を出版し、中国人民義勇軍が北朝鮮から引き揚げた時から半島の核危機をめぐる六者会談の開始までの中朝関係の構造的変化を検証した[14]。これらの著者の見解と結論は、中朝関係の発展過程を見るうえである程度の啓示を与えたものの、引用する資料はほとんど公開出版物もしくは間接的なものに限られ、その研究の視角も政治学に偏重し、歴史の真実に対する詳しい検証はあまり見られなかった。

二十一世紀の新しい動き

「新冷戦史」または「冷戦国際史」という新しい歴史学の

分野が誕生したことは、国際関係史の研究を新たな段階に押し上げた。この二十年余りの間、中米関係、中ソ関係に関する研究の進展は最も大きく、米ソ関係、ソ連と東欧諸国の関係、第三世界における大国の争奪などのテーマも学者の研究の重点となった。西ヨーロッパ、日本、インド、東南アジア、アフリカ、ラテンアメリカなどといったその他の領域についても学術的関心が高まっている。朝鮮問題に関しては、国際的な学界で最初に注目されたのは朝鮮戦争に関する研究で、この二十年の間に、この分野の研究は飛躍的な進展を遂げたと評価できる。(15)

二十一世紀に入ってから、中国、ロシアおよび旧社会主義陣営に属した東欧諸国の外交関係の公文書が相次いで解禁され、公開されたのに伴い、研究者の多くは、朝鮮の外交史および中朝関係の歴史に関するこれまでの叙述には多くの空白、欠陥、ないし偏りと虚偽性が存在することに気づいた。これにより、少なからぬ歴史学研究者は、この歴史の叙述を再構築する作業を引き受けた。ソ連と東欧諸国のおびただしい公文書の公開に伴い、朝鮮の歴史および朝鮮とソ連・東欧諸国との関係の歴史に関する研究成果が次第に増えた。(16)研究の内容には、北朝鮮の政治史、一九五六年の朝鮮労働党の八月事件(17)〔第三章第二節参照〕、ソ連・東欧諸国の朝鮮に対する経済技術援助(18)、冷戦期におけるソ連と朝鮮との関係の変遷(19)、金日成(Kim Il-sung)のチュチェ(主体)思想の誕生と発展の過程(20)、北朝鮮の統一政策の変化(21)などが含まれた。これらの研究において朝鮮と中国との関係の歴史についても多かれ少なかれ言及があった。朝鮮の対外関係の歴史(一九五〇年から一九九二年まで)を比較的全面的に研究したのは米国コロンビア大学教授のアームストロング(Charles K. Armstrong)が二〇一三年に出版した著書で、同書は、冷戦期における朝鮮の対外関係の動因、過程およびその効果を検証した。その中で中国が朝鮮戦争に巻き込まれた過程、朝鮮の経済再建に対する中国の援助、中ソ分裂および米中接近の時期における朝鮮の対応策についてもわりに多くの論述があった。(22)

中朝関係の歴史を専門的に対象とする研究成果は多くないが、現われ始めた。

ロシア人学者シイン(V. A. Shin)が一九九八年に出版した『二十世紀後半の中国と朝鮮』は、前半の六章を使って一九四九年から一九七九年までの中朝関係の歴史を振り返り、中朝関係が激しく起伏する大まかな脈絡を描き出した。この本は多くのロシア側の解禁された公文書、中朝両国の公の文献および様々な回想録を利用した。ただ不足しているのは、全書の約半分のスペースが一九八〇年以降の叙述に費やされ、真に「歴史」[23]と見なされるそれより前の時期に関する研究が簡略すぎたことで、また議論と分析が史実の叙述をはるかに上回った。ただ全般的に見て、これは中朝関係の略史と見ることができよう。[24]

韓国の統一部長官にもなった著名な学者李鐘奭(Lee Jong-seok)は、二〇〇〇年に『北韓と中国の関係(一九四五年—二〇〇〇年)』を出版した。同書は大量の新しい史料を駆使して中国の抗日戦争の後半から二十世紀末までの中朝関係の歴史を再検証し、多くの面において中朝両国の交流の真実の歴史を復元した。本の中では口述の証言も多く使われ、特に注目されたのは、著者が中国の民間で一九六二年における中朝国境交渉の関連文書を発見したことで、その中には国境問題の会談紀要、国境条約の原本および一九六四年三月二十日に調印された国境議定書が含まれていた。[25]これは冷戦終結後、今日に至るまで、国際的学術界において最も価値ある中朝関係に関する歴史学の著書と評価できよう。もちろん、同書の出版後にさらに多くの中国、ロシアおよびその他の国々の公文書が解禁され、公開され、それが利用できなかったことは理解できる。こうしたことは同書が、朝鮮戦争終結より前の歴史についての検証が比較的詳しいのに比べ、その他の部分(国境問題を除いて)が簡略に失した原因であった。

これらの著書以外に、最新の解禁された各国の公文書の利用を重視した論文も多く発表された。ドイツ系米国人学者シャーフィア(Bernd Schaefer)の二つの論文は、ドイツおよび東欧諸国の旧社会主義時代の公文書を利用して、朝鮮が中ソ論争に巻き込まれたプロセスと、中国の文化大革命の時期における中朝関係の変遷を検証した。[26]中国人学者余偉民は、朝鮮労働党内の「延安派」幹部の数奇な運命を追跡して一九五〇年代における中朝関係の変遷を考察し、またソ連の朝鮮政策を検証する中で中朝関係の形成と推移を論じた。[27]成暁河は、主に最近公開された中国外交部の公文書を使って、一九六〇年代の中ソ分裂の過程における中朝関係の変動を研究した。[28]米国人学者アダム・カスカート(Adam Cathcart)は、一九四五年から一九五〇年までの中国東北部延辺地区における、朱徳海(Zhu Dehai, Ju Deok-hae)を代表とする朝鮮族住民が中国共産党への支持に転ずるプロセス、および朝鮮の革命と朝鮮戦争における彼らが果たした特殊な役割、さらに一九五〇年から五四年頃までの社会と民衆のレベルにおける中朝間の交流(朝鮮の難民および中国に亡命してきた朝鮮の軍人に対する中国の受け入れと住居の手配、朝鮮留学生の育成、中国に公演に来た朝鮮の文化団体の接待などが含まれる)、および朝鮮戦争後の復興期における中国からの大規模な援助などを研究対象とした[29]。最近、米国のジョンズ・ホプキンス大学政治学教授カーラ・フリーマン(Carla P. Freeman)は、中朝関係に関する論文集を編集・出版し、その中に当面の中国の北朝鮮政策、北朝鮮の対外政策および中朝関係に関する論文以外に、中朝関係の歴史に関するいくつかの論文も収録した[30]。

筆者は中国とロシアの公文書を広く利用して、中ソ関係の角度から朝鮮戦争の起源・勃発および中国の参戦のプロセスについて全面的かつ詳細に考察した[31]。この上で筆者は、戦争期間中において中朝両国指導者の間に深刻な対立と意見の相違が存在したことについての検証論文を発表した[32]。ほかに、朝鮮戦争終結後の中国の朝鮮に対する経済援助、中朝同盟関係の樹立と継続のプロセス、中朝国境条約調印の歴史的背景、中国の朝鮮族住民の越境逃亡に関する中国政府の対応策、および米中和解による中朝関係への影響などのテーマについても論文を執筆した[33]。

本書が挑む歴史のパズル

総じて言えば、国際学界では、中朝関係に関する歴史学的研究は良いスタートを切った。ただし、諸研究の及ぶ範囲および検討の深さから見れば、それは比較的に成熟した領域とまでは言い難い。冷戦期における中朝関係の歴史については、未だに一連の解明されていない謎が残っており、多くの現象に関しても合理的な解釈が待たれている。以上の先行研究を踏まえ、本書は次のような一連の問題について、一歩進んでその回答を求めようとしている。

――二十世紀の二〇年代から三〇年代において朝鮮の共産主義者と中国共産党は一体どのような関係であり、もともと朝鮮共産党に属した多くのメンバーはどうして、またどのようにして中国共産党に加入するようになったのか。

――国共内戦の間、特に東北(旧満州)をめぐる争奪戦の中、朝鮮の革命家は中国共産党に多くの援助を与えたが、どうして中国共産党指導部と朝鮮労働党との間にはほとんど直接の連絡がなく、多くの中国共産党の幹部が金日成の名前すら知らなかったのはなぜか。

――早くも一九四九年の夏、スターリンはアジア革命の指導的責任を中国共産党に任せることを決定し、毛沢東もその受け入れにやぶさかではなかったが、どうして中国共産党中央がアジア諸国の共産党のために開設した「学習・訓練班」および「ML主義(マルクス・レーニン主義の略、以下同)学院」の中に、朝鮮の幹部が入っていなかったのか。

――朝鮮戦争の勃発後、毛沢東は一貫して中国の参戦を積極的に主張し、米軍が三十八度線を越え、ソ連が空軍の出動を拒否するといった極めて不利な条件下においても多数の反対を押しきって、義勇軍の派遣を決定したが、その背景に中ソ同盟に対する配慮以外に、地政学上の朝鮮問題を考えたかどうか。

——朝鮮戦争は中国に重大な人員と物質の損害をもたらしたが、休戦後、金日成が援助を求めに中国を訪れた際〔一九五三年十一月〕、中国が約束した資金と物資の援助はどうしてソ連と東欧諸国による朝鮮への援助総額を大幅に上回ったのか。

——金日成は一九五五年度末、教条主義と形式主義の批判を提起し、全労働党に「チュチェ」の確立を求めたが、その背景と中心的内容は何であり、その念頭にあった対抗の対象はソ連かそれとも中国か、もしくは両者とも含まれたのか。

——一九五六年、朝鮮労働党で内部紛争が発生し、金日成が中国に逃亡した「延安派」の幹部の引き渡しを要求したのに対し、毛沢東は激怒し、異例なことに朝鮮の内政に対する干渉を行ったが、その原因は何だったのか。

——一九五八年、中国が朝鮮駐在の義勇軍部隊を全部撤収することに関する提案はどのようにして出されたのか、果たしてその目的は当時説明・解釈されたように、政治的宣伝と韓国駐在の米軍撤退を迫ることだけだったのか。

——早くも朝鮮戦争勃発前、金日成は中国との同盟締結を申し出たが、どうして同盟条約は戦争終結の八年後にようやく調印され、しかもソ連・朝鮮の同盟条約と同時に調印されたのか〔一九六一年七月〕。

——現代史に一定の知識を持つ中国人ならみな、一九六二年の新疆住民による大規模な越境・海外逃亡事件「イタ〔伊塔〕事件」を知っているが、それと同じ時期に東北〔旧満州〕地区で発生した人数がもっと多く時間がもっと長い、朝鮮族住民の非合法的な北朝鮮への大量移民事件はどうしてほとんど知られていないのか。

——一九六二年の中朝国境条約の交渉過程および条約の具体的内容は一体何だったのか、どうして中国と朝鮮の間で百年にわたって係争してきた長白山〔朝鮮名白頭山〕と天池の帰属問題はわずか数カ月のうちに解決したのか。

——毛沢東は金日成に対し、中国の東北部は朝鮮の「大後方」であり、将来は朝鮮にその運用を任せると一度ならず語ったが、その発言の真意と目的は何であり、金日成はこれに対しどのようなリアクションを示したのか。

——文化大革命の初期において中国は外交政策の混乱、対外関係の孤立に陥る中で、中朝関係は著しく悪化したが、その主な原因は何であり、両国の指導者はそれに関してどのように考えたのか。

——米中接近の秘密交渉の中で、朝鮮問題はどのように位置づけられ、また周恩来はどのように金日成の疑念を解消し、さらに朝鮮側の要求を満たしたのか。

——六〇年代初めから本書の執筆の時期まで（文化大革命初期の短い混乱期を除いて）、中国は朝鮮に対しずっと求めがあれば受け入れ、相手の歩調になるべく合わせてきたが、それには一体どのような背景と考えがあったのか。

——毛沢東の晩年において、朝鮮は全世界で「チュチェ思想」と金日成主義を大々的に宣伝・推奨し、また「世界革命と国際共産主義運動がまったく新しい時代に突入した」と宣言したが、その原因と狙いは何だったのか。

筆者の主要な問題意識を整理し、以上のように列挙した。まだ十分な答えが出ていないが、中朝関係の歴史の真実を知る上で避けて通れないこれらの問題だけを見渡しても、どれほど多くの作業と努力が歴史研究者たちを待ち構えているかが分かる。その中で中国の研究者たちがまず着手しなければならないのは、人々の頭からあるステレオタイプの考えを排除し、第一次資料の発掘と整理に着手し、人々の考え方ないし外交的選択肢まで束縛した中朝関係の歴史に関する神話を解体し、厳密で堅実で検証に耐えられる歴史事実を積み重ねる上で、中朝関係の歴史に関する真実のストーリーを再構築することだ。これこそ本書の狙いである。

中国公文書利用の現段階

歴史の真実を復元するには、まず資料の発掘から着手しなければならない。

現段階において、中朝関係に関する当事国および関係諸国の公文書の機密解除と開放の度合いは、満足の域に達しないが、細かく吟味し検証すれば、研究の基礎としては、その内容と数にはやはり希望を与えるものがある。

まず中国の公文書を見てみよう。公文書は中国語で「檔《タン》案《アン》」と呼ぶが、中国外交部檔案館は二〇〇四年のオープン以来、一九六五年末までの大量の外交文書を三回にわたって機密解除した。そのうち、朝鮮に関わるファイルは二四二四個あり、その内容には、中朝両国指導者の会談記録、外交部と朝鮮駐在大使館の間の往復電報、外交部および関係機関の朝鮮問題に関する情報資料シリーズ、中朝関係の問題を処理する一部の規定と方法、および朝鮮駐在大使館が書いた業務報告と活動記録などが含まれる。これらの第一次資料は、中朝関係の歴史研究にとって極めて重要であり、本書の基本的資料の拠り所の一部でもある。ただ、中国外交部公文書の開放には二つの欠陥がある。その一、機密解除のスピードが遅すぎて、未だに一九六五年より前のものしか対象とならず、それ以後の公文書に関しては、中国の「檔案法」に照らしても一九八一年までの機密解除ができるはずだが、いつできるか全くメドが立っていない。その二、機密解除に関する制限が多すぎて、およそ中朝の間の相違、矛盾や衝突をほのめかす公文書は原則上、機密解除されない。人々がアクセスできるものは、ほとんどが両国間の友好と親密な往来を反映した内容のものだけである。そのため、もし単に中国の外交公文書を頼りにしただけでは研究者は考察期間の制限を受けるばかりでなく、偏った結論を導きかねない危険性もある。

中国の省と市など一級行政区の檔案館の開放は一定の程度において、外交部公文書の開放の限界を補うことができる。各地方における公文書の機密解除期間はほとんど一九八〇年代までで、一部は九〇年代まで進むものもある。本書関連の内容には以下のものが含まれる。一、中国共産党中央と国務院の朝鮮問題に関する政策決定に関して、全般的な性格を持つものは各省と市に通達されるが、一部の地域だけにかかわるものも関係の省と市に発布される。二、朝鮮に対する経済技術援助にかかわり、もしくは朝鮮の訪中代表団が訪れた各省と市には大抵、大量の関係報告、通報、総括などの文章が保管されている。三、朝鮮にかかわる具体的もしくは特殊な問題に関する省と市では、中央政府の関係部門との往復の書簡や電報も多く残っている。例えば四川省、陝西省と山西省の檔案館には、中国に亡命した朝鮮労働党「延安派」の幹部の生活状況に関する文書が保存されている。本書の多くの史実に関する考証と記述は、上海市、湖北省、吉林省、河北省、四川省、山西省および一部の県と県レベルの市の檔案館の蓄積と公開に負うものが多い(34)。

八〇年代半ば以降、中国の政府系研究機関、例えば中共中央文献研究室、中央檔案館、中国人民解放軍軍事科学院などの部門は、相次いで相当の数の檔案文献集と歴代中国指導者の年譜、文集、文稿、伝記を編纂し出版している。これらの文献は編集の過程で厳しい制限を受け、研究者が自ら檔案館で閲覧できるような自由はないものの、中国の対外政策と対外関係を理解する上で依然、不可欠な一次資料である。

中国の資料を閲覧するにあたって、もう一つのジャンルが存在することにも注意を払うべきだ。中共中央および政府の各部門はいずれも内部刊行物を発行しており、例えば、中央宣伝部は『宣教動態』、『宣伝通訊』を発行し、中央対外連絡部は『各国共産党動向』、『各国共産党簡況』、『兄弟党和兄弟国家報刊材料』を発行し、国務院外事弁公室は『外事工作通訊』を、外交部は『外事動態』を、公安部は『公安工作簡報』を、新華社通信は『内部参考』や『国際共産主義運動参考資料』をそれぞれ編纂・発行している。これらの内部刊行物はかなり全面的に、各方面、各分野の問題と状況を報道しており、政策決定過程とその結果を直接的に反映しないが、その中から中国指導者および政策決定機関が決定を見出す際に拠り所とする大量の材料と情報を知ることができ、指導部の意向や傾向を見出すこともできる。毛沢東、周恩来ら指導者はこれらの内部刊行物を極めて重視し、事務机には必ずそれを置くだけでなく、一部の資料や動向に関する記事を自ら推薦し、指示もしている。このことに関しては、『建国以来毛沢東文稿』、『毛沢東文集』を紐解けば知ることができる。[35]これらの刊行物は地方の檔案館および多くの図書館に収蔵されており、見つけるのはそんなに難しくはない。

国際的な情報公開の波

朝鮮の公文書はいうまでもなく、完全に閉鎖されており、垣間見ることもできない。研究者が利用できるのは、すでに公開出版された資料にとどまる。例えば、朝鮮指導者の講話や著作、朝鮮労働党の歴代会議の文書、朝鮮労働党機関紙『労働新聞』、理論刊行物『勤労者』およびその他の公開出版物である。しかし、これらの資料の真実性や信憑性にはかなりの限界があり、研究者がそれを利用する際は必ず慎重に慎重を重ねる必要があり、さもなければ必ず迷宮、ワナに陥るに決まっている。例えば筆者は、朝鮮で出版された『金日成著作集』の中国語版と朝鮮語版に相違が存在することに気付いている。中国問題に関する一部の談話と報告は朝鮮語の文集にはあるが中国語版には収録されていない。さらに注意すべきなのは、多くの報告と談話に対し、出版者側が編集する際に大量の書き直しを加えていることだ。[36]そのほか、長きにわたって朝鮮問題を研究してきたランコフ(Andrei Lankov)が指摘したように、朝鮮の新聞刊行物を閲覧する際、朝鮮の政治と党の術語、専門用語に対しては深い理解が必要で、その中の特殊な「話法」と微妙なニュアンスを把握することが必要だ。[37]よって、ほとんどの場合、朝鮮の内政・外交およびその政策決定に対する分析は本国の資料には頼れず、それと交流ある各国の公文書資料を手がかりにしなければならない。

実際にも、ロシア、ハンガリー、東ドイツ、ルーマニア、チェコスロバキア、ブルガリア、アルバニア、モンゴルなど、朝鮮と密接な関係があった旧社会主義諸国の秘密解除された公文書の中には、朝鮮や中朝関係にかかわる内容はかなり多く含まれている。近年におけるこれらの国の公文書の機密解除は、これまでよりはるかに多く、朝鮮の政策決定プロセスおよびその変化をより明晰に、多角的にみることができるようになったばかりでなく、中国の外交公文書が存在する朝鮮との関係において問題や摩擦に関連する資料が一切公開されていないという欠陥をカバーすることにもなる。

例えば、一九五六年の八月事件（第三章第二節参照）前後における中朝関係がほぼ分裂に近い状態だったことについて、もしロシアの機密解除された大量の公文書がなければ、人々はその真実の内幕を覗くことはおよそできなかった。文化大革命における朝鮮の中国に対する見方と政策、およびその間の中朝関係の変遷についても、旧東欧諸国およびモンゴルの公文書が提供した多くの情報によって初めて、比較的正確に把握できるようになった。この時期の中朝関係に関するロシア側の公文書は中国のと同様、まだ機密解除されていない。

旧東欧諸国の公文書を解読するには言語上の障害が生じやすいが、それを克服するのに米国ウィルソンセンターの冷戦国際史プロジェクトと北朝鮮国際文献プロジェクトが卓越した貢献を行い、彼らは専門家を集めておびただしい量の旧東欧諸国の公文書に関して取捨選択を行っただけでなく、各国の学者が利用しやすいように、その中のかなりの部分の重要な文書を英語に翻訳した。(38)

冷戦期において、中朝関係は疑いもなく、社会主義陣営内部の国家間関係に属する。そのため、旧社会主義諸国の公文書を利用してそれに対する観察と分析を行うことは自ずと、研究者がやらなければならない課題である。しかし、鉄のカーテンの反対側の国々の公文書資料の利用も決して軽視していいものではなく、一部の問題においては、必要不可欠なものだとも言える。ここでは韓国の公文書と米国の公文書の利用を念頭に述べている。韓国外交史料館の開放は、研究者にとって、中国と朝鮮の外交政策および中朝関係を観察するのに全く異なる視点や史料の宝庫を提供した。特に一九六〇年代後半以降の時期に関し、ここでは朝鮮の外交関係に関する多くのファイルが保管されているだけでなく、毎年の朝鮮と中国共産党との関係に関するファイルも陳列されている。南北朝鮮の関係も中朝関係に影響を及ぼす重要なファクターであり、韓国外交史料館には南北朝鮮の間の接触、交渉、正式会談に関する記録が全て整理・保存されており、この分野の資料にアクセスする上で唯一無二の第一次資料の場所になる。

米国の公文書の機密解除と開放は、全世界において最も規範化し、最も迅速なものである。中朝関係に関し、米国の公文書館には直接の文献資料は収録されていないが、ＣＩＡ（中央情報局）、国務院の情報研究所および駐韓米軍の情報部門による情報の評価と分析レポートは、一読しなければならない貴重な史料である。少数の秘密情報を除けば、これらのレポートはほとんど新聞や雑誌およびその他の公の情報源に基づいて作成されたものであるが、その機微に触れる細かい観察、周到で鋭い分析は研究者に刺激と様々な啓発を与えるだけでなく、大量の間接的史料を提供することにもなる。[39]そのほか、七〇年代初頭の米中接近の過程における中国の朝鮮問題に関して示した考え方と対応の仕方も間違いなく中朝関係に重要な影響を及ぼしたが、この分野において信頼できる第一次資料もほぼ、米国が最近機密解除した公文書の「ニクソンファイル」およびその他の外交公文書に収録されている。[40]

ここで一筆言及しておきたいのは、華東師範大学冷戦国際史研究センターが取り組み中の、「国家社会科学基金特別委託プロジェクト」および上海市哲学社会科学重要プロジェクトも、その目的の一つは冷戦期の中朝関係に関する海外の公文書(主にロシア、米国、韓国および東欧諸国)の整理と翻訳である。

オーラルヒストリーの資料の利用も歴史研究にとって極めて重要であり、特に公文書などの文献資料が乏しい状況下ではなおさらである。朝鮮のような「神秘的国家」に関し、公の情報と文字資料を頼りにしては理解はほぼ不可能になる。複雑な背景と文化の差異によって、その特定の政治環境下で形成された政治用語の意味とニュアンスは簡単には理解することができない。このような状況下では、当事者に対するインタビューおよび回想録は不可欠となる。韓国人学者の北朝鮮研究の重要な特徴の一つは当事者や脱北者の口頭の証言および取材記録を幅広く利用することであり、中朝関係に関する研究もその特徴を生かしている。前出の李鍾奭も著書の中で、当事者に対するインタビュー記録を大量に使っている。

特筆すべきなのは、著者が一九九一年、かつて朝鮮の内相と職業総同盟(全国労働組合)委員長を務めた徐輝(Seo Hwi)と元朝鮮労働党ピョンヤン市副委員長だった洪淳寛(Hong Sun-gwan)に対して行ったインタビューである。この二人とも一九五六年の八月事件後中国に亡命し、その後ずっと中国で暮らしていた。彼らの紆余曲折に満ちた経歴は中朝関係のバロメーターだったと見てもおかしくない。

一九五六年に多くの朝鮮人幹部が中国に亡命したことを知った筆者は長い間、あちこちに問い合わせ、その行方を捜し回った。惜しいことに、一九九五年、筆者が陝西省の老幹部局を通じて西安で洪淳寛を見つけたとき、彼はすでに重い病で病床に臥し、会話ができなかった。彼の家の真上に住んでいた徐輝もその二年前に病気で亡くなっていた。しかし辛抱強い努力は報いられるものである。二〇一〇年、筆者はついに、二人の当事者を見つけ、会うことができた。一人は元朝鮮文化省副相〔次官〕の金剛(Kim Gang)で、もう一人は労働党ピョンヤン市委員会組織部長の金忠植(Kim Chung-sik)だった。高齢の二人とも筆者の長時間の取材に応じ、用意した質問に丁寧に細かく答えてくれた(41)。彼らの証言記録も、本書の重要な裏付け史料となった。

上述の中国、ロシア、米国、韓国および旧東欧諸国の関係の公文書資料、および中朝両国の公開出版物に、一部の証言記録と先行の研究成果を加え、これらは本書の記述と分析の史料的基礎を構成した。

中朝関係の背景要因と歴史的特徴

本書の主要任務はまず、言い尽くせない苦労をかけて集めたこれらの大量の史料に対し選別と考証を行い、そしてそれをベースに、中朝両共産党の樹立から中国が改革開放政策をとるまでの歴史段階(主に冷戦期)における中朝両党および両国関係が発展した大きな流れを整理することである。

研究のプロセスで筆者は、中朝関係に影響を与える以下の四つのファクターが存在することに気づいた。

一、地政学的要因――朝鮮は長きにわたって中国東北地区の玄関であり、日清戦争から朝鮮戦争に至るまで、朝鮮の混乱は常に中国の神経を尖らすものだった。中ソ関係が悪化した時期においても、朝鮮がどちら側に付くかは中国にとって格別に重要な意義をもった。

二、冷戦構造――二大陣営が対立した国際関係の構造の中で、朝鮮は社会主義陣営の東方における橋頭堡であり、米中対決の時期において、朝鮮は中国の盟友と前線陣地に位置づけられ、中国からは特に重大な関心がもたれていた。

三、イデオロギー的要因――朝鮮と中国はいずれも共産党が指導する国家であり、ML主義は双方がともに信奉する指導思想であり、国際主義の原則と党と党の関係が双方の関係の政治的基盤を構成した。

四、伝統的理念――朝鮮は歴史上、中国の藩属国であり保護する対象として、長年、中国封建王朝の管理の下に置かれていた。伝統的な「天朝」理念はある程度、当時の中国指導者(特に毛沢東)の脳裏に残っていた。それに対し、金日成は終始、「事大主義」〔勢力の強い者に従う主義〕に反対し、朝鮮の独立自主を守ることを強く意識していた。

本書全体の骨格と論理的構造は次のとおりである。

中朝両国の共産主義者はいずれもモスクワの指導と支援を

受けて育ったものだが、両者の間には直接の連携や協力がなかったため、この点は後の中朝両国関係の発展の方向をかなりの程度、制約し決定した。第二次大戦終結後、朝鮮はソ連の衛星国になったが、朝鮮戦争の勃発、中国の参戦およびスターリンの死去を経て、中国は朝鮮問題に対する決定的な発言権と主導権を次第に得るようになった。中ソが共同で朝鮮労働党の内部権力闘争に介入して失敗した後、毛沢東は一転して朝鮮に対して融和政策をとるようになり、金日成が党内における絶対的な支配的地位を確立するのに援護射撃をし、北朝鮮もこれにより真の独立を得た。中ソ関係が悪化し、また最終的に決裂に至ったことで、朝鮮にとって独自の政治と外交を展開する幅広い空間が開かれ、金日成は中ソ双方からのラブコールを最大限に利用し、国際共産主義運動における朝鮮の地位を大幅に向上させた。

毛沢東がとった「連米抗ソ」の戦略は朝鮮の利益に対し極力配慮したものの、イデオロギー上の主導権を放棄せざるを得なくなったため、中朝両国の外交路線は完全に異なる方向に向かい、中朝関係はすでに同床異夢のようなものになった。その後、金日成は世界革命の大旗を掲げ、毛沢東の継続革命論を継承しようと意欲的だったが、中国は全面的な改革開放政策をとり、近代化路線を歩み始めたため、この過程で中朝両国の関係は表面的な平穏が保たれたが、実際にはすでに袂を分かったと見ることができる。冷戦終結後、中国と韓国の正式な国交樹立にともなって、中朝関係は名実ともにそれまでと完全に性格が異なる新しい歴史時期に入った。

公文書資料を選別し解読する中で、筆者は特に中朝関係の変遷の過程に現れた以下のような重要な歴史的特徴に注目した。

一、スターリンが戦後に行ったソ連のアジア戦略に関するグランドデザインから見て、北朝鮮はモスクワが有効で確実にコントロールしようとした地域の一つだった。朝鮮戦争終結後、毛沢東は朝鮮を味方に引き寄せるため、ソ連に負けない支援を行い、大きく育てた。まさに毛沢東がかつて言った通り、朝鮮という細い木の苗はソ連と中国が共同で栽培し大木に仕上げたのである。

二、中国は朝鮮戦争参戦の必然的結果の一つとして、社会主義陣営内部において朝鮮問題に対する決定的な発言権と主導権を勝ち取った。スターリンの死去と朝鮮戦争の休戦後、朝鮮はそのソ連の衛星国だった地位とイメージから次第に脱皮した。それと同時に、独立的地位を求める朝鮮の闘いの矛先も中国に向き始めた。

三、中国の東北に居住する大量の朝鮮人移民およびその末裔は越境民族であり、彼らは隣り合わせの北朝鮮と共通の言語、文化、生活習慣および歴史伝統を有するが、漢民族に対しては一体感が乏しかった。このような構造的問題は中朝関係の不安定要因としてずっと存在し、また国境周辺の住民の移動、国境の確定ないし中国の国境地域の安定に直接的に影響を与えた。

四、中ソ関係の悪化と長期にわたる緊張と対立が続く過程で、朝鮮は中ソ双方から最大限の支持と利益を勝ち取った。中朝関係の大半の時期において主導権を手にしていたのは実は中国ではなく朝鮮側だった。一方、意見の不一致、衝突、ないし危機が生じた場合、大半のケースにおいて先に和解の姿勢を見せ、そして譲歩したのは中国側だった。

五、中朝関係の数十年来の発展は双方が宣伝したような「永遠の友誼」とは程遠いものであり、起伏が激しく、一寸先は闇、薄氷を踏むというような表現の方が真実に近い。その他の社会主義陣営内部の国家間関係と同じように、外部からはさざ波すらないような湖の表面に見えるが、水面下では不安定な状態が終始続いた。

このような特異な現象に対していかに合理的な解釈を与え、問題の本質を説明するか。筆者が本書の結びの部分で大胆に出した結論をここで提示しておこう。中国の指導者（特に毛沢東本人）の中朝関係を捉える出発点は、表面上では世界革命の理念であるように見えるが、その中核的部分は伝統的な中央王朝の観念だった。すなわち朝鮮を含む周辺諸国（特に東アジア）を同じ陣営内の、もしくは同じ陣営に引き込むことが将来的に可能な、指導される側と見なし、革命的な「天朝」[1]を構築しようとしたのである。それに対し、金日成が一生をかけた奮闘の目標は朝鮮の独立的地位と個人（および家族）の独裁的支配の確立だった。外交理念に関して言えば、中朝の間には潜在的矛盾があり、それが時々発酵して表面化した。

冷戦構造下の現実的外交と安全保障の問題を処理するに当たり、中国は米国による封じ込め政策と六〇年代に現れたソ連の脅威に直面して、朝鮮を自らの盟友に引っ張り込む必要性があり、実際にある程度の同盟関係を保った。しかし、朝鮮と中国の関係は終始、「即《つ》かず離れず」の状況にあり、特に中米関係が緩和した後、中朝同盟関係には外交戦略のレベルにおいて既にひび割れが現れた。よって、毛沢東が夢見た「天朝」はついに最後まで樹立することができなかった。もっと深いレベルで見れば、中朝関係の問題の核心は歴史上の中ソ関係と同様、社会主義陣営内部の国家間関係の構造的欠陥にあり、現代の国家同士のような正常な関係ではなく、国際共産主義運動における党と党の関係、イデオロギーの原則が人為的に基盤として敷かれたところにある。

序章　中朝共産主義者の関係前史——一九二〇年代から一九四五年まで

十九世紀末に中朝間の宗藩（宗主国と藩属国）関係が消滅してから、朝鮮と中国は運命を共にする国同士となった。その後長期にわたって、両国の共産主義者は共通の敵——日本帝国主義者と戦い、またともにソ連共産党の指導を受けた。毛沢東と金日成の初対面よりはるか以前の二十世紀初頭、中国と朝鮮の共産主義者の間には既に一定の交流関係ができていた。朝鮮は国としてもはや存在しなくなったため、その革命志士が日本と戦う主戦場は中国に移り、朝鮮の共産党員もその後、中国共産党に加入する運命となった。彼らの存在と戦いは中国革命（特に旧満州地区における日本との戦い）の重要な一部分をなした。

第二次世界大戦終結前の複雑な国際関係により、スターリンは戦後のアジアにおけるソ連の戦略的配置を考えた際、中国共産党を協力のパートナーに選ばず、代わりに朝鮮半島を支配下に置くため朝鮮の共産主義者をソ連の代理人として育てた。この歴史の段階において、中朝両国（両民族）の共産主義者同士はずっと運命と使命を共有し、肩を並べて戦ったが、最後はソ連共産党の指導下の二つの革命勢力となった。このような背景と両者の関係の歴史的特徴は、その後の中国共産党と朝鮮労働党との関係、および中華人民共和国と朝鮮民主主義人民共和国との関係の行方をかなりの程度方向づけた。

当時の国際共産主義運動においては、各国共産党は一定の独立性を有したものの、いずれもコミンテルン（第三インターナショナル）の一支部として、同時にモスクワ（実際はソ連共産党）の垂直的で直接的な指導を受けていた。ではこの背景の中で、朝鮮共産党と中国共産党の間には一体どのような関係が保たれていたのか。

この分野に関して、海外の研究成果はそれほど多くなく、専門的な研究書はほとんどなく、学術論文も数えるほどしかない。対してこの時期の中朝関係の歴史に関する中国人学者の研究成果は豊富で、主に二つの分野に集中している。中国政府と韓国臨時政府およびその他の政治団体との関係、中国（特に東北地区）に移住もしくは仮住まいする朝鮮人の反日活動および彼らと中国共産党との関係である。このほか、東北抗日連軍（旧満州で活動した中国共産党指導下の抗日パルチザン組織）の歴史に関する研究の中でも、中朝関係に関連する一部の内容が含まれる。この時期の中国共産党と朝鮮共産主義者との関係に関する専門的研究は近年大きな進展が見られた。楊昭全氏の著作と論文はその代表例である。(1) ただし筆者から見れば、一九四五年より以前の中朝両党関係に関する中国人学者のこれまでの研究の一部には明らかな弱点も存在し、それは主に以下の三つの分野に現れている。

一、分析の根拠は主に日本と韓国の学者の研究著作や論文に依存し、引用する文献資料も、中国（東北抗日連軍など）の資料の使用以外は、主に情報分析と逮捕者の供述を主とする日本の歴史資料に偏重し、朝鮮共産党の発展や中朝両党関係に直接的な影響を与えたロシア（ソビエト）共産党とコミンテルンの文献はほとんど使われていない。

二、一部の重要な歴史事実、例えば朝鮮共産党の樹立と再建、コミンテルンの朝鮮共産党の運命に関する決定、中国共産党による朝鮮の革命家の受け入れの経緯、および第88旅団（本章第一節で詳述）の形成と結末などについて、いまだに矛盾する諸説が並立し、多くの基本的事実が究明されていない。

三、初期の両国共産主義者同士の関係について、大半の研究者は日本の侵略に抵抗する双方の共通点、血で結ばれた戦友の友情を多く取り上げるが、彼ら同士の意見の不一致や矛盾、特にソ連ファクターが果たした役割について触れるものは少ない。

中朝両党関係の歴史を研究するには疑いもなく、直接関係する両国の公文書資料を使用しなければならない。しかし残念なことに、朝鮮の公文書資料にアクセスすることは不可能であり、中国が公表した関連の公文書もかなり限定的なものである。(2) そのため、コミンテルンの公文書が最も重要な拠り所となった。ソ連の解体後、このテーマに関連する資料集はかなり多く出版されたが、朝鮮共産党関連の内容はほとんど含まれなかった。ロシアの公文書の開放が始まってから、状況はようやく改善された。朝鮮共産党の初期の歴史および中朝関係に関連するコミンテルンの公文書は、主に韓国系ロシア人学者B・D・パクが編集した『ソ連、コミンテルンと朝鮮の解放運動』、日本人学者和田春樹が編集した『全連邦共産党、コミンテルンと朝鮮（一九一八―一九四一年）』に収録されている。(3)

本章は主にロシアと中国の公文書文献に基づいて、先行研究も参考にしながら、この時期の歴史の再整理を試み、一部の重要な事実の再確認を図る。その上で、中朝両国共産主義者同士の関係の複雑性と特殊性を検討し分析する。

第一節　運命的な対面

朝鮮共産党史の時期区分

朝鮮共産党の歴史は二つの時期に分けられる。前期は一九一九年に朝鮮の共産主義組織がロシアで誕生した時から一九三五年に朝鮮共産党の再建が失敗に終わるまでの間であり、後期は一九四五年、朝鮮共産党がソウルで再建された時から一九四九年、ピョンヤンの朝鮮労働党に編入されるまでの間を指す。

前期の歴史はさらに四つの段階に分けられる。第一段階は一九一九年から二〇年まで。朝鮮の共産主義組織がソビエトロシアで相次いで誕生し、そのうち、比較的大きな影響力があったのはイルクーツク派と上海・チタ派〔以下、「上海派」と略称〕の二つであり、ロシア共産党中央のシベリア局と極東局はそれぞれ一派を支持し、対立・拮抗の局面が続いた。第二段階は一九二一年から二四年まで。コミンテルンは対立する両派を調停し、各派の連合、統一した朝鮮共産党の創立を図ったが、主要な二つの派閥間の対立が激しく、両立しない状況だったので、統一の努力が放棄された。第三段階は一九二五年から二八年まで。建党の努力の重点は朝鮮国内に移り、統一した朝鮮共産党と中央委員会がソウルで設立され、またコミンテルンから迅速な承認も得たが、日本統治者の残酷な弾圧と共産党内部の熾烈な派閥紛争により、党の組織と中央委員会は立て続けに四期交替したにもかかわらず、生き残ることができず、コミンテルンはやむなく各派閥の朝鮮共産党組織をいずれも承認しないと宣言せざるを得なかった。第四段階は一九二九年から三五年まで。労働者と農民が主体だと強調する建党原則のもとで、コミンテルンは再度朝鮮共産主義組織の各派閥の連合、統一した朝鮮共産党の再建を試みたが、日本当局の厳重な支配と、とりわけソ連国内で始まった大粛清により、第一世代の朝鮮共産党員はほとんど姿を消し、コミンテルン第七回大会〔一九三五年七月〕以後、その再建の努力が最終的に放棄された。

朝鮮の共産主義者達は犠牲を恐れず、想像を超えた厳しい試練に耐え、十数年にわたって頑強に戦い、ついに統一したが、生命力ある政治組織を築きあげることはできなかった。この紆余曲折の歴史は振り返るだけで目がくらむほど複雑だが、細かく観察すれば、最終的な失敗を招いた原因は主に、朝鮮共産党内部の派閥抗争、コミンテルンの指導の過ち、および日本当局の厳しい弾圧、という三つを挙げることができる。しかし諸原因のうち、決定的に重要な原因はやはり朝鮮人自身にあるといわざるを得ない。日本当局の統計によると、一九二〇年の時点で朝鮮の各種の社会・政治組織は二九六あり、そのうち社会主義者の組織は一一あった。一九二五年、各種の組織は一四一一(うち社会主義者の組織は八三)になった。絶えず鎮圧と破壊を受けたにもかかわらず、反日の組織は依然、雨後の竹の子のように次々と現れた。一九二八年、組織の数は二七六二(うち社会主義者組織は七五)に達し、一九三〇年、さらに三九四一(うち社会主義者組織は五六)に上った。[4]これは一方では、朝鮮民族の頑強に闘う精神と不屈の意志を示したが、反面、この種の闘争はバラバラに行われ、力を結集できないことを反映した。特に朝鮮の政治指導者たちの強烈な自我意識、妥協と寛容の精神の欠如が端的に示された。これは朝鮮共産党の派閥抗争の社会的背景でもある。

日本統治者の厳密なコントロールと残酷な弾圧はもちろん革命勢力の発展にとって大きな圧力となった。しかしほぼ同じ時期に、同じ東アジアにある中国共産党と日本共産党が受けた損害は朝鮮共産党に負けないほど大きかったにもかかわらず、いずれも建て直しと再起、再建を図ることに成功した。[5]コミンテルンの路線と方針は確かに多くの過ちがあり、左へ右へとよくぶれ、またソ連自身の利益から押し付けたもので、それは朝鮮共産党の成敗《せいはい》にかなりの影響を与えた。しかし中国共産党と日本共産党も同様にコミンテルンの指導を受けたが、自らの運命を自分で把握し、発展を遂げることができた。ソ連の「大粛清」は確かに朝鮮共産党が遭遇した特殊な状況だが、指摘しておきたいのは、朝鮮革命家同士の派閥抗争は相互の密告、中傷、検挙をもたらし、この政治の嵐にさらに輪をかける役割を果たしたことだ。[6]その意味で、朝鮮の共産主義運動は朝鮮共産主義者の自らの手によって葬られた、と結論づけても言い過ぎではないだろう。

両国の共産主義者同士の出会い

ロシアの十月革命が成功した後、一九一九年、朝鮮の「三一運動」は朝鮮の共産主義運動の形成と発展を促進し、中国の「五四運動」は一世代の知識人によるソビエトロシアの革命とマルクス主義に対する追求のブームを巻き起こした。中朝両国の共産主義者はいずれもマルクス主義の理論とコミンテルンの指導を受け入れたが、朝鮮の共産主義者は環境の制限を受け、次第に活動区域を中国に移した。共通の思想の基盤と密接な地政学的関係によって、彼らは最初から「同じ塹壕の中の戦友」となった。しかし今日まで閲覧可能な歴史資料から見れば、双方ともコミンテルンの指導と支持を受けたが、朝鮮共産党の樹立初期から三〇年代の解散まで、両共産党の間に直接的で平行的な組織間の連携は一度も正式に図られることがなかった。彼ら同士の関係は、主に朝鮮の共産主義者と革命家が個人として中国共産党と接触し交流し、または中国共産党の組織に加入するような形を取った。

一九二〇年代初めになると、中国の共産主義者による朝鮮の革命運動に対する支持は主に二つの側面に現れた。第一は、世論と道義上の支持である。朝鮮「三一運動」が勃発した時、李大釗、陳独秀が主宰する『毎週評論』、毛沢東が主宰する『湘江評論』、周恩来が創設した『天津学生連合会会報』と『覚悟』などの新聞雑誌は皆、朝鮮の独立運動に対し高い評価と熱烈な賞賛を与え、朝鮮人民の反日独立闘争に対する力強い声援を送った(7)。中国共産党の創設者の一人である陳独秀は自ら雑誌に寄稿し、朝鮮人民の不撓不屈、勇敢に戦う精神を称えた(8)。第二は、中韓互助社などの民間組織を相次いで設立したことである。一九二〇年冬以降、中国にいる朝鮮の革命志士は絶えず中朝の協力を呼びかけ、有名な弁護士の施洋はすぐ呼応し、一九二一年一月、武漢で中韓国民互助社を創設した。続いて全国各地で同様な組織が相次いで生まれ、広東護法軍政府(一九一七年九月に設立、断続的に一九二六年十二月まで続く)も広東中韓協会を作った(9)。この過程で中国の共産主義者も合流し、一九二一年三月十四日、毛沢東、何叔衡らは朝鮮の友人李熙春(Lee Hui-chun)、李若松(Lee Yak-song)らと協力して、長沙で中韓互助社を共同で発足させ、毛沢東が通信部の中国側主任に、何叔衡が宣伝部の中国側主任にそれぞれ就任した(10)。

朝鮮共産主義者の中国共産党に対する支援と協力に関し、ある中国人学者は次のように論述し断言した。「当時、上海にあった中朝両国の初期の共産主義組織及びそのメンバー同士の間ではかなり密接な交流と協力の関係が保たれていた」。「少なくとも上海の朝鮮共産主義者およびその組織は「上海地区の中国共産党の初期の組織の樹立と発展を促進した重要な外部要素の一つ」だった。一九二一年の中国共産党の誕生は、「東アジアの最も早い共産党組織だった韓人社会党およびその中核メンバーの活動と直接的な相互影響を持ったことに違いなく、大韓民国臨時政府の勢力による中国共産党の初期の建党活動に対する支持と支援もこのような文脈の中で理解されるべきだ(11)」。ただし、この結論について筆者は、十分な歴史的根拠の裏付けがなく、判断を下すには早計であると考える。

ロシアで創設された朝鮮人の最初の共産主義組織韓人社会党のリーダーである李東輝（Lee Dong-hwi）、朴鎮淳（Park Jin-sun）がコミンテルン第二回大会に参加した後に中国にやってきて、北京と上海など各地で中国共産党の創設者李大釗、陳独秀と会ったとの記事があるが[12]、資料の典拠が説明されておらず、確認することはできない。またある学者は、初期の共産主義運動に参加した梁泳泫（Yang Yong-hyeon）の回想録を引用して、共産党の設立を助けるために中国に派遣されてきた「コミンテルン代表ヴォイチンスキー（G. N. Voitinsky）は陳独秀の上海の住まいを借りて韓国の民族主義者や共産主義者と密かに面会した」と書いている[13]。ほかに、ヴォイチンスキーは楊明軒〔著名な中国の進歩的知識人〕および朝鮮の革命家安氏とともに、中国共産党の設立準備に協力するため、一九二〇年八月上海に到着し、陳独秀と接触し、陳をはじめとする社会主義青年団の設立を助け、金家鳳（Kim Ga-bong）ら朝鮮の革命家も青年団の組織に加入したとの証言もある[14]。これらの記事と証言は、コミンテルンが中国共産党の建党に協力したことを証明できるし、朝鮮の革命家と陳独秀との間に何らかの形で接触と協力があったことも説明できるが、あくまでも個人レベルの往来であり、朝鮮の共産党組織と中国共産党の創設メンバーとの直接のコンタクトだとは言い切れない。朝鮮共産党員金万謙（Kim Man-gyeom）、安秉瓚（An Byeong-chan）がコミンテルンの代表に随行して中国に来て活動したことについては[15]、彼らとコミンテルンとの関係を示すことができても、朝鮮共産党関係者と中国共産党の主要メンバーとの間に必然的に連携を取っていたとの結論には至らない。

結党段階の相互支援

あと二つ説明を要する史実がある。

一、朝鮮共産党関係者による中国共産党設立への協力について。中国共産党の初期指導者の一人だった王若飛の証言によれば、一九一九年、朴鎮淳がコミンテルンから派遣されて中国にやってきて中国共産党の創設に協力した、となっている[16]。中国人学者・李丹陽による考証では、実際に朴鎮淳が大韓民国臨時政府総理の李東輝（朝鮮共産党上海派のリーダー）を通じてコンタクトを取り、支援したのは黄介民らが結成した大同党である[17]。大同党はもちろん真の中国共産党ではない。もっとも、当時の中国社会では新思想、新潮流を標榜する派閥が林立し、一方、コミンテルンは東方で共産主義運動の推進を急いでいた折であって、そのようなすれ違いが生じたとしても想像できる。朴鎮淳は使命を全うできなかったが、朝鮮共産党関係者がそのために尽力したことは間違いない。

二、韓国臨時政府と中国共産党の建党との関係について。中国共産党創設者の一人張国燾の回想録によれば、当時の韓国臨時政府は彼に対し、自分たちはモスクワと連絡を取っており、ソビエトロシアとの提携を準備中だと説明した、という。そのほか、イギリスの公文書にも、一九二〇年二月、上海の永楽飯店で、韓国臨時政府外務委員李光洙(Lee Gwang-su)が朱卓文(中国の労働運動の活動家)、李漢俊(中国共産党創設者の一人)と会合をしており、その後も一部の活動を共にしたとされている。当時、李東輝ら朝鮮共産党のメンバーは確かに臨時政府の中で主導的な役割を担い、李光洙も李東輝の依頼を受けて行動したと考えられる。しかし張国燾の証言によれば、李大釗と陳独秀は、臨時政府の関係者はマルクス主義についての知識が貧弱で、ただ流行を追っているだけだと見て、彼らと協力関係を結ぶ意向を持たなかった、という(18)。

この二つの事例もやはり、当時の朝鮮共産党と中国共産党関係者との組織的なコンタクト、連携があったことを説明できず、前者が後者に対し何らかの援助をしたとはなおさら証明できない。もちろん、この史実は朝鮮人がコミンテルンの依頼を受けて中国にやってきて、中国の共産主義者とコンタクトを取ろうとしたこと、ひいては彼ら自身もそのような意図があったことを排除、否定するものではない。

朝鮮共産党が中国共産党の結党に一定の支援をしたことを物語る史実は確かにあり、それは近年にロシアで公表された、コミンテルンの中国共産党に対する資金援助に朝鮮共産党がかかわったことを記録した二つのコミンテルンの公文書に示されている。一つは一九二一年四月二十八日、韓人社会党のモスクワ駐在代表李翰栄(Lee Han-yeong)がロシア外交人民委員会に提出した報告書であり、その中で、受領したコミンテルンの資金の使用状況が説明されている。李翰栄の報告によると、彼は独自に二百万ルーブルの紙幣を携えて中国に到着し、そのうち上海で「中国の社会主義運動のリーダー陳独秀に、その党勢拡大を支援するために、二万日本円を手渡した、としている(19)。もう一つの公文書は同年十月十六日、李東輝と朴鎮淳が外務人民委員(外務大臣)チチェーリン(G. V. Chicherin)に提出した報告書である。一九二一年六月一日までの資金使用の詳細を伝えたこの報告書によると、朝鮮共産党(上海派)はモスクワから李翰栄ルートなどを通じて計二回の援助資金を受け取り、そのうち日本共産党中央に二万元の銀貨、中国共産党中央に一万五百元の銀貨をそれぞれ供与し、残りはすべて朝鮮共産党中央およびその下部組織に配分された、としている[20]。

これで、朝鮮共産党（上海派）は確かに中国共産党にソ連の援助資金を手渡しており、金額は一万五百元銀貨（もしくは二万日本円）であり、時間は一九二一年六月より以前である、という事実は確認された。ただし、まだ二つの問題はこれらの公文書ではっきりと説明されていない。第一、コミンテルンのこの経費は李翰栄によって陳独秀（あるいは中国共産党中央）に直接手渡されたのか、それとも仲介者（朝鮮人あるいは中国人）を通じて渡されたのか、である。現在アクセスできる史料に、両国共産党の主要メンバー同士が直接に接触したことを示すものがないからだ。第二、中国共産党中央（および日本共産党指導部）に資金を渡したのは、コミンテルンの依頼を受けたためか、それとも朝鮮共産党が進んで資金を分け与えたのか。朝鮮人同士がモスクワの資金を巡って激しく奪いあったことを示す公文書[21]に照らして判断すれば、前者の可能性が大きいと思われる。これらの不明な点があるにしても、この資金は建党の準備に取り掛かっていた中国の共産主義者にとって、渡りに舟のような極めて大きなありがたさがあった。張国燾の証言によると、中国共産党の結党にかかる費用は当時、すべて個人の寄付金によるもので、困窮していた。李大釗から北京大学のロシア語教員に至るまで、一人ずつ数元、もしくは数十元を拠出しており、李大釗は毎月、給料から百元を拠出し、寄付額が最も高かった。中国共産党の建党初期、本部および北京、武漢、長沙、広州などの支部の毎月の活動経費（生活補助を含む）は合わせて一千元強を必要としていた[22]。

概括して言えば、中朝両党の設立前と結党初期、それぞれのコミンテルンとの関係は違っていた。朝鮮人が大量にロシアに居住していたため、モスクワとの関係の樹立はもっと早く、かつ密接だった。コミンテルンの朝鮮共産主義者に対する援助もおのずと多く、また中国に資金を持ち込むために朝鮮人の仲介者にも頼った。確認できる史料に基づいて言えば、朝鮮共産党関係者は確かに中国共産党の創立過程で支援を行い、それは主にコミンテルンの経費を一回、中国側に手渡したことを指す。しかし、彼らは中国共産党の主要な創始者と直接の連絡パイプを作っていなかった。したがって、朝鮮共産党は一九一九年から二一年の間に、中国共産党の結党初期に間接的な支援を提供した、もしくはコミンテルンと中国共産主義者との間に一定の「橋渡し」の役割を果たした、という結論を見出すことが真実に一番近いと考えられる。

中国革命における著名な朝鮮人

中朝両国の共産主義者同士の初期の関係において、ある現象は特に注目に値する。すなわち中国共産党の結党初期から、多くの中国在住、もしくは中国で活動していた朝鮮人が中国の革命運動に身を捧げ、そのうちかなりの人数が最初から中国共産党に入党し、後に指導幹部になったケースも少なくない。以下に、中国の歴史資料の中で出現頻度が高い数人の典型例を紹介する。

中国共産党に最も早く入党した朝鮮人——韓楽然(Hang Nak-yeon、別名韓広宇 Han Gwang-u)。一八九八年に吉林省延辺の龍井村に生まれ、一九一九年にウラジオストクに向かい、翌一九二〇年に上海移住。朝鮮共産党の組織活動に一時参加したが、まもなくその内部抗争に絶望感を覚え、中国の共産主義者に接近するようになり、一九二三年、上海美術専科学校の修学中に中国共産党に入党した。卒業後、奉天で閻宝航、日中戦争中に劉瀾波という二人の中国共産党の要人と知り合い、中国共産党組織の推薦で「東北救亡総会」の宣伝と連絡業務を担当した。一九三八年十一月、郭沫若が率いる国民政府軍事委員会政治部第三庁の組織した作家、芸術家の延安訪問団の一員として中共中央の所在地に到着し、毛沢東とも会った。一九四七年、飛行機事故で遭難。(23)

初期の中国共産党に入党した一番若い朝鮮人——周文彬(Ju Mun-bin、別名金成鎬 Kim Seong-ho)。一九〇八年、朝鮮平安北道義州郡に生まれ、一九一四年、父親とともに中国に移住。一九二六年(十八歳)、中学在学中に社会主義思想の学習に参加し、同年、中国共産党に入党した。一九二九年、北平〔当時の北京の名称〕の党の秘密活動に参加し、燕京大学と輔仁大学の党組織活動の指導を担当した。一九三六年に党の唐山市工作委員会書記を、一九三九年に党の冀東地区委員会書記を、一九四三年に党の冀東特別委員会組織部長兼灤中地区委員会書記を歴任。一九四四年十月に戦死。(24)

中国共産党の中で一番早く軍事指導幹部になった朝鮮人——楊林(Yang Rim 別名楊寧 Yang Yeong、本名金勲 Kim Hun)。一八九八年、朝鮮平安北道に生まれ、一九一九年、父親が「三一運動」に参加して殺害された後に中国東北に亡命。一九二一年、雲南講武堂に入学し、卒業後広東の黄埔軍官学校〔以下、黄埔軍校と略称〕の区隊長を務めた。一九二五年中国共産党に入党し、後に北伐戦争〔一九二六年から二八年〕、南昌蜂起〔一九二七年八月、中国共産党が発動した最初の武装闘争〕および広州蜂起〔一九二七年十二月、中国共産党が広州で発動した暴動〕に参加。一九二八年七月、派遣を受けてソ連の中山大学〔1〕とモスクワ歩兵学校で研修し、一九三〇年に帰国し、党の満州省委員会軍事委書記、東満特別委の軍事委書記を歴任。

一九三二年七月、中央の指示で上海経由で中央ソビエト根拠地に向かい、ソビエト政府の労働と戦争委員会参謀長、武装部参謀長を務めた。一九三五年、紅軍の長征に参加して陝西省北部に到着し、紅軍第15軍団75師団参謀長に就任。一九三六年初め、黄河を渡る作戦で戦死[25]。

中国共産党の幹部の中で最も有名な朝鮮人——武亭(Mu Chong、すなわち金武亭 Kim Mu-chong)。一九〇五年、朝鮮咸鏡北道鏡城郡に生まれ、一九二三年中国に亡命。北平文化大学で中国語を勉強した後、二四年、北方士官学校(砲兵科)に入学。一九二五年、中国共産党に入党し、国民政府軍の北伐と広州蜂起に参加した。間もなく上海に向かい、中国共産党上海韓人支部に勤務。一九二九年、一時逮捕されたが、出獄後香港経由で江西省の中央ソビエト根拠地に入り、労農紅軍に参加した。一九三四年十月、中央紅軍の長征に同行し、総指揮部作戦科長を務めた。日中戦争勃発後、八路軍総部作戦科長として、朱徳と彭徳懐ら軍最高幹部から厚い信頼を得た。一九三八年、八路軍砲兵連隊連隊長を務め、有名な「百団大戦」[2]に参加した。一九四一年、華北朝鮮青年連合会および朝鮮義勇隊の結成を指導した。一九四一年十月、外国の抗日リーダーの一人として延安で開かれた「東方各民族反ファシズム代表大会」に出席し、その画像は毛沢東の画像と並んで会場に掲げられた。日中戦争後、朝鮮に帰国[26]。

中国共産党の安全部門によって極秘に処刑された人——張志楽(Jang Ji-rak、別名金山 Kim San)。一九〇五年、朝鮮平安北道龍川郡に生まれ、一九一九年、中国に入り、二一年、北京国立協和医科大学に進学し、学生時代に初期の共産主義者と接触し、李大釗、瞿秋白ら中国共産党の創始者とも会い、その影響を受けて一九二五年、広州で中国共産党に入党。間もなく黄埔軍校教導団に入隊し、広州蜂起の失敗後、海陸豊ソビエト地区に入り、革命リーダー澎湃の紹介で香港の党組織の下で活動。一九二九年初めに北上し、党の北平市委員会組織部長に就任。翌三〇年十二月、当局に逮捕され、朝鮮に連行されたが、証拠不十分で釈放される。一九三一年、北京に戻った後、現地の党組織から疑惑を持たれ、党籍を回復できなかった。一九三六年八月、朝鮮民族解放同盟の代表として延安に到着し、紅軍軍政大学の教員になる。一九三八年八月、米国人作家ニム・ウェールズ(エドガー・スノーの妻)と頻繁に接触したため、安全部門から疑いをかけられ、十分な調査を受けずに極秘に処刑された(一九八三年、党中央組織部は金山の名誉回復、党籍復帰を決定)[27]。

中国共産党に転入された元朝鮮共産党リーダー——李鉄夫(中国名、本名韓偉健 Han Wi-geon)。一九〇一年、咸鏡南道洪原郡に生まれ、一九一九年、ロシアと中国を回り、翌二〇年、早稲田大学に入学。一九二四年、ソウルに戻り、二六年十二月、朝鮮共産党（ML派）に入党し、第二回代表大会に出席、第三期中央委員会委員に当選。朝鮮共産党の機関が壊滅した後、一九二八年初め、上海に亡命し、間もなく中国共産党に入党、華北地区に派遣される。一九三二年、河北省党委員会宣伝部長と組織部長に就任し、三三年、逮捕されるが、まもなく党組織の救援で出獄し、三四年、党籍を回復する。その後、左翼冒険主義に反対したため、「右傾取消主義」のレッテルを貼られ、批判を受けた。一九三六年春、党中央が左翼路線を是正した後、天津市党委員会書記に任命される。一九三七年五月、延安に到着し、中国共産党白区（国民政府支配地域）工作会議に出席し、毛沢東の接見を受けた。同年七月に病死。(28)

朝鮮帰国後、最も高い職務に着いた人――崔庸健（Choe Yong-geon、別名崔石泉 Choe Seok-cheon）。一九〇〇年、朝鮮平安北道龍川郡に生まれ、中学生の時に反日活動を組織したため入獄し、一九二二年、中国に亡命。まず天津南開大学に入学し、続いて雲南講武堂に転学。一九二五年、黄埔軍校第五期六区隊長に就任し、一九二六年、中国共産党に入党、北伐戦争と広州蜂起に参加。その後、黒竜江地域に移って革命活動を継続。一九三六年、抗日連軍第七軍参謀長を務め、抗日連軍がソ連に退避した後、教導旅団（第88旅団）の編成に伴い、副参謀長と中国共産党東北地区委員会書記に就任。一九四五年十月に朝鮮に戻り、その後、金日成に次ぐ党と政府のナンバー2を長年務める。(29)

中国共産党内の朝鮮人支部

若い朝鮮の共産主義者が中国共産党に大勢入党をした三〇年代より前、中国共産党の組織内部に単独で朝鮮人支部が設けられる、という特殊な事例もあった。

第一期朝鮮共産党の組織と中央指導部が解体された後、その一部の幹部は上海に逃れ、朝鮮共産党国外局（海外部）を設立したが、第二期中央執行部から承認されなかった。(30)一九二六年四月、朝鮮共産党上海支部が、間もなく朝鮮共産党北京支部も設立し、(31)ほぼ同じ時期、朝鮮共産党満州総局とその下部機関が発足した。しかし、このやり方はコミンテルンの規約に違反したものだった。早くも一九二四年六月に開かれたコミンテルン第五回大会で「一国一党」の原則が打ち出された。すなわち、どの国も一つの共産党しかコミンテルンに加盟できず、そのメンバーが許可を得て他の国に移住した時には、所在国の共産党に入党しなければならない、となっている。[32] 一九二五年九月二十一日、コミンテルン執行委員会はまた、国外の朝鮮共産党組織は全朝鮮の共産主義組織の構成部分と見なされるべきで、朝鮮共産党中央の指導を受けながら、実際の活動では中国共産党と連携すると規定した。[33] 十一月九日、コミンテルン東方部は朝鮮共産党中央に送った書簡で、ソ連を含む国外にいる朝鮮共産党のメンバーは本国の党活動に介入してはならず、また、国外で独立した朝鮮共産党の設立も認められないと念を押した。[34] これらの規定に従えば、中国にあるすべての朝鮮共産党の支部はみな国内の朝鮮共産党中央の指導を受けなければならない。問題は朝鮮共産党内部の権力闘争が激しさを増しており、一九二六年九月から二七年十二月まで、新設の第三期中央指導部はコミンテルンから承認されたものの、内部抗争は一向にやむ気配はなく、トップである党書記は立て続けに五人も交代した。[35] 中国に逃れたこれらの朝鮮共産主義者は国内の中央指導部の指導を内心受けたくないし、条件の制限で事実上受けることもできず、かといって独自の党組織の設立も許されないため、やむなくコミンテルン規約の規定に基づいて、組織まるごと中国共産党に入党した。中国共産党江蘇省委員会上海法南区韓人特別支部は、このような背景のもとで生まれた[36]〔「法南」とはフランス租界の南という意味〕。

一九二六年九月、上海韓人支部が発足し、成立大会では呂運亨(Yeo Un-hyeong)が司会し、曹奉岩(Jo Bong-am)が活動報告を行い、洪南杓(Hong Nam-pyo、責任書記)、呂運亨(組織部長)、玄鼎健(Hyeon Jeong-geon、宣伝部長)ら支部委員が選出され、中国共産党に加盟し、その綱領と規約に従って活動を行うことも決定された。韓人支部には、在中国の朝鮮共産主義者と革命青年が多く集まり、党員の人数は通常、三十―四十人であり、中国共産党に入党した朝鮮人革命家の武亭、韓偉健(李鉄夫)、金山(張志楽)らもその活動に参加した。中国共産党の特派員汪河栄、林遠祖らが支部の活動の指導に当たり、毎月二回から三回の合同会議を開き、中国共産党の活動状況と行動計画を伝えた。

一九二七年の国共関係の決裂後、韓人支部は秘密裏に、宣伝、集会、デモ、ストライキの扇動、寄付の呼びかけなど多くの活動を展開し、ほかに、中国共産党が依頼した一部の任務もやり遂げた。たとえば、一九三〇年七月から三一年四月までの間、洪南杓、金命時(Kim Myeong-si)は指示を受け、北満地区に出向いて朝鮮共産党満州総局のメンバーを中国共産党に加入するようにさせた。一九三一年前後、武亭、張泰俊(Jang Tae-jun)、韓鎔(Han Yong)ら十数人の党員は指示に従い、江西省の中央ソビエト根拠地に移った。政府当局、フランス租界警察当局および日本総領事館警察の弾圧を受け、韓人支部のメンバーの大半は逮捕されるか上海を逃れたため、一九三三年一月九日、金丹冶(Kim Dan-ya)が支部会議を招集し、活動の暫定的停止を決定した。[37]

この間、朝鮮共産党中央は韓人支部を通じて中国共産党の機関と関係の樹立を図った。広州蜂起の失敗後、多くの朝鮮人革命家は上海に逃れ、韓人支部の人数は一時倍に増え、八十人以上になった。朝鮮共産党中央(ML派)は直後に上海に代表を送り、韓人支部を通じて中国共産党法南区委員会と接触し、両党の連絡局の設立を持ちかけた。一九二八年二月、梁明(Yang Myeong)はその代表として上海に常駐し、中国共産党側との協議を続けたが、間もなく韓人支部の内部で分裂し、互いに非難、中傷し始めた。法南区党委員会は調停を考えたが、複雑な状況と言語の問題であきらめ、次第に韓人支部から疎遠となり、その両派閥とも会わなくなり、梁明も上海を離れた。[38] 韓人支部に対する中国側同志の見方に関しては、中国の公文書で断片的な資料を見つけることができる。一九二八年七月の文書で法南区党委員会は彼らについて「責任者はしっかりしており、活動能力に優れる」「韓人の民衆にいつも深入りしている」と評価している。一九三二年四月、法南区党委員会が招集した代表大会で韓国支部代表の報告を受けて、大会決議は、同支部の特殊性を配慮し、「彼らの民族独立と解放と反帝国主義戦争の任務完遂を援助すべきだ」と指摘した。[39]

国共合作の時期において、広州は革命の中心地となり、在中国の朝鮮人革命家が集中する地域でもあった。日本の広州総領事館警察署の一九二六年十一月二十二日付の調査統計資料によると、在広州の朝鮮人は計四〇五人で、そのうち、コミンテルンから広東政府の各軍に派遣されたソ連の士官学校卒業生は二四人、黄埔軍校第三期卒業生で、軍の将校になった者は四八人(うち七人はすでに戦死)、黄埔軍校第四期の卒業生で各軍に配属されたか、もしくは学習を継続する者は三二人、軍校第五期の在校生二二八人、中山大学学部生と予備科学生一三人、そのほか、義烈団、共産党など各組織に参加し、もしくは非定時学校の学生は六〇人いた。[40] 全体のうち、どれぐらいの人が中国共産党に入党したかについて正式な史料はないが、当事者金山の証言によると、中国共産党が発動した広州蜂起に参加した朝鮮人だけでも二百人に上った、という。[41] 広東で中国革命に参加した朝鮮人の中で、一部は後に著名な人物になり、そのうち、武亭、楊林、金山、崔庸健らが含まれた。

総じてみれば、中国共産党の結党初期および国民革命(一九二四—二七年)の間、朝鮮共産党と中国共産党の間に直接的な組織関係はなかった。上海韓人支部の設立は、両党間の協議と協力の結果ではなく、上海にいた朝鮮共産党員の個人的決断によるものだった。この時期に中国共産党に入党した朝鮮の共産主義者は人数はそれほど多くないが、先鋭なエリートが集中し、高い学歴と教養をもつだけでなく、経験も豊富で闘争意欲も強かった。彼らが中国各地で繰り広げた反日闘争と独立運動は間違いなく、中国の革命運動に対して大きな支援となり、その一部分を成した。国民革命の失敗後、朝鮮共産党員と革命家は、ごく一部は転々として江西省の革命根拠地に向かったが、大半は東北(旧満州)に向かった。そこは中国に来た朝鮮人の最も集中した居住地なのである。

満州での戦いと内紛

ソ連のアムール川(黒竜江)沿岸と沿海州地域を除けば、中国の満州(特に東満)は朝鮮人の最も集まる場所で、朝鮮共産党は当然、この地域を、独立を勝ち取るために戦う本拠地と見なした[42]。李東輝が率いる朝鮮共産党(上海派)は結党早々、満州地区を、独立運動を展開する社会基盤と捉え、幹部を派遣して活動を展開した。現地の民族主義団体「間島国民会」との協力を通じて速やかに局面を打開し、延辺(間島)の敦化県に朝鮮共産党中央総監府を置き、その下に道本部と郡会を設置し、党組織の拡張を図った。一九二二年四月まで、延辺道本部(敦化)は九の郡会、一七二一人の党員、八二九人の予備党員を有し、南満道本部(吉林)は六の郡会、党員一五三人、予備党員六五人を有し、北満道本部(饒河)は五の郡会、二七五人の党員と八七人の予備党員を指導していた[43]。総監府は名義上のもので民族主義的な色彩も濃厚なため、朝鮮共産党上海派はまた一九二三年八月、張基永(Jang Gi-yeong)、朱健(Ju Geon)らを東満に派遣し、国民会の若手中核グループと協議したうえ、朝鮮共産党満州地方委員会を発足させた[44]。この時、朝鮮共産党の統一した機関はまだ設立されておらず、李東輝の上海派は満州地区で勢力が最も大きい共産主義団体となった。一九二八年八月、党の第四期中央指導部が壊滅した後、朝鮮共産党満州総局は事実上、朝鮮共産主義運動の主要な指導機関にもなった。

しかし、ソ連や朝鮮領内での朝鮮共産党の派閥抗争は中国国内にも持ち込まれ、さらに激しさも増した。朝鮮領内での抗争が中央指導人事の頻繁な交替、各派閥の指導部たらい回しに現れたとすれば、満州での派閥抗争は同じ時期、同じ地域で機関を並立させ、党員争奪戦に現れた。朝鮮領内の抗争手段の最たるものが密告と裏切りだとすれば、満州ではさらに、相互の基盤を崩しあい、武力衝突や敵の手を借りて同志を殺させるだけでなく、直接的に革命の同志を殺害するに至った。これを見守った中国共産党満州省委員会は、朝鮮共産党満州総局は活発な活動を展開し、帝国主義に対して断固たる闘いを繰り広げたが、「党内の無原則の派閥抗争」、および各革命団体の間の「無原則の分裂」は、運動全体の統合と協調を不可能にし、「絶望的な境地に陥った」と判断した。中国共産党南満省委員会は報告書の中で、「これは在満州の韓人共産主義者の間の断末魔の前夜である」と嘆いた[45]。それに比べ、もう一つの問題は中国共産党をさらに憂慮させていた。すなわち朝鮮共産党員は満州で大規模な活動を激しく展開したように見えるが、コミンテルン執行委員会朝鮮委員会が一九三〇年五月に指摘したように、「満州各地に分布する朝鮮の農民運動は終始、中国人社会から離脱しようとする状況にある」ものだった[46]。

中国で展開される運動なので、コミンテルンと朝鮮共産党は当然、中国の革命運動および抗日勢力との関連を考慮しなければならない。早くも一九二五年九月二十一日、統一した朝鮮共産党が設立して間もなく、コミンテルンはすでに朝鮮共産党中央に対し、「できるだけ日本の同志や中国共産党中央と連携し、活動の協調と相互支持を図ってほしい」と指示した[47]。一九二六年十二月六日、朝鮮共産党第二回代表大会でも、「軍事面で中国革命軍を支援すべきで、そのために満州にいる朝鮮人ゲリラの中から優秀者を選抜する必要があり」、もちろんそれは「朝鮮共産党の指導下で行うべきもの」と提起された[48]。コミンテルンの公文書の中に、一九二八年初めに起草したとみられる朝鮮共産党間島局の活動に関する報告書が保存されており、その中で、九つの重要問題を取り上げ、特に「満州の中国人の抗日に対する支持」に触れ、抗日統一戦線の樹立を目指し、中国人と朝鮮人は団結して日本帝国主義と戦う」必要性に言及した[49]。

しかしこれらの認識は決議文や文書の中のスローガンにとどまり、三〇年代初めに満州の各朝鮮共産主義組織が解散するまで、在満州の朝鮮人の反日独立運動にせよ、朝鮮共産党各派の満州総局が指導した革命活動にせよ、ほとんど独自に行われたもので、中国共産党や中国の民衆とほとんど関係がなかった[50]。ここのカギとなる問題は、アイデンティティーと闘争の方向に関する認識のぶれにあるといえよう。

中国共産党、満州に目を向ける

朝鮮人の中国への移民は長期にわたり、多くは既に第二世代ないし第三世代になっているが、彼らのうち大多数の人々は満州、特に東満地区を一時的な仮住まいの地とし、中華民族としてのアイデンティティーを持たなかった。清朝末期にようやく国籍法が制定され、中華民国の樹立後、真っ先に国籍法が発布され、続いて二回の改正が行われたが、その目的はすなわち、越境してきて定住した外来民族が一日も早く「帰化して国籍を改める」ことを促進することだが、効果はあまり見られなかった。日本による東北侵略の陰謀に対抗するため、民国政府は一九二九年、国籍法を再度修正し、二重国籍に対する制限を撤廃した。にもかかわらず、当時満州にいた一三〇万人の朝鮮族住民のうち、中国籍に改めたのはその一割にも満たなかった(51)。

こうして、大多数の中国在住の朝鮮人は朝鮮国籍を失い、日本国籍は受け入れたくもなく、かといって中国国籍に入籍しようともしないため、多くは無国籍者になった。しかし、彼らの内心では、自分は朝鮮人だとの認識しかなく、独立と復国の願望と衝動は常に満ちていた。そのため、朝鮮人から見れば、満州はただ彼らが生活基盤を暫時に置く場所、祖国の光復のために戦う足場、朝鮮革命運動の「中心的根拠地」でしかない。その中で東満は「朝鮮の延長」と考えられていた。いわゆる「朝鮮革命の延長論」である。そこで、当時の中国共産党は主要な矛先を国民党反動政権および地主や官僚買弁ブルジョア階級に向けて階級闘争を展開したのと違って、在満州の朝鮮共産党は戦う対象を日本帝国主義およびその手先に据えた民族闘争に集中し、中国の軍閥、官僚および地主階級の利益に触ろうとしなかった(52)。この種の状況は目線を東北地区に向け始めた中国共産党に憂慮を感じさせずにはいられなかった。

国共関係が決裂した後、長城以南(「関内」)における中国共産党の活動は大きな制限を受けたため、国民党の勢力がほとんど及んでいない地区での勢力伸長に力を入れ始めた。中国共産党の結党初期にすでに相次いで羅章龍、林育南ら幹部が満州に派遣されたが、進展はほとんど見られなかった。一九二五年になってようやくハルピン特別支部、奉天支部が設立された。二六年春、ハルピンで北満地方党の執行委員会が設立されたが、その下には一〇の支部、七三人の党員しかいなかった。その後、党員数が伸びる時期もあったがその都度、組織が摘発され破壊され、一九二七年夏になると、党員三十名余りのみ残ることになった(53)。二七年五月十八日、党中央政治局常務委員会は東北地区における情勢と党勢力の拡張問題を検討し、党の満州省委員会の設立を決定した。しかし間もなく、党の省委員会の設立準備作業は裏切り者が出たため中断した。九月下旬、党中央は再度、順直省党委員会組織部長陳為人を東北に派遣して満州党委員会の設立に当たらせ、十月二十四日、ハルピンで東北地区第一回党員代表大会が開かれ、党の満州臨時省委員会が選出されたが、一九二八年十二月まで、東北地区全体には三六の地方党組織、二七〇名の党員しかいなかった。追い打ちをかけるかのように、この月に、満州省党委員会書記陳為人はじめ、組織部長や労働運動部長を含む一三人の幹部が当局に逮捕され、満州省党委員会とそれが兼任した奉天市党委員会は壊滅的な打撃を受けた。一九二九年六月四日、党中央は劉少奇を党の省委員会書記に任命し、満州の活動に対する指導の強化を決定した(54)。この時点から、在満州の朝鮮共産党員の運命は初めて本格的に、中国共産党と結ばれることになった。

陳為人は満州に到着し、党の省委員会の設立準備にかかった際、すでに、現地に朝鮮の難民が多いことに注目し、「ほかに秘密組織と三千人余りの武装人員がいる」ことの説明を受け、満州の未来の闘いは「主に日本に対する革命の暴動と革命戦争」であり、参加者は「必ず中国の労農と朝鮮人の農民である」ことを認識した(55)。満州省臨時党委員会が一九二七年十二月十四日付で出した当面の活動計画に関する決議案の中でも、「満州全体の革命」は必然的に、「中国の農民と朝鮮人の農民の連携を促進」し、さらに数十万人の産業労働者、手工業者を結集し、共同で「地主、軍閥および日本のブルジョア階級に反抗する闘争」であるに違いないと指摘した(56)。そのため、中国共産党指導部が一九二八年六月十一日付で出した指示書簡でも、満州党委員会の当面の任務は、「民族自決」、「民族平等」の原則に基づき、少数民族の解放闘争を援助し、韓国やモンゴルの労農大衆と連合して、資本家と地主に共に反対し、統一した労働組合、農民組合を作ることだと指示した(57)。

満州省党委員会は一九二八年十月に開かれた東北党員第三回代表大会でも、弱小民族を援助し、中国共産党の土地大綱と民族政策を宣伝し、「朝鮮人を指導して共に反日、反封建の運動」を展開し、土地革命と武装暴動を繰り広げる必要性を強調した(58)。在中国の朝鮮人が中国の少数民族と見なされる以上、彼らの解放と独立運動はおのずと中国共産党の指導する中国革命運動に組み入れられなければならない。だが中国共産党の満州での活動はスタートを切ったばかりで、また絶えず摘発・破壊され、大衆に対する組織能力も動員能力もかなり欠乏していた。満州省党委員会の文書によれば、一九二九年になっても状況は打開されておらず、ハルピンの状況はいくらかマシだが、ほかの地域の党活動はほとんど停止状態にあった(59)。大半の朝鮮人の中で活動を展開する必要性を認識しつつ、中国共産党自身の存在はまだ薄かった。その当然の結論として、人数が多くかつ活発に活動する朝鮮共産党と連携を取り、双方の関係を軌道に乗せることが党のスケジュール表に上ることになった。

早くも一九二八年一月、延辺地区の労働者や農民のうち、朝鮮人が圧倒的多数を占め、これまで朝鮮共産党がこの地域で活動を繰り広げていたことに鑑み、省臨時党委員会は党中央に対し、中国共産党の延辺での活動、とりわけ農民に対する動員は、朝鮮共産党と密接な連携を取るべきか、どのような関係をもったほうがいいかについて指示を仰いだ(60)。しかし、今日に至っても、中国共産党中央指導部によるこの問題への返答を示すいかなる史料も見つかっていない。ただし、一部の中国共産党の支部は朝鮮共産党の組織に接触し、個別的に朝鮮人の入党を受け入れ始めていた。たとえば延辺、樺甸などの地域である(61)。朝鮮共産党の内部抗争に対する反感と諦念により、同年十二月十日、コミンテルンは、現存する朝鮮共産党のいかなる派閥も承認せず、彼らが統一した党組織を改めて樹立するよう求める決議を行った。

現在、大半の中国人学者は、この十二月決議以後、コミンテルンは代表を中国に派遣し、満州の朝鮮共産党員は「一国一党」の原則に従って中国共産党に加入すべきとの提案を伝達し、中国共産党中央と満州省委員会もこれで「朝鮮共産主義者が中国共産党に加入するよう働きかける活動を積極的に展開し始めた」と分析している(62)。この見解はおそらく当事者たち（楊一辰、韓光など）の証言(63)の影響を受けたものと思われるが、実はこの判断は正確とはいえない。文献資料から見れば、一九三〇年五月まで、コミンテルンが強調したのは中国共産党が朝鮮共産党の再建を支援すべきだということであって、朝鮮共産党員が中国共産党に入党することに関する提言は出していない。中国共産党が朝鮮共産党員を吸収する複雑なプロセスから見れば、それはコミンテルンが結果的に受け入れた既成事実だったと見るべきである。

コミンテルン決議の衝撃

コミンテルンの一九二八年十二月の決議はどのように、またいつ中国共産党中央に伝えられたのか、いまだにはっきりしない。かつて満州省党委員会臨時書記を務めた李実の回想録によると、一九二九年六月に劉少奇が満州省党書記に任命された際、中央指導部は劉に対し、「朝鮮共産党の派閥問題の解決」と「満州での党再建」を援助すること、という二つの任務を託した、という(64)。これは、明らかにまだコミンテルンの指示の実行にとどまる段階だった。まもなく満州省党委員会は、朝鮮共産党員の満州での積極的な活動の状況を把握し、朝鮮共産党員を中国共産党に加入させる問題を提起した。一九二九年七月二十日、中国共産党上海韓人支部の書記玉真(偽名)は党中央に対し、満州総局は「一国一党の原則に従い、中国党の組織に編入することは必然的な成り行き」だとしつつ、民族間関係を考慮して「特別な組織を設ける方法」をとるべきだと提案した。(65)七月二十五日、満州省党委員会朝鮮工作委員会のメンバー江宇が出した報告書も同様の見解を示したが、この問題はコミンテルンの代表および朝鮮共産党と協議して解決されるべきだとも提言した。(66)

八月、中国共産党中央は当時北京市党委員会組織部長だった朝鮮人幹部金山を東北に派遣した。その任務は中国共産党と朝鮮共産党員との連携構築を支援することと、代表として吉林で開かれる朝鮮革命青年連盟大会に出席することだった。金山は一九二二年に中国国籍を取得したが、任務に支障をきたすためそれを放棄した。彼の証言によれば、青年連盟大会の指導者たちはほとんど広州蜂起に参加した朝鮮の革命家であり、彼らは皆、中国共産党の組織との合併と同時に、朝鮮の革命青年は独立の組織系統を保ち、満州省党委員会朝鮮共産主義者青年団支部の指導を受けるべきだとの新しい路線を積極的に主張していた。(67)

九月、劉少奇は朝鮮党員の受け入れ問題を省党委員会の活動の優先課題と決め、「韓党(朝鮮共産党)との関係」に関する六箇条の指示を出し、特に連携と情報交換の強化を強調した。(68)十月九日、上海韓人支部は党中央民族委員会へ送る書簡の中で、朝鮮共産党満州総局の解散はコミンテルンの許可が必要で、それより前に、中国共産党は総局と速やかにコンタクトを取り、指導を与えるべきだと再度提案した。(69)しかし、コミンテルンと中国共産党中央のリアクションを待つまでもなく、満州省党委員会と朝鮮共産党の満州にある三つのグループとの関係には変化が生じ始めた。

コミンテルン十二月決議の趣旨を知らされた後、朝鮮共産党の満州で活発な活動を展開した三つの主要グループ——漢上(Hansang)派〔漢城—上海派、以下同〕、ML派、火曜(Hwayo)派は別々の再建行動をとった。漢上派の目標は引き続き単独で建党することだが、再建の活動重点を満州に置くことにした。(70)ML派は中国共産党の指導下での朝鮮共産党支部の存続を考えた。(71)

火曜派は中国共産党との機関同士の協力を求めた。九月十九日、中国共産党満州省委員会代表との交渉で、火曜派満州総局は中国共産党の政治路線の受け入れ、統一行動、中国側の満州党組織との代表の相互派遣、密接な友党関係の樹立に同意した。火曜派は、数多くの党と青年団のメンバーや農民、青年を結集しているだけでなく、韓国独立軍(民族主義的な武装勢力)とも密接な関係を保つ実力派なので、かなり期待を寄せる「友軍」として中国側から重視された(72)。九月十九日、満州省党委員会は党中央に対し、朝鮮の共産党組織との関係の最新の変化を報告し、朝鮮共産党の組織が中国共産党に加盟する問題についての判断を仰ぎ、また、政治的に信頼できる朝鮮族の中国共産党党員を派遣してこの任務に当たらせるよう依頼した(73)。

一九二九年十一月、東方勤労者共産主義大学〔3〕の朝鮮人卒業生韓斌(Han Bin)と李春山(Lee Chun-san)がコミンテルンの派遣で上海に到着した。中国共産党中央と協議した後、彼らは中国側代表蘇文の案内で一九三〇年七月、ハルピンに向かい、そこで満州省党委員会幹部(一四人)と朝鮮共産党各グループのリーダー(一一人)との合同会議を招集し、在満州の朝鮮共産党組織と中国共産党との関係の在り方を協議した(74)。会議の具体的内容についてはいまだに詳しい資料が出ていないが、会議後、各グループとも直ちに反応を見せた。

一月三十日、漢上派満州総局は中国共産党中央に対し、満州の革命運動は中国革命の一部であり、在満州の朝鮮人組織も原則上、中国共産党に編入すべきだとし、中国側の提案に従い、速やかに朝鮮共産党を中国共産党の指導下の独立組織に改組することに同意すると伝えた。また、朝鮮共産党の外郭団体である農民同盟と青年同盟は当面解散せず、東満の四県はこれまで通り、朝鮮共産党組織の直接の指導を受けること、満州全体の指導機関には朝鮮、ロシア、日本の同志とも参加することを提案した。さらに、これらの決定は朝鮮共産党中央の批准を得てから中国共産党中央と本格的協議に入るとも言及した(75)。

しかし実際には、朝鮮共産党中央はもはや存在しておらず、この報告から漢上派の中国共産党加盟に対する内心の拒絶が読み取れる。ただこの時、朝鮮共産党各グループの一般党員と下部大衆の声はすでにそのリーダーたちの判断に影響を及ぼし始めた。朝鮮共産党の各グループのリーダーはみな権力の奪取に汲々で、空論を言うだけだとの不満は爆発寸前まで来ていた。さらに、コミンテルンがすでに朝鮮共産党組織を承認していないとの噂があっという間に広がり、各派のリーダーを追い詰めていた。これと対照的に、中国共産党はコミンテルンから正式に承認を得た支部である上、「民族自決」と在満州の韓人のために土地の権利を勝ち取れとのスローガンを打ち出したため、ますます多くの朝鮮共産党党員と朝鮮族の革命民衆からの信頼を集めた(76)。

「中国共産党員」になる

一九三〇年三月、朝鮮共産党の各グループの代表は再度、合同会議を開いた。ML派代表は会議で一致して、中国共産党への加入に同意を表明し、火曜派の張時雨(Jang Si-u)と漢上派の朱健、尹滋英(Yun Ja-yeong)も同様な見解を示したのに対し、金燦(Kim Chan、火曜派)ら数人のみが異議を唱え、自分の力で朝鮮共産党の再建を図るべきと主張した(77)。三月二十日、ML派満州総局は解散宣言を発表し、「朝鮮延長論」は誤りだとし、朝鮮党の満州組織の解散と、在満州の党員が個人の身分で中国共産党に入党することを認めた(78)。間もなく、火曜派総局の内部で分裂が起こり、金策(Kim Chaek)、崔東範(Choe Dong-beom、別名李福林 Lee Bok-rim)ら多くの若手活動家と大半の総局委員が相次いで中国共産党に入党し、金燦は総局委員の職を解かれ、ほかの一部の反対者はソ連に帰った(79)。明らかなことに、朝鮮共産党の各派の組織が解散し、多くの党員が中国共産党に加入することは大勢となった。

四月二日、中国共産党満州省委員会は、朝鮮共産党を「一種の大衆団体」と見なすべきで、闘争の中で「一人ずつ」中国共産党に吸収するよう指示した(80)。延辺特別支部は五月八日の報告書の中で、中国共産党はこの地域の大衆運動の全指導権を掌握しており、かつて朝鮮共産党の組織の間に存在した派閥抗争はすでに克服したと伝えた(81)。

このような情勢の変化を見て、コミンテルンはついに立場を明らかにした。一九三〇年五月十八日、東方書記局朝鮮委員会は、在満州の朝鮮人のすべての活動を統一的に中国共産党の指導に一任し、中国党は朝鮮の同志たちと連携を保ち、支持を与えるべきで、朝鮮共産党が正式に樹立するまで、朝鮮と関係するすべての問題について中国共産党は「すべて、コミンテルン執行委員会と協議して処理することが望まれる」とし、「新たに三人の同志からなる満州局を設立して、中国共産党中央満州委員会の下に置くように」とも指示した(82)。

コミンテルンの態度表明がもたらす直接の結果として、火曜派満州総局は六月十日、解散を発表した。漢上派の主要リーダーは、朝鮮共産党の満州での組織を解散して中国党に加入する体制には逆らえないと認識しつつ、朝鮮共産党の国内再建にまだ希望をつないでおり、中間的な組織形態をとることにした。六月二十四日、漢上派は、尹滋英らが起草した宣言書を公表し、さきに再建した組織の解散を通知しつつ、中国共産党に入るための思想的、組織的準備の一環として「在満州朝鮮人共産主義者同盟」の発足を発表した(83)。しかし、コミンテルンはこの時、漢上派の党の自主的再建を図る最後の望みを絶った。

一九三〇年六月二十日、東方書記局は、漢上派の朝鮮共産党再建準備委員会が自主的に解散し、当該委員会の朝鮮におけるすべての人的ネットワーク、機関、資金をコミンテルン執行委員会に引き渡し、中国におけるすべてのネットワーク、機関と資金を中国共産党に引き渡すことを要求した(84)。コミンテルンは朝鮮共産党再建の努力を放棄したわけではないが、朝鮮人同士の長い間の派閥抗争に嫌気がさし、ソ連が自ら代表を派遣して朝鮮領内で活動を展開するとともに、中国共産党の介入と援助を希望したのである。中国共産党中央はコミンテルンのこの明確な態度表明を受けて、直ちに断固とした一連の方針を発した。

六月二十九日、中国共産党中央は満州省委員会に次のように指示した。満州の韓人の闘いは中国革命の大枠に組み入れ、中国共産党の策略の総路線に従ってストライキや地方の暴動を組織し、土地革命の徹底的実現を図り、ソビエト政権の樹立を目指すべきだ。中国共産党は「朝鮮人同志の加入を認める」が、彼らは中国党の綱領と党規約を受け入れなければならず、いかなる派閥や団体の形式ではなくあくまでも個人名義で入党すること、中国の党組織の中では韓人の党員を管理する特別な機構を設けず、すなわち全員が韓人からなる支部を作らず、一様に各級の地方党組織の指導を受けること、朝鮮共産党の派閥抗争を中国共産党内に持ち込むことを特に警戒し、派閥抗争の傾向を持つ人の入党を認めず、「すでに入党したこのような者は除名する」、という内容である(85)。

七月一日、中国共産党と共産主義青年団の満州省委員会は連名で在満州の韓国人共産主義者への公開書状を発し、これらの原則と規定を説明した(86)。これで、中国共産党に加入するかもしくは中国から離れる以外に、在満州の朝鮮共産党の組織はほかの選択肢が一つも残されていなかった。七月初め、漢上派満州総局は解散を宣言し、八月、発足して二カ月未満の在満州朝鮮人共産主義者同盟も解散に追い込まれた。一九三〇年夏になると、満州における朝鮮共産党のほぼすべての活動が中国共産党の直接的指導下に収斂された(87)。

大量の朝鮮族党員の加入により、中国共産党の実力は急増した。中国共産党の組織史資料によると、満州省党委員会の下部組織の党員数は、一九二九年、二五四人しかなかったが、三〇年は二・五倍に急増し、八九三人に達した。三一年はさらに倍増し、二一三二人になった(88)。一九三三年夏、瀋陽と大連を除く全満州の党員数は総計、二千五百人余りであった。そのうち東満地区の千二百人の党員の中、朝鮮族党員は千百人を占めた(89)。このことから、全満州の中国共産党員のおよそ半分は朝鮮人であると推計できる。これと当時に、中国共産党の幹部層における朝鮮人の数も正比例的に大きく伸びた。一九三〇年八月以降、党組織が設立され、朝鮮人が書記を担当したものには、延和中心県委員会——王耿（中国名。本名文甲松 Mun Gap-song）、吉林臨時県委員会——王平山（中国名。本名金昌根 Kim Chang-geun）、清原県委員会——姜義峰（Kang Ui-bong）、磐石県委員会——李朴奉（Lee Bak-bong、別名朴銀秀 Park Eun-su）、柳河県委員会——李昌一（Lee Chang-il、別名崔昌一 Choe Chang-il）がある。(90) 三〇年代初め、中国共産党東北地区の県書記と区書記のほとんどは朝鮮人で、たとえば、如寧県の二期の書記、延辺地区の四つの県の書記、および勃利、湯原、饒河、宝清、虎林、依蘭など各地の県書記と大半の県委員会委員がそうである。(91)

旧満州の革命、最初の高潮を迎える

前述の通り、コミンテルンが在中国の朝鮮共産党員の中国共産党加入を決定したのは、中国共産党によって朝鮮共産党を排斥もしくは取って代わるためではなく、朝鮮共産党が国内で再建されるまでの一時的措置と考えたためである、この指示を中国共産党は忠実に実行し、満州の朝鮮党員を吸収すると同時に、朝鮮共産党の国内再建を援助する任務も引き受けた。一九三〇年九月二十五日、満州省党委員会は東満特別委員会に対し、「朝鮮国内の活動に対する支援」「党組織の拡張」「朝鮮革命を援助することは東満の中心的任務の一つである」と指示し、また、特別委員会が速やかに朝鮮国内工作委員会を設立し、「朝鮮国内の活動を計画し行動に移し始める」ことを要求した。(92)

一九三一年二月二十三日、東満特別委は省委員会に送った書簡の中で次のような決定を伝えた。廖如願を書記とする朝鮮国内工作委員会の発足、まず三人を咸興、新興、京城（ソウル）、ピョンヤンに派遣し、続いて会寧など各地にも増派して大衆工作を展開し、党組織を作ること、開山屯、琿春など各地の党組織が積極的に朝鮮国内に拡張するよう督促すること、特別委と省委の朝鮮国内工作委員会の名義で朝鮮革命を支援する宣言を発表すること、などである。(93)

三月二十日、コミンテルンの意思により、朝鮮共産党再建準備委員会（漢上派）は正式に解散した。それと同時に、中国共産党東満特別委のもとで、朝鮮共産党の再建準備に取り掛かる「行動委員会」が設置された。(94) 三月二十七日に行われた満州省党委員会の決議は、「韓国革命の支援」を「満州（中国共産）党の主要任務の一つ」と明示した。(95) 四月十五日、満州省党委員会は党中央の意見に基づき、「専門的に韓人の活動問題を協議する」ための少数民族部を設置し、また、所属する各特別委員会にも少数民族部を設置する構想も明らかにした。[96] 同年九月十二日まで、朝鮮共産党の本国再建を援助することに関する決定、指示が多数出たが、東北情勢の激変により、その方向転換は余儀なく行われた。

一九三一年九月十八日、満州事変が勃発し、その直後から、中国共産党中央は「反蔣〔介石〕抗日」、「民族革命戦争」といったスローガンを打ち出し、全国各地で人民武装を組織し、日本侵略者と直接的に戦うことを呼びかけた。[97] 三一年末、満州省党委員会は、「ゲリラ戦争を発動し、反日の民族戦争を指導し、満州の新しいゲリラ区域を開拓する」ことを「最も中心的で、切羽詰まった、最も現実的な戦闘任務」だと位置づけ、相次いで党員と青年団員などの中核メンバー二百人余りを各地に派遣して義勇軍の組織作りに取り掛かった。一九三二年春から三四年春まで、東満、南満、北満、吉東など各地で前後して中国共産党が直接的に指導し指揮する抗日ゲリラ部隊を十八も作った。[98]

この時期とこれらの地域において、中国共産党もしくはほかの勢力が指導する武装勢力の中で、主要メンバーはほとんど朝鮮人だった。中国共産党の組織力が最も強い東満地区では、党と青年団の組織や大衆組織の中で、「九五%は韓国の同志」であり、北満の一部の地域（賓県、湯原、饒河）の朝鮮族党員の比率は九九%に達し、南満の磐石県の状況も同様だった。[99] そのうち、比較的著名なゲリラ部隊のリーダーには、饒河の崔石泉（崔庸健）、金文亨（Kim Mun-hyeong）、李学福（Lee Hak-bok）、磐石の陳振玉（Jin Jin-ok）、李松波（Lee Song-pa）、延吉の朴東根（Park Dong-geun）、朴吉（Park Gil）、和竜の張承煥（Jang Seung-hwan）、金昌渉（Kim Chang-sup）、汪清の梁成龍（Yang Seung-yong）、金明均（Kim Myeong-gyun）、琿春の孔憲琛（Gong Heon-Chim）、朴泰益（Park Tae-ik）などが挙げられる。[100]

一九三四年末まで、中国共産党の指導する東北抗日ゲリラ部隊のうち、少数民族（主に朝鮮族）の割合は九割を占めた。[101] 一九三四年十月から三六年一月まで、中国共産党満州省委員会は各ゲリラ部隊を相次いで、東北人民革命軍第一、二、三、六軍、東北抗日同盟軍第四軍、東北反日連合軍第五軍に改編し、一九三六年二月、それらの部隊を統一した東北抗日連軍に編成した。[102] 東北の抗日闘争はこの時期から、猛烈な勢いで繰り広げられることになった。

これを背景に、東満特別委員会は相変わらず中心任務の一つを、「韓国での活動の着手と発展」、「できるだけ一部の幹部を引き続き派遣してこの任務に当たらせる」と規定した[103]が、実際には、中国共産党中央と満州省委員会はもはや朝鮮共産党の再建にかまう余裕がなくなり、一方、東北の朝鮮人の活動は中国共産党の指導と組織下に完全に収まることになった。それにより、中国共産党と朝鮮共産党の組織間の関係はまだ日の目を見ないうちにピタリと止まった。

中朝両国および在中国の両民族の民衆は日本帝国主義に抵抗して肩を並べて闘う戦友であり、特に中国共産党が「武装抗日」のスローガンを打ち出して以降、彼ら同士の奮闘目標は同じ方向に一層重なり、朝鮮人の中国革命参加も最初の「やむなし」の心情から「進んで」「積極的」に転じた。朝鮮民族の参加がなければ、満州事変以後(特に初期)における中国共産党の指導する武装抗日運動はなかったと言ってもよい。しかしその矢先に、反「民生団」の粛清が発生し、それは朝鮮人の強烈な反発とコミンテルンの憂慮を招くことになった。

粛清—退潮—再起

民生団は、最初は日本側が画策したいわゆる「韓人自治」の組織で、メンバーは全員朝鮮人であり、その狙いは中朝関係にくさびを打ち込み、東北の抗日運動と共産主義運動を破壊することにあった。しかし、社会的な支持と広がりが得られなかったため、同組織は成立して間もなく、一九三二年七月解散した。ところがその一カ月後、抗日ゲリラ部隊が日本憲兵隊から釈放された「宋おやじ」という人物を訊問した際、本人が自分は民生団のメンバーだと認めたため、それがきっかけで、東満の党内と根拠地の中で民生団に対する審査と検挙の闘争が開始された[104]。中国共産党東満特別委員会は一時、反民生団の闘いを「我が党のすべての任務の中で最も中心的な任務だ」として、特別に「粛〔清〕反〔対〕委員会」を設立した。東満特別委員会の当時の内部判断によれば、民生団のメンバーは地方の党組織と人民革命軍の中で四割を占め、「韓国の同志は全員民生団だ」という極端な見方もあった。朝鮮族の幹部と民衆に対して猜疑心と警戒心が普遍的に生まれる中で、中国の党組織は党内と軍内の朝鮮人幹部、兵士に対し、大量に逮捕・訊問そして粛清を始めた。厳しい拷問などの手段を通じて、芋づる式に約五百六十人が逮捕され、そのうち二五人の特別委と県クラスの幹部を含む約四百三十人が処刑された。東満特別委はまた、東北人民革命軍の再編過程で、軍団、師団級の幹部を全員中国籍の人間に替えたり、一般兵士を「中国人と高麗人に分けて編成」したりして、朝鮮人に対して様々な警戒と防衛措置をとった。反民生団の闘いは歯止めを失って広がり、抗日隊列の中でパニックをもたらし、また多くの党と青年団組織を麻痺状態に陥れる事態を招いた[105]。

一九三四年末、すでに問題に気付いていた満州省党委員会は、東満省委員会に対し、「反民生団の闘争の中で引き起こされた党内の相互の猜疑心と不信任ないし恐怖的な傾向（例えば中国の同志が高麗人をみな民生団と見なし、韓国の同志を疑うこと）」を防止し是正しなければならないと指導した[106]が、状況はすぐには改善されなかった。

粛清運動は、朝鮮の共産主義者と革命民衆の強烈な不満を引き起こし、多くの人々が中国の党組織およびその指導下の抗日隊列からの離脱を余儀なくされ、もともと朝鮮共産党ML派に属した一部の人は独立した朝鮮共産党の復活を発表し、綱領を採択し、在満州の朝鮮人の結集を試みた[107]。一九三五年夏から秋にかけて、一部の中心的な朝鮮のリーダーは極秘に上海に集まって会議を開き、朝鮮革命およびその組織の問題を協議した。彼らは、満州事変以降、中国の東北は朝鮮革命の中心になっており、朝鮮の革命勢力は分散してはならず、「塩が水に溶けるように中国の運動の中で自分を見失ってはならず」、「対等な組織」として中国革命に参加すべきで、連合して朝鮮革命全体に対する統一的な指導を行うべきだ、との認識で一致した。中国共産党の「八一宣言」が抗日民族統一戦線論を打ち出してからは、朝鮮人革命家たちは朝鮮民族解放同盟を直ちに発足させた[108]。

コミンテルンも、中国共産党による民生団パージを知った後、異論を表明した。一九三五年十一月二日、コミンテルン第七回大会に出席した中国共産党の代表楊松（呉平、元中共吉東特別委書記）は民生団に関する対処措置を批判する文章を発表した。文章は、民生団全体を日本の「手先の団体」、「スパイ機関」と見なしてはならず、少数の上層部の反動リーダーと下部の大半の民衆を区別する必要があるとし、また、中国共産党組織の強化と拡大の前提のもとで「韓国民族革命党」の設立を提案した[109]。この文章は明らかにコミンテルン第七回大会の意思を反映するものだった。

周保中の回想録[4]によると、一九三五年七月に開かれたコミンテルン第七回大会は、東北「抗日救国会」の中の朝鮮人を分離して「朝鮮祖国光復会」とし、東北人民革命軍の中の朝鮮人部隊を「朝鮮人民軍」として単独で編成することを決定した、という[110]。中国共産党はすぐコミンテルンの意見を受け入れ、「間島韓人民族自治区」の設立、東満人民解放軍の「中韓抗日連軍」への改編、韓国民族革命党の創設、中国共産党の県または区委員会の統一した指導のもとで韓人党小組や党支部を設立、といった改善策を報告した[111]。コミンテルンの本意は、中朝両者の間の摩擦による東北地区全体の反日運動に与える影響への懸念にあったが、現実的には中国での独立した朝鮮の党と青年団、軍隊を組織する条件は存在しておらず、これらの構想はほとんど実行に至らなかった。様々な原因により、朝鮮人民軍と民族革命党はいずれも発足に至らず、ゆるやかな大衆組織として「光復会」は一九三六年六月に設立を宣言したものの、依然として中国共産党の指導下におかれ、一九三八年以降、実態としても消滅した(112)。

金日成の登場

ともかく、一九三六年二月に反民生団の闘争が停止し、朝鮮共産主義者の心に覆い被さった影はついに晴れた。その過程で中朝両国の共産党員同士の関係にも構造的な変化が起きた。まず、三〇年代初めにおける朝鮮共産党の満州各グループの解散により、その元の中核メンバーは逮捕されるか大半は朝鮮やシベリアに戻った(113)。次に、一九三二年から三五年まで行われた反民生団事件は指導幹部を務めていた多くの元朝鮮共産党員を粛清した。その結果、コミンテルン第七回大会以降、中国共産党の組織と武装勢力に残った朝鮮人は大幅に入れ替わることになり、そこで頭角を現したのは主に三〇年代初めに中国共産党に入党した若手の革命家で、その中にはのちに朝鮮の指導者になった金日成が含まれていた(114)。一九三五年十二月二十日付中国共産党東満特別委員会書記による幹部略歴報告書と、一九四五年八月三十日付で第88旅団が階級授与のため金日成について書いた申請書(周保中がその上に意見を書き、署名)によると、金日成の入党の年は一九三二年だった(115)。まさにその時期に、東北抗日連軍の中で朝鮮族幹部を粛清した反民生団運動が始まっていたのである。

中国共産党の組織史資料の記録によれば、一九二七年十月から三七年七月まで、中国共産党満州省委、ハルピン特別委、南満省委、吉東省委、北満省委およびその所属する党、政、軍、青年団組織の中にいた朝鮮族の幹部は計七八人(県党書記以上の幹部は三三人)であり、そのうち、一九三五年七月のコミンテルン第七回大会以降も高級幹部を務めたのは、李東光(Lee Dong-gwang、別名李東一 Lee Dong-il)、李相俊 Lee Sang-jun、南満省委組織部長)、劉佐健(Yu Jwa-geon、南満省委青年部長)、全光(Jeon Gwang、別名呉成侖 O Seong-yun、南満省委宣伝部長)、馮剣英(中国名。本名崔鳳官 Choe Bong-gwan、柳河県委書記)、権永碧(Gwon Yeong-byeok、長白県委書記)、李福林(Lee Bok-rim、北満臨時省委常務委員兼組織部長)、金策(北満臨時省委執委会委員)、許亨植(He Hyeong-sik、別名李熙山 Lee Hui-san、北満臨時省委執委会委員)、張福林(Jang Bok-rim、ハルピン東特委書記)などである(116)。

このほか、中国共産党の指導下にある武装勢力の中でも多くの朝鮮人が活躍しており、その中で比較的著名なのは、朴翰宗(Park Han-jong、一九三四年、第一軍参謀長を務める)、李紅光(Lee Hong-gwan、一九三四年、第一軍第一師師長)、李敏煥(Lee Min-hwan、一九三四年、第一軍第一師参謀長)、韓浩(Han Ho、一九三五年、第一軍第一師師長)、金日成(一九三六年、第二軍第三師師長)、崔石泉(崔庸健、一九三六年、第四軍第二師参謀長)、金鉄宇(Kim Cheol-u、一九三六年、第七軍第三師政治部主任)、崔賢(Choe Hyon、一九三六年、第二軍第一師第一団団長)、金一(Kim Il、一九三七年、第一路軍第二軍第六師第八団政治委員)、金光俠(Kim Kwang-hyob、一九三七年、第二路軍第五軍第二師第四団政治委員)、姜信泰(Kang Sin-tae、別名姜健 Kang Geon、一九三七年、第二路軍第五軍第三師第九団政治部主任)、李永鎬(Lee Yeong-ho、一九三八年、第二路軍第七軍第三師第七団政治委員)などが挙げられる。[117] 戦死者を除けば、遅れて頭角を現したこれらの面々は後に、朝鮮民主主義人民共和国を創立した中心メンバーを構成し、朝鮮労働党内の「パルチザン派」「満州派」と呼ばれ、中国共産党と中華人民共和国との間に長期にわたって密接な関係を保ったのである。

コミンテルン第七回大会が統一戦線の樹立に関する見解を示した後、中国共産党の方針は次第に、反蔣介石から抗日が主要任務に転換した。中国共産党と朝鮮人の闘う方向が完全に一致をみたため、在満州の朝鮮共産党員の中国共産党加入も一段とスムーズに進んだ。盧溝橋事件と中国の抗日戦争の全面的勃発にともなって、中朝両国の運命は完全に一つに結ばれ、両国の共産党員の関係もこれで新しい歴史段階に入った。

第二節　日中戦争中の朝鮮人革命家

一九三七年の日中戦争の全面的勃発の時、中国領内にとどまった朝鮮の共産主義者は自分の組織を持つことをあきらめ、中国共産党の隊列に完全に溶け込んだ。その後の八年にわたる苦難を極めた抗日戦争の中で、置かれた環境の違いによって、中国共産党の組織内の朝鮮人革命家は主に二つのグループに分かれた。一つは金科奉(Kim Du-bong、別名金白淵 Kim Baek-yeon)と武亭が代表で、朝鮮独立同盟と朝鮮義勇軍を率いて、主に華北、華中地域で活躍し、中国共産党の提唱した「東方反ファシズム国際統一戦線」の一員として、中国共産党中央の直接の指導下に置かれた。もう一つは金策、崔石泉、金日成が率いるもので、中国共産党の指導下にある抗日武装勢力の一部として、東北地区を闘争の基盤とし、中国共産党の東北党組織に直接管轄を受けた(118)。

一九四一年以降、党中央との連絡が途絶えた東北抗日連軍の残存部隊はソ連の極東地域に退避し、ソビエト軍が直接指揮する特別な部隊――第88独立歩兵旅団(内部では「抗日連軍教導旅団」と呼ぶ)に編成された。抗日戦争の勝利直前、中国共産党中央は朝鮮義勇軍がソ連軍に呼応して朝鮮を解放するよう命じたが、一行は鴨緑江の岸で足止めされ、その主要リーダーだけが数回に分かれて帰国することを認められた。日本の降伏後、スターリンは88旅団のうち金日成をはじめとする朝鮮の工作団を本国に派遣し、彼らがソ連占領軍に協力して活動を展開するよう要求した。こうして、長期にわたって中国の領内で活動していた二つの朝鮮人革命家の勢力はそれぞれ祖国に戻り、その後の北朝鮮指導グループの中の二大派閥、すなわち一般的に「延安派」と「パルチザン派」と呼ばれるものを形成した。この歴史は、建国以後の中朝関係の基盤を築く上で極めて重要な影響を残した。

「延安派」幹部の由来

「延安派」の幹部は主に二つの系統から構成された。一つ目は早い時期に中国共産党に参加したか、もしくは中国共産党が直接的に育成した朝鮮の共産主義者、二つ目は朝鮮民族革命党から分離され、朝鮮共産主義青年前衛同盟を結成した革命青年、三つ目は中国共産党と前衛同盟の影響下で朝鮮義勇隊を離脱して北上した朝鮮人部隊である。

「延安派」の中で最も著名な人物は中央紅軍とともに万里の長征に参加して陝西省北部にたどり着いた武亭であり、すでに紹介したように、彼は最も早く中国共産党に入党した朝鮮人革命家の一人でもあった。知名度で武亭に負けないもう一人は金科奉である。彼は言語学者兼歴史学者で、一九二〇年、朝鮮共産党(上海派)に入党、一九三五年、朝鮮民族革命党の創設に関わり、三八年、朝鮮義勇隊の結成にも参加し、三九年、朝鮮民族革命党本部とともに重慶に移り、四二年、延安に到着し、その後、朝鮮独立同盟委員長と朝鮮革命軍政学校校長を務めた(119)。

抗日戦争の初期に延安に来た朝鮮人の重要人物はほかにも数人いた。一人目は朴一禹(Park Il-u、中国名王巍)。中国東北の貧農家庭に生まれ、一九三三年から中国共産党の地下活動に参加、三七年、延安に向かい、抗日軍政大学で学習した(5)後、抗日根拠地の県の党書記、朝鮮革命軍政学校副校長、朝鮮義勇軍副司令官などを歴任した。一九四五年五月、中国共産党第七回大会に出席し、朝鮮独立同盟を代表して壇上で発言した[120]。二人目は崔昌益(Choe Chang-ik)。朝鮮咸鏡北道の農民家庭に生まれ、一九二一年から政治活動に参加、二七年、モスクワで学習し、朝鮮共産党の創設活動に参加した。その後逮捕され、一九三四年に出獄後、中国に亡命し、三六年、延安に到着、抗日軍政大学で教員を務めた後、四二年、朝鮮独立同盟執行委員会書記になった[121]。三人目は金雄(Kim Ung、中国名王信虎)。朝鮮慶尚北道に生まれ、三〇年代初めに中国にやってきて、三三年、南京中央士官学校に入り、三七年、延安にたどり着き、抗日軍政大学で学習した後、一九四〇年、軍事教員として八路軍第50縦隊とともに南方に下り、新四軍第3師団の連隊参謀長、抗日軍政大学第五分校教育長を歴任した[122]。

中国共産党が自ら育成し、またその組織の中で成長した朝鮮人幹部はほかに、一九三六年に中国共産党に入党し、指示を受けて西安事変に参加した李輝(Lee Hui)、一九三七年に陝北公学(中国共産党が延安で創設した一般幹部育成学校)に入り、朝鮮青年連合会陝甘寧分会会長を務めた鄭律成(Jeong Ryul-seong)、紅軍大学を卒業後、朝鮮独立同盟延安分盟執行委員になった徐輝(Seo Hwi)、さらには、太行山東北幹部訓練班で研修を受け、国共内戦中に中国人民解放軍第四野戦軍第164師団副師団長を務めた李徳山(Lee Deok-san)と、第166師団政治委員を務めた方虎山(Bang Ho-san)などを列挙しなければならない[123]。一九四〇年まで、抗日軍政大学などの中国共産党の学校を卒業した朝鮮人青年は四十人以上に達した[124]。

朝鮮共産主義青年前衛同盟の前身は「十月会」で、もともと朝鮮独立党内部の秘密団体だが、実際は中国共産党の外郭組織で、党員李維民(Lee Yu-min、朝鮮族)を通じて党組織と連絡を保った。一九三二年の「一・二八事変」(第一次上海事変、一九三二年一月から三月)以後、日本は上海を事実上支配し、上海の反日活動を厳しく弾圧したため、在上海の朝鮮各抗日団体と組織は相次いで南京に移り、活動を続けた。

一九三五年七月、朝鮮革命党、朝鮮独立党などの組織は共同で南京において朝鮮民族革命党を創設し、金若山(Kim Yak-san、別名金元鳳Kim Won-bong)を総書記に推挙した。三六年、コミンテルンの一員として朝鮮共産党の創設に携わった韓斌(王志延)は南京に到着し、「十月会」を青年前衛同盟に改組した。同盟は中国共産党の外郭組織の秘密身分を保ったまま、民族革命党の名義で活動し、組織の拡張に務めた。一九三八年六月、崔昌益らは、民族革命党を離脱し、青年前衛同盟を独立した組織にした。同盟の中核メンバーには、韓斌、崔昌益ら比較的早く延安に行った者を除いて、ほかに、金学武(Kim Hak-mu)、金昌満(Kim Chang-man)、李益星

(Lee Ik-seong)、李相朝(Lee Sang-jo)、張志民(Jang Ji-min)らが含まれ、彼らの大半は中国共産党員で、朝鮮義勇隊の創設に直接かかわり、また最終的に一九四一年、この義勇隊を中国共産党支配下の抗日根拠地に連れてきた。[125]

抗日戦争の全面勃発後、長城以南にいた朝鮮人革命家は東北地区に負けずに活躍した。一九三八年七月四日、漢口で金学武を団長とする「朝鮮青年戦地奉仕団」が設立され、国民政府軍事委員会政治部第三庁の直接の指揮を受け、武漢防衛を目標に積極的に宣伝活動を展開した。同時にそれは、武器を持った半ば軍事化した組織でもあった。[126] これを基礎に、十月十日、蔣介石自らの許可を得て、民族革命党と青年前衛同盟のメンバーを主体とした朝鮮義勇隊が創設され、その下に二つ(後に三つに拡大)の支隊を有し、金若山は総支隊長を、金学武は政治組長を務め、政治部第二庁に所属した。

当時は国共合作の初期にあたり、中国共産党はこれに対し明確な支持を表明した。政治部副主任の周恩来と、第三庁庁長の郭沫若はそろって義勇隊の成立大会に出席し、演説も行った。中国共産党が発行する新聞『新華日報』も義勇隊の活動と功績を大量に報道した。その創設準備期間中、周恩来は延安に行くことを希望した一部の朝鮮人青年に〔武漢に〕留まり、国際的連携と国共合作の大局に配慮し、朝鮮義勇隊に参加して、国民党支配地域の抗日闘争に積極的に参加するよう説得した。[127]

一部の研究者はこの資料を根拠に、義勇隊は中国共産党の提唱と指導のもとで成立したと主張するが、その説は無理がある。公文書が示した義勇隊の成立プロセス、経費の出所と組織の系列から見て、中国共産党と直接の関係がなかったのは明らかだ。ただ、義勇隊のメンバーの中には確かに少なからぬ中国共産党の党員と青年前衛同盟のメンバーが入っており、特に第二支隊(支隊長の李益星は中国共産党員)は中国共産党の支部の直接指導下におかれ、新四軍の指揮に従っていた。[128] これがのちに、義勇隊が中国共産党の支配地域に北上する基礎を打ちたてたことは間違いない。

朝鮮義勇隊の変身

一九四〇年十月、義勇隊は重慶で拡大幹部会議を招集した。それまでの二年間、義勇隊が主に前線での宣伝や情報活動に集中したことを踏まえ、会議では日本占領区に進出し、武装勢力として発展するという新しい任務が打ち出された。[129] 朝鮮義勇隊はまもなく、華北の戦場に赴くことに関する記者会見も行った。『新華日報』は署名記事を掲載し、朝鮮義勇隊の最も緊迫した任務は敵の後方に入り、華北地域を活動の中心とし、広範な朝鮮民衆を団結させ、朝鮮義勇隊を朝鮮革命軍に拡大することだと指摘した。(130)朝鮮義勇隊の北上の直接的なきっかけは、武漢防衛戦の敗北後、本部と少数のメンバーが民族革命党とともに桂林に撤退し続いて重慶に向かったのに対し、主力部隊は河南省洛陽に転進したことだった。ただ、当事者の文正一(Mun Jeong-il)、崔采(Choe Chae)、金学鉄(Kim Hak-Cheol)の証言によると、実際に義勇隊を最終的に八路軍と新四軍の支配地域に向かわせた主な原因は中国共産党の働きかけによるものだった。

一九三九年の国民党五期五中全会以後、国共両党の間の対立が激化し、摩擦が後を絶たず、ついに一九四一年初めに皖《かん》南《なん》事変(一九四一年一月、安徽省南部で国民党政府軍による共産党の新四軍への攻撃事件)が発生した。国民党の反共方針に反撃し、自らの勢力を拡大するため、中国共産党中央は真っ向から対決する政策をとり、その着目点の一つは朝鮮義勇隊を味方に引き入れることにおいた。そのため、中国共産党の重慶駐在代表周恩来は義勇隊総隊長の金若山と極秘に接触し、主力部隊の北上について協議する一方、義勇隊の大半を占める若者の抗日に対する強い感情を利用して、彼らが敵の後方の根拠地に赴いて日本軍と戦うよう動員した。綿密な計画に従い、中国共産党は一九四〇年末から四一年にかけて、四回に分けて義勇隊の各支隊が相次いで黄河を渡って北上し、主力部隊が太行山抗日根拠地に入り、ほかの一部は江蘇省北部、山東、安徽省北部の新四軍駐屯地に向かうよう調整した。(131)一九四一年七月まで、中国共産党の指導下に入った朝鮮義勇軍の将兵は一四〇人に達した。(132)

この朝鮮人部隊を吸収し改編するため、中国共産党はまず一九四一年一月十日、八路軍本部所在地の山西省左権県の桐峪村で「華北朝鮮青年連合会」を発足させ、武亭を会長に推した。彭徳懐は設立大会で演説し、中韓が団結して抗日し、広範な反日統一戦線を結成することを呼び掛け、また、中国共産党と八路軍は朝鮮人民の勇敢な戦いを全力で支持すると表明した。(133)その後間もなく、華北青年連合会は相次いで陝甘寧支会、晋察冀支会、山東分会などを結成した。(134)一九四一年六月、華北朝鮮青年連合会の指導のもとで、中国共産党の隊列に入った朝鮮義勇隊は朝鮮義勇隊華北支隊に改編され、朴孝三(Pak Hyo-sam)が支隊長、金学武が政治指導員、李益星が副支隊長にそれぞれ就任し、下に三つの分隊と留守(番)隊を設置し、メンバー全員が青年連合会に加盟した。その中の多くは後に朝鮮労働党内の「延安派」の中心メンバーになったが、たとえば崔昌益(留守隊)、金剛(第二隊)、金昌満(対日戦区工作隊)などが入っていた。(135)おそらく国共両党の関係と統一戦線の問題への配慮で、義勇隊の改編について当時は発表されておらず、一年後になって、中国共産党は初めてその指導下にあった朝鮮人組織に対する改編を公表した。(136)

図1　朝鮮義勇軍の華北における宣伝工作

『解放日報』の報道によると、一九四二年四月三十日、五十二歳の朝鮮独立革命党創始者で、民族革命党のリーダーだった金白淵(金科奉)が延安に到着し、彭徳懐が自ら出迎えた。(137)金科奉は政治活動の経歴が古く、人望があり、また民族主義的なカラーをもっていたため、中国共産党が取り組んだ国際統一戦線工作の理想的な対象となった。(138)七月十一日、華北朝鮮青年連合会の第二回代表大会が開かれ、彭徳懐はまた姿を現し、祝辞を送り、演説を行った。大会で決議が採択され、連合会を「華北朝鮮独立同盟」に改名すること、金科奉を委員長、崔昌益と韓斌を副委員長、文正一を秘書処長にそれぞれ選出すること、朝鮮義勇隊華北支隊を朝鮮義勇軍華北支隊に改称し、武亭が司令官、朴一禹が政治委員、朴孝三が参謀長に就任することが決定された。(139)これにより、この隊列は完全に朝鮮民族革命党から離脱し、中国共産党の直接指導下に置かれる朝鮮人の政治組織と武装勢力になった。(140)華北朝鮮独立同盟と朝鮮義勇軍華北支隊は人数はそれほど多くなかったが、闘争意欲が高く、作戦、宣伝、対敵工作、情報などの各分野で活躍し、また多くの革命学校を設立して幹部の育成に努め、党首脳部から重視された。

一九四四年二月、華北朝鮮独立同盟本部は晋察冀根拠地から延安に移り、八路軍や戦略政治部(羅瑞卿主任)の直接の指揮下で活動を展開した。朴一禹が中国共産党第七回全国代表大会（一九四五年四月）で行った発言によれば、「中国共産党と八路軍の直接の指導下」で、朝鮮独立同盟のメンバーは一九四〇年の二一人から四五年の九つの分会、二つの学校、千人以上のメンバーに拡大し、そのうち六十人余りの党員と三十人余りの「共産主義思想に接近する小組」のメンバーは同盟の指導中核をなした。特に注目されたのは、独立同盟が各根拠地で活発に活動しただけでなく、小さなグループを日本軍支配区、東北地区ないし朝鮮領内に送り、分会を作ったことだ。(141)

全般的に見れば、朝鮮独立同盟および朝鮮義勇軍は中国共産党の指導下に入ったものの、党の組織序列に組み入れられず、民族革命の性格を持つ政治団体として活動を繰り広げ、中国共産党が推進した国際反ファシズム統一戦線の重要な一角を構成した。中国共産党中央のこのやり方はコミンテルンの要求に応えるためでもあった。一九四〇年二月八日、コミンテルン執行委員会書記局は、「中国共産党中央は中国で朝鮮共産党のために幹部を育成する可能性について検討すべきだ」との決議を行ったことがある。(142)

独立同盟の主要責任者として、金科奉は中国共産党から「朝鮮の革命指導者」「朝鮮革命の大先輩」と称賛されたが、延安に来た多くの朝鮮人と違って、彼は中国共産党に加入しなかった。かつて朝鮮共産党の党員で共産主義者だっただけに、金科奉への対応の仕方は興味深いものだった。実はこれは宋慶齢への扱いと似ているところがあり、中国共産党の一貫した考え方によれば、このような著名人は党内に引き入れるよりも党外に留まらせた方がより大きな影響力を行使できるとされた。このほか、一九四一年十一月、晋冀魯豫辺区政府は「朝鮮人民優待規定」を発布し、四三年四月には晋察冀辺区政府は「朝鮮人民優待方法」を公布し、さらに朝鮮義勇軍司令官武亭を陝甘寧辺区の参議員に選出し、華北朝鮮独立同盟の書記朴孝三を晋冀魯豫辺区の参議員に招聘したことと合わせて見れば、それは統一戦線的な発想と朝鮮民族を団結させて共同で日本に抗戦するという大戦略に由来するものだったと思われる。(143)

長城以南にいた朝鮮の革命家が「国際友人」や「同盟者」扱いで相次いで中国共産党の体系の中に組み入れられたのと違って、東北抗日連軍の中の朝鮮人将兵は全く異なった道を歩むことになった。

ソ連で形成された「パルチザン派」

「パルチザン派」（「満州派」とも呼ばれる）のリーダーは東

北抗日連軍の中の朝鮮人部隊に由来し、彼らと「延安派」との最大の区別は、最初からこれらの朝鮮人は中国共産党の隊列の中に溶け込み、中国の少数民族の幹部と見なされ、中国共産党内部および東北抗日連軍の他の幹部と同等に取り扱われていたことにある。後に東北の党組織と抗日連軍は党中央との連絡パイプを失い、その残存部隊がソ連領内に退避し、そこからコミンテルンとソビエト共産党の直接指導を受け始めた。この変化はその後の歴史に大きな重要性をもつ。それ以後、東北抗日連軍の中で頭角を現してきた朝鮮人幹部と兵士は、金日成を中心とする民族武装勢力として次第に形成され、第二次世界大戦の終結後、スターリンによってまるごと、朝鮮国内に送り返された。

中国共産党はコミンテルンの一支部として、当然、モスクワの指示に従っていた。中国共産党が東北で結成した最初の党組織(一九二七年)は、中国共産党中央の直接指導を受けていたが、党中央が江西省にある革命根拠地に移転(一九三三年)した後は、上海の中央局と中国共産党のコミンテルン駐在代表の二重の指導下に置かれた[144]。ただ、地政学的原因により、中国共産党の他の地方組織に比べ、東北の党組織は最初からモスクワから特別な注目と扱いを受けた。当事者の証言によると、一九二八年から二九年の間、北満の党組織の活動はソ連からかなりの影響を受け、ハルピン特別委の活動経費は主にモスクワから供与され、同時にソ連共産党から与えられた任務に従事した[145]。

一九三三年一月以降、二重指導体制とはいえ、中国共産党のコミンテルン駐在代表団からの指揮はより直接的になっていた。たとえば、東北地区の活動方針を変えた有名な「一・二六指示」[6]は、王明らがモスクワから発したもので、上海中央局と関係がなかった模様である。コミンテルンの広範な統一戦線を樹立することに関する方針を貫徹するため、一九三二年末から中国共産党代表団の活動を主宰した王明と康生は東北党組織への指示書簡を起草し(張聞天、楊尚昆も討論に参加)、コミンテルンの批准を得て、使者を派遣して東北に赴き、満州省党委員会に伝達した。一九三三年五月、満州省委はそれをめぐって協議し、指示を受け入れ、東北義勇軍の中の三つの勢力(旧軍隊、農民の自発的武装力および共産党ゲリラ)の連合と、東北人民革命軍(後に東北抗日連軍に改編)の結成に取り組み始めた[146]。また、一九三四年四月九日、王明、康生とコミンテルンの中国駐在代表を務めたミフ(米夫、Pavel Mif)が連名でコミンテルンに次のような要請を出した。中国共産党中央とコミンテルンがそれぞれウラジオストクに一名の全権代表を派遣し、満州の活動を助け、コミンテルンとの通信連絡網を立ち上げること、中国共産党に毎年二万ルーブルを供与し、上述の担当者の給料と連絡経費とすること、中国共産党への資金から毎月二〇〇米ドルを拠出し、ウラジオストクと満州の党組織との日常の連絡の確保に使うこと、などである。(147)

中国人学者・王新生の考証によると、中国共産党中央が江西省の革命根拠地に移ってから、コミンテルンやソビエト共産党との連絡は主に上海に設置されていたコミンテルン極東局と中国共産党上海中央局の無線通信局を通じて行われていた。中国共産党中央が一時期、モスクワと直通の無線連絡を開通したが長く続かず、一九三四年十月まで、上海の三つの秘密無線通信機はいずれも摘発・破壊された。

蔣介石によるソビエト根拠地に対する第五回の大規模掃討作戦を打破できなかったため、中国共産党中央と紅軍の主力部隊は根拠地からの脱出を余儀なくされ、それ以後、党中央と上海中央局やコミンテルンとの間の無線電信が中断し、回復されることがなかった。一九三四年末まで、満州省党委員会も上海中央局との連絡が途絶えた。これにより、東北党組織に対する二重の指導はコミンテルン駐在中国代表団の単独の指導となった。(148)

闘争環境の変化により、コミンテルン中国代表団の決定に基づき、一九三六年一月、満州省党委員会が撤廃され、代わってハルピン特別委員会が、以後また相次いで南満省委員会、北満(臨時)省委員会、吉東省委員会が設立され、それぞれ各地の抗日闘争の指導に当たった。(149)もともとコミンテルン中国代表団はウラジオストクの連絡事務所を通じて東北の各党組織と連絡を取っていた。その責任者は楊松(呉平という偽名を使う)。環境の悪化に伴い、連絡は相次いで中断した。

一九三七年十一月以降、コミンテルン駐在中国代表団の責任者王明、王稼祥は前後して延安に戻り、ウラジオストクの連絡事務所もなくなった。それ以後、東北の党組織は党中央との連絡を完全に失った。(150)一九三九年七月五日、コミンテルンの中国問題研究グループの会議で、任弼時(陳林という偽名を使う)は、満州の党組織と中央との間に連絡が取れていないと認めた。満州省党委員会特派員韓光の回想によると、それ以後、一九四五年まで、全東北地域において統一した指導機関と組織系統は存在していなかった。(151)

ほぼ同じ時期に、東北地区の抗日闘争も絶望的な状況に追い込まれた。一九三四年から三七年までは東北の抗日ゲリラの発展がピークに達した段階で、中国共産党が各方面の武装勢力を再編して東北抗日連軍を結成し、最盛期は一一の軍、四万五千人の兵士を有し、他に同盟軍、友軍の人数も五千人いた。抗日戦争の全面勃発後、「後背地」としての東北を安定するため、在満州の日本軍正規師団の兵力は一九三八年、五十万人になり、その一部はソ連に備えたが、ほかは抗日連軍の掃討作戦に当たった。それと同時に、日本政府は一連の「治安粛正」政策を現地の村落や住民に対して徹底し、民衆と抗日連軍との連携の切り離しを図った。東北の抗日戦争は重大な打撃を受け、党組織は相次いで破壊されて機能を失い、武装勢力も壊滅的な打撃を受け、弾薬が底をつき、犠牲者が続出した。一九四一年になると、抗日連軍の兵力は二千人まで激減し、一九四二年末の段階で東北の党員および抗日連軍の全人数は千人未満となった。(152)

一九三八年十一月二日、吉東省党書記で抗日連軍第二路軍総指揮の周保中は党中央への報告書の中で、東北のゲリラ運動はすでに「敗退と解体の危機」に瀕し、今後の方向について党中央の支援と指示を切望していると書いた。(153)一九三九年一月二十六日、党中央書記局は東北抗日連軍の問題に関する報告を聴取し、東北の活動に対する指導を強化するため、「中国共産党中央東北工作委員会」の設立を決定し、王明を主任とし、楊松を会議招集担当とした。毛沢東も会議に出席し、肝心な問題は党中央と抗日連軍との連絡を回復することだと指摘した。(154)

しかし東北が日本の支配下に入って久しく、交通路を閉ざされたため、党中央が送った連絡員(王鵬)は一九四〇年に東北に到着したが、身分チェックの関所を通過した際その身分を証明できるすべての文書を破棄したため、長い間、抗日連軍の信頼を得られなかった。(155)その前、抗日連軍第1路軍は一九三六年、二度にわたって「西征」の部隊を送り、党中央と満州国以外の紅軍との連絡再建を試みたが、いずれも失敗に終わった。(156)この時点で、手をさしのべられるのはただ一つ、中国の東北と川を挟んだソビエトだが、スターリンは曖昧な態度を取り続けた。

リュシコフ事件の波紋

満州事変以降、ソ連は中国と日本の間で中立政策をとった。国民政府との関係を積極的に修復し、中国の抗日戦争を支持する一方、日本が作った傀儡政権「満州国」を進んで承認し、何度も日本に不可侵条約の調印を持ち掛けた。その最大の狙いは日本の「西進戦略」の阻止にあった。(157)これを背景に、東北の抗日闘争に対するソ連の対応も、微妙なバランスを保ち、天秤にかけるものとなった。圧倒的な兵力と装備をもつ日本軍の掃討作戦とその圧力の下で、抗日ゲリラ部隊は時々越境してソ連の極東地域に逃げざるを得なかった。(158)それに対し、早くも一九三二年六月一日、ソビエト共産党中央政治局は、「すべての武器を携帯する中国の将兵を拘束し、奥地の軍管区に移送する」決定を下していた[159]。

ロシアのトムスク(Tomsk)州で最近機密解除された公文書によると、一九三二年十二月、ソ連政府の許可を得て、馬占山が率いる東北民衆救国軍の蘇炳文部隊二八九〇人の将兵と千二百人の民衆がソ連領内に退避した。一カ月後、李杜と王徳山が率いる部隊の五千人余りもソ連領に入った。ソ連外務省は、日本政府の抗議と中国将兵の引き渡し要求を拒否したが、彼らの帰国と戦闘続行の要望も認めず、一行をシベリアの収容所にしばらく収容し、ソ連軍兵士と同様の待遇を与えた。外交上のゴタゴタが収まった後、中ソ両政府の合意により、ソ連にとどまった中国の一般人はウラジオストク経由で天津港に送り返され、蘇炳文ら高級将校は欧州経由で帰国し、大半の将兵は中央アジアを通って新疆に移送され、親ソ的な新疆省主席盛世才の軍隊に改編された[160]。

この事件後、ソ連は新しい規定を打ち出した。一九三三年三月八日、スターリンは、「今後、階級が最も高い長官のみ拘束し」、「その他の人員は武装解除後、収容所に送らず、生活物資を供与しない代わりに仕事を斡旋するが、仕事を拒否すれば彼らを強制退去処分にする。もし彼らが中国に戻る意向であれば、自費で帰ることを阻止しない」との命令にサインした[161]。

一九三三年夏以降、合わせて八回にわたって東北の抗日部隊がソ連経由で新疆に入り、家族を含めて総計、約三万人に達した[162]。ソ連がこのような政策をとった目的ははっきりしている。日本人を怒らせず、中国人にも申し訳が立つ、というものだった[163]。中国共産党の指導下のゲリラ部隊への扱いも例外ではなかった。一九三七年末と三八年初め、抗日連軍第十一軍軍長祁致中と北満臨時省委執行委員会主席で第三軍軍長の趙尚志はソ連領に入って援助を求め、第六軍軍長戴鴻賓は部下を率いてソ連領に退避した際、いずれも一年以上にわたってソ連軍に拘束された[164]。一九三八年六月初め、ソビエトの内務人民委員で国家保安総委員のニコライ・エジョフ(Nikolai Ivanovich Yezhov)はなお、「極東地域で逮捕し排除した中国人とその他の外国人を新疆やカザフスタンに移送する」と指示した[165]。しかしまもなく、立て続けに起きたいくつかの重大な事件はモスクワに、東北抗日連軍に対する方針を大きく変更させることになった。

変化の起点は、ソ連内務人民委員部の極東辺境区内務人民委員会管理局局長のリュシコフ(G. S. Lyushkov)の日本亡命事件だった。リュシコフは一九三七年七月に極東に配属され、粛清を担当したが、ソ連極東軍区司令官ヴァシーリー・ブリュヘル元帥[7](Vasily Konstantinovich Blyukher)はまさに彼の手によって粛清された。最後に、リュシコフは自分も粛清の対象になるという身の危険を感じ、一九三八年六月十三日、中ソ国境を越えて関東軍の陣地に入った。彼の提供した情報に基づき、百人以上のソ連情報部員が逮捕され、ソ連の満州での情報網は瞬く間に崩壊した[166]。リュシコフ亡命事件後、ソ連と日本との関係は一気に緊張の度合いを増した。関東軍は極東のソ連軍の実力を試すため、ソ連は日本の「西進」の発想を断固、諦めさせるため、双方の間で張鼓峰事件（一九三八年八月）とノモンハン事件（一九三九年五月）が相次いで勃発した[167]。明らかだったのは、ソ連（特にその情報機関）にとって、中国共産党の東北での組織と抗日連軍の残存部隊の利用価値が急増したことだ。

図2　リュシコフ

早くも二〇年代において、ソ連は中国共産党員を利用して極東で諜報活動を展開したが、満州事変以降、中国人情報部員の利用や東北の抗日活動への援助はいずれも控えめになっていた[168]。しかしリュシコフ亡命事件と張鼓峰事件以後、状況が一変した。

一九三九年四月十五日、ソ連国防人民委員のヴォロシーロフ(Kliment Yefremovich Voroshilov)と内務人民委員ベリヤ(Lavrentij Pavlovich Berija)は極東軍区に対し以下の命令を下した。「極東赤旗第一、第二方面軍軍事委が中国のゲリラ部隊に対して武器、弾薬、食料と医薬品を提供し、技術的指導を行うことを許可する。ただし提供する物資は外国製もしくは製造会社の標識のないものに限る。拘束したゲリラ隊員の中から審査を経て信頼できる者を選び、満州への偵察活動に派遣する。ゲリラ部隊の活動を支援する。極東軍区の各国境警備軍が越境してソ連領に入ったゲリラと一部の通信要員を接収することを許可する」。この命令はさらに、内務人民委員部沿海辺境局は、ソ連領内にとどまっている三五〇人の中国人ゲリラを審査の上第1方面軍に、ハバロフスク辺境局は拘束した趙尚志、戴鴻賓らゲリラ指導者等を第2方面軍に引き渡し、上述の目的の活用にあたるよう指示した[169]。

五月三十日、命令を受け取った第2方面軍の指揮官は趙尚志、戴鴻賓、祁致中と会談を行い、彼らが帰国して松花江周辺のゲリラ部隊を集め、司令部と秘密基地を作り、統一的な指導を行うよう提案し、また、彼らに全面的な支援を行うことも約束した。同時に彼らが今後、敵軍の情報を提供することも求めた。六月下旬、趙尚志らが率いる一一〇人の部隊は東北に戻り、数カ月後、ソ連軍に一部の情報を提供し、またソ連軍情報部門の新しい指示も受け取った(170)。

二回のハバロフスク会議

闘争の環境が厳しさを増す中、中国共産党の東北での組織と抗日勢力はソ連に対する依存度をますます大きくしていた。一九四〇年一月から三月、北満、吉東の党代表会議がハバロフスクで断続的に行われ(いわゆる「第一次ハバロフスク会議」)、「東北抗日救国運動に関する新しい綱要草案」が採択された。この間、周保中、趙尚志および抗日連軍第三路軍政治委員馮仲雲らはソ連極東地域の党と軍の責任者と会談を重ねた。双方は、中国共産党の内政に干渉しない、という原則の下で、ソ連共産党辺境区の党組織と極東軍による東北抗日連軍への臨時的指導関係と援助関係を樹立することに合意した。そのために、ソ連側はハバロフスクとウスリースク(双城子)の国境一帯でそれぞれ北キャンプ地と南キャンプ地を開設し、抗日連軍が越境した後の隠蔽と休養のための基地とした(171)。

一九四〇年九月三十日、ソ連軍の連絡官ヴァシーリー(Vasily、中国名「王新林」)は中国共産党中央が代表を極東に派遣することを理由に、抗日連軍第一路軍リーダー楊靖宇と魏拯民、第二路軍リーダー周保中、趙尚志と王効明、第三路軍リーダー張寿籛と馮仲雲らに対し、「東北の党組織とゲリラ運動のすべての問題を解決するため」として、十二月より前にハバロフスクに来て会議をするよう指令した(いわゆる「第二次ハバロフスク会議」(172))。

一九四一年一月、抗日連軍の主要リーダーは(楊靖宇と魏拯民を除いて)ほぼ全員、ハバロフスクに集まったが、中国共産党中央の代表は来ておらず、連絡官王新林はソ連側が会議を主宰し、抗日連軍が中国共産党の組織から離れ、ソ連側が将軍を派遣して総司令官とすることを提案した。これに対し、周保中らは断固反対し、激しい口論となり、またスターリンとコミンテルン書記長のディミトロフ(Georgi Dimitrov)にも書簡を送り、中国側の立場を訴えた。対立は一カ月も続いたが、最後にモスクワは周保中の意見を受け入れ、連絡官も極東軍情報部長ソルキン(N. S. Sorkin、対外的には

図3　1942年7月，抗日連軍小分隊と，その出発前に彼らを送るソ連軍将校との記念撮影．

依然「王新林」の名前を使う）に代わった。双方は、抗日連軍はこれまで通り中国共産党が指導する抗日勢力とする、ただし党中央と連絡が取れない間は一時的にソ連軍の指揮を受ける、という点で合意に達した。ハバロフスクの会議では、中国共産党東方地区臨時委員会を設立し、委員は暫定的に、南満省書記魏拯民、吉東省書記周保中、北満省書記金策の三人とすること、抗日連軍司令部を再建し、周保中が総司令官に、張寿籛が副司令官に、魏拯民が政治委員になることを決定した。(173)

一九四一年四月、日ソ中立条約がついに調印された。スターリンには、日本の野望が一時的に先延ばしされたに過ぎないことはもちろん分かっていた。二カ月後に勃発した独ソ戦争は、極東地域の安全に関するモスクワの憂慮を一層募らせた。日本からの攻撃の可能性に備え、ソ連は極東と南部国境地帯に全国総兵力の二八％を占める一五六万八〇〇〇人の軍隊を配備した。(174)それと同時に、コミンテルンは各国共産党社会主義の大本営ソ連を守るために死力を尽くせと呼びかけ、極東地域では当然、中国共産党およびその指導下の軍事力が一番期待された。ソ連軍は一部の抗日連軍のなかから人員を選抜して極東情報部門に帰属させるほか、抗日連軍に対し、特に日本の軍事情報の収集と、東北地域における日本軍に対する攪乱と牽制の戦闘、という二つの役割を期待した。そのため、極東のソ連軍は自分の管轄区内で抗日連軍の残存部隊のために設営した二つの訓練キャンプ、すなわちウスリースク近くの南キャンプ地とハバロフスク近くの北キャンプ地で、ソ連領に一時退避したゲリラ隊員に対して敵後のゲリラ戦争に関する戦術と特殊技術訓練を施し、特に落下傘降下を集中的にやらせた。ほかに一五の偵察分隊を設立し、東北の奥地

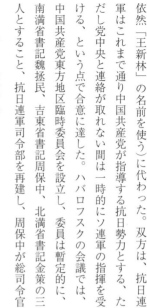

へ情報収集と破壊活動のために派遣した(175)。

スターリンはまた、中国共産党中央が速やかに満州との通常の連絡体制を回復し、現地の政治工作とゲリラ闘争を強化し、日ソ戦争が勃発した場合、正規軍を南満に派遣して戦うことを要請した。これに対し毛沢東は、華中と華南のゲリラ地域は日本軍の猛攻を受けており、華北から東北に至るまでの沿線には何重もの日本軍の守備ラインがあり、それを突破して大軍を送ることは難しく、現地の抗日勢力によって日本を牽制する以外に現実性はないと返信で強調し、一方、一部の優秀な幹部と兵士をモンゴルに送り、ソ連軍の使用に供与することを提案した。ディミトロフ書記長は何度も延安に、満州の抗日運動に対する指導の実施は可能かと問い合わせたのに対し、毛沢東は、目下着手可能なのは満州とその他の日本軍占領区で情報網の設置と爆破実施のチームを置くことで、そのためにはソ連から五〇万ドルと通信、爆破機材の提供が必要と答えた(176)。

一九四二年初め、ディミトロフの度重なる催促に対し、中国共産党中央は返電で、晋察冀辺区で韓光を責任者とする東北工作委員会を設置し、工作組を東北に送ることを約束した。電報は続いて、すでに三度にわたって吉東に特使を送ったがゲリラ部隊と出会わなかったので、ソ連側から現地のゲリラ部隊に、党中央と進んで連絡を取るようにと伝言してほしいと要請した。これに関し、ディミトロフは、モスクワもゲリラの拠点の正確な位置を知らないと回答した。それ以後、この試みはうやむやのうちに終わり、二度と言及されることはなかった(177)。

「88旅団」の発足

延安の中央指導部が東北に正規軍を派遣できなかったのは現実を直視した判断だった(178)。一九三九年に延安で設立した東北工作委員会は李延禄と李範五が中心で、情報収集と情勢研究が主な任務だった。晋察冀辺区に設けられた東北委員会は一九四二年七月から活動を始め、韓光が日常業務を主宰し、相次いで東北に数十名の幹部を潜入させた。彼らが与えられた主な任務は現地での潜伏と組織の拡張であり、副次的な使命の一つとして抗日連軍を探すことは何ら収穫がなかった(179)。しかしその時点でソ連はまさに、南キャンプ地と北キャンプ地で抗日連軍に対する訓練と情報収集の指導を行っていたが、ゲリラの拠点の所在を知らないと中国側に伝えたのは明らかに嘘で、この勢力の独占的掌握のために実情を延安に対して隠したと見られる。

この判断に関しては以下のような一連の状況証拠と裏づけ

がある。まず、ソ連軍は、東北党組織は直接人員を派遣して党中央とコンタクトを取ってはならないとの規定を設けていた。[180] 周保中ら抗日連軍のリーダーは何度も会議や申し入れ

図4　南キャンプ地の「88旅団」の将兵(一部). 前列右は金日成.

でソ連側に対し、一日も早く党中央と連絡を取ることに協力するよう要請し、さらにソ連を通じて党中央に報告書を転送するよう依頼したが、返事は何もなかった。[181] 次に、延安が東北に派遣した連絡員王鵬の身分が確認されたのち、ソ連側から別の場所に移動され、彼があずかってきた任務についても抗日連軍側に一言も漏らさなかった。周保中はこの件を何度も追及したが、モスクワに派遣されたとの説明を受けただけで、実際に王鵬の消息はいまだに不明で謎のままに残っている。[182] さらに、ソ連軍情報部門は連軍側に断りもせずにその兵士を勝手に移動させたり派遣したりすることが日を追って増えた。

周保中は一九四一年九月十四日付の日記で、抗日連軍の残存部隊は表面上「独立性を依然保ったままに見える」が、実際の活動の中ではすでにソ連軍の「直接の支配下に置かれた」と書いている。[183] 一九四二年四月、中ソ双方はこれをめぐって激論も交わした。[184] 最後にもう一つの重要な変化がある。抗日連軍の部隊がソ連領内に退避したのはもともと一時的な避難と休養のためで、状況を見て東北に引き返して戦闘を継続することを当然と考えていた。ところが、日ソ中立条約の調印後、少数の情報収集と破壊活動実施の人員派遣を除いて、ソ連側はもはや、抗日連軍の武装勢力が中国領に入って日本

図 5　左から周保中，王一知(周夫人)，張寿籛，1942 年ウスリースクにて．

軍と戦うことを認めなくなった[185]。それにより、抗日連軍は次第に、ソ連の完全なるコントロール下に置かれる孤立無縁の勢力となった。

一九四二年一月、ソルキンは周保中に対し、野営キャンプ地を拡張し、施設を建て、交通を整備し、食糧の自給を実現し、抗日連軍のソ連における一時的駐屯地を長期的拠点に発展させようと提案した[186]。現実の状況に直面して周保中、張寿籛らリーダーは北キャンプ地で教導団(連隊)を結成し、ソ連軍による集中的訓練を受ける構想をたてた。ソ連極東軍司令部はこの提案に基づき、東北抗日連軍教導団の設立に関する

図 6　88 旅団軍旗

構想案を制定し、最高統帥部の許可を求めた。間もなく、スターリン本人の意見に従い、教導団は教導旅団に拡大され、軍隊の正式番号が授与され、またソ連軍の基準に準ずる軍事物資と兵站の供給が保障されることになった。

一九四二年七月二十一日、極東方面軍総司令官アパナセン

コ(Josif Apanasenko)は、東北抗日連軍教導旅団の編成に関する命令を発布し、その正式番号はソ連極東赤旗方面軍第88独立歩兵旅団(「国際旅団」とも呼ばれる)であり、そのメンバーは抗日連軍のソ連駐在将兵の三八〇人を基幹とし、ソ連軍の将兵五〇人および満州国から寝返った将兵七一人を含むものだった。旅団長は周保中、政治委員は張寿籛、副参謀長は崔石泉がそれぞれ務め、下に四つの歩兵大隊〔原語「営」、以下同〕、一つの通信大隊、一つの迫撃砲中隊〔原語「連」〕を設置し、大隊長はそれぞれ金日成、王効明、許亨植(未着任のため王明貴が後任に)、柴世栄が、また大隊政治委員はそれぞれ安吉、姜信泰、金策、季青の四人が任命された。旅団、大隊の参謀長および政治部、兵站部、機材処、通信大隊と迫撃砲中隊の主管責任者はみなソ連軍人が担当した。元抗日連軍の将兵全員はソ連軍の軍服を着用し、ソ連軍の階級が授与された。88旅団の任務は初めから、軍事と政治の幹部を育成し、いざという時に備えてソ連軍の東北出兵に協力することと規定された。[187]八月一日、旅団結成式が行われた。これで抗日連軍の部隊は完全にソ連軍に組み入れられ、中国共産党の党組織は存続したものの、教導旅団の運命は完全にソ連の手に握られた。[188]それ以後、将兵は系統的にソ連の思想と政治教育、情報活動および一般の軍事訓練を受け、ソ連軍から与えられた様々な任務に当たった。[189]この過程で、教導旅団の中の朝鮮人は次第に、金日成を中心とし、モスクワの命令に従うグループに発展していった。

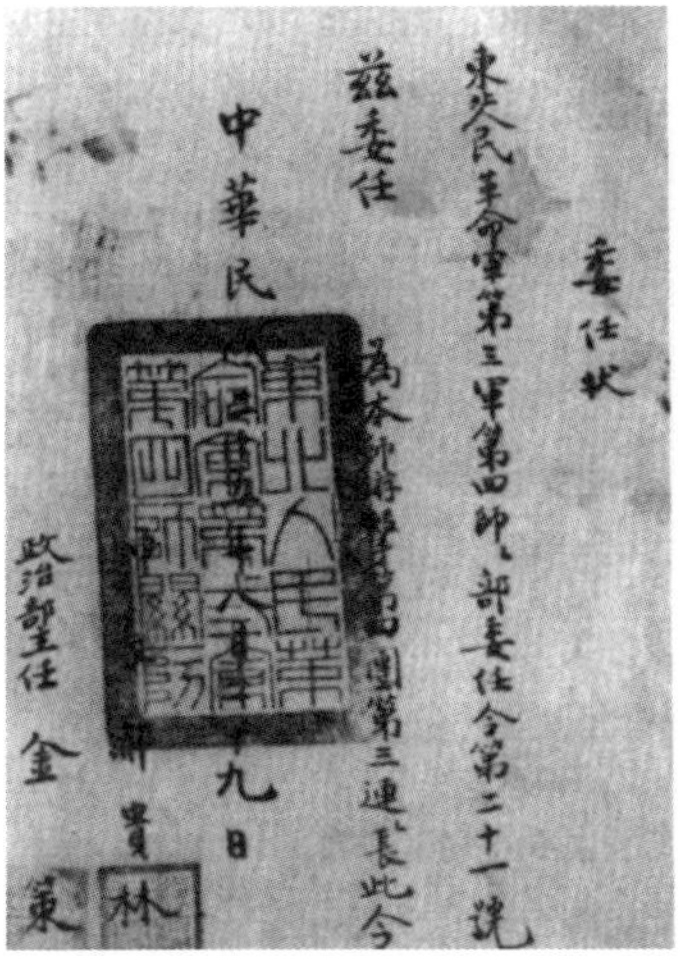

図7　金策の署名のある抗日連軍第三軍第四師団の委任状.

　前述の通り、一九三二年から三五年にかけて起きた「民生団」事件は中国共産党の系列に入った朝鮮人に大きなショックをもたらしたが、コミンテルンと中国共産党がその誤りを是正した後、若い朝鮮人幹部はまた成長し、再度、中国共産党の厚い信頼を受けた。金山が当時行った調査によると、一九三七年、中国共産党の指導下の朝鮮人ゲリラ隊員は七千人に上った。[190]朝鮮人は抗日連軍第二軍では全将兵数の六〇%を占めて最も集中し、ほかに吉東、南満のゲリラ部隊でも、朝鮮人は中国共産党員の中で二〇%から三〇%を占めた。[191]抗日連軍第一路軍の統計によれば、一九三二年から四一年まで戦死した八六九人の将兵のうち、名前がわかるものは四五九人で、その中に朝鮮族は三五六人入っていた[192]。

第一次ハバロフスク会議の前後になると、多くの朝鮮人幹部はすでに中国共産党の組織と抗日連軍の中で中枢的な指導的地位についた。金策は北満省党書記兼第三路軍政治委員に、李熙山(許亨植)は北満省委執行委員兼第三路軍総参謀長に、崔石泉は吉東省委執行委員兼第二路軍参謀長、総指揮部参謀長に、全光は南満省委宣伝部長兼地方工作部長に、金日成は第一路軍第二方面軍指揮兼第1支隊支隊長に、姜信泰は第二路軍第2支隊政治委員、北キャンプ地臨時党委書記に、金潤浩(Kim Yun-ho)は南キャンプ地臨時党委書記に、金光俠は抗日連軍総指揮部警備隊政治委員に、それぞれ就任していた[193]。これらの幹部の中で、金日成は後から頭角を現す新星だった。

金日成、頭角を現す

金策、崔石泉、許亨植らと比較すれば、金日成は職務が低く、年も若かったが、演説の能力と活動能力は早くから注目されていた。一九三五年、中国共産党東満特別委員会の報告書はすでに二回にわたって金日成に触れ、「忠実で、積極的、勇敢で、ゲリラ戦の経験が豊富」「救国軍の中で(党に対する)信仰が堅い」と評価した。ほかの部分でもまた、彼は「勇敢で積極的で、中国語も堪能」とし、「政治についての知識は多くない」が「発言が積極的」「信仰が堅い」と評した[194]。一九三九年八月三十日付『新華日報』は、金日成が率いるゲリラ部隊は「対岸の朝鮮領内の各地によく出没して敵の警備隊を襲撃した」と報じている[195]。金日成の朝鮮での活動は日本人にも目を付けられ、彼の買収、および五十万円の懸賞金で彼を逮捕することなどが試みられた。朝鮮で発行する日本の新聞が金日成を取り上げたことは「金日成の朝鮮人民の中の威信と知名度を高めたに違いない」と後にソ連側が分析した[196]。

もっとも、金日成が彗星のようにトップレベルに躍り出たのはタイミングと運にも与ったようだ。日本軍の大規模な掃討作戦が始まって間もなく、一九三九年十月、抗日連軍第一路軍は分散して遊撃し、実力を保存する方針の採用を決定した。一九四〇年冬になると、第一路軍の部隊は深刻な打撃を受け、総司令楊靖宇は戦死し、副総司令兼政治部主任魏拯民は病で倒れ、所属の第一方面軍指揮陳翰章、第三方面軍指揮曹亜範およびその他の多くの幹部が戦死したが、第二方面軍指揮の金日成だけが、部隊を率いて長白山の密林に突入し、包囲圏から脱出した[197]。日本軍の掃討から逃れるため、金日成の一団は安図から北上し、一九四〇年十月二十三日、越境してソ連領に入った[198]。越境後、金日成と部下たちは直ちにソ連国境軍に身柄を拘束されたが、周保中の釈明と証明で解放された[199]。

周保中と魏拯民は後に金策に送った書簡で、原因はともかく、金日成らが「機会主義的性格」の独断による越境をしたやり方は間違いだとし、この種の誤りは「革命の信念の動揺」とまでは言えないとしながらも、誤りを認めたにもかかわらず、周保中は金日成らに対する紀律上の処罰を与えることを提案した[200]。ところが幸運なことに、ちょうどこの時、ソ連側はハバロフスクで抗日連軍各方面軍指導者の会議の招集を企画しており、第二、第三路軍の指導者は到着したかもしくは連絡が取れたが、第一路軍の魏拯民からは消息が一切なかった。そこで、ソ連領内にいた第一路軍での階級が最も高かった金日成が唯一の代表となった。ソ連側の要求に応じて、一九四一年一月一日、金日成、安吉(An Gil)、徐哲(Seo Cheol)の三人は第一路軍の状況に関する報告書を提出し、続いて金日成は第一路軍の代表として第二次ハバロフスク会議に出席した[201]。

抗日連軍の中の金日成の地位の上昇はまた周保中の推挙とも関係があった。一九四一年七月一日、周はソ連軍連絡官ヴァシーリー(偽名、中国での偽名王新林)への書簡の中で、「金日成は最も優秀な軍事幹部であり、中国共産党の高麗人同志の最も優れた一人で、彼は満州南部と鴨緑江の東、朝鮮北部地域でかなり重要な活動能力を見せた」と説明した[202]。また九月十五日の書簡では、「金日成は南満第一路軍の生き残りで唯一の重要幹部で、楊靖宇と魏拯民の両同志が戦死した

図 8　ソ連のキャンプ地における金日成，季青，崔賢，安吉(左から右へ).

後、南満ゲリラの指導的責任をこなせるのは金日成しかなく、この問題は南満の闘争の行方にもかかわる」と評価した[203]。その後、金日成の地位は急速に向上した。一九四一年三月、中国共産党の南キャンプ地党委員会が発足したとき、書記は季青で、金日成は委員だった。しかし一年後に教導旅団が発足したとき、金日成は第一大隊(営)長に任命されただけでなく、党内の職務も急上昇し、中国共産党東北特別支部局副書記兼東北党委員会委員になった[204]。対照的に、その間、ほかの朝鮮人幹部の地位は相対的に低下した。許亨植は戦闘中に亡くなり、金策と崔石泉の地位も下降し始めた。金策は東北にとどまって一向にソ連に来ようとしなかったため、周保中から

図 9　東北抗日連軍教導旅団(88 旅団)の指揮官の記念写真．1943 年 10 月 5 日北キャンプ地にて撮影．左から右へ，第一列，バターリン(副旅団長)，張寿籛(政治副旅団長)，王一知(無線大隊政治副大隊長)，周保中(旅団長)，金日成(第一大隊長)，シリンスキー(副旅団長)．

図 10　図 9 と同じ写真だが，『金日成回想録』に掲載されている 88 旅団幹部の写真では周保中，金日成，シリンスキーの 3 人しか写っていなかった．

「勝手に独立行動をし、組織の規律を守らない」と批判された。金策は一九三九年四月にすでに北満省党書記を務めるなど党内の地位が高かったが、教導旅団で大隊政治委員にしか任命されなかったのはこれと無関係とはいえない(205)。

一九四三年一月、崔石泉は突如、副参謀長の職務を解かれ、宣伝活動担当の政治部青年科副科長に転じた(206)。この変動の原因は今も不明だが、彼は依然、中国共産党東北党委書記の職務を保留したことから見ると、ソ連人が彼に不満を抱いたと考えられる。ともかく、これで金日成の地位は一段と目立つようになり、彼は周保中からの信頼が厚かったのみならず、ソ連人からもひいきされた模様だ。ロシアの公文書記録によると、金日成は朝鮮ゲリラ隊員の中で抜きんでており、良好な軍事素養をもち、「ロシア語の学習で優れた成績を収めた」ことで何度も表彰を受けたとし、さらに彼が指揮する全朝鮮人からなる第一大隊は「軍事的素質と能力が高く、軍事的規律もしっかり守るといった長所をもつ」と評価されている(207)。興味深いことに、ソ連極東情報部は金日成のためにソ連の将校を助手に付け(208)、さらに、ソ連国籍の中国人を彼の連絡役に派遣した(209)。これは彼をサポートするためかそれとも監視するためか分からないが、ソ連側の金日成に対する重視度がかなり高いことは明らかだ。

こうして、ハバロフスク付近の88旅団キャンプ地で、金日成を中心とする朝鮮ゲリラ隊員のグループが形成され、それがすなわち後の「パルチザン派」だ。88旅団の中の朝鮮人の人数については、彭施魯の記憶によれば、旅団結成の初期、全将兵のうち朝鮮人は四割を占め、約二百八十人だった。ほかにロシアの公文書記録によると、88旅団の解散直前、あわせて朝鮮人の将兵が一〇二人いた(210)。

朝鮮人がわりに集中したのは金日成が指揮する第1大隊だった。韓国人学者金光雲の考証によると、当時、第1大隊の朝鮮人幹部と兵士は合わせて六十人余りで、早く亡くなった者(安吉など)を除けば、大多数は後に、朝鮮の党と国家の指導者もしくは高級幹部になった。そのうち有名な人だけでも、金一(国家副主席)、朴成哲(Park Seong-cheol、国家副主席)、李永鎬(最高人民委員会副委員長)、崔賢(国防委員会副委員長)、崔勇進(Choe Yong-jin、内閣副首相)、呉振宇(O Jin-u、人民武力相)、韓益洙(Han Ik-su、人民軍総政治局長)、徐哲(労働党検閲委員会委員長)、全文燮(Chon Mun-seop、国家検閲委員会委員長)、金京石(Kim Gyeong-seok、労働党ピョンヤン市委員長)などがずらりと並ぶ。

金日成が後にスターリンの命令で朝鮮に帰還した時、連れて帰ったのも主にこれらの面々だった(211)。これは金日成の政治生命の新しい起点だった。この時から、彼はモスクワに軸足を移し始めた。のちに金日成はこの歴史を振り返っていみじくもこう述べた。「朝鮮の抗日ゲリラは闘争の過程で、ソ連人民と中国人民との国際主義の団結を強化し、とりわけソ連と緊密な関係を保った」[212]。

周保中の帰国参戦構想

一九四三年のカイロ宣言は、第二次世界大戦に勝利した後、朝鮮に独立の地位を与えることを約束した。大戦終結時、中国とソ連の領内にいた朝鮮革命家はそれぞれ延安とモスクワの指令を受けて祖国へ帰還の途についたが、両者の境遇と結果はかなり異なるものになった。

ドイツが降伏した後、ヤルタ秘密協定に基づき、スターリンは目を極東に向け始めた。一九四五年五月、ソルキンは周保中に対し、数カ月後の開始が予定されている対日作戦において、88旅団は極東第二方面軍に編入し、十万人の正規軍に拡張するという極東軍司令部の指示を伝達した。ソ連軍との協議を経て、周保中と張寿籛は行動案を制定し、同時に、中国共産党中央との連絡回復、抗日連軍の再建、東北党組織の復活および中国共産党中央の政治路線のもとで活動するなど一連の要望を提出した。

周保中のプランによれば、88旅団の作戦任務は三段階に分けて実施される。開戦前は東北にすでに潜入した各分隊がゲリラ戦を展開し、またソ連軍に協力して偵察任務を行うこと、ソ連軍が出動する時は教導旅団先遣隊を東北に落下傘で降下させ、ソ連軍のために戦術的偵察と道案内を務めること、主力部隊はソ連軍と同時に進攻を開始し、東北の解放に参加すること、というものだった[213]。

七月末、東北党委員会は全体会議を招集し、情勢の変化に基づき、党委員会の改組を行った。新党委員会は中国に戻り長春に設置し、書記は周保中で、委員には馮仲雲、張寿籛、王効明、彭施魯、王明貴ら中国人のほか、朝鮮人の姜信泰、金光侠が選出された。党委は同時に朝鮮工作団を派遣し、書記は崔石泉(党務担当)で、金日成(政治と軍事担当)、金策、安吉、徐哲、金一、崔賢らがメンバーに名を連ね、目標は朝鮮への帰還とされた[214]。しかし、主力部隊がソ連軍に協力して東北を解放するというこの構想は実施に至らなかった。

ソ連軍の東北進攻は確かに88旅団の全面的協力、特に偵察、情報と先導の面で必要だった。これらの任務に関して、極東軍司令部と周保中は細かく企画し、十分な訓練を受けた88旅団の兵士は立派に成し遂げた。七月下旬、ソ連軍は選抜した二九〇人の88旅団の兵士を先遣分隊に編成し、東北の一八の地域に空中から投下し、まもなく始まる対日進攻の偵察活動を行った[215]。しかし、88旅団の主要リーダーと主力部隊の運命は、情勢の急変により大幅な変化を迎えた。日本がポツダム宣言の受諾と無条件降伏を拒否したため、八月六日、米国は広島に一回目の原爆を投下し、八日、ソ連政府は日本に宣戦布告を行い、翌九日、百五十万人余りのソ連軍は三方面から中国の東北と朝鮮に一気になだれ込み、同日、米国は長崎に二つ目の原爆を投下した。八月十五日、天皇は降伏を宣言した。情勢の新しい変化はスターリンに、88旅団の未来についての新たな構想をもたせることになった[216]。

スターリンが戦後の極東地域で立てた戦略目標は、日露戦争によって中国の東北と日本海で失ったすべての権益を取り戻し、同時に外モンゴルを中国の版図から切り離すことだった。これらの目標を合法的に実現するため、国民政府と友好同盟条約を調印する必要があった。スターリンの元々の考えは、ソ連軍の対日作戦参加と引き換えに、ソ連の押し付ける条件を中国が受け入れるのを迫ることで、これは米国からも了解を得ていた。しかし、中ソ両国の外交交渉が膠着状態に入った矢先に、米国が原子爆弾を突如投下したため、関係各方面の立場と考えは微妙に修正を余儀なくされた。

スターリンは、日本の降伏によって中国がソ連の参戦を必要としなくなり、同盟条約の調印にも消極的になり、これですべての極東に関する構想が絵に描いた餅になるのを恐れて、繰り上げて参戦することを決定した。ソ連の大軍がなだれこんできた現実を目の当たりにして、蔣介石が懸念したのは、ソ連が東北を占領した後に居座るか、もしくは東北を共産党に引き渡すことだった。そこで双方が妥協し、蔣介石がソ連のすべての条件を受け入れる代わりに、スターリンは絶対に中国共産党を援助せず、東北の主権は国民政府にのみ移譲することを約束した[217]。これにより、もともと中国共産党の指導下にあり、今は延安との連絡を急ぐ抗日連軍の部隊は、逆にソ連が外交目標を実現する上での障害物となった。周保中の構想は当然実現の見込みがなくなった。

ソ連軍の旅団解散命令

ソ連が出兵した翌日、88旅団は動員大会を開き、全旅団の将兵は興奮した声を上げ、直ちにソ連軍と共同で進攻して関東軍を消滅させ、抗日戦争の最後の勝利を勝ち取ることを全員一致で要求した。会議後、周保中は極東ソ連軍総司令官ヴァシレフスキー(Aleksandr Mikhaylovich Vasilevsky)に、88旅団を東北に直ちに派遣するよう求める書簡を送り、金日成も彼の第一大隊を朝鮮に送りこむよう要求する書簡を書い

た。しかし形式的な慰め以外、周保中と金日成はソ連軍からなんら正式な返事を得られなかった。(218)

その後の数日間、周保中は居たたまれなくなり、何度も大本命と連絡官に確認を求めたが、ソ連軍司令部は言葉を濁らせ、指示を二転三転していた。十一日、全旅団が(中国領内の)同江に駐屯するとの連絡を受けたが、十二日、「当面は現地にとどまる」との指示になり、十五日、依然として「現地待機」と伝えられた。周保中は再三、指示を仰いだが、日本が降伏してから一週間以上経った二十三日になっても、回答は命令を待てというものだった。(219)この間、スターリンは、ソ連軍の任務は東北の解放で、88旅団の任務は東北の建設だとの指示を出したといわれるが、(220)たとえスターリンがこのような発言をしたとしても、おそらく抗日連軍に対するリップサービスに過ぎなかっただろう。実際には、88旅団の任務は、ソ連占領軍が東北と朝鮮を支配することに協力することと新たに決められていた。

八月二十四日、居ても立ってもいられない周保中はもう一度、ヴァシレフスキーに長文の書簡を送り、88旅団が東北に進駐し、ソ連軍に協力して地方の治安維持にあたり、東北民主政権と人民の軍隊を樹立することの必要性を力説した。周保中は書簡の最後に、もしこれらの要求が満たされることがなければ、88旅団の中国人メンバーと一部の朝鮮人同志を中国共産党中央もしくは八路軍の朱徳に移譲し、その指揮下に置くことを提案した。(221)

88旅団将兵の度重なる要求に対し、モスクワはついに、88旅団の解散と、その中心メンバーを別々に極東ソ連軍の各部隊に送り、その作戦に協力させるとの決定を下した。ロシアの公文書記録によると、極東軍情報部が提出した派遣案は以下の通りである。一九四五年八月二十五日の時点で、88旅団は総計一三五四人の将兵(うち将校一四九人、士官三五八人、兵士八四七人)であり、その中から八七八人を選んで各極東ソ連軍の作戦部隊に編入すること、二七九人(二一五人のゲリラ隊員と六四人の旧満州国兵士)を東北各地に派遣して防衛司令部、地方保安団およびその他の機関に協力させること、一一三人(九八人の朝鮮ゲリラ隊員と一五人のソ連国籍朝鮮人)を朝鮮に派遣して防衛司令部、地方保安団およびその他の機関に当たらせる。

具体的な配属先については、周保中を長春市に、張寿籛をハルピン市に、金日成をピョンヤン市に、王効明を吉林市に、姜信泰を延吉市に、金策を咸興市に、馮仲雲を瀋陽市に、それぞれ派遣することになっている。同報告書は、88旅団の功労者に勲章とバッジを授与し、中国と朝鮮に派遣されるメンバーの階級を引き上げることに関する提案も行った[222]。

八月二十六日、極東軍軍事委員シーキン（I. V. Shikin）は周保中に対してヴァシレフスキー司令官の以下の命令を伝達した。88旅団の中国人と朝鮮人はそれぞれ極東ソ連軍の三つの方面軍に配属すること、中国人はソ連軍と共に東北の各戦略拠点を占領し、赤軍の占領地の秩序維持、敵と傀儡軍の残存勢力と反革命分子の粛清、赤軍の大衆における威信の確立、中ソ人民の友好促進に協力すること、また、軍事管制に参加するという合法的な地位を活用して党組織を立ち上げ、大衆運動を繰り広げ、主要な占領区以外で人民の武装と根拠地を樹立すること、朝鮮人はソ連軍と共に朝鮮領に入り、また自分の武装勢力と行政機関の樹立に着手すること、という内容である[223]。

八月二十八日、周保中は88旅団の中隊長以上の将校会議を招集し、ソ連軍の命令に基づき、具体的な指示を与えた。九月三日から十三日の間、東北と朝鮮に派遣される各チームは相次いで出発した。十月十九日、88旅団の主要メンバーがソ連を離れた後、極東ソ連軍第二方面軍司令部は、この特殊な部隊を正式に解散するとの命令を下した。十二月十一日まで、88旅団の解散作業が全部終わった[224]。

この国際旅団の解散に伴って、金日成および彼と共に帰国した朝鮮人革命家は中国共産党との組織関係を解消した。金日成一行は九月下旬から十月上旬の間に、朝鮮の地を踏んだ[225]。十月十四日、ソ連占領軍が周到な準備をして開催したピョンヤンの大衆大会で、金日成は初めて朝鮮民衆の前に姿を現し、演説を行った[226]。金日成の「パルチザン派」はそこから、一つの政治勢力として北朝鮮政権の創設に参加した。88旅団の解散後、周保中の記録によると、十一月までにソ連の朝鮮駐屯軍に所属する元88旅団のメンバー全員が、中国共産党の党籍と東北抗日連軍の軍籍を離脱した[227]。金日成の88旅団での経歴は後に、モスクワが彼を選んで北朝鮮の支配者に仕立てた最も重要なファクターだったに違いない。

この歴史に関して二つの注目すべき点がある。第一に、どんな計算によるかはっきりしないが、スターリンは88旅団を独立した勢力として東北解放の軍事行動に参加させたくなかったこと。第二に、88旅団の主力部隊が分散して帰国した後、中国人の任務は主にソ連軍の東北占領と統治に協力することだが、朝鮮人にはこれ以外に、「自らの武装勢力と行政機関を樹立する」任務も付け加えられたこと。ここから、戦後のソ連が中国と朝鮮に対してとった異なる政策が明確に見えてくる。中国の東北に対し、スターリンはその主権を国民政府に返還することを約束したので、共産党が行政機関を樹立することに、少なくとも初期において、公の支持を与えることはできなかった。

一方、朝鮮では一九四六年初めまで、スターリンの脳裏にあったベストのシナリオは国際信託統治の方式を通じて米国と協力し、ソ連と友好関係を保つ統一した朝鮮政権を樹立することであった[228]。そのため、ソ連で訓練を受けて帰国した朝鮮人幹部はいうまでもなく、特別に重視された。ソ連が決めたこの戦後の朝鮮政策によって、別の中国の朝鮮人革命家の勢力、すなわち「延安派」幹部の運命は大きく振り回されることになった。

祖国への道を急ぐ

ソ連にいた朝鮮人に比べ、中国共産党の支持のもとで、在中国の朝鮮人革命家は戦後帰国する、という目標はあらかじめ明確だったが、その実施のプロセスは紆余曲折を極めた。ソ連出兵の情報を知った八路軍延安本部は八月十日から十一日にかけて、立て続けに七つの命令を発し、所属する各地の部隊が日本軍に対し全面的反攻を行うよう求めた。第六号命令の中で、朱徳司令官は朝鮮義勇軍司令官武亭、副司令官朴孝三と朴一禹に対し、ただちに所属部隊を率いて、八路軍とともに東北に進軍し、敵軍と傀儡軍を消滅させ、また「在東北の朝鮮人民を組織して、朝鮮を解放する任務を達成せよ」と命じた[229]。

八月十一日、朝鮮独立同盟本部は各地の分会に打電し、朝鮮居住民は八路軍、新四軍に協力して失地を回復し、さらに独立同盟もしくは義勇軍に参加し、「朝鮮に進撃せよ」と呼びかけた[230]。同盟主席の金枓奉は記者の取材を受ける中で朝鮮人の闘争目標を一層明確に表明した。ソ連軍に協力して朝鮮領内に入って戦い、日本軍を消滅させ、朝鮮を解放し、沿線では東北と華北元日本占領地域の二百二十万人の朝鮮人を組織して故郷に帰り、「中国に似た」「新民主主義共和国としての新しい朝鮮」を樹立する、という構想だった[231]。そこで、朝鮮独立同盟と朝鮮義勇軍およびその所属機関は我先にと動き出し、延安および華北、華中、華南の各地からそれぞれ東北に向かって進軍した。行程が長いため、これらの部隊は十月末から十一月初めの時点でようやく続々と瀋陽に到着した[232]。しかし「帰心矢の如し」だったこれらの朝鮮人にとって予想外だったのは、祖国への入国をソ連占領軍に拒否されたことだった。

一九四五年十月十二日、ソ連の朝鮮駐屯軍司令部は、北朝鮮領内の現存のすべての武装勢力を解散し、各道（一級行政区）レベルのみ警察部隊をもって社会治安にあたることを許可するとの命令を下した[233]。ちょうどその日、朝鮮義勇軍先遣隊は韓青(Han Cheong)に率いられソ連軍の許可を得て新義州に入った。しかし、ソ連占領当局はポツダム宣言の規定を執行するとの名目で、この部隊に対して武装解除を行った。数日間の協議と激しい論争を経て、ソ連軍は最終的に、彼ら一行が武器を携帯したまま中国に帰還することに同意した。

十一月五日、韓青の部隊は瀋陽に戻り、その他の中原地域から駆けつけた義勇軍の各勢力と合流した[234]。ソ連が中国からやってきたこの部隊を必要とせず、また信頼もしていないことは明らかになった。このような情勢を受けて、朝鮮独立同盟と義勇軍本部のリーダーは会議を開き、以下のことを決定した。同盟の主要リーダー金科奉、武亭、崔昌益、韓斌らは先に帰国して協議を行い、その間、部隊は瀋陽にしばらく待機すること、各部隊を改編し、朝鮮義勇軍の指揮部を再建し、武亭は総司令官、朴一禹は政治委員、金剛は参謀長にそれぞれ就任し、下には三つの支隊を設立し、第1支隊の支隊長は金雄、政治委員は朴孝三、参謀長は韓斌とし、第3支隊の支隊長は李相朝(金沢明)、政治委員は朱徳海、参謀長は金然(Kim Yeon)とし、第5支隊の支隊長は李益星、政治委員は朴雄一(Park Ung-il)、参謀長は趙烈光(Jo Gwang-ryeol)とすること、同時に金浩(Kim Ho)と金剛を安東に派遣して鴨緑江支隊を結成すること、だった。

十二月初め、金科奉一行七十人余りはピョンヤンに到着したが、ソ連軍司令部との協議は結果が出ず、義勇軍の本国入国に関する要望は相変わらず拒否された。その後、金科奉、武亭、崔昌益らはそのまま朝鮮に留まった[235]。その間、金浩と金剛が率いる結成したばかりの鴨緑江支隊の六百人余りは鴨緑江を渡ったが、ふたたびソ連軍に武装解除され、手ぶらで中国領に引き返した[236]。金科奉ら主要リーダーが帰国した後、朝鮮義勇軍の各支隊は東北各地に分散し、中国革命の戦列に加わった。朝鮮に帰還した「延安派」の幹部たちは、様々な妨害を受けて、金日成が率いるゲリラチームより二カ月遅れて帰国し、その人数も大幅に減らされた。これは間違いなく、北朝鮮の政治構造における「延安派」の影響力を弱め、同時に中国共産党の北朝鮮に対する影響力を間接的に弱めることも意味した。

歴史はときには皮肉だ。かつて中国で外国人として扱われた「延安派」はその後も中国共産党と親しい関係を保ったが、かつて中国の少数民族と見なされた「パルチザン派」は中国共産党との関係が疎遠になった。その運命を左右したのはソ連の戦後の極東戦略だった。ソ連の指示を忠実に守り、ソ連の朝鮮占領政策に協力できるのは、ソ連の極東キャンプで訓練を受けた「パルチザン派」のゲリラ隊員だと見なされたからだ。その後の長期にわたる朝鮮の党内闘争と中朝関係の背後に、中ソ関係の影が常に見え隠れする原因もここにある。

以上が第二次大戦後に展開されていく中朝関係の歴史的背景と政治的基盤である。新中国の成立からソ連の解体、冷戦の終結にいたるまで、中朝関係の歴史は、大きな割合において、中、ソ、朝の三角関係の歴史であったと見ることができよう。

第一章　即《つ》かず離れず——新中国の建国に至るまで（一九四五—一九四九年）

朝鮮半島は、はじめは諸大国から注目される地域ではなかった。大戦終結後間もなく高まった米ソ関係の緊張および欧州での冷戦勃発は、対立する双方に、アジア問題でも強硬な立場を取らせるようになり、半島の分裂という結末が運命づけられた。ソ連占領軍は金日成を立てて朝鮮労働党を発足させ、北朝鮮をソ連の衛星国に育てつつあった。ソ連占領軍は、米国を刺激しないようにとの思惑で、中国共産党が指導した朝鮮人武装勢力の帰国を拒否し、その結果、大半の朝鮮義勇軍将兵は中国共産党の戦列に加入せざるをえなくなり、結果としてそれは、中国共産党が東北地域を制覇する戦いを助けることになる。

他方、東アジアにおけるソ連の戦略的利益を確保するため、中国の東北をめぐる内戦の中で、スターリンは朝鮮（およびソ連が支配した旅順・大連）を通じて中国共産党に力強い、確実な援助を送った。しかし、朝鮮は衛星国として終始、ソ連の直接的支配下に置かれた。毛沢東は中国の革命が決定的な勝利を収めた時、アジア革命に対する指導権に意欲を見せ、極東情報局（「アジア情報局」とも呼ばれる）の設立を構想した。スターリンは、中国共産党のアジア革命に対するリーダーシップの分担に同意したものの、朝鮮に対するコントロールを手放す気はなかった。中国共産党と朝鮮との関係は新中国の誕生まで、ずっと中ソ関係の制約を受け、毛沢東と朝鮮労働党はついに直接の正式交流メカニズムを構築するに至らず、双方の関係は即《つ》かず離れずという状態が続いた。

第一節　北朝鮮建国と両党関係

ソ連の衛星国の誕生

一九四三年十一月のカイロ宣言は朝鮮に自由と独立を約束したが、一九四五年二月のヤルタ会談では、中国、米国、ソ連、英国の四カ国による朝鮮への一時的信託統治の方針が決定された(ただ、会議文書は信託統治に関する具体的措置には言及していない)(1)。ポツダム会議の前日、ヘンリー・ルイス・スティムソン(Henry Lewis Stimson)米陸軍長官はトルーマン大統領に備忘録を提出し、その中で、ソ連による朝鮮の独占を避けるため、速やかに信託統治を実施するよう求めるべきで、信託統治の間、米軍は最低でも象徴的な朝鮮駐在を検討すべきと提案した(2)。会議の期間中、原子爆弾の実験に成功した情報を知った米国のソ連駐在大使ハリーマンと参謀総長マーシャルの二人は相次いで大統領に対して、朝鮮と中国の東北での上陸作戦を提起した(3)。しかし戦争の行方に対し、まだ確信を持てなかったトルーマンは首脳会談でこの問題に言及せず、具体的な作戦事項として軍部に任せた。米、英、ソ三カ国の軍首脳はすでに「朝鮮全域で米ソ両国の空軍と海軍の作戦範囲について線引きする」ことに合意したが、地上の作戦区域および占領地域については一度も話し合われなかった(4)。

一九四五年八月九日早朝、百五十万人のソ連赤軍が関東軍に対し総攻撃をしかけ、戦争の終結を早めた。赤軍が朝鮮に「なだれ込んだ」際、朝鮮半島に最も近い米軍部隊はまだ数百キロ以遠の沖縄にあった。それでもスターリンは、三十八度線を境界線として両国の朝鮮における軍事占領区を分けるという米側の提案に迷わずに同意した。ここからみて、ソ連は米国との戦時の同盟協力関係の継続を優先的に重視し、朝鮮半島に対する単独の占領を考えていなかったことがうかがえる(5)。ただ、その後の米ソ関係の急転を背景に、スターリンの朝鮮に対する具体的政策は大幅な調整が進められた(6)。全般的に見て、一九五〇年まで、ソ連の朝鮮半島政策には三つの段階の変化が見られる。

第一段階(一九四五年から四六年)――北朝鮮に対して確実な管理を行った上で、国際的信託統治の方法を通じて米国と協力し、ソ連と友好関係を持つ統一した全朝鮮の政権を樹立する。これはスターリンが当時考えた最も理想的なシナリオだった。

第二段階(一九四六年から四七年)――朝鮮北部の政治と経済力を強化し、それを足場と拠り所にして朝鮮民族の統一を促進し、全朝鮮の総選挙を通じて統一した、ソ連に友好的な政策をとる政権の選出を確保する。これは米国との緊張が高まった段階で求めた「二の次」のシナリオだった。

第三段階(一九四七年から四九年)――米ソ合同委員会の活動中断、国連による半島南部での単独選挙の実施以後、朝鮮北部で独自の政権の樹立を支持・支援し、北部に対するコントロールを確保して米国と対抗する。これは冷戦勃発後のやむを得ない選択だった。

まさにこのような変遷を経て、朝鮮半島は忘れられがちの地球の片隅から米ソが争奪するメイン競技場になり、北朝鮮も東欧諸国やモンゴルと同じように、最終的にソ連の衛星国になった。

図 11　1945 年 10 月 14 日，ピョンヤン市大衆大会に参加した金日成(左から 3 人目)と曹晩植(右から 2 人目).

日本の降伏と赤軍の占領に伴って、北朝鮮では様々な地方自治機構が雨後の竹の子のように現れ、その中でソ連軍占領当局の認可を得たものは臨時的権力機構、すなわち人民委員会の傘下に入った。日本の占領時代から有名なキリスト教活動家で民族主義者の曺晩植(Jo Man-sik)も北朝鮮で地方の自治機構を最初に作った一人で、極東ソ連軍第一方面軍政治部のメクレア(Mekler)中佐の回想によると、曺は共産主義者ではないが、「北朝鮮住民の中で人望が最も高い」一人であることを知っていた。[7] 一九四五年十月八日から十日にかけて、ピョンヤンでソ連側が主催した北方五道の人民委員会代表大会が開かれ、帰国したばかりの金日成は大会で、曺晩植と一緒に登壇して演説を行った。ただ、占領軍側は直ちに権力を金日成に任せず、彼をソ連のピョンヤン駐在軍代表の助手(ピョンヤン守備副司令官)に任命し[8]、十一月十九日に発足した北方五道行政局はやはり民族主義のリーダー曺晩植を委員長に選出した。

同年十二月、モスクワで開かれた米ソ英三国外相会議が発表したコミュニケは、米ソ両国の占領軍司令部代表からなる合同委員会が朝鮮の各勢力と協議した上で臨時的民主政府を樹立し、その発足後、五年間を期限とする四大国による信託統治を経て最終的に朝鮮の政府を完全に独立させる、というう朝鮮問題を解決するロードマップを公表した。しかしこの構想は南北朝鮮の大半の政党と政治勢力から猛反対され、民主党のリーダー曺晩植も、モスクワ会議の決定を支持する共同宣言に署名するという共産党の提案を拒否し、党首辞任に追い込まれた。それ以後、曺晩植は政治の舞台から姿を消した。[9]翌一九四六年二月二十四日に開かれた民主党代表大会で新しい委員長に、崔庸健が選出された。

後に朝鮮労働党に統一される諸勢力はその時点でほぼ全部、朝鮮国内に集結した。ソ連から帰った「パルチザン派」と中国から帰った「延安派」以外に、比較的影響力があるのは、「国内派」(日本の統治期間中に朝鮮北部で抗日闘争を続けた革命家、代表人物は玄俊赫(Hyeon Jun-hyeok)、金鎔範(Kim Yong-beom)、朴正愛(Park Jeong-ae)、張時雨(Jang Si-u)、朱寧河(Ju Yeong-ha)、李周淵(Lee Ju-yeon)、朴金喆(Park Geum-cheol)など)、「南方派」(日占期に朝鮮南部で抗日と革命活動を続けた共産党員、代表人物は朴憲永(Park Heon-yeong)、李英(Lee Yeong)、許憲(Heo Heon)、李承燁(Lee Seung-yeop)、洪命熹(Hong Myeong-hui)など)、「モスクワ派」(ソ連派とも呼ぶ)(主に日本の敗戦後にソ連から帰国した、大半はソ連国籍を保留したままの朝鮮人革命家、代表人物は、許嘉誼(Heo Ga-i、「許哥而 Heo Ka-i」とも表示される)、朴昌玉(Park Chang-ok)、朴義琓(Park Ui-wan)、金承化(Kim Seung-hwa)、朴 彬(Park Bin)、南 日(Nam Il)、方学世(Bang Hak-se)、許真(Heo Jeong、別名林隠 Lim Un)など)といった派閥である。[10]

金日成の帰国

ソ連占領当局が最初にリーダーとして期待したのは朴憲永だったようだ。彼は一九二一年に朝鮮共産主義青年団を結成し、同年、朝鮮共産党に入党。コミンテルン執行委員会東方書記局に勤務した経験があり、一九三九年から本国に潜入して地下活動を指導していた。日本降伏直後の一九四五年八月十八日、ソウルで地下党員会議を招集し、朝鮮共産党再建準備委員会を設立し、続いて九月十一日に開かれた朝鮮共産党の会議で中央委員会書記に選ばれた。朴憲永をリーダーとする朝鮮共産党の影響力は日増しに拡大し、モスクワからも認可され、一九四五年十二月十六日、ソ連共産党中央が採択した決議は沿海州軍区軍事委員会に対し、翌四六年の活動経費として朝鮮共産党中央に千五百万日本円を供与するよう命じた。[11]

しかし間もなく、米ソ対立の激化により、ソ連は朝鮮の各共産党組織を統合する中心地を北方に移さざるを得なくなり、ちょうどその時、金日成が朝鮮に帰ってきた。これで歴史の天秤は後者に傾き始めた。

一九四五年九月五日、金日成は88旅団の朝鮮人チームを率いて〔ハバロフスクの〕北キャンプ地を離れた。最初の計画は満州経由で帰国する予定で、九月九日、牡丹江に到着したが、交通の問題でハバロフスクに引き返し、そこで乗船して帰国した[12]。金日成の朝鮮に戻った詳しい期日については諸説があり、金日成自身は回想録の中で、ソ連の軍艦に乗って九月十九日、元山に到着し、二十二日、ピョンヤンに入った、と述べているが、複数のロシア公文書の記録によれば、金日成一行が乗ったプガチョフ(Pugachiov)号は十月初めに元山に到着したことになっている[13]。いずれにせよ、十月十日付の朝鮮の新聞は「反動分子を慄《おのの》かせる金日成」がすでに祖国に帰還したと伝えている[14]。

図12　帰国当初の金日成

十月七日から八日にかけて、ピョンヤンで各道共産党指導者会議が再度招集された。韓国側の資料によると、会議の期間中、朴憲永も極秘にソウルからピョンヤンに到着し、ソ連側代表ロマネンコ(A. A. Romanenko)の仲介で金日成と会談し、南北朝鮮の共産党組織の関係と連絡問題を協議した。金日成は党中央を解放されたピョンヤンに移すよう主張し、ロマネンコもその考えに賛同し、朴憲永の北上を要請したが、朴は、ソウルこそ朝鮮の政治の中心地であり、党中央はそこに留まるべきとして譲らなかった。会談は最後に、党中央は指導機関を引き続きソウルに置くが、ピョンヤンには北朝鮮分局を設置することで一致した[15]。

一九四五年十月十三日、朝鮮共産党はピョンヤンで大会を開き、六九人の代表が出席した。会議は、朝鮮共産党北朝鮮分局(後に北朝鮮共産党中央組織委員会と改称)を設立し、ソウルの中央委員会に隷属することを決定し、金鎔範が第一書記、呉琪燮(O Gi-seop、一九三二年にソ連から帰国、朴憲永の親友)が第二書記、ほかに金日成、張時雨、鄭達憲(Jeong Dal-heon)、金策らの委員を含む一六人の指導体制を選出した。金日成はこの時点でまだ脇役だったが、シトゥイコフ

(T. F. Shtykov)が十一月にモスクワに提出した報告書の中ではすでに、北朝鮮共産党の実際のリーダーは金日成で、彼は未来の朝鮮政府指導者の最適な人選でもあると説明していた[16]。そして、十二月十七日に開かれた北朝鮮分局第三次拡大執行委員会会議では、金日成は第一書記に選出され、金鎔範は第二書記に降格、「延安派」のリーダー格の武亭は第三書記(兼幹部処処長)になった[17]。

北方における共産党の勢力はこの間迅速に拡大し、一九四六年一月一日の時点で、六つの道クラス委員会、八〇の郡クラス委員会、および一三六〇の基層党組織をもち[18]、党員数も一九四五年十一月の六千人から四六年二月の三万人に急増し、半年後はさらに二十七万六千人に膨脹した[19]。この時から、ソ連が朝鮮の共産主義組織を統合する重心をソウルからピョンヤンにシフトすることは必然的な趨勢となった。

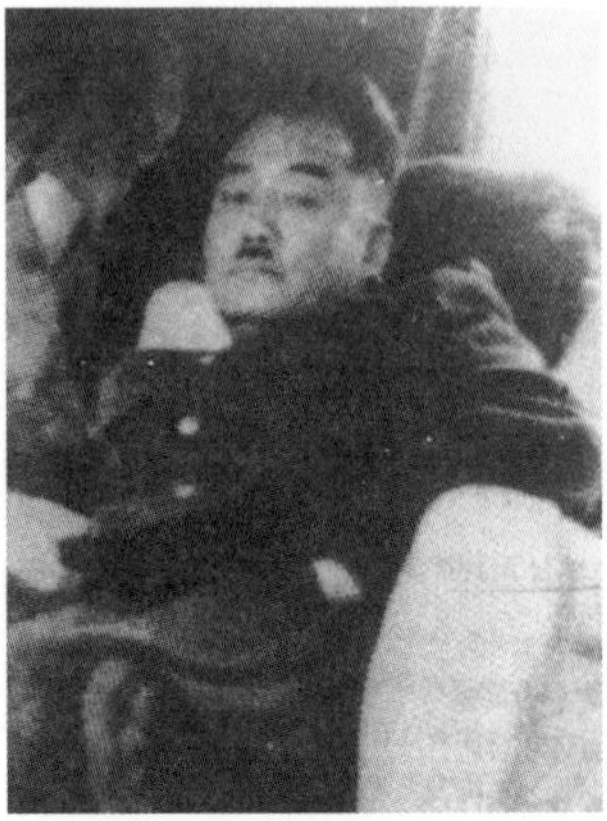

図 13　1945 年 11 月末に朝鮮に帰った武亭

図 14　朝鮮共産党と新民党の合併および労働党の結成大会．中央は金日成．

金科奉ら「延安派」幹部が一九四五年十二月に帰国した後、元の組織名を踏襲して金科奉を主席とする朝鮮独立同盟会の樹立を宣言し、高い知名度により、支持者は急速に集まった[20]。程なくして、金科奉はそれをベースに新人民党を結成し、彼自身は委員長、崔昌益と韓斌の二人は副委員長に就任した。同党が一九四六年二月十五日に正式に登録した時、すでに一万一千人の党員がいたが、半年後、九万人余りに拡張された。[21]ソ連人もこの勢力に対して高い評価を与えていた。[22]

朝鮮半島に二つの政権

米ソの対立は一九四六年春になると一層顕在化し、米ソ合同委員会は五月八日の会合で無期限休会を発表した。これを背景に、米ソ双方とも自分の占領区で未来の朝鮮政府の設立に取り掛かり、ソ連の意向と働きかけで新人民党と共産党の合併が進められ、八月二十八日、ピョンヤンで八〇一人の代表が参加した北朝鮮労働党の結成大会が開かれた。三十一日に招集された第一期中央委員会全体会議で、金科奉は党委員長に、金日成と許嘉誼は副委員長に当選し、一三人の常務委員に、金日成、金策、金一ら「パルチザン派」以外に、「延安派」の金科奉、崔昌益、朴一禹、国内派の朴正愛、朱寧河、ソ連派の許嘉誼、朴昌玉、奇石福(Ki Seok-bok)、金烈(Kim Yeol)らが名を連ねた。ただ、ソ連共産党中央国際部の内部報告では、金科奉を委員長に推したのは「戦術的な配慮によるもの」と説明され、本命と見ている金日成については、「天才的な組織者であり、精力的で政治的教養が高い指導者」「国内で高い威信と名声があり、朝鮮人民の領袖と呼ばれている」と特筆された。[23]

国際世論の圧力で、一九四七年五月、米ソ合同委員会はソウルでの活動をいったん再開したが、両者の対立はもはや縮まることはなく、同年十一月十四日に国連総会で採択された決議には、国連朝鮮臨時委員会の設立など米国主導の内容が盛り込まれ、ソ連は臨時委員会を認めないと表明した。しかし臨時委員会は一九四八年二月、コントロール可能な範囲内で選挙を実施し政府を成立させると決定し、米占領当局のプロデュースと保護の下で、七月二十日、李承晩が大韓民国大統領に「当選」し、八月十五日、新政権がソウルで発足した。

北朝鮮では一九四八年に入った段階で、経済と政治、軍事のあらゆる分野から見て、単独政権を樹立するすべての必要条件が整った。四月二十四日、ソ連共産党中央政治局の会議で、朝鮮民主主義人民共和国の憲法草案が協議・修正された。会議はまた、南朝鮮で単独選挙が実施され、政権が立てられれば、金日成は直ちに北朝鮮領内で人民大会を招集し、この憲法を採択し、さらに最高人民会議を選出し、朝鮮人民政府を発足させることも決定した。[24]そのため、大韓民国政府が樹立して一カ月も経たない九月九日、朝鮮民主主義人民共和国の成立が宣言され、金日成が首相に就任し、十月十二日、新

図 15　共和国成立時の金日成(中)，朴憲永(右隣)

政権はソ連政府から正式の承認を得た。

新政権の中で朴憲永は副首相を務めた。南朝鮮で左翼政党と組織は厳しく取り締まられ、朴憲永はすでに大半の時間、北朝鮮に滞在して南朝鮮労働党(朴憲永の勢力と、呂運亨の朝鮮人民党、白南雲(Baek Nam-un)の南朝鮮新民党が合併して一九四六年十一月に樹立)の活動を指導していたが、新政権が誕生すると、南朝鮮と北朝鮮の労働党は正式に合併し、一九四九年七月一日に開かれた朝鮮労働党中央委員会第一次全体会議で、金日成が党中央委員会委員長に、朴憲永と許嘉誼が副委員長に選出された(25)。約三十年間の闘いと離合集散を経て、朝鮮の共産主義者はついに、少なくとも表面的には、朝鮮労働党の旗の下に集合した。

この新政権に関して、ソ連占領当局はかなり満足した模様だった。それまでソ連は大使館を中枢に、北朝鮮指導者のあらゆる公開演説の内容を事前チェックしたり、すべての軍高級将校の任命と昇格を決めたりして、これ以上ない厳しい監督とコントロールを敷いていた(26)が、モスクワは今いくらか安心した。

一九四八年十二月二十五日にソ連軍が撤退する直前、朝鮮を担当したレベジェフ(N. G. Lebedev)はモスクワに対して、四三人の朝鮮指導者に対する調査報告書を提出した。主要なリーダーに対する評価はいずれも高かった。報告書の順序に沿って見ていくと、金日成「すでに卓越した朝鮮の政治家に成長した」。朴憲永「卓越した朝鮮の政治指導者」、金策「政治能力が高く、強い組織能力を有する」、崔庸健「政治的に信頼でき、人民民主事業に忠誠心を持つ」、崔昌益「党の組織運営と宣伝広報に豊富な経験の持ち主」、朴一禹「朝鮮人民の間に人望が高い」、金科奉「学者、革命家として朝鮮人民に広く知られ、高い人望を持つ」、となっている。特に指摘しておきたいのは、すべての人の調査に際しては、ソ連に対する態度が評価の対象になっており、大半の指導者は肯定的もしくは比較的肯定的な点数をつけられた[27]。

このほか、モスクワは新政権の党と政府部門で要職につく大勢のソ連籍朝鮮人幹部を通じて政権運営に対するコントロールを実施することができた。一九四八年末まで、ソ連から帰国した朝鮮族の幹部(大半はソ連国籍を保留)は五六〇人に上り、そのうち、多くは重要部門の責任者となった[28]。ある学者の統計によると、この年、「ソ連派」の影響力はピークに達し、ソ連国籍を持つ者は労働党中央委員の四分の一を占め、政治委員会の席の三分の一を確保した[29]。モスクワによる朝鮮への影響力の大きさについて、ロシアの朝鮮問題専門家が後に評価したように、「金日成および他の北朝鮮の国家指導者は当時、ソ連の指揮棒しか眼中になかった[30]」。

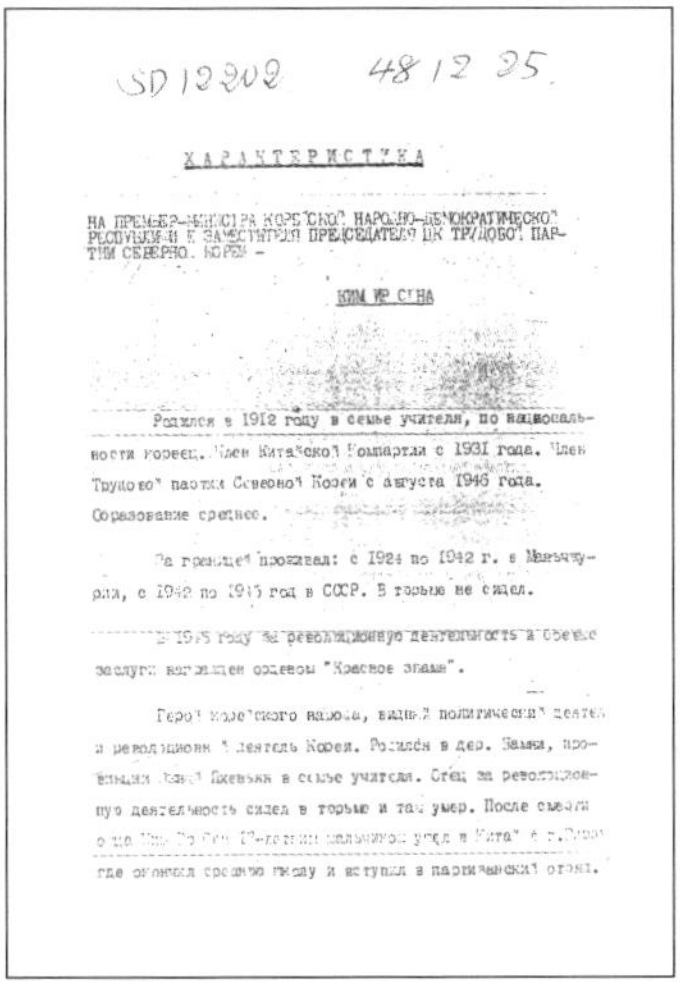
SD 12202 48 12 25

ХАРАКТЕРИСТИКА

НА ПРЕМЬЕР-МИНИСТРА КОРЕЙСКОЙ НАРОДНО-ДЕМОКРАТИЧЕСКОЙ РЕСПУБЛИКИ И ЗАМЕСТИТЕЛЯ ПРЕДСЕДАТЕЛЯ ЦК ТРУДОВОЙ ПАРТИИ СЕВЕРНОЙ КОРЕИ -

КИМ ИР СЕНА

Родился в 1912 году в семье учителя, по национальности кореец. Член Китайской Компартии с 1931 года. Член Трудовой партии Северной Кореи с августа 1946 года. Образование среднее.

За границей проживал: с 1924 по 1942 г. в Маньчжурии, с 1942 по 1945 год в СССР. В тюрьме не сидел.

В 1945 году за революционную деятельность и боевые заслуги награжден орденом "Красное знамя".

Герой корейского народа, видный политический деятель и революционный деятель Кореи. Родился в дер. ..., провинции ... в семье учителя. Отец за революционную деятельность сидел в тюрьме и там умер. После смерти отца ... 17-летним мальчиком ушел в Китай ... где окончил среднюю школу и вступил в партизанский отряд.

図16　レベジェフの金日成の履歴に関する報告書(1948年12月25日)

スターリンは朝鮮が自らの衛星国になったとの手ごたえがあったからこそ、進んで朝鮮からの撤兵を提案し、一九四八年九月二十日、一方的な引き上げを発表し、すべての撤兵は四九年元日までに終了した[31]。一九四九年三月、金日成は朝鮮政府代表団を率いてモスクワを訪れ、ソ朝経済文化協定に調印した。ソ連勢力圏内のほかの国と違って、ソ連と朝鮮の間では同盟の性格を持つ友好協力条約は調印されなかった。これについて、ある研究者は、「朝鮮はロシアが特別に関心を持つ地域に一度もならなかったからだ」との見方を示した[32]。それは間違いであろう。仮に朝鮮が統一され、かつ友好的で親ソ的な政権ができれば、モスクワはもちろんもっと安心するが、今の分裂状態は朝鮮半島が未来の冷戦戦場になる可能性を残しており、ソ連はより一層気を揉まざるを得ない。ただ、ベルリン封鎖(一九四八年六月)が過ぎ去ったばかりで、ソ連の核心的利益はヨーロッパにあるため、極東地域の安全保障上の壁として、スターリンはすでに北朝鮮の発展およびソ連に対するその忠誠心に満足した。彼はこれ以上米国を刺激し、ソ連の力が及ばない場所と望まない時間で西側集団との更なる大きな紛争と衝突になることを避けるため、朝鮮の統一に対する責任を引き受けたくなかったに過ぎない。

最も不幸なのは朝鮮民族である。ようやく日本の植民地支配から脱却したばかりで、また米国とソ連の勢力圏に別々に組み込まれた。ちょうどこの時、朝鮮半島に隣接するもう一つの大国で激変が生じた。歴史の流れの中で、中国共産党の政権掌握は北朝鮮がソ連の衛星国になりさがったことと同時進行した。これは、中朝関係の行方が中ソ関係とソ朝関係のブレに大きく左右されることを予兆したに違いない。

八路軍の東北進軍

一九四五年から四九年まで、中国大陸と朝鮮北部で同時に共産党政権が誕生し、これはその後の北東アジア情勢および中国と半島との関係にとって最も重要な歴史的背景となった。これまでの大半の研究は、中華民国と大韓民国臨時政府との関係に焦点を当ててきた。(33) 資料の不足も一因で、中国共産党と朝鮮労働党との関係が詳しく検証・研究されることはなかった。(34)

改めて冷戦構造の中の中朝関係を検証する場合、中国共産党と朝鮮が共通で直面した課題をまず振り返る必要がある。戦後間もなく形成された二大陣営が対抗する冷戦構造は中朝関係の発展に明らかな制約を与えた。北朝鮮は、ソ連の衛星国になったが、中国共産党の勝敗の行方もかなりの程度でソ連共産党の中国政策の変化に左右されたため、ソ連ファクターは中朝両党関係にとってずっと決定的な重要性を持った。中国(特に東北地区)に暮らす百万人余りの朝鮮移民、共産党軍の中の多数の朝鮮族幹部と兵士は、越境民族としてその大半は国籍を確定しておらず、また強烈な民族感情を抱いていたため、中国と朝鮮という革命戦友の間にアイデンティティーの軋轢をもたらした。(35) これらの政治、歴史および民族的な背景は、この時期の中朝両党関係の特殊性を生み出した。互いに支持と支援をしつつも、表では見えない宿命的な矛盾と対立を常に抱いていた。総じて言えば、新中国の政権が誕生するまで、中朝両党の関係はずっと、一種の「即かず離れず」の状態にあった。

中国の内戦期における中国共産党と朝鮮との関係について、朝鮮による支援、中国革命への協力に関する様々なエピソードがよく語られる。金日成本人もその著作と回想録の中で何度もこれに言及した[36]。一部の朝鮮人作家はこの点を特に絶賛し、次のような書き方をしている。金日成は国際主義と世界革命の視野をもって中国革命を捉えた。東北解放戦争中、朝鮮人部隊は「主力として」中国の将兵に鼓舞と勇気を与えた。国共内戦の最も厳しい時に、金日成は自ら丹東(安東)に赴いて遼東軍区の作戦会議に出席し、困難な局面を打開する戦略と戦術を指導した。金日成はまた一個の砲兵連隊を派遣して中国共産党の戦いを支援し、東北から海南島まで転戦し続けた。一九四九年二月、中国共産党の代表がピョンヤンにやって来て、中国の解放戦争の勝利まで朝鮮が支援するよう要請し、金日成は「ためらわずに引き受けた」、といった説が出ている[37]。米国の著名な朝鮮史専門家カミングスも、一九四七年初め、金日成は数千数万人の朝鮮人を東北に派遣し、中国共産党軍の作戦を支援した、と見ている[38]。これらの話の多くは誇張、ホラないし虚構を含むが、中国の内戦期において朝鮮が中国共産党に多大な支援を与えたことは紛れもない歴史事実である。

地理的に見て、中国革命の勝利にとって東北地域が決定的な重要性を持つことは言うまでもない。抗日戦争の勝利直前に開かれた中国共産党第七回代表大会で毛沢東は早くも、「東北は極めて重要な地域で、革命が勝利を収める基盤になるだろう」との展望を示した[39]。日本の降伏直後から、国共両党は直ちに東北の争奪戦を開始したが、一九四五年九月二十四日、党中央の日常業務を主宰した劉少奇は東北局に対し、主力部隊は集中的に「熱河、外モンゴル、ソ連、朝鮮を後背地とする地域に配備して生き残りと発展のチャンスをうかがうべきだ」と指示した[40]。続いて九月二十八日の指示では、「我が軍の東北進出後の配置として、その重点をまずソ連、朝鮮、外モンゴル、熱河に近接する重点的な都市と農村に置き、持久的な戦いに備える足場を作るべきだ」と助言した[41]。

圧倒的な優位を有する国民党軍が押し寄せてくるが、ソ連占領軍は外交上の微妙な立場で全面的な支援をしてくれない、という不利な状況の下、党中央は「中心都市と幹線道路の地域を明け渡し、両側の農村地帯を占領する」ことと、東北根拠地を開拓するという対処方針を打ち出した[42]。党中央の方針に基づき、東北局は十二月十五日、東北の戦いの中心は「朝鮮、ソ連、外モンゴル、熱河に近い地域で、広範囲で強固な根拠地を創設することだ」との方針を各部隊に明示した[43]。これらの指示の表現とニュアンスの変化からも、朝鮮が提供しうる実際の支援に対して中国共産党の期待がますます大きくなっていったことが窺える。

中国共産党は長い間東北から遠ざかっており、急遽ここで根拠地を作ろうとしても、足場も資源もなく、困難は想像を絶するものだった。黄克誠〔後に東北軍区副司令員〕は部隊を率いて東北に入った後の一九四五年十一月二十六日、毛沢東への電報で、中国共産党およびその軍隊が東北で直面した「七つの無」という状況を報告した。党組織、大衆の支持、行政機関、食糧、経費、医薬、衣服など生活用品、という七つとも資源はゼロ、という状態だった(44)。

金日成との接触パイプ

一九四六年四月から五月にかけて、国民党軍が大挙北上し、ソ連占領軍が次第に引き上げていく情勢の中、中国共産党は東北地域で一番厳しい局面に直面した。安定した根拠地を建設することが緊急の課題となったが、根拠地における軍事力、経済力の整備および生活用品の確保といったあらゆる面において、朝鮮からの支持と支援は決定的な重要性をもつことになった。そのため、東北局副書記の陳雲は、「北朝鮮領経由で河川と陸上の輸送ルートを開拓し、我が方の物資輸送における焦眉の急を解決せよ」と指示した(45)。

東北局が朝鮮からの援助と協力を取り付けるには主に、個人的パイプと機関の設置という二つのルートが使われた。急を要し、また特殊な事情がある場合は大抵個人的なパイプを通じて問題を解決するが、常設の機関は主に日常的業務を担当した。

金日成はとても情を重んじる人で、特にかつて肩を並べて戦い、かつ彼に手を差し伸べたことがある中国の戦友に対して、そうである(46)。そのため、元抗日連軍教導旅団の旅団長だった周保中およびその関係者は、中朝両党が連絡と連携を取る上で重要なパイプになった。金日成は周保中と別れた後も、長きにわたって、周との間に無線通信の連絡を保ち続けた(47)。周保中が最初に朝鮮に入ったのは一九四六年三月、東北民主連軍副司令官の身分で朝鮮に緊急支援を要請するためだったが、金日成はわざわざピョンヤンから図們江〔豆満江〕沿岸の南陽まで駆けつけてきて対面した。金日成は、「中国の戦友が東北で戦っていることに関連するすべての問題について、我々はその要求に応え、あらゆる可能な支援を提供する用意がある」と約束した(48)。その後、周保中はその夫人で戦友の王一知を、四度にわたって朝鮮に派遣して支援を求めた。その他の抗日連軍時代の戦友だった彭施魯、王効明、姜煥周らもそれぞれの所属する部門の派遣を受けてこのような連絡を担当した(49)。

中国共産党東北局は領内と対岸でそれぞれ朝鮮との連絡事務所を設置した。一九四六年六月、東北局と東北民主連軍本部は東満根拠地の沿岸都市図們で事務所を開設し、その主な任務は朝鮮の南陽に通ずる図們江(豆満江)大橋の確保、交通輸送路の保障、往来人員の警備、前線への物資供給などだった。九月、東北貿易総公司図們事務所(東北局の事務所と共同)が設立され、十一月、東北局は図們事務所を、東北局と民主連軍および吉林軍区の「代表機関」と位置づけ、饒斌が所長に任命され、その職責は「対外貿易の政策と対外交渉に責任を持ち」、吉林省の輸出入の任務完遂に協力し、治安や

図 17 前列左から，王効明，王一知(子供を抱く)，彭施魯．ピョンヤン人民軍総部における記念写真．

図 18 1948 年 8 月から 11 月にかけての，周保中夫妻の朝鮮訪問．11 月 19 日に金日成の邸宅における別れ際の記念写真．左から右へ，前列金正日，周偉，後列金日成，金正淑，王一知，周保中．

図 19　1954 年 12 月 22 日，中国を訪問した際，頤和園介寿堂にわざわざ赴き，療養中の周保中(右 1)を見舞う金日成(右 2)．同席しているのは左から王一知(周夫人)，李乙雪，徐哲．

税関および国境事務も兼ねて担当すると規定された[50]。
一九四六年七月、それが東北行政委員会の図們駐在事務所と改称された。前年七月、東北局は朱理治と蕭勁光の二人をピョンヤンに派遣し、東北局の朝鮮駐在事務所（対外的には「朝鮮利民公司」の名義）の設置準備に当たらせたが、同年九月、蕭勁光は帰国し、朱理治はピョンヤンに残り、東北局の朝鮮駐在全権代表を務めた。事務所の主要業務は、中国軍人の負傷者・病人の移送と収容、戦略物資の移送、東北の各根拠地間および大連との物資交流、人員の出入国の管理、軍需品の購入、経済貿易の促進などに関する朝鮮側との交渉、および朝鮮側に協力して現地華僑に対する意思疎通、働きかけなどであった。その後さらに南浦、新義州、満浦、羅津の四カ所で事務所の支所が設置された[51]。中朝双方ともこの事務所の役割を重視し、朝鮮労働党平安北道委員会と人民委員会内務省はいずれも事務所と頻繁に折衝し、東北局財経委員会書記の李富春もピョンヤンを訪れた際、自ら事務所の商務交渉を指導した[52]。朱理治は金日成、崔庸健（崔石泉）ら朝鮮指導者と密接に往来し、朴一禹、武亭、姜健（姜信泰）らかつての戦友ともよく酒を飲んだ。朝鮮駐在のソ連軍将校もたびたび事務所を訪れて杯を交わし、中華料理を食べた[53]。

朝鮮の中国革命支援

これまで広く使われた矛盾・混乱した史料に対して再整理と再考証を加えると、朝鮮の中国側に対する援助は主に以下のいくつかの分野で行われたことが明らかになった。

一、中国共産党が緊急に必要とする物資を貿易を通じて提供すること。双方の物資交流は主に年に一度の貿易協定で示される。朝鮮が輸出したのは主に、硫酸、硝酸、ダイナマイト、ピクリン酸などの軍事物資と、機関車、機械、橋梁建設材料、油、無煙石炭、水産物、民生用製品（布生地、綿、靴、毛布、食塩、マッチなど）である。例えば一九四六年と四七年春、山東省で活動する共産党軍は二度にわたって、四二〇トンのダイナマイト、二〇〇トンの硝酸、一〇〇トンのアセトン、三〇〇万個の起爆薬、一二〇万メートルの導火線と一五万足の靴を購入した。[54] 中国側が輸出したのは主に食料、有煙石炭、アスファルトと一部の生活日用品だった。例えば陳雲は一九四六年一月から翌四七年一月にかけて毎月、朝鮮に二五〇〇トンの食糧を提供するよう北満に指示した。[55] 一九四七年から四八年、中国共産党は贈与とバーター貿易の方式を通じて朝鮮側に五万トン近くの食料を提供した。[56] これ以外にも、駐韓米軍が入手した情報によると、緊急な状況下では中共軍（例えば李紅光支隊）は上部機関を通さずに使者を越境させ、朝鮮側と食料と軍需物資の取引を直接行った。[57] しかし、この時期における双方の貿易総額に関する資料はまだ発見されていない。

二、朝鮮領内で中国共産党の軍隊に庇護の場所を提供すること。一九四六年夏、国民党軍は瀋陽と長春を占領し、南満と北満の共産党の根拠地間の交通路を切断した。十月になると、さらに南満地区で大規模な攻撃を始めた。共産党の軍隊は退却を強いられたが、負傷者と患者、家族は同行できず、大量の物資も携行できないため、東北局は朝鮮に協力を求める以外になかった。中国人研究者の説によると、一九四六年十一月、周保中は王一知に二度目の訪朝をさせ、南満部隊中の二万人余りの負傷者と患者、家族および兵站人員、さらに二万トン余りの物資を朝鮮領内に移動する問題について金日成の協力を要請した。[58] 朝鮮の書物は金日成の証言として、遼東軍区司令官蕭華の要請を受け、自ら中国側の安東（丹東の旧名）に赴き、協議を経て共産党軍の負傷者と患者およびその他の人員の受け入れに同意した、と述べている。[59] 中国共産党の歴史資料では、安東から撤退する以前、「安東省政府は大量の軍需物資とその他の主要物資を安東地区の太平哨鎮と朝鮮に移転した」と記している。[60] また、朱理治が東北局に送った報告書によると、通化と安東の陥落後、一万五千人の負傷者と患者、家族が北朝鮮に避難し、朝鮮住民の家に分散して移住、重傷者は病院で治療を受け、一九四七年六月の時点でなお、二千人余りが朝鮮に留まっていた、という。中国共産

図 20　避難先の北朝鮮から安東に戻った中国の民主人士．左から翦伯賛（後に北京大学副学長），馬叙倫（中国民主促進会初代主席），宦郷（後に欧州諸国大使歴任，中国社会科学院副院長），郭沫若（後に全国政治協商会議副主席），陳其尤（中国致公党中央主席），許広平（魯迅夫人），馮裕芳（孫文に追随した革命家），侯外廬（後に中国社会科学院歴史研究所所長），許宝駒（中国国民党革命委員会の創設者），連貫（後に全国政治協商会議副秘書長），沈志遠（後に出版総署編訳局局長），曹孟君（中国民革同盟秘書長），丘哲（中国民主連盟の創設者）．最右端は中国共産党安東地区の責任者．

党側が朝鮮に一時保管として預けた物資は二万トンを超え、その往復の搬送はみな、朝鮮労働党の党員を動員して行われた(61)。それだけでなく、少数の兵隊を残してゲリラ戦を展開したのを除いて、安東地区の党と行政機関および地方の武装勢力は全部、朝鮮領内に撤退した(62)。朝鮮はほかに、作戦が不利に陥った中国共産党軍の避難場所にもなった。たとえば一九四六年六月、投降した元国民党軍184師団は、杜聿明が率いる政府軍の追撃を受け、鴨緑江沿岸の輯安（集安）まで追い詰められて逃げ場を失った際、朝鮮側の許可を得て越境してようやく無事を得た(63)。韓国独立党の東北特派員事務所の報告によると、「中央〔政府〕軍が安東に進駐した時、約四万人の八路軍が朝鮮領内に入った」という(64)。米軍情報によると「控え目な見積もり」でも、「一万から二万人の中共軍がやむを得ず北朝鮮に避難したと見られる」としている(65)。朱理治が東北局に提出した報告では、「北朝鮮は南満にとって有力な後背地の役割を果たした」と評価したのは当を得たものといえよう(66)。

三、輸送路を開通して中国共産党のために物資と軍隊を転送したこと。軍事的には中国共産党の軍隊は「運動戦」が得意だが、東北の大都市はほとんどすべて敵に占領され、交通路が遮断された後、朝鮮はその物資と軍隊が迂回して移送・移動する不可欠なルートになった。協議を経て、東北局は朝鮮で四本の水上もしくは陸上の交通路を開設した。すなわち安東—新義州—南陽—図們ルート、通化—輯安—満浦—図們ルート、大連—南浦ルートおよび大連—羅津ルートである。(67)物資移送の中で最も代表的なのは軍需工場の設備であり、一九四六年六月、東北民主連軍軍需部の三百余りの車両分の機械と物資が通化から図們経由で琿春に運ばれた。ほかに、軍需部の銃弾工場、製鉄所、化学工場もまず朝鮮の阿吾地にいったん移転してから最後に琿春まで搬送された。(68)双方の取り決めにより、物資の転送に対し、朝鮮側は一％以下の税金しか徴収せず、輸送費も安く、費用免除のケースもあった。緊急輸送が必要な場合、朝鮮は自らの通常の旅客輸送を停止して協力した。(69)不完全な統計によれば、一九四七年一月から七月にかけて、併せて二一万トンの物資が転送され、一九四八年の一年間は三〇・〇九万トンに達した。(70)

中共軍が朝鮮に入り、その領内を移動した状況について、駐韓米軍の情報ファイルには大量の関係書類があり、例えば「一九四六年八月、中共軍は満浦、清津と定州の広い地域に滞在している」「国民党が安東を攻略したことは直ちに、大量の中共軍の北朝鮮への移動を招いた」「北朝鮮の鉄道網のほぼ全部がこれらの軍隊の移送に使われている。（中略）一九四七年一月、中共軍は引き続き、興南・咸鏡地区に大規模な移動を行っている」といった情報が報告されている。米国情報部員の全般的評価として、「朝鮮に入った中共軍の実際の人数は五万から七万五千人を下回らないと見られる」「中共は北朝鮮を後方基地として当面の満州での戦争をサポートしようとしている」と記している。(71)

ここで挙げられた数字は必ずしも正確ではないが、中国共産党軍の朝鮮領内移動の意図に関する米軍の判断はあながち間違っているとはいえない。中国側の関連資料に欠落が多く、正式に国境都市を通過した人員だけが統計対象で（遼東地区を移動する幹部は含まれない）、その数は一九四七年の六月までは二万人近く、一九四八年、図們・南陽の国境通路だけでも八六八五人が退避した、となっている。(72)いずれにせよ、朝鮮という戦略的空間は、中国共産党が南満での戦争において逆転勝利を得る重要な役割を果たしたことは間違いない。朱理治の報告も認めているように、これによって「北朝鮮を変則的で、隠蔽された後背地として南満の作戦を支援する」という東北局の意図が実現されたのである。(73)

四、中国共産党軍に軍需物資を無償で供与したこと。内戦の初期、共産党軍は武器弾薬が極端な不足状況にあり、国民党軍との実力格差は極めて大きかった。一九四五年末、総数十万人余りの将兵がいた東北人民自治軍は、小銃四万丁足ら

ず、機関銃一二四四丁、擲弾筒五九個、迫撃砲六四門しか持っていなかった。(74)

一九四六年一月、周恩来はソ連の中国駐在大使に対し、共産党の軍隊は「大砲その他の武器が絶対的に不足しているため、陣地を占領しても堅守できない」と認めた。二月、周恩来は再度ソ連大使に会い、米軍司令部が発布した、国民党軍に五十個師団の装備および飛行機や艦船を供与する命令書を見せ、ソ連からの援助を期待すると示唆した。(75) 中国人学者楊奎松の統計によると、一九四六年夏から秋まで、共産党軍はソ連から併せて小銃と拳銃二十万―三十万丁、機関銃八千丁、各種の火砲千門余りを引き渡された、という。(76) しかしこれらの武器を党中央は東北の軍隊に全部は残さず、彭真が一九四五年十一月十一日付で毛沢東に送った電報によると、一万二千五百丁の小銃、三百丁の機関銃を熱河に移送したと報告している。(77) 一九四六年夏、華北での戦闘は激しさを増し、共産軍側は弾薬が極度に不足したため、党中央は何度も遼東軍区と東北局に対し、ソ連軍と交渉し、大量の武器弾薬を華北に供与するよう要求した。(78)

一九四六年五月末、東北民主連軍が北満に撤退した際、兵力の数は三十二万人余りだったが、小銃一六万丁、軽機関銃四〇三三丁、重機関銃七四九丁、各種の大砲五五六門しかなかった。(79) そのため、一九四六年十月三日、林彪司令官はソ連に代表を送り、軍事援助を求めた。ロシア人学者によると、これは内戦期における中国共産党がソ連に軍事支援を求めた唯一の文書だが、ソ連側からは回答がなかったという。(80) 明らかに、ソ連は中国共産党を支援することで外交的紛糾を引き起こしたくなかった。このような状況下で、中国共産党を援助する責任は自然と金日成の肩に託されていた。

東北の解放と北朝鮮の役割

では、朝鮮は内戦期の中国共産党に一体、どれぐらいの軍事援助を供与したか。はっきりした数字は今も出ていない。朱理治の報告によると、一九四七年六月まで、朝鮮から東北局に援助した物資(バーター貿易の一部を含む)は併せて四回、約八百―一千車両分であり、その大半は日本から鹵獲し、朝鮮に保管していた軍用物資で、金日成が自ら提案し、かつ中国共産党のために進んでソ連軍から取り寄せたものである、という。(81) ただし、これらの物資の中にどれぐらいの武器、またどういう武器が含まれたかについての細かい説明はない。ある朝鮮の書物は金日成の証言を引用する形で、一九四六年春、陳雲が毛沢東の委託を受けてピョンヤンに来て金日成と会い、朝鮮からの武器援助を申し入れたが、陳雲が帰った後の八月二十六日、金日成は十万丁の小銃と一部の火砲や弾薬、計三十車両分を極秘に中国に送ったと書いている。[82] ただし、この数字は信憑性が低いようだ。ロシア公文書によると、一九四五年九月三日まで、北朝鮮を占領したソ連第25集団軍の各部隊が寄せ集めたもの、もしくは鹵獲した小銃は合わせて四万三二九〇丁で、ほかに機関銃六八七丁、擲弾筒二三二個、迫撃砲一六門、各種の大砲一三四門などしかなかった。[83]

全体的に見れば、中国共産党が全国政権の奪取に成功した諸要因のうち、外部要因は二義的なもので、朝鮮の役割はなおさら限定的なものだった。ただし朝鮮にとってみれば最大限の努力をし、一部のケース(例えば南満の作戦)について言えば、朝鮮の援助は勝敗を左右するものでもあった。[84] 金日成はかつて林彪に送った書簡の中で、中国共産党から託されたことには、彼は常に全力を尽くしたと述べた。[85] これは事実であろう。東北における中国革命の運命が朝鮮と密接に関連することを、金日成ははっきりと見極めていた。いずれにせよ、資源と実力に限界がある朝鮮が中国革命のためにこれほどの貢献をしたことは容易ではなかった。

中朝関係全般の角度から考察すれば、朝鮮による援助の問題について、ほかに二点の説明を加える必要がある。

第一、北朝鮮は当時、ソ連の占領と支配下にあって、いかなる重要な決定も、金日成が単独で下せるものではなかったこと。朝鮮が中国共産党を援助してよいか、どのように援助するか、その決定権はモスクワに握られていた。ソ連が認めなければ、金日成は援助しようとしてもできないし、逆に金日成が援助したくなくても、ソ連が押し付ければ彼は実行せざるを得なかった。その時点で、スターリンと毛沢東との間には信頼関係が作られておらず、ソ連軍も東北占領中、中国共産党に関する立場と方針に大きな揺れを見せていたが、東北問題はアジアにおけるソ連の戦略的利益にかかっており、スターリンは一度たりともそれを手放すことを考えたことはなかった。[86]

一九四六年三月、ソ連軍が各方面の圧力で撤退を余儀なくされる直前、スターリンはそれまでの慎重でためらいがちな態度を一変させ、中国共産党が東北の各大都市を進んで占領し、特に北満に対する支配は「極めて重要」だと助言した。[87] ソ連は中国共産党の東北支配を必要とするが、米国の介入によってアジア情勢の複雑化を招くことも避けられなかったため、朝鮮を通じて中国共産党を援助するのは自然な選択肢となった。実際に、一九四八年末に軍を撤収するまで、朝鮮の重要な部門と資源はすべてソ連占領軍の手によって掌握されていた。例えば中朝国境の守備に当たったのは、六個の大隊と一二八の警備詰所を含む二つのソ連の国境守備隊だった[88]。ソ連軍の許可がなければ、中国共産党の軍隊と人員は越境することができなかったはずだ。さらに鉄道輸送の面でも、あらゆる要所と重要な駅はみなソ連軍代表がその運営の指揮に当たっていたため、朝鮮領内での中国共産党軍の移動は、ソ連軍の指示と助けがなければ完遂できるものではなかった[89]。その意味で、朝鮮の中国共産党に対する援助は本質的にはソ連の中国共産党に対する援助だったと言える。

第二、国共内戦期において、北朝鮮に居住した華僑も中国共産党の東北での戦闘に大きな支援を行った。日本の降伏まで、在朝鮮の華僑はおよそ八万人で、そのうち六万人は北朝鮮に暮らしていた。一九四六年十二月、北朝鮮華僑連合会がピョンヤンで設立され、初期段階では朝鮮労働党郷務委員会と中国共産党東北局の朝鮮駐在事務所の二重の指導を受けた[90]。華僑連合会の指導と組織により、多くの華僑は中国共産党の戦いを支援する活動に参加し、負傷者と物資の輸送、義援金募集、子供の入隊など多くの貢献を行った[91]。ある側面において、華僑も中国共産党と北朝鮮を結ぶパイプだった。

第三、中国共産党と北朝鮮との間にもう一つ、東北の朝鮮人の身分に対する認定の問題があった。次に詳しく検証するが、東北民主連軍の中に大勢の朝鮮人兵士がいて、東北地区（特に延辺地区）の朝鮮人は確かに中国革命のために突出した貢献を行った。問題はこれらの人たちは一体中国人なのか朝鮮人なのか、それについて当時ははっきりした定義と区分がなかったことだ。国際学術界では、朝鮮が軍隊を派遣して中国共産党の戦争を援助したか否かをめぐって激しい論争が展開されたが、論争の焦点は最後にその身分の認定問題に帰結した[92]。金日成と一部の朝鮮人作者は、朝鮮人部隊は中国軍の主力として、東北から海南島まで進撃し続けたため、中国革命は朝鮮の助けによって成功を収めたのだと主張しているが、その前提は中国に暮らしていた朝鮮人（軍人を含む）を北朝鮮の国民と認定したからだ[93]。しかし実際は、越境民族としての朝鮮人の身分認定には非常に複雑な問題が絡んでおり、その後も長期にわたって中朝両党と両国関係の混乱要因の一つになった。

第二節　「革命」と「民族」の相克

民族政策がなかった中国

一九一二年に中華民国が成立し、中国は少なくとも形式上、現代の民族国家になった。革命家たちは最初、「韃虜《だつりょ》（満州族）の駆除、中華の回復」を政治のスローガンに掲げて封建王朝を倒したが、その後、「五族共和」の主張に代わり、最後は「中華民族」の概念を打ち出した。民族国家形成の角度から見れば、民族主義の観念を、中央と辺境を地区、および各民族の民衆を統合するイデオロギーとして導入したことは一種の進歩であり、少数民族（エスニックグループ）の中国人アイデンティティー受容を促進する意味においても積極的な役割を果たした。ただし、この種の主張は最初の段階では、主に一般的な政治宣言のレベルにとどまり、特に中国の辺境地域に住む多数の越境民族（東北の朝鮮人はその典型例）にとって実際のインパクトはほとんどなかった。

越境民族の具体的な取り扱いになると、まっさきに重要な作業は国籍の確定だった。清朝の末期に国籍法が制定されたのに続き、中華民国になってからも早い段階で国籍法が発布され、続いて二回にわたって改正が行われた。その目的は国境をまたいで定住する外来民族が速やかに「帰化して中国国籍を取得する」ことを推進することだった。二十世紀の一〇年代から二〇年代にかけて、一部の朝鮮族住民はすでに中国公民としての合法的権益を享受した。例えば延辺地区の四つの県で第二次の朝鮮人帰化の手続きが進められ、多数の朝鮮人移民はこれで合法的地位を得た[94]。ただし全般的に見て、中国国籍を取得した朝鮮人の人数は限られていた。日本の東北侵略の陰謀に対抗するため、民国政府は一九二九年、国籍法を再度改正した時、二重国籍に対する制限を撤廃した。にもかかわらず三〇年代に入っても朝鮮人住民の中で本当に帰化したものは十分の一にも満たず、大多数は依然として無国籍の朝鮮人であった[95]。

朝鮮民族の中国への移民は十九世紀に始まったが、一九一〇年の日本による韓国併合と一九三一年の満州事変以後、二回のピークを迎えた。一九四五年八月の時点で、東北地区に居住する朝鮮人は二百十六万三千人だった[96]。日本の降伏後、大勢の朝鮮人は帰国した。長城以南に居留した数万人の韓国系居留民はほとんど全員帰還し、南朝鮮に戻った[97]。それに比べ、中国東北在住の朝鮮人の帰還者は総数の三分の一しかいなかった。

一九四七年にもなってなお、東北地区には朝鮮人が百四十万人住んでおり、そのうちの九割以上は中国共産党が支配し活動する地域にいた[98]。彼らは帰国したくないのではなく、帰国できない事情があったからだ。多くの当事者の証言によると、帰国できた者の多くは朝鮮半島に親戚がいるか、もしくは経済条件が比較的裕福な都会の人たちで、残ったのは主に生活が貧しい農民だった。彼らは中国に移住してからすでに二世代から三世代たち、主に延辺地区に集中し、大半は朝鮮人同士が集まって村落を作ったが、少数は漢民族と混住した。彼らは観念と心理の面において終始、自分は朝鮮人であり、「朝鮮は我が祖国だ」と思い、よって中国国籍を取得したのは少数に止まり、大多数は朝鮮人居留民に属した。日本の降伏で、朝鮮人の望郷の念は一段と募り、多くの人はそのニュースを聞いて涙を流しながら太極旗を振りかざし、「朝鮮独立万歳」を大声で叫んだ(99)。このような事情は中国共産党が東北で革命を起こし、政権運営に当たる中でも避けて通れない重要な問題として浮上した。

東北の都市部在住の朝鮮人が大量に帰国したもう一つ重要な原因は、国民政府による朝鮮居留民に対する排除と略奪の政策だった。一九四五年八月、蔣介石は東北の接収に関する計画を構想する中で、日本の移民政策に従って中国に来た「韓国籍移民は一律に強制送還する」との方針を決めた(100)。国民党軍が瀋陽を占領した後の一九四六年四月、政府の東北本部はまた、「生産的事業に従事する者」以外と独身の韓国居留民は「一律に即座に強制送還する」との指示を発した(101)。東北保安司令長官部は、送還の対象もしくは(日本への協力などで)検挙された韓国居留民の産業に関しては「一律に一時的差し押さえの対象」とし、これらの産業は「次第に本国民衆に引き渡し、運用させる」との命令を発布した。その結果、同年末まで差し押さえられた朝鮮人の産業は一五一六カ所に上った(102)。このほか、満州国の時代では東北の朝鮮人は「二等国民」で、中国人は「三等国民」と差別されたため、日本の敗戦後、中国人の間で報復心理が広がり、これも朝鮮人に対する追い出し、略奪ないし迫害を加える原因の一つになった(103)。

それに比べ、中国共産党の状況は違っていた。彼らは主に農村で活動し、政府を代表していなかった。国民党の出発点は政府として居留民の問題を処理することだが、中国共産党の出発点は現政権を打倒する革命だった。

中国革命の初期では、民族問題に対する中国共産党の認識はぼんやりとしていてはっきりせず、政策も揺れていた。一九二八年七月の党の六全大会で採択された「民族問題に関する決議案」は、東北の朝鮮人を少数民族と定義した。しかし二カ月後、満州省党委員会は東北の朝鮮人農民を朝鮮から「追い出されて満州にやってきた難民」と呼んだ。一九二九年六月の党中央六期二中全会で組織問題を協議した際に使われた概念はもっと混乱し、在中国の外国人、インド、ベトナム、朝鮮、台湾の人民を全て少数民族として列挙した(104)。三〇年代の満州省党委は、「在満州の高麗人」を少数民族と称したが、一九四五年八月、八路軍本部が朝鮮義勇軍に託した任務の中では、「東北の朝鮮人民を組織して朝鮮解放の任務を完遂せよ」と述べ、また彼らを外国人と見なしたように思われる[105]。党の民族政策も最初は混乱していた。

党の二全大会が一九二二年七月に発表した宣言は、「自決」、「自治」、「民主自治邦」、「連邦共和国」のスローガンと主張を並列して提起した。一九二三年六月の党の三全大会から二八年六月の六全大会までは、民族自決権が主に強調された[106]。それを受けて満州省党委は三〇年代初め、「在満州の高麗勤労大衆のソビエト自治共和国」と中日韓連合の「満州ソビエト」の創設に努力せよと呼びかけた[107]。日中戦争の全面勃発後、中国共産党は主に民族自治を提唱し、例えば一九四一年五月、「モンゴル回族自治区」を提起し、さらに一九四五年十月、内モンゴルでの「基本方針は地域自治を実施すること」だと強調した[108]。この時期において中国共産党中央は東北地域とほぼ隔絶しており、東北の党組織と武装勢力もほとんどソ連領内に撤退したため、国内の民族問題を考える余裕がなかった。しかし大戦後になると、朝鮮人の民族問題をどのように処理するかは、中国共産党が東北(特に東満)で政権を樹立するときに直面する最大の問題の一つになった。

マルクス主義は、民族問題はとどのつまり階級の問題であり、民族の要求は階級闘争の必要性に従わなければならないと考える。この認識は、世界革命と共産主義の理念から引き出されたものだけでなく、革命を興し、政権を勝ち取るための現実的要求によるものでもあった。いかなる民族と国家の人々をも、彼らをプロレタリア革命の潮流の中に動員するという目的さえ達成できればよかった。そのため、革命発動の段階では、東北の朝鮮人のアイデンティティーの問題は重要ではなく、直ちにはっきりさせる必要もなかった。

一九四五年八月、中国共産党幹部は東北地区にやってきてから、現地の中国人と朝鮮人の間の民族矛盾に気づき、問題の深刻さを初めて認識した。しかし、相変わらずそれまでの発想と対処方法を踏襲し、民族の平等と民族の団結を強調するが、アイデンティティーの問題を意識していなかった[109]。例えば、一九四五年十一月の東北局の主張は、「東北に居留する韓国人民」の生命と合法的権益を守り、公平で合理的に「中韓両国人民」の間の矛盾を解決するとなっていた[110]。十一月二十七日の吉林省党委の指示は、本省および間島(延辺)の朝鮮族の特殊な事情を考慮して、「中韓民族の団結の問題」は極めて重要で、特に党内の団結は「何よりも重要」だと述べていた[111]。十二月一日の安東省工作委の指示は、「朝鮮人民が組織され、その祖国の徹底的解放を勝ち取るため闘うことをよりよく支援し」、また「中国人民を説得して、狭隘な民族観点と報復の手段で一般の日本と朝鮮の住民に対処しないように説得せよ」となっていた。十二月十日、東満人民自治軍司令官蕭華は、安東のラジオ演説で「朝鮮人民は(中略)被抑圧民族だ」と語った。[112] 通化地区党委がその後に出した朝鮮人の扱いに関する指示の中で、通化地区各県の「朝鮮人に対する態度は、国際主義的な立場、階級の立場をもって、彼らの独立を助けるべき」との表現まで使われた。[113] これで分かるように、その時点で中国共産党指導者の目は東北の朝鮮人は外国人か否かの区別がつかず、国籍の問題を全然意識していなかったのである。

中国共産党の試行錯誤

延辺政府副専門委員の董昆一は一九四六年の「新年の挨拶」の中で、延辺民主政府の規定に基づき、「中国の国籍を取得する意向をもつ韓国人は帰化して中華民国の国民になることができ、これによって朝鮮族は中華民族の中の一つの少数民族になる」と語った。抗日戦争の時と同じように、東北の朝鮮人を少数民族に分類することは、彼らを新政権擁護へ動員することに有利だと意識したが、まだ一般的な呼びかけにとどまり、具体的な実施措置を伴わず、思い付きの部分を含んでいた。数日後の一月八日、延辺地区党書記雍文濤は地区党委員会の会議で報告した際、依然として「韓国人」と「中国人」を区別して話していた。ここに言語の習慣の問題もあれば、結局はこの問題を十分に考えていない状況であることを露呈した。三月下旬に開かれた延辺の幹部会議でも、この問題に関する解釈は混乱しており、朝鮮人は「中国に居住すれば中国の国民になれるし、軍の中の朝鮮人は朝鮮人のために奉仕するだけでなく、延辺全体に奉仕しなければならない。中国人も同じだ」と説明された。[114] 安東省が五月十日に発布した施政綱領はまだ「本省の韓国人民」を一律に「居留民」と呼んだ。[115] 雍文濤は後に、「朝鮮族人民は中国の公民か朝鮮の居留民かという問題は、東満根拠地の建設において解決しなければならない実際の問題になっていた」が、当時は「この問題を解決していなかった」と振り返っている。[116]

一九四六年夏以降にはじめられた土地改革運動の中で、中国共産党は実際の活動を進めるうちに、民族問題に関して一歩進んだ認識をもったが、依然として階級闘争論がその中心的な発想だった。

日本は東北占領時代では、その支配の基盤を固めるため、中国人から略奪した大量の土地を「開拓地」、「満拓地」などの形で日本と朝鮮の農民に引き渡し、その結果、大土地所有制を弱め、中農階級を一気に拡大させたが、他方、中国と朝鮮の農民の摩擦を引き起こした。中国共産党が進出した後、これらの土地を一律に「公地」と見なし、農地がない、もしくは農地が少ない農民に分配したが、結果的に両民族の矛盾を激化させた。[117] しかし民族間の隔たりと偏見の存在により、現場では朝鮮族農民の利益を損なう事例がやはり多発し、一部の地域では「民族の原則」に基づいて土地を分配し、「中国人には先に、もしくは多く分配するが、朝鮮人には遅く、もしくは少なく分配する」事例すら発生した。[118]

陳雲の頭脳は比較的冷静で、土地改革が始まる前の一九四六年一月十七日、開拓地と満拓地を租借して使う韓国農民は中国農民と同じように土地を分配されるべきだと指摘した。[119] 東北の土地改革運動が全面的に始まった時、圧倒的軍事力をもつ国民党軍の進攻により、中国共産党の支配地域が縮小し、主に国境隣接地域に絞られたが、そこはちょうど朝鮮族の主要な居住地だった。例えば吉林省の解放区において、延辺地区党書記孔原の証言によると、一九四七年初め、吉林解放区の朝鮮人は六十一万六千人で、人口総数の三五％を占め、延辺地区の朝鮮人は五十四万四千人で、総数の七九％を占めたが、農村の多くの地域では朝鮮人の比率は九〇％に達した。[120] そのため、延辺地方党委員会は、「延辺の朝鮮民族問題の本質は農民の土地問題である」とし、「延辺の公地の問題を正しく解決することは、延辺朝鮮族の民族問題を正しく解決する基本的要素である」と指摘した。[121] ほかの地域でも同様の要望が出され、一九四六年九月に開かれた綏寧省大衆工作会議は「朝鮮族に対して区別をつけることなく土地を配分し、同様に土地所有権を与える」と指示した。[122] 十月五日、遼東省民族部も、「鮮民」〔朝鮮族〕に中国の農民と同様に土地を配分することができると提言した。[123] この政策の前提は言うまでもなく、東北の朝鮮族を中国の少数民族と見なすことだった。

一九四六年十二月に開かれた吉林省大衆工作会議で、周保中は延辺の民族問題に関して長時間の演説を行い、「今回の会議で延辺の朝鮮族問題を提起したのは、指導思想と実際活動の中で方向を明確化させるためだ」と強調した。彼は演説の中で「我が党は目下の新しい環境の中で朝鮮人の少数民族としての地位をまだ明確に宣言していないが、事実上、朝鮮人＝少数民族の平等政策を実施しており、しかも今後さらに発展していく」とも語った。[124] 長期にわたって朝鮮の革命家と肩を並べて戦った老幹部として、周保中の発言は、党中央が朝鮮人に関する民族政策を確認し公に発表するように、との期待を込めていた。この呼びかけは重視され、一九四七年七月二十四日に開かれた省の党委員会拡大会議で吉林省党書記陳正人は、根拠地を創設する際の中心任務の一つは、「朝鮮民族に対する政策を迅速に確立し貫徹させることであり、民族問題を解決できなければ、大多数の民衆を発動できないことと等しく、根拠地を創設できないことを意味する」と指摘した。会議は、吉林省の朝鮮族住民は「我が国領内の少数民族」と宣言した[125]。

吉林省党委員会はこのほか、一九四七年二月二十日、人口を基準に、民族（中韓人民は一律平等）、性別、年齢を分けず、人口の数に基づいて土地を平等に分配する、という土地改革の原則と方法を明確に打ち出した[126]。この原則の適用は間もなく東北全域に拡大され、一九四七年十二月十一日、東北行政委員会が公布した「土地法大綱」の実施における補償方法は、「東北解放区域内の少数民族は漢人と同等に土地が配分され、所有権を有すべきである」と規定した[127]。

しかし当時の革命闘争の中で民族問題に関心を集めた出発点はやはり階級闘争の発想にあった。一九四六年十月二十一日、吉林省党委員会は一段と大衆を発動して土地分配を進めることに関する決定で、「中韓の農民階級の友愛を強化し、共通の敵に対する階級的敵愾心を高め、共同で階級闘争を展開し、長期にわたる闘いと教育を通じて民族間の隔たりと偏見を克服していく」と説明した。一九四七年一月と七月の県団級幹部会議で、陳正人書記は、民族平等の政策を貫徹することはすなわち、「民族内部の階級闘争（民族的形を取り、階級闘争の内容を実施）をより一層発動する」ことで、もし「朝鮮民族内部の階級闘争から離れて」民族地域の特殊性を語ることは「我々の民族理論ではない」と繰り返し強調した[128]。

結果として、中国共産党が土地改革の中で進めた民族政策は大きな成果を収め、「民族の対立と敵視の問題はほぼ解決」と評価された。朝鮮族の民衆は革命政権樹立の潮流に積極的に参加した。国共内戦の間、朝鮮族の人口が圧倒的多数を占める延辺地域で入隊した兵士は五万二千人（うち朝鮮族は四万人）に達し、戦闘英雄称号の獲得者は二九〇人、革命烈士と表彰された者は、三三五〇人（うち朝鮮族三〇四一人）であり、また、前線支援に参加した民工は延べ三十万二千三百人で、表彰された者は三四三四人に上った。そのほか、延辺地区の民衆は前線の戦いを支援するために、馬車を延べ一万九千回繰り出し、義援金二億六五〇〇万元が集まり、実物と合わせて時価に換算すると約八億元に達した[129]。

ここで言及すべきは、その時点で国民党政府がすでに東北の朝鮮人の地位に対する認定を変えたことだった。一九四七年八月、政府は韓国居留民に対する政策を修正し、彼らが居留証書を受け取った後に中国に一時滞在することを認め、一方、延辺地域に永住する朝鮮人に関しては、「中国人民と同一視し、彼らが中国国籍であると認定する」との方針になった。[130]間もなく国民党政権が壊滅したため、この政策は実際の意義を失ったが、東北の朝鮮人の国民帰属の問題がすでに国家レベルで重視されたことを物語っている。中国共産党は少数民族地域で政権を樹立したばかりで、国を治める経験も理念もなかったため、民族問題への配慮が不十分だったことは容易に想像できる。しかし、その問題が引き続き中国共産党を悩ませたのはソ連が占領した北朝鮮とは関係なく、自分の陣営の中の革命幹部とその組織の扱いであった。

中国革命に参加し、また重要な貢献をした朝鮮族の幹部は主に、もともと東北に暮らしていた朝鮮人、延安およびその他の南方地域から北上した朝鮮義勇軍のメンバー、そしてソ連から来た東北抗日連軍の中の朝鮮人、という三つの源流があった。その共通点はいずれも中国共産党の組織に組み入れられ、中国の革命運動に身を投じ、大半は中国共産党にも入党したが、国民としての身分は確定せず、大半の者は内心では自分を朝鮮人と思っていた。この状況は革命隊列の中で面倒なことをたびたび引き起こした。中国共産党はこの問題に対して最初は十分な注意を払わず、造反に参加した者はすべて革命家と見なし、朝鮮人が中国共産党の組織内部で独立した支部を設けることまで許した。一九四五年十月、梁煥俊(Yang Hwan-jun)が指導した中国共産党吉林特別支部朝鮮人分支部(十一月、吉林朝鮮支部に改称)はまさにこれを背景に設立され、四カ月のうちに三回も党員を拡張した。[131]しかし大量に現れた大衆型の朝鮮人組織と団体は早くも中国共産党の憂慮を招いた。

日本の敗戦後、東北でまっさきに組織化したのは朝鮮人で、組織と団体は主に二種類に分かれた。一種類は、延安に本部を置く朝鮮独立同盟が早い時期に潜入した時に作ったネットワークを活用し、東北の各省、県で結成した地方委員会であり、もう一種類は各地の民衆が自発的に設立した農民、青年、女性の同盟だった。これらの組織の全体的傾向は、ソ連軍による解放を歓迎し、中国共産党の指導を受けるという革命的なものだったが、共産党側から見ればやはり深刻な問題が存在し、特に「幹部の所属する勢力は複雑」で、「朝鮮の独立ばかり騒いでいた」(周保中の言葉)。そのため、中国共産党は東北各地に進駐した後、これらの組織に対して承認と支持を与える一方、彼らに対する指導と改造を強化した。

まず、その「独立」の傾向を解消するため、幹部を増派し、名称を改変し、時期が熟するのを見て解散して現地の政権組織に融合させる方法をとった。例えば、共産党が延辺に入った後、直ちに現地の種々雑多な朝鮮人団体を「労農青総同盟」に統合して改組を行い、一九四五年十月、「延辺人民民主大同盟」(会長は池喜謙 Ji Hui-gyeom)を結成して合流させた。土地改革が始まった四六年八月(一説は七月)になると、この組織を「自然解体」した(周保中の表現)。「牡丹江高麗人民協会」は一九四五年十一月、「朝鮮民族解放同盟」に改名し、四六年末になると、再度「牡丹江地区朝鮮(人)民主同盟」に改組した。ほかにも、「朝鮮独立同盟北満特別委員会」(書記は金沢明すなわち李相朝)は一九四六年九月、「北満地区朝鮮(人)民主同盟」(委員長は鄭京浩 Jeong Gyeong-ho)に改組され、四七年八月、解散となった。「朝鮮独立同盟南満工作委員会」(主任は方虎山)も、一九四六年初め、「南満地区朝鮮(人)民主連盟工作委員会」と改称し、同年四月、さらに「遼寧省朝鮮(人)民主連盟工作委員会」に改名され、四八年八月、解散した。

中国共産党は、これらの団体は初期段階において積極的な役割を果たし、大衆の発動、匪賊の掃蕩、潜伏する敵の粛清、土地改革、民衆を軍に入隊させる動員および前線への人的支援など、各方面で重要な貢献をしたと評価するものの、その外来民族としての独立性については長く容認することができなかった。先に述べた大衆団体の幹部のうち、少数は朝鮮に帰国したが、大半は中国共産党の組織に組みこまれ、その多くは後に実権をもたない職務に左遷された。例えば、延辺地区の土地改革工作隊の幹部の半分以上はもともと、民主大同盟の朝鮮人の中核幹部だったが、同盟の解散後、五一五人の幹部は遼北、遼東省政府に配属された。[132]

朝鮮義勇軍の活躍と改編

ソ連占領軍の妨害によって、朝鮮独立同盟および義勇軍が延安から直接朝鮮に帰国する計画は実現できず、金枓奉、崔昌益、武亭、韓斌ら七十人余りの主要幹部を除いて、組織と軍隊は丸ごと中国の東北に足止めされ、その後、彼らは再度中国共産党の組織に吸収された。

一九四五年十一月、朝鮮義勇軍が集結して再編が行われた際、瀋陽、ハルピン、安東など東北各地にあった武装勢力は三千五百人余りだった。[133]部隊の再編後、金雄(支隊長)、方虎山(政治委員)は第1支隊の千六百人余りを率いて南満の通化地区に赴き、十一月末まで、兵力は五千人以上に拡大した。[134]第3支隊が発足した当時、支隊長に任命された金沢明はすでにハルピンで朝鮮独立大隊をもっていたが、政治委員朱徳海が十九人の幹部とともに十一月十九日に到着すると、独立大隊は進んでハルピンから退出し、十一月二十五日、賓県の裴克図で正式に第3支隊として発足したが、兵員は六百人余りだった。[135]朴一禹(政治委員)、李益星(支隊長)が率いる第5支隊の九百人余りは東満に進出し、十二月末、延吉に到着したが、先に到着した文正一はすでに現地で朝鮮義勇軍延辺事務所を開設していた。[136] そのほか、韓青を隊長とする朝鮮義勇軍独立大隊と、金浩(Kim Ho、別名蔡国範 Chae Guk-beom)、李明(Lee Myeong)、金剛が指揮する朝鮮義勇軍鴨緑江支隊はいずれも、一九四六年二月に安東に進駐し、兵力は六千人近くに拡大した。[137]

後に朝鮮義勇軍の系列に入ったもう一つの勢力は、十一月二十九日に中国共産党吉林市特別支部朝鮮人分支部が作った吉林保安第7大隊で、樺甸で命令を受け、朝鮮義勇軍第7支隊に改編され、間もなく、現地を通過したもともと第5支隊所属の朴勲一が支隊長兼政治委員に、崔明が副支隊長にそれぞれ任命された。この二人とも、延安で育成された幹部だった。[138]

抗日連軍の中の朝鮮人幹部が中国の少数民族として取り扱われたのと違って、朝鮮義勇軍の幹部は、初めから延安と八路軍の中で、外国人盟友として位置づけられ、朱徳総司令官が下した命令も、彼らが本国に帰国して革命を起こすことだった。当時、東北に足止めされていたが、彼らは片時も自分が朝鮮人であることを忘れなかった。第5支隊が清遠、磐石など朝鮮人の居住地域に到着した時、現地の民衆は彼らと抱擁し、泣きながら「我々の軍隊だ」「朝鮮独立万歳」としきりに叫んだ。第1支隊は軍人募集のビラを朝鮮平安北道の北部地域まで撒き、現地の青年の入隊を呼び掛けた。ビラには、「朝鮮義勇軍に入隊し、祖国の独立を守るために戦おう」と書かれていた。[139] 第5支隊が延吉に到着した数日後、「延辺朝

図21　マルクス，エンゲルス，レーニン，スターリン，金日成の画像を掲げて行進する李紅光支隊，延吉にて，1947年．

鮮独立促進連合会」が結成され、朴一禹と文正一はその委員になった[140]。今の中国人ならにわかに信じがたい写真がある。李紅光支隊（前身は朝鮮義勇軍第1支隊）が革命指導者の画像を掲げてデモ行進するものだが、マルクス、エンゲルス、レーニン、スターリンの画像の後ろに、出てきたのは毛沢東の像ではなく、金日成の似顔絵だった[141]。この種の雰囲気が、進行中の中国革命に微妙な影響を与えたことは必至で、一九四六年二月から三月、朝鮮義勇軍に対する再度の改編が行われ、その後、大量の朝鮮人将兵が帰国したのはこのような背景と無関係ではなかった。

一九四六年一月、米国大統領の特使マーシャルの調停を受け、国共双方は停戦令に調印し、双方の交渉は軍の再編という核心的問題に突入することになった。共産党側は原則的に、自治軍の撤廃、軍隊の国家化という案を受け入れ、ある程度の譲歩をもって共産党軍隊の合法化を図ろうとした。二月二十五日、米側を加えた三者は「軍隊の再編及び統一的に中共軍を国軍に改編することに関する基本案」に署名した[142]。この過程の中で、中国共産党は東北のすべての部隊を東北民主連軍に統一して改編した。東北局は、「ソ連の外交上の責任を回避するため」、抗日連軍と関連があった部隊を「楊靖宇支隊」、「趙尚志支隊」などに改編し、また、国民党との談判で兵力の人数に対する制限をかわすため、各地区の主力部隊および地方部隊の半分以上を地方保安部隊もしくは警察に改編する案を提言した[143]。朝鮮義勇軍の各支隊は当然、改編の対象となり、東北局と民主連軍司令部の一九四六年二月十日付で行った決定（十六日に発布）により、第1支隊は李紅光支隊に改編され、金雄と方虎山は引き続き司令官と政治委員を担当し、通化保安司令部の管轄下に置いた[144]。金雄が帰国した後、副司令官だった王子仁（中国名。本名崔仁 Choi In）が司令官に就任した。改編後、軍の中で共産党の基層党組織が設立された。同年十一月、朝鮮義勇軍独立大隊と鴨緑江支隊はそれに編入された[145]。一九四八年四月、李紅光支隊は東北野戦軍独立第4師団に改編され、劉子儀（漢族）が師団長になり、方虎山は政治委員を続投し、ほかに数人の漢族の幹部を副職につけたが、同年十一月、さらに中国人民解放軍第166師団に改編された[146]。

第5支隊は延吉に到着した後、延辺軍分区警備旅団に編入され、現地の朝鮮人部隊と合併し、朝鮮義勇軍第15連隊（団）に改編されたが、一九四六年三月、「朝鮮義勇軍」の番号を外して吉東軍区警備第1旅団に編入され、一九四八年十一月、中国人民解放軍第156師団第466連隊に改編され（漢族の一個大隊も編入）、朝鮮義勇軍の元第5支隊参謀長だった全宇（Jeon

じ)がこの師団の副師団長に任命された[147]。第7支隊は一九四六年三月、樺甸保安団に改編され、楊上坤(漢族)が団長に、県党書記の汪小川(漢族)が政治委員を兼任したが、九月、吉南軍分区第72連隊に改編された。第3支隊の改編はやや遅れ、一九四六年六月、金沢明(李相朝)の帰国後、副支隊長だった李徳山が支隊長になり、朱徳海は政治委員のままで、まもなく東北民主連軍松江軍区第8連隊に改編された。この二つの連隊は一九四八年四月、新設の東北野戦軍独立第11師団に配属され、十一月、同師団は中国人民解放軍第164師団に改編し、李徳山は副師団長を務めた[148]。これらの一連の改編を通じて、朝鮮義勇軍は「朝鮮」の色合いがなくなり、中国共産党の軍隊の序列に次第に溶け込んでいった。

朝鮮義勇軍に対する二回目の改編の直接的結果として、大量の朝鮮人将兵が帰国の途に就いた。この改編に対する朝鮮義勇軍将兵の態度について記録した史料はほとんどないが、一カ所だけ、簡単な記載があった。一九四六年二月、朝鮮義勇軍の各支隊の主要幹部は梅河口で会議に参加し、そこで義勇軍の名称の取り消しが決定され、残った部隊は全員、東北民主連軍と各地方部隊に編入された、となっている[149]。「取り消しを決定した」との表現は正確ではなく、東北民主連軍司令部の命令を受けて取り消されたのだろう。

二月十六日に朝鮮義勇軍第1支隊に対する改編の命令が発布された後、三月二十五日、東北局は朝鮮義勇軍再編の暫定案を制定し、「朝鮮義勇軍の全員帰国が不可能な状況に基づき、それに対する改編を決定する」とし、一万六千五百人の将兵の中の二千人を朝鮮に帰還させ、残りはすべて東北の地方武装に暫定的に改編することが決まった[150]。この資料の信憑性が高いとすれば、朝鮮義勇軍は今回の改編に対して不満をもち、中国から帰国することを考えたが、朝鮮義勇軍の先遣隊の入国が拒否されたと同じ理由で、ソ連の朝鮮駐在司令部はこの一万人余りの将兵全員の受け入れを認めなかったため、一部の主要な幹部と中核的メンバーを除いて、大半は中国に留まる以外に選択肢がなかったと考えられる[151]。一九四六年二月以降、相次いで帰国した重要な朝鮮人幹部は、第1支隊の支隊長金雄、参謀長安斌(An Bin)、政治部主任朱然(Ju Yeon)と、第3支隊の支隊長金沢明(李相朝)、参謀長金延(Kim Yeon)、政治部主任李根山(Lee Geun-san)と、第5支隊の政治委員朴一禹とその他の主要幹部、第7支隊の支隊長朴勲一(Park Hun-il)などである[152]。鴨緑江支隊の政治部主任金剛は、安東省党書記蕭華の指示を受けて、部下を率いて帰国したのだと後に語っている[153]。

朝鮮義勇軍将兵の帰国後間もなく、抗日連軍教導旅団の中

図 22　周保中(中)と姜信泰(左)，金光侠(右)．延吉の吉林軍区司令部にて．1946 年 8 月．

の朝鮮人幹部もそれぞれ一部の将兵を連れて朝鮮に戻った。ソ連から東北に来た抗日連軍の朝鮮人幹部は人数が多くないが、階級が高く、重要な地位にあり、その主要メンバーはみな、金日成本人と直接の連絡を保っていた。日本の降伏後、ソ連はハバロフスクに駐屯していた教導旅団の幹部将校を二つのグループに分けて、それぞれ中国東北と北朝鮮に帰還させたが、周保中とともに中国東北にやってきた朝鮮人の幹部はまた二手に分かれた。一部は姜信泰(姜健)が率いて延辺に来たが、崔明錫(Choe Myeong-seok、別名崔光 Choe Gwang)、朴洛権(Park Nak-gwon)、金万益(Kim Man-ik)、姜渭龍(Kang Wi-ryong)、金昌奉(Kim Chang-bong)、金明珠(Kim Myeong-su)ら二十二人が含まれた[154]。ほかの一部は金光侠が牡丹江に連れていったが、柳昌権(Yu Chang-gwon)、黄東華(中国名。本名金東奎 Kim Dong-gyu)、趙明善(Jo Myeong-seon)、金鎮浩(Kim Jin-ho)らが入っていた[155]。

一九四五年九月当時、抗日連軍はまだ中国共産党中央との連絡が取れておらず、周保中が主宰した東北党委員会は抗日連軍の幹部が東北各地で地区の党委員会の設立を命じ、姜信泰を延吉地区党書記に、金光侠を牡丹江地区党書記に、それぞれ任命した。その時点では彼らは中国共産党の幹部として活動を展開していたのだ[156]。もっとも、彼ら自身はずっと自分は朝鮮人であり、最終的には朝鮮のために力を尽くすものと考えていた。一九四六年一月、「延辺朝鮮独立促進連合会」が発足した際、姜信泰も委員に名を連ねた[157]。一九四六年九月、牡丹江軍政幹部学校と軍区教導団が再編された時、金光侠は単独に朝鮮人中隊の設置を要求した[158]。

「延安派」幹部の帰国

一九四五年九月二十日から二十三日にかけて、周保中、崔石泉(崔庸健)、馮仲雲は東北局書記彭真と面会して東北の党組織と抗日連軍の活動状況を詳しく報告し、また党中央の指示に基づき、所属の党組織と檔案資料を手渡し、東北党委員会はこれで撤廃され、続いて十一月、東北抗日連軍の名義も解消され、それに関係した幹部は党中央の直接の指導下に移された[159]。

抗日連軍系の幹部はその後、中国共産党が東北での実力を拡大する上で重要な役割を果たし、それは主に二つの面に現れた。第一はソ連軍との特殊な関係を利用し、大量の武器弾薬を入手したことである。一九四五年十一月、中国共産党側はソ連占領軍が供与したおよそ十万丁の銃、一門の大砲を引き取ったが、その大半は抗日連軍幹部が鹵獲し集めた一部以外は、みな周保中がソ連軍の許可を得て長春の旧日本軍武器弾薬庫から搬送したものだった[160]。第二は東北の状況を熟知するという優位を生かし、人民武装勢力を急速に拡張したことである。四五年十月に延安から派遣された諸部隊が到着するまで、彼らはすでに約二万七千人の武装勢力を組織化し、そのうち延辺の朝鮮族部隊七千人と牡丹江の二千人(朝鮮人が中心)が含まれた[161]。

党中央は抗日連軍系の幹部をかなり重視した。一九四五年十一月初め、東北人民自治軍が発足した時、東北局は周保中を第三副司令官に追加任命した[162]。十二月二十六日、党中央は東北局に、「抗日連軍は過去において長年の抗日闘争の歴史があり、東北人民と密接な関係をもち、全国各地でも相当の影響力があることに鑑み、我々は十分に活用すべきだ」と指示した[163]。東北局から延辺に派遣された責任者の雍文濤は、抗日連軍系幹部が募集した朝鮮族の部隊を絶賛し、朝鮮人は革命的自覚が高く、情熱があり、「武装力の基層を韓国の同志に置くべきだ」との認識を示した[164]。

中国共産党の組織史資料が示したように、抗日連軍系朝鮮幹部が延辺地区で担当した職務からみて、彼らは最初の段階においてかなり重用されたことがわかる。一九四五年十一月二十三日に発足した東北人民自治軍延辺軍分区では姜信泰が司令官であり(中国共産党延辺地区委員会書記を兼任)、所属する警備旅団の四個連隊(七千人)のうち、三人の連隊長は朝鮮人の朴洛権、崔明錫(崔光)、朴根植(Parke Geun-sik)だった。一九四六年二月に樹立した東北民主連軍吉東軍区では姜信泰はやはり司令官を務め、所属する二個旅団の七個連隊(一万九千人)のうち、朝鮮人の幹部は第1連隊長朴洛権、第3連隊長南昌洙(Nam Chang-su)、第5連隊政治委員文光徳(Mun Gwang-deok)、第6連隊長金東波(Kim Dong-pa)、砲兵連隊長金哲(Kim Cheol)などが入った。四六年七月、延辺警備旅団が野戦軍系列に編入され、吉東軍区は吉東軍分区になったが、金光侠は司令官を務めた。[165] また、姜信泰と金光侠はともに吉林省党委員会委員だった。

一方、これらの幹部は金日成の直系であり、彼のグループの中核メンバーであるため、金もこれらの人に目をつけた。抗日連軍教導旅団の幹部がソ連から帰国した際、中国と朝鮮の二手に分かれたが、金日成の証言によると、周保中がこれらの朝鮮人幹部を「先に指名して」自分の部下に入れたという。[166] その時、金日成は周保中の指揮を受けていたので、逆らえなかったが、今や状況は完全に変わり、金日成とその他の帰国した幹部は一九四五年十一月、中国共産党の党籍と抗日連軍の軍籍から離脱した。[167]

一九四六年から四七年にかけては、ちょうど金日成がソ連占領軍の支持のもとで国内の各政治勢力の統合にかかった重要な時期であり、彼は自らの政治勢力の拡大を求めていた。こうして一九四六年七月、姜信泰がまず帰国した。四六年秋、金日成の証言によると、「自分は崔光に、優秀な中核メンバーを選抜して帰国するよう依頼したので、彼はさっそく自分の指揮した部隊を(中国側に)返還し、二百人余りの選抜した人員を連れて帰った」。四七年五月、金光侠も朝鮮に戻った。[168] 金日成が期待したとおり、姜信泰と金光侠はいずれも手ぶらで帰国したのではなく、同行した幹部の回想録によると、姜信泰は帰国した際、少なくとも一個連隊の兵力を率いており、金光侠も一個大隊を連れて帰った、という。[169] これに関しては、中国軍の公文書からも裏付けられ、一九四七年、吉東軍区警備第1旅団第2連隊の約千二百人の一個大隊は「朝鮮に送還された」、と記録されている。[170] 一九四八年まで、朝鮮独立同盟主席金科奉はなお、彼の東北にいる友人たちに書簡を送り、その帰国を希望していた。[171]

この二回にわたる朝鮮人将兵の帰国は、北朝鮮の政権建設にとって重要な推進力となった。一九四六年初め以降、金日成は朝鮮自らの正規軍の樹立を構想していたが、ソ連人は当時、まだ躊躇しており、乗り気ではなかった。[172] しかし金日成は中核的な部隊を手に入れたことで人民軍の創設に手ごたえを感じた。実際、ハバロフスクのキャンプ地の訓練および東北戦場での実戦体験を経て帰国したこれらの将兵はほとんど、間もなく結成される朝鮮人民軍の最初の指揮官たちになった。[173]

このことは中国共産党の革命プロセスにとってはマイナスが大きかった。一九四六年二月から三月にかけては国共内戦が勃発する直前であり、双方とも軍事力の準備を急いでいた。東北局書記の彭真は幹部の深刻な不足に頭を痛めており、一方のソ連は撤収する前、中国共産党に対し、幹部と大兵力の東北増派を要求していた(174)。一九四七年は国共両党が東北を争奪するまさに「天王山」の時期に当たり、戦況は切羽詰まっていた。この時点で東北の土地を熟知しまた戦闘力を有する朝鮮人中核部隊の帰国を認めたことは、中国共産党の指導者にとってもやむを得ない苦渋があった。ソ連が養成した者にしろ、延安が育てた者にしろ、これらの幹部はもともと朝鮮人であり、国際主義の義務を果たすために中国革命に尽力したが、彼らが本国の革命政権を樹立するために朝鮮に帰ることも自然な成り行きで、大義名分があった。まして金日成自らその帰国を要請していたのである。

これらの朝鮮人将兵は中国に長年暮らしていたにもかかわらず、祖国を熱愛する民族的感情は一向に冷めず、中国国籍にも加入していなかった。中国共産党はこの過程を通じ、特に地方政権の樹立に伴い、東北在住の朝鮮人の扱いに関し、国家関係および国民の定義というレベルから着手すべきだと次第に認識が深まっていった。

中国の朝鮮人幹部育成

全国的政権が樹立するまで、中国共産党と北朝鮮とは国家関係をまだ持っておらず、両党関係もソ連の影に包まれていたため、真に直接的に双方の関係に波及したのは主に東北の朝鮮人の問題だった。中国共産党は世界革命の理念から、幹部の育成や軍人の移送の面において北朝鮮の要求をほぼ満足させたが、国境問題とその周辺の住民の問題をめぐっては、度重なる困惑に直面し、試行錯誤が続いた。

まず幹部の問題において、中国共産党は朝鮮義勇軍と抗日連軍の朝鮮人幹部の帰国を阻止することができなかったが、自ら朝鮮族の幹部を養成しようと考えた。この面において中国共産党は豊富な経験があった。東北地区、とくに朝鮮人の居住地域にやってきて、すぐ現地の朝鮮族の幹部の育成と起用に力を入れた。東北局と吉林省党委員会のやり方は、各種の研修訓練班と幹部学校を開設し、若い朝鮮族のニューリーダーを育成・抜擢し、それをもって、土着の、複雑な歴史的経緯を持った古参の幹部、特に民主大同盟の一部の幹部に取って代わる、というものだった。

一九四五年末に東北局が下部機関に配布した通達はすでに、幹部問題を解決する基本的方法は、現地で人材を発見し地方の幹部を育成する以外にないとし、各級の党、政、軍の機関は訓練班、教導隊、軍政学校などを多く開設し、若手の知識人、小学校の教員、および労働者と農民の中の積極分子を大量に吸収し、彼らに短期間の訓練を施してからさっそく各種

図 23　東北軍政大学東満分校の学生の記念写真，1946 年．

の活動に当たらせると指示した。[175]

　東満地区は当時、最も重要な根拠地の一つで、戦場から離れていたため、自ずと様々な幹部学校が集中する場所となった。一九四六年一月から二月にかけて、ここで複数の朝鮮人専門、もしくは主に朝鮮人を対象とする軍政学校が出現した。延安抗日軍政大学の源流を引く東北軍政大学東満分校、朝鮮義勇軍第7支隊が開設した朝鮮革命軍政学校吉林分校（樺甸軍政学校）、吉東軍区が創設した吉東軍政大学、太行山朝鮮革命軍政学校幹部班を元に作られた朝陽川教導隊などがそうである。六月初め、吉東軍区はこれらの学校を合併して東北軍政大学東満分校とし、場所は延吉市北大営に置き、塗錫道が校長兼党書記になることを決定した。十月十八日、東北軍政大学吉林分校と改名して正式に開校した。一九四八年六月、それが吉林に移転し、本校に併合された。この学校が開設した三年の間、併せて軍政幹部三七六〇人（うち朝鮮人二五二〇人）を養成した。[176] 一九四六年八月、吉林省政府はまた延吉で民主学院を設立し、中に工業、教育、行政、財経などの学科を設け、もっぱら各分野の朝鮮族幹部を訓練した。一九四八年四月、さらに延辺幹部学校が設立され、その目的も朝鮮族の党と行政の幹部の育成だった。[177] 内戦期間中、全東北地区で養成された朝鮮族幹部は六二〇〇人余り（各県の幹部学校はこの統計に入らない）に達した。[178]

　東北軍政大学は開設初期、北朝鮮のために多くの人材を養成し輸送した。一九四六年八月、朝鮮政府の要求に応じて、東満分校の約三百人の学生が朝鮮に帰国したが、このことは全学の二千人余りの朝鮮族学生のあいだに大きな反響を引き起こし、大半の人はこれで中国に留まって学習することに対し、浮足立つようになった。[179] 一九四七年五月、東北局の同意を経て、朝鮮政府は吉林分校一期生の朝鮮族学生から五十人を選抜してピョンヤンに送り、七月には研修を終えた二期生から再度百人の朝鮮族学生が選抜を経て朝鮮に帰国した。[180] ただ全般的に見て、中国自身のために育成した若い民族幹部の数の方がもっと多かった。

これと並行して、現有の朝鮮族幹部に対する審査と整頓が行われた。一九四七年四月十八日、吉林省党委員会は、龍井にある東北軍政大学吉林分校で高級幹部研修班を開設することを決めたが、実際はこれらの朝鮮族幹部を集めて選別を行うためだった。研修班の実際の責任者はかつて延安で整風学習運動に参加したことがある延辺専員公署（派出機関名、「専署」と略称）副専員（副主任）の文正一（Wen Zhengyi, Moon Jeong-il）と許明（Heo Myeong）だった。対象は軍の大隊以上、地方の区以上の幹部一一六人で、一人を除いて全員朝鮮人、そのうち共産党員は九三名だった。彼らは主に日本の降伏後、自発的に設立した武装勢力、もしくは組織機関の元リーダーで、抗日連軍と義勇軍の幹部も一部入った。

七月初め、審査の段階に入り、翌四八年一月、審査が終了した。その結果、八〇％から九〇％の対象は多かれ少なかれ歴史問題があることが判明し、最後に七一人が党籍を剝奪され、四二人は職務を解かれた。その間、文正一が朝鮮に出張して副首相を務めた金策と会った際、高級幹部研修班参加者の中で、延辺で仕事ができなくなった者は朝鮮に来てもよいと言われた。その後、文正一の仲介で、一部の幹部は朝鮮労働党組織部に接収された。[181] この整頓の過程は民族幹部に対する養成と抜擢に特に影響を与えず、同じ時期の一九四七年六月五日、延辺地区党委員会は各級の機関に送った書簡の中で、現地の幹部、とりわけ朝鮮族の幹部を大胆に育成・抜擢すること、朝鮮民族の中で多くの幹部と積極分子を訓練するという方針が再確認された。[182]

幹部養成の過程で、党組織も急速に拡大した。一九四七年七月、吉東の八つの県に党員は合わせて二三三七人、うち朝鮮族は一一七三人だった。四八年七月になると、延辺の五つの県では区クラスの党委員会組織が三四、村クラスの党支部が二二一設立され、党員数は二九九九人に伸び、うち朝鮮族党員は一六八九人だった。農村の党の基層組織の大半では中核メンバーと積極分子の層が形成された。一九四九年一月まで、朝鮮族党員はさらに三八三四人になり、党員総数の七三・一％を占めた。[183] この時、延辺政府の区クラスの幹部七八三人のうち朝鮮族は八三・九％を占め、村レベルの幹部四六三一人のうち朝鮮族は七九・七％を占め、さらに、抜擢された県と区クラスの主要幹部二二一人の中でも、朝鮮族は五九・三%を占めた。[184]朝鮮族幹部の大量育成は間違いなく、東北の朝鮮人集中居住地における中国共産党の政権運営に堅実な基礎を打ち立て、次の段階における民族地域自治政策の推進にも政治的準備と人材の蓄積となった。

民族自治の模索

根拠地が次第に強化され、東北の戦場の情勢も明らかに好転したのに伴い、中国共産党は地方政府と行政の整備に力を入れ、国境管理、住民の国籍、政権の形式など一連の問題に対して地方政府の名義で取り組み始めた。一九四七年六月一日、吉林省党委員会が採択した文書は、韓民族は全省では三〇%を占めるが、延辺地区では七〇%を占めるため、「民族問題を正しく処理し、いかに朝鮮民族を重視して、彼らの根拠地建設への積極的参加を動員するかは極めて重要な問題だ」と指示した。[185]

しかし、中朝国境地域、特に朝鮮人の集中居住地では、状況は想像以上に複雑だった。延辺地区の党委と専署の報告書は次のように現状を説明した。龍井、延吉、琿春の三県は北朝鮮と川を挟んで隣接し、境界線は三百五十キロ以上に達するが、川の浅いところでは徒歩で行き来が可能で、冬の凍結期にはなおさら隔てるものは一つもない。両岸の住民の多くは親戚関係にあり、生活の必要性にもより、頻繁な往来は習慣になっている。これまでの歴代政権は国境管理を厳しく行っておらず、対岸の住民が中国領内にやってきて耕作し、朝来て夕方に帰り、春に植えて秋に収穫することを放任したまで、現地住民も国境や境界線の意識を全然持っていなかった。共産党の地方政府が樹立された後、国境管理を強化したが、多くの朝鮮族住民は「両国間の行き来は当たり前」とし、国民と居留民の区別ができず、政府による制限にはなはだ不満で、頻繁に非合法的に越境し、密輸活動も蔓延していた。そのほか、「朝鮮は祖国」との考えはかなり一般的で、多くの朝鮮居留民、少数の党員と幹部を含めて朝鮮への帰国を要望しており、特に青年学生と知識人の間ではこの種の考え方がかなり強烈であると、同報告書は伝えた。[186]地方の秩序維持と政権安定の確保のために、中国共産党はこの問題を解決しなければならなかった。一方、朝鮮側は、訓練を受けた幹部や戦闘の経験をもつ将兵の帰国は歓迎するが、家族ぐるみの本国帰還を歓迎せず、その入国を認めなかった。「両国関係への影響」を避けるためにも、対処措置が早急に講じられる必要があった。[187]

このような背景の中で、一九四八年八月五日、東北行政委員会は、帰国希望の朝鮮人は所在地の県以上の政府の許可と北朝鮮人民委員会の同意を示す返信をもって初めて帰国手続きを受理する、という「朝鮮人帰国の暫定方法」を発布した[188]。しかし、この規定も、「朝鮮人」の国民的属性を明示していなかった。実は政府当局も、「朝鮮人」は一体中国国民なのかそれとも朝鮮国民なのかについて明確な見解を持っていなかった。それで八月十五日、延辺地区党委員会は決議を行い、延辺に居住しまた戸籍登録を済ませた朝鮮族住民は中国公民と見なし、家族は朝鮮にいるが家長と財産は延辺にあり、また政府の許可を得てしょっちゅう行き来する朝鮮族住民は中国公民として取り扱うことが可能であるが、戸籍登録をせず、許可を得て出国して移住したが再度戻ってきた者は朝鮮居留民と見なす、と定義した。同決議はさらに省党委員会に対し、次のような提案を行った。北朝鮮との間に外交的性格を持つ機関を相互に設置し、関連の問題を迅速に処理・解決すること、朝鮮族の歴史的習慣を考慮し、国境地域における生活必需品の交換問題を適切に解決すること、図們江の源流地域は川の変遷などにより国境線が明確でない地域では主要航路を基準に国境を画定すること、現地に住む住民は自分の意思に基づいて留まるか本国移住するかを選択できること、などの内容が盛り込まれた[189]。この規定およびその提案は、すでに国民の属性と国家関係の角度から諸問題を捉え始めたことを示している。

にもかかわらず、革命の理念の影響、および延辺の朝鮮族住民の観念と感情への配慮により、中国共産党は当時、国籍の区分という明確な政策をやはり打ち出せなかった。

一九四八年十二月九日、延辺地区党書記劉俊秀は民族政策について報告する中で、「延辺地域内に居住する朝鮮人民は、中国領内の朝鮮の少数民族であり、中華民主共和国の一部分であることへの承認を明確にすべきである。民主政府は民族平等の原則に基づいて朝鮮人民に土地の権利、人権、財産権を与え、人民の生命と財産の安全を保護する」と語り、その意味は「公民と居留民を厳格に区別する」ことになるが、しかし同じ報告の中で、「中国領内の朝鮮人民は自分のもともとの祖国――朝鮮民主共和国を持つことを承認しなければならない」とし、よって、彼らの「祖国」が侵略もしくは脅威を受けた時、中国領内の朝鮮人民は「祖国」を守る責任を有する、とも語っている[190]。

これは、東北の朝鮮人は同時に二つの国籍を持ち、中国公民として中国の解放戦争に参加することも、朝鮮公民の身分で帰国して革命闘争に参加することも承認することになる。中国共産党は国籍の問題を考え始めていたが、まだ革命的な発想も残っていたことを物語る典型的な発言だ。このように公民と居留民を区別することは戦術的な配慮もあったようだ[191]が、国籍法を通じて朝鮮人の国民的属性を確定するまで、中国領内の朝鮮人の「少数民族化」の問題は依然として徹底的な解決ができないことが示された。

それでも、政権の樹立を進める中、民族区域自治を推進するステップは止まっていなかった。早くも一九四六年一月、中国共産党代表団は政治協商会議で、「少数民族地域では各民族の平等的地位及びその自治権を承認するべき」と提起した[192]。その時に提案された「平和的建国に関する綱領草案」の内容は、国民党と全中国の覇権を争うための策略的側面もあったといえるが、一九四七年五月一日、内蒙古自治政府の設立に伴い、同内容の公告が発布され、中国共産党は未来の新中国において、少数民族地域では民族地域自治を実施する方針が確定したことを示している[193]。一九四七年十月十日に発布された「中国人民解放軍宣言」は、「中国領内の各少数民族は平等で自治の権利を持つことを認める」と、より一層明確にこの方針を示した[194]。これを背景に、一九四八年九月二十三日、中国共産党は「東北解放区の県と村の各クラスの政府組織条例草案」を発布し、その中で民族自治区に関する条項では、各少数民族が集中する居住地域において、その人口が過半数を占めるものは民族自治村、自治区、自治県を設立することができると規定した[195]。十二月九日、延辺地区党委員会は、「計画的で順序よく、下から上へと人民の民主的自治政府を樹立し、民族自治を実現する」ため、以下の準備を十分に行うことを提示した。階級的団結の基礎を強化した上で中朝両民族の団結を強化すること、異なる民族の公民はその比率に基づいて公平に選挙することを保証すること、大胆に民族幹部を抜擢すること、民族文化の建設を強化すること、民族間の紛争を妥当に処理すること、などである[196]。これらの一連の準備の中で、特に重要なのは信頼できる少数民族幹部の起用だった。

延辺地区の党組織と政権機構における朝鮮族幹部の職務から見れば、一九四九年初めになると、この地区で民族自治政府を設立する条件はほぼ熟した。一九四五年十月から四八年三月まで、地区党委員会のクラスでは姜信泰と金光侠の二人が一時的に職務を担当した(朴一禹は着任せず)以外、指導者層にほかには朝鮮族はいなかった。県党委員会クラスでは、文正一が一九四五年末に一カ月のみ延吉県党副書記を務めた以外誰もいなかった。一九四八年四月以降、大きな変化が見られた。新たに設立された延辺地区党委員会の中で、一九四九年三月より前は林春秋(Lim Chun-chu)が副書記であり、その後は朱徳海が書記を務めた。地区級の党機関の中で朝鮮人が担当した職務は、宣伝部長、青年工作委書記、婦女工作委書記、延辺日報編集長、東北朝鮮人民報（新聞）社社長と編集長、延辺政治幹部学校教育長などがあった。県クラスの党機関では、相次いで朝鮮人が担当した職務は延吉県党委員会常務委員（二人）、幹部訓練班主任、和龍県の党委員会秘書と婦女工作委書記、汪清県の党委員会秘書、組織部長、党員訓練班主任、安図県の党委員会常務委員などがあった。

行政機構では、一九四五年十一月に延辺行政督察専員公署が設立された当初は朝鮮人の主要幹部がいなかったが、吉東公署に変わってからは文正一が副専員を半年務めた。和龍県の県長と副県長以外、ほかの県では朝鮮人の指導幹部はいなかった。しかし一九四八年三月以降、専員は相次いで林春秋、文正一、朱徳海が就任し、延吉、汪清、琿春の各県の県長、和龍と安図、敦化各県の副県長は何れも朝鮮人が務めた(197)。全東北地域についていえば、一九四九年六月の時点で、政府部門で係長以上の職務についた朝鮮族幹部は一三二人で、ほかに一一八四人の朝鮮族が県と区人民委員会委員もしくは係員、助手を務めた(198)。

それに比べ、中国共産党政権にとって、民族地域自治を実現する最大の障害物は、国民の属性と関連する領内の「越境民族」のアイデンティティーの問題だった。ここで解決しなければならないのは民族認定のことだけでなく、未来の中国政府と朝鮮との関係の問題でもあった。長年にわたって延辺地区に暮らしてきた朝鮮民族は一体どの国の公民なのか、ひいては延辺地区は中国の所有なのか朝鮮のものか。これらの問題は、観念や政策のいずれの面でも解決されていなかった。そのため、延辺自治政府の設立準備の過程ですこぶる大きな波風が立った。

延辺の「朝鮮帰属」の暗流

一九四八年十二月から四九年の二月まで、党中央が吉林省党委員会に委託して招集した民族工作座談会に、主に各県と市の民族問題を担当する幹部三十数人が出席した。会議は東北行政委員会民政部民族事務処処長朱徳海、延辺公署専員林春秋、延辺日報社社長林民鎬（Lim Min-ho）、第164師団の師団長李徳山と政治処主任張福の五人が共同で主宰し、吉林省党書記陳正人、省政府主席周保中も会議に出席した。会議の討論はきな臭さが充満し、「朝鮮族の祖国は朝鮮だ」と主張する人もいれば、「多祖国論」すなわち「プロレタリアの祖国はソビエト、民族的祖国は朝鮮、現実的祖国は中国」との論調を出す人もいた。延辺地区の所属問題について、モスク

図 24　中国共産党吉林省委員会民族工作座談会の閉幕(1949 年 2 月 4 日)時の座談会参加者の記念写真．林春秋(一列目右から 2 人目)，周保中(二列目左から 4 人目)．

ワの東方勤労者共産主義大学出身の林民鎬は、ソ連に見習って、朝鮮族の集中居住地域である延辺で加盟共和国を樹立すべきだと主張し、朝鮮から来た林春秋は、延辺を朝鮮に帰属させることによって延辺の民族問題の抜本的解決を図るべきだと発言した。それに対し、朱徳海は、この二つの主張とも「空論」であって、延辺地区の歴史と現実的情況に合わないとし、中国東北の朝鮮族は朝鮮国内の朝鮮人と同一民族に属するが、「前者はすでに異なる公民権を持つ中国の朝鮮族になっている」ため、延辺では中国政府による統一的指導下の民族地域自治を実施する以外に可能性はないとの態度を表明した[199]。

一連の発言で最も驚かれたのは延辺地区党副書記、延辺公署専員の地位にあった林春秋が打ち出した、延辺を中国から離脱させる案だった。林春秋は果たしてこの会議でこの問題を提起したのか、またどうしてわざわざ提起したのかについて確認するため、筆者は韓国で、これに関する「A氏」による口述証言を発表した李鐘奭と討論したが、ここで、いわゆる「A氏」はすなわち延辺大学教授の朴昌昱(Piao Changyu, Park Chang-uk)で『中国朝鮮族歴史研究』という著書の作者であることが明らかになった。歴史上の重要な一コマであり、文献的証拠は何もない中で、筆者はその信憑性について再三質問した。李先生によると、時間がだいぶ経っており、談話記録も紛失したが、この証言を取り付けたことに関する記憶は鮮明で、間違いはない、その上、彼は、戦後の長い間、図們江両岸に住む朝鮮人の観念の中で、普遍的に、間島地区は朝鮮に属するものと認識されており、そのため、林春秋が朝鮮から派遣された幹部として、このような見解を吐露したのも自然なことだと自分の解釈を語ってくれた。[200]

この問題に関連して、二つの史料が注目に値する。一つは、一九四七年冬から四八年夏にかけて、駐韓米軍の情報部門は、北朝鮮が、間島(すなわち延辺地区)は間もなく朝鮮に帰属するか、もしくは朝鮮人民委員会の管理下に移されるという情報をしきりに出しており、関連する話は広く伝わっていて、これに対して中国側が強く反発している、といった情報を複数受け取った。[201]もう一つは、一九四八年九月の朝鮮民主主義人民共和国の樹立前後、金日成と林春秋が、延辺地区で朝鮮の建国を祝う活動を用意周到に準備し、この地域における朝鮮の影響力の拡大、ないしは延辺を朝鮮の領土範囲に編入することを画策していた、との証言である。韓国人学者・廉仁鎬は中国の文化大革命中に造反派がまきちらした摘発の材料を引用する形で、金策、金光侠らは秘密会議を招集して延辺の幹部の出席を要請し、席上、延辺地区の帰属問題を話し合った、と暴露した。[202]種々の情報から、林春秋が会議で「延辺を朝鮮に帰属させるべき」との主張を打ち出した可能性はかなり大きいと判断される。このような背景の中で、中朝関係におけるあまり愉快ではないエピソードを残した。

林春秋は東北抗日連軍の時期から金日成の部下であり、金日成夫人の金正淑と師弟関係にあり、金日成から厚い信頼を受けていた。[203]延辺に生まれた林春秋は日本の降伏後、抗日連軍教導旅団の中国グループに配属され、姜信泰とともに延辺でしばらく活動した。帰国後は北朝鮮共産党平安南道委員会第二書記を務め、金日成から最も信頼される幹部の一人だった。

一九四七年三月、周保中が党中央の指示を受けて金日成と面会し、姜信泰と金光侠の後任として一名の朝鮮の幹部を派遣するよう依頼したところ、金日成から林春秋が推薦された。林はまず、省民族事務庁庁長を務め、同時に龍井高級幹部研究班の党書記を担当した(副書記の文正一は具体的業務担当)。研究班の終了後、一九四八年三月、林春秋は延辺の要職を担当したが、これも金日成が周保中に提案したものだった。その在任中、金日成は林とホットラインを保ち、面会や書簡の方法で「彼の仕事に対して具体的な指導を行った」、といわれる。[204]周保中夫人の王一知も、林春秋は確かに金日成が中国に派遣したのだと証言している。[205]

中国共産党は延辺で自治政府の設立準備にかかっており、北朝鮮との関係もスムーズに運びたいので、双方から信頼される朝鮮の幹部が現地の要職を担当することをもちろん望んでいた。また、吉林省政府主席の周保中は金日成と互いに信頼する間柄であり、彼が金日成の意見を受け入れたのも自然の成り行きだった。林春秋は中国共産党がよく知っている抗日連軍の幹部だったし、金日成の推薦も受けているため、中国側は彼の到来を非常に大事に思って対応した。一九四八年二月、林春秋がまだ延辺の職務に就く前、東北局はすでに彼を吉林省党委員会委員に入れることを決定した(206)。三月四日、吉林省党委員会はある報告書の中で吉東地区書記孔原が延辺で視察した後に書いた提案を引用したが、その中で孔原は、延辺は少数民族地域であり、この特徴をもはや否定してはならず、民族問題に能力があり、信頼のもてる幹部を派遣して指導を強化すべきだと提起した、と紹介されている。孔原は、雍文濤を延辺地区の責任者とし、同時に朝鮮の同志が指導活動に参加するよう受け入れ、彼らを発展させ、育成し、これを持久的で根本的な政策とすべきだとし、林春秋は地区の党書記もしくは副書記兼専員を担当し、ともかく、延辺の指導者は朝鮮人を立てなければならないと強調した。省党委員会は孔原の報告を協議し、その基本的考えに賛同した(207)。こうして、一九四八年三月二十七日、林春秋は省民族事務庁庁長のポストから延辺公署専員に抜擢され、四月、地区党副書記にも任命された(208)。

中国共産党が革命闘争の経験に基づき、民族区域の自治を実現するため、まず幹部の配置問題に着手すべきだとの発想を持ったことはよく理解できる。しかし意識と政策面において民族問題に関する十分な理解と配慮がなかったため、とうとうトラブルに遭遇した。もしかするとこの時に至って、中国共産党指導部はようやく、民族のアイデンティティーの問題は特に高級幹部の間では極めて深刻で重大だとの認識を持った。民族工作会議が終了して間もない一九四九年三月十三日、林春秋は突如、延辺の二つの要職から姿を消し、朝鮮に戻った(209)。続いて、朝鮮側との連絡役を担当し、金日成とも密接な関係にあった周保中が東北から遠ざけられた。

周保中は一九四五年十一月以降、ずっと吉林省党委員会常務委員であり、省政府主席を務めたが、中華人民共和国の樹立直前、突然東北から雲南省に移動させられた。この移動は、周保中と東北局書記の高崗との関係がしっくりせず、高崗が周保中は東北で「独立王国」を作ろうとした、と非難したことと関係がある、という研究者の見方がある(210)。しかしロシアの公文書の記録によると、早くも国共内戦の初期、東北民主連軍のリーダーはすでに「周保中の政治的純潔性に懐疑的」だったとし、その理由は、周保中が帰国する前、「我々は全東北を管理すべきで、毛沢東と朱徳は華南を管理すればよい」と語ったためだ、という。また、東北民主連軍を結成した際、周保中は一部の「漢奸」(旧日本軍協力者)を連隊級の幹部に任命したが、高崗の反対で実現しなかった、といわれる。[211]ただ、仮にそのような発言が本当だとしても、周保中が軍の指揮権を解かれたこととは関係するが、東北から雲南への異動とは関係がないと思われる。

周保中は軍から離れてからもずっと吉林省政府の責任者を務めていた。筆者の推測では、一九四九年三月の林春秋の朝鮮帰国と、九月の周保中の東北からの異動と、この両者の間には何らかの関連があったと考えられる。しかしこの問題の背景は複雑で微妙なため(林春秋は金日成から推薦された者であり、周保中は朝鮮側と深い関係をもつ)、ついにその真相は闇に葬られる以外になかった。[212]

朝鮮人将兵の帰還

いずれにせよ、辺境地区の越境民族の「少数民族化」は中国共産党政権が避けて通れず、かつ解決を急がれる問題であった。その対応いかんによっては、越境民族の問題はもっとデリケートで重要な問題、すなわち領土帰属の問題を引き起しかねない危険性もはらんでいたためだ。[213]

中国共産党の幹部層には長い間、ずっと多くの朝鮮族が入っていた。抗日戦争の終了後、党中央は外国人の入党に対する審査を厳しくし、当時の不文律の規定により、外国籍公民が入党するには党中央書記局の許可を受けなければならなかった。[214]一九四九年十月、党中央は明確に、外国人が中国共産党に入党を希望する場合は党中央組織部の批准が必要との指示を出した。しかし東北地域の朝鮮人だけは例外だった。[215]この特殊性は、朝鮮人が越境民族に属することと関連するが、他方、中朝両国間の革命的友情にもかかわっていた。一九四九年から五〇年にかけて帰国した朝鮮族の将兵の扱いは端的にこの特殊性を示した。[216]

朝鮮労働党が発足して以来、中国共産党中央とは長い間、直接の連絡と交流はなかった。双方の最初の接触は、朝鮮人民軍総政治部主任金一が朝鮮労働党中央の依頼を受けて、中国人民解放軍の系列内の朝鮮族部隊およびその装備の引き渡しを求めるための訪中だった。一九四九年四月三十日、金一はまず瀋陽に到着し、高崗と面会して中国共産党中央との取次ぎを頼んだ。金一は北平で朱徳や周恩来と四回会談し、毛沢東とも一回会見した。朝鮮からの要望に対し、毛沢東は「満額回答」をし、中国軍には三個の朝鮮師団があり、二つは瀋陽と長春に駐屯しており、いつでもすべての装備品とともに引き渡せるが、もう一つの師団は戦闘中で、それが終了後に北上が可能だと答えた。これらの部隊が必要とする弾薬のことも聞かれたのに対し、毛沢東は、「朝鮮側が必要とする分を供与する」と答えた[217]。スターリンが得た報告によると、毛沢東はほかに、二百人の朝鮮将校が補足的訓練を受けている最中で、一カ月後に朝鮮に派遣でき、もし南北朝鮮の間で戦争が発生したら、我々は可能な限りの援助を行う用意があると語った、という[218]。

図 25　1949 年夏，瀋陽における 166 師団指揮官の記念撮影

　毛沢東が言及した直ちに引き渡しが可能な二個師団とはすなわち、第164師団と166師団である。164師団の当時の師団長王効明と政治委員宋景華は引き渡しの過程で別部隊に異動し、副師団長だった李徳山(朝鮮族)が師団長兼政治委員に昇格した。朝鮮領に入った時の師団の全兵力は一万八二一人だった。166師団はもともと師団長は劉子儀で、政治委員は方虎山(朝鮮族)だったが、引き渡しの際、後者は師団長兼政治委員に就任し、総人員数は一万三二〇人だった[219]。七月上旬、金日成の命令で、この二個師団は朝鮮に向かい、瀋陽に駐在していた166師団は新義州に、長春にあった164師団は羅南にそれぞれ配置された[220]。

　一九四九年十二月二十九日、人民解放軍副総参謀長聶栄臻は、モスクワ訪問中の毛沢東に、軍の中の朝鮮族部隊の状況を電報で報告した。第四野戦軍司令官林彪からの報告として、その時点で各部隊に兵役中の朝鮮族将兵はおよそ一万六千人で、そのうち、中隊長以上の幹部は二〇九二人だった。彼らは解放軍の中で教育と訓練を受け、進歩が速く、作戦・人員拡張・政治工作の経験も豊かである。そのうちの一部は解放軍の南方への出動に伴い、思想的な動揺が生じ、帰国を要求している。それを踏まえて林彪は、「朝鮮人民の利益のため」、「これらの百戦錬磨の幹部の朝鮮帰還」を検討してもよいと提案した[221]。ソ連、朝鮮との協議を経て、一九五〇年一月中旬、人民軍総参謀部作戦部長金光侠が中国に来て、これらの部隊の接収作業をやり、すべての武器と装備も同時に持って帰るとの新しい申し入れをした。毛沢東は、同意すると書面で指示した[222]。第四野戦軍は命令を受けると直ちに、各部隊の中の朝鮮族将兵を鄭州に集結させ、合わせて一万五千八百人からなる一個師団プラス一個連隊に編成した。この部隊は政治的素質に優れ、共産党員は六九%以上を占め、戦闘功労者が多く、大砲を含む武器装備も解放軍の最高レベルに達していた。再編の過程で、金光侠の要請を受けて、年齢、体質、政治思想などの基準を設けて三千人余りを除外した[223]。

朝鮮族将兵の帰国動員は実際は第四野戦軍だけでなく、人民解放軍全体で進められた。中国軍側の統計によれば、一九五〇年一月二十九日から六月まで、各軍区、各兵種とも中央軍事委員会の指示に従い、所属部隊の中の朝鮮族人員の集結と帰国について通達した。一月から四月まで、中南軍区の二万二三九二人の朝鮮族人員（うち師団級幹部一人、連隊級幹部一三人、大隊級幹部九三人、中隊級幹部八八人、小隊級幹部一八五七人、兵士一万九八八七人、その他の人員四五三人）は相次いで鄭州に到着し、現地で一個師団と一個連隊、一個幹部大隊、一個教導大隊、さらに一個の後方勤務大隊に編成して、四月十五日、帰国の途に就いた[224]。この部隊は156師団（二個連隊）を中核として改編されたもので、六月の帰国前、独立15師団として東北軍区の序列に編入し、156師団の前副師団長全宇（朝鮮族）が師団長を務めた[225]。他にも小規模な北朝鮮帰還もあり、たとえば瀋陽の空軍部隊警備中隊の千人は、瀋陽航空学校副校長が率いて、野営訓練の名義で三月、朝鮮に入った[226]。鉄道兵団の三二三一人の朝鮮族人員も六月二十日、石家荘から出発して帰国した[227]。全体的統計として、第二陣として帰国した朝鮮族部隊は二万六六二三人以上であり、一九四九年に帰国した第一陣を加えると、解放軍の中の朝鮮族将兵の帰国者総人数は四万七七六四人を超えていた。

これらの朝鮮族将兵の帰国は、後に起こった朝鮮戦争と直接の関係はない。スターリンはずっと武力行動による朝鮮半島統一という金日成の構想に反対し、一九五〇年一月三十一日になってようやく考え方を変え、四月中旬、初めてモスクワで武力攻撃の計画について金日成と協議した。毛沢東が金一の申し入れに同意し、および朝鮮族部隊の帰国に関する林彪の提案を許可したのはいずれも一九五〇年一月末より前のことだった。もちろん、この完全武装でかつ百戦錬磨の部隊が朝鮮に戻ると、人民軍の戦力を大幅に増強し、金日成の武装統一に関する意欲を一層強めることになった。ただし中国側が解放軍のなかの朝鮮族将兵の帰国に同意し、積極的に協力したのは主として、彼らは元々朝鮮人であり、今進んで帰国を要望し、朝鮮側もそれを切望しているため、中国共産党も国際主義の義務を果たすべきだという認識によるものだった。

全般的に見れば、戦後初期から朝鮮戦争の勃発までの間、中国共産党と朝鮮労働党および朝鮮政府との関係はかなり微妙なもので、中国とその他の各国共産党との関係に比較してもその特異性が目立つものだった。それは一種の「即《つ》かず離れず」の関係であると見ることができる。この特殊性に関して、以下のいくつかの側面から解釈・理解することができる。

一、中国共産党と朝鮮労働党はいずれも革命政党であり、共通した革命の目標と理念が彼らをつなぎとめ、マルクス主義の国際主義理論は双方の関係の基礎を作った。そのため彼ら同士の支援は相互的なものだった。しかし一方、中朝の間(特にハイレベル)ではほとんど直接的な組織間のコミュニケーションのパイプがなく、双方と関係するいかなることもソ連共産党の許可を得る必要があり、双方の意思疎通の多くもモスクワを経由しなければならなかった。その根源的原因は、国際共産主義運動と世界革命の潮流の中で、中国共産党と北朝鮮はいずれもモスクワの指導、指示、支援を仰ぐ立場にあり、中国共産党はまだ政権を獲得しておらず、朝鮮はソ連の衛星国であった。そのため、彼らの間の関係および相互支援の形と度合は、本質的には皆、スターリンの対中政策およびその極東政策の判断に左右されていたためである。

二、中国と朝鮮の革命はアジアの民族国家が形成して間もない歴史段階で発生したため、革命政権の樹立は理論と現実の矛盾に遭遇した。マルクス主義の理論に従えば、革命はまず一部の欧州の先進国で同時に発生し、いわゆる世界革命の形で勃発し、その論理的結果として国家と民族が消滅し、共産主義の大同世界が誕生するはずだった。だが現実では、革命はまずヨーロッパの後進国ロシアで発生し、今はまた二つのさらに遅れたアジアの国家で起きたため、世界大同の目標は理想として掲げることができても実際は空中楼閣のようなものだった。中国共産党と朝鮮労働党は隣接する二つの民族国家で勢力を伸ばし、政権を作ったので、理論的には歩調を合わせ、同一方向に向かう革命政権のはずだが、実際はそれぞれ独立し、融合が極めて難しい異なる政治的集団だった。ベールを脱いで見れば、これは冷戦期における社会主義諸国間関係に見られる共通現象であり、また彼ら同士の関係を決定する現実的基礎であった。

三、この過程で、中朝両党はまた別の特殊な問題に直面した。長年中国に生活した大量の朝鮮人は越境民族に属し、新中国の樹立まで彼らの大半は国籍を確定しておらず、一般住民や革命家を問わず、強烈なナショナリズムの感情を抱いていたが、中華民族としてのアイデンティティーは極めて乏しかった。さらに複雑化したのは、中国共産党の系列の中に数多くの朝鮮族の党員と幹部がいたことと、反対に朝鮮労働党の系列の中にも一部だが中国で長年生活と仕事をしてきた幹部(中国国籍を留保した者もいる)がいたことで、それによって、中朝の間は切っても切れないつながりと共存関係をもったが、考え方も利益の志向も異なり、内在的整合性がない関係を呈した。この複雑性は中国共産党と北朝鮮をつなぐ紐、パイプになったが、両党およびその後の二つの政権の間の関係を処理するのに、トラブルと困難も常にもたらした(228)。

四、内戦における軍事的勝利と地方政権の樹立に伴い、中国共産党は国家関係と国民の帰属の角度から国内の朝鮮民族問題を捉え、対処し始めた。東北の朝鮮人の国籍問題、朝鮮民族の属性問題、および政権の運営における民族地域自治の問題、そのいずれにおいても、中国共産党は試行錯誤を必要とし、代価を払いつつ認識を深めていく以外になかった。しかしその全般的思考様式は長い間、ソ連の影響と世界革命の枠組みから脱却できず、国際関係にせよ党と党の間の関係にせよ、中国共産党はそのいずれの対応に際しても朝鮮を特殊な存在として捉え続けた。

北朝鮮と中国共産党のこのような、近いようで遠い関係は中国革命の勝利後、毛沢東が構想した極東情報局の問題をめぐっても、如実に表面化した。

第三節　毛沢東のアジア革命の夢

一九四九年初め、中国革命が勝利する曙光が見えてきた。同じ時期に、アジアと社会主義陣営の内部において、二つの注目すべき動向があった。一つ目は、ソ連が対中政策を大きく転換し、それまでの国民党政権との外交関係保持を重視する方針から中国共産党に対する公の支持に切り替え、さらに中国共産党が速やかに全国政権を樹立するように要請したこと。もう一つは、中国共産党が軍事的勝利を収めつつあるかたわら、周辺諸国の革命に目を配り始め、中国がリーダーシップを取って、アジアにおいてコミンフォルム(欧州共産党情報局 Cominform、正式名称は共産党・労働者党情報局)に似たような共産党の国際組織を作ろうとしたこと。この過程の中で、中国共産党と朝鮮労働党はまた微妙な関係に追い込まれた。

一九四七年九月、欧州の九カ国の共産党の首脳が集まり、コミンフォルムの設立を宣言した。ソ連共産党中央書記アンドレイ・ジダーノフ(Andrei A. Zhdanov)は演説の中で、国際情勢においてすでに二つの対立する陣営が現れたという有名な判断を打ち出した。ジダーノフの演説はトルーマン・ドクトリン(一九四七年三月に発表、共産主義に対抗して、トルコ・ギリシアへの援助を開始)とセットとなるソ連の冷戦宣言と後に評されており、コミンフォルムは社会主義陣営をまとめて西側と対抗する大本営と司令部になった。その後、アジア、特に中国において、共産党極東情報局の設立に関する情報がしきりに流れていた。しかししばらくマスコミの話題になったが、その実体は日の目を見なかったので、いつの間にか人々の記憶から忘れられていき、今日に至って、冷戦の起源(アジアの冷戦の起源を含めて)を研究するおびただしい論著の中でも、極東情報局の問題を直視し、取り上げるものはほとんどなかった。

冷戦終結後、中国とロシアの公文書が次々と機密解除・公表されるに伴い、極東情報局の問題は再度水面に浮上した。その後の朝鮮戦争の勃発から中ソ両国の外交が平和共存の路線に転換したことにより、極東情報局はついに設立されなかったが、中国共産党は一九五〇年代から六〇年代にかけて、アジア革命を指導する責任を自覚し、引き受けていたことは間違いない。では、極東情報局の問題はどのように提出され、スターリンの冷戦戦略の中でアジアはどのように位置づけられたのか。毛沢東はアジアの革命を指導するにあたってどのような構想を持ち、アジア革命の指導権はどのようにモスクワから北京にシフトしたのか。特にこの過程の中で、朝鮮労働党はどのような姿勢をとり、どのような立場に置かれたのか。これは社会主義陣営におけるアジア各国共産党の間の同盟関係の形成に関わっており、また、朝鮮はいつ、どのようにして中国を中心とするアジアの社会主義陣営に入ったのか、という興味深い問題とも絡んでくるものだ。

流れた「極東情報局」構想

欧州の九カ国共産党からなるコミンフォルムが設立されて間もなく、極東情報局に関する噂が現れた。一九四七年十一月十九日、香港のラジオ局は「信頼できる筋」によるというニュースを伝えた。「十一月二十日、満州、モンゴル、朝鮮、インドネシア、マラヤとインドシナの共産党はハルピンで代表者会議を開く予定で、会議では東南アジア・極東情報局が設立される見通しだ」。翌日、上海の『東南日報』の記事はさらに注目を引く会議の細部を「披露」した。「今日、ハルピンで極東共産党代表者大会が開かれ、極東情報局の設立に関する問題が協議される予定だ。中国、朝鮮、モンゴル、タイからそれぞれ代表者が出席し、毛沢東は著名な中国共産党指導者李立三を会議に派遣し、李は会議の主席を務める予定で、既に満州に到着している」。このニュースは瞬く間にパリとロンドンの新聞に転載され、アジアで旧植民地の復活を狙っていたフランスとイギリスを驚かせた(229)。中国国民党機関紙『中央日報』の十一月二十九日付記事は、「極東七カ国共産党会議」の詳細についての続報を伝えた。「この会議で以下の諸問題が協議された。一、極東地域で共産党情報局を設立すること、二、極東地域の各国は自治を勝ち取る闘いの中で協力しあうこと、三、共産主義革命を絶えず推進すること」。それに対し、ソ連の情報部員は、この一連の報道は国民党分子がコミンフォルムの設立会議に対して発動したデマをまき散らす攻勢であり、「コミンテルンの復権」を暗示するためだと分析した(230)。中国駐在の米国の軍事専門家もこれらの噂の信憑性に対し疑念を示した(231)。

これらの噂は確かに間もなく姿を消した。注目された極東情報局が設立されなかったためだ。実際に、スターリンの冷戦戦略の中では、最初からアジアでも共産党の国際組織を作る構想が存在していなかった。その考えは、コミンフォルムの設立当時からはっきりしていた。スターリンは、国内の武装闘争をリードしていたギリシア共産党のコミンフォルム設立会議への出席を拒否し、ジダーノフの演説はアジアの構図を大きく変えかねない中国革命についてもさらっと言及したにとどめた。それだけでなく、多くの新しい史料が示したように、一九四八年六月、マラヤ共産党が発動した武装蜂起はモスクワからの指示と援助を受けておらず、スターリンは、インドシナ共産党が指導したフランス植民地主義者に反対する革命闘争についても関心を示さなかった。

一九四八年春まで、ソ連共産党はすべての東南アジアの共産主義活動と一定の距離を置き、これらの国の国内紛争への介入を避けようとした。東南アジア諸国の共産党は特にソ連からの武器輸送を含む各方面の援助を強く期待したが、モスクワからは手が差し伸べられなかった。これらの国の民族解放闘争が勝利を得られるかどうかについて懐疑的だったソ連の指導者は、東南アジアの共産党と通常の関係すら持とうとしなかった。この一連の事実から、ソ連の冷戦戦略は実は攻撃的なものではなく、内心では米国との直接の衝突を回避し、引き延ばそうとしたことが示されている(232)。

一方、モスクワは、中国共産党がコミンフォルムの設立会議に高い関心を寄せたことに注目し、中国側は極東で類似の組織を作ろうとしているのではないかと推測した。ソ連共産党中央に提出された中国情勢に関する報告書は、コミンフォルムの設立に関する中国共産党の反応を細かく伝えた。一九四七年十月十二日から十六日の間、解放区のすべての共産党と左派系の新聞、特に満州地域の『ハルピン日報』、『東北日報』、『大連日報』、『関東日報』、および香港で発行する中国共産党中央の機関誌『群衆』と新聞『晨報』はいずれも、タス通信社の報道をベースに、コミンフォルムの設立に関するニュース、公式発表、宣言を掲載した。十月十四日付『大連日報』と『関東日報』および満州地域のその他の新聞は一斉に『プラウダ』の十月十日付のコミンフォルム設立を祝う社説を転載した。十月二十日、解放区の各新聞はまた、中国共産党東北局宣伝部が作成した「コミンフォルム設立会議に関する諸問題」と題する宣伝資料を掲載した。

モスクワの報告書は、コミンフォルムの設立は中国革命に大きな鼓舞を与え、共産党中央が「暴力の手段を通じて国民党の制度を打倒し、帝国主義分子を中国から追い出す」という公の政治目標を提出することを促進したと分析し、また結論の部分では、中国共産党は国民党の「極東共産党情報局の設立」に関するデマ報道に有効な打撃を与えなかったとし、「それは明らかに、中国共産党自身がこの極東の情報機関を望んでいる現れで、毛沢東が一九四七年十二月二十五日の中央会議でもそのように述べた」と指摘した(233)。しかし毛沢東がその時点ですでに極東情報局のような国際組織の設立を構想したとの判断は早計であろう。一九四七年末の時点では、国共内戦の天秤は共産党にやや有利な方向に傾きかけたばかりで、毛沢東のあの講話も、コミンフォルムの設立という追い風を借りて士気を高めたかったためのものだと考えられる。

ただし、国民党の敗北と共産党の政権掌握が決定的になった段階になると、毛沢東は確かに極東情報局のことをもう一度思い出した。一九四八年九月三十日、毛沢東は党中央政治局政治局会議で総括を行う中で、自信に満ちた口調で次のように語った。我々が中央政府の樹立を宣言すれば、ソ連をはじめとする国際人民民主勢力は我々と協力するに違いない。また我々とその他の兄弟党との連携も強化されるだろう。我が党の国際社会における威信はかなり高く、これは大きなことだ、と。(234)一九四九年初頭になると、スターリンはそれまでの中国問題に関連して二の足を踏む姿勢を変えた。しかし、ソ連政府が提起した、国共内戦を単独で調停するという提案が毛沢東から頑なに拒否されたことを受けて、スターリンは、中国共産党に対し確かに理解が不足していると痛感した。中国共産党への支持を通じて未来の中国の政権と友好関係を構築する目的を達成するには、まず中国共産党の性格とその政治主張をはっきり理解しなければならない。そこで、ソ連共産党中央政治局委員ミコヤンが極秘に中国に派遣された。(235)

一九四九年二月三日に行われたミコヤンとの会談で、毛沢東はアジア共産党情報局設立の問題を正式に提起した。ミコヤンから、アジア各国の共産党の間の協調について質問されたのを受け、毛沢東は、中国共産党はまだ明確な考えを持っていないが、インドシナ、タイ、フィリピン、インドネシア、ビルマ、インド、マラヤ、朝鮮の共産党との連携を樹立することを望んでおり、現在のところインドシナと朝鮮の共産党との交流は比較的多いが、その他の共産党との連絡は少なく、主に香港の連絡員を通じてコンタクトを取っているだけで、日本共産党とはほとんど連絡がないと説明した。その上で毛沢東は、ヨーロッパのコミンフォルムのようなアジア局を設立すべきだと切り出し、ただこの問題は中国情勢が安定してから再度協議しても良いと付け加えた。

毛沢東はまた、日本共産党の状況を紹介した後、タイとインドシナ共産党はこのような機関の設立に賛意を表明していると再度言及し、中国側はまずいくつかのアジアの国、例えば中国、朝鮮、インドシナとフィリピンの共産党代表が先にアジアの国家局を設立すべきだと考えていると語った。ミコヤンは、ソ連共産党中央の意見として、中国共産党中央はヨーロッパのコミンフォルムに参加しなくていいが、中国共産党をはじめとする共産党の東アジア国家局を設立すべきで、最初は三つの政党すなわち中国共産党、日本共産党および朝鮮共産党(原文のまま)から構成され、その後次第に他の党を受け入れていくべきだとの考えを示した。続いて毛沢東は、中国共産党とソ連共産党との関係は直接的に持つべきかどうか、東アジア国家局の設立問題について日本や朝鮮の共産党と協議に入ってもいいか、と質問したが、ミコヤンからはいずれも肯定的な返事を得た。(236)毛沢東の最初の質問と説明には探りを入れる意味もあったが、ミコヤンからの回答を受けてかなり意欲的に転じた。

その後の中国共産党とアジア各国共産党との協議の状況について、今までそれを伝える資料は見つかっていない。ただ、同年五月初め、毛沢東は朝鮮労働党の代表金一との会談で再度、情報局の問題に言及した。この会談の内容について、朝鮮と中国は別々にソ連に報告の文書を送った。朝鮮側の説明は次のようなものだった。毛沢東から金日成の三月のモスクワ訪問について詳しく質問され、特にスターリンとの間に情報局設立の問題について言及があったかどうか、朝鮮労働党はどのような考えなのかについて特に関心があった。毛沢東は、すでにビルマ、マラヤ、インドシナなど四カ国の共産党から「極東諸国共産党情報局の設立に関する提案」の書簡を受け取っていると話し、中国側の立場に関しては明らかに余地を残すためで、毛沢東は、現時点で情報局を設立することは時期尚早であり、中国とインドシナはいずれも戦争中で、朝鮮の情勢も緊張しているため、情報局の設立は軍事同盟の結成とみなされかねない、との分析を披露した、となっている[237]。それに対して中国共産党のモスクワへの報告内容は比較的に簡潔なものだった。毛沢東は「極東情報局の設立の機はまだ熟していない」と考えており、その理由は、十二の極東の国の中で、中国共産党はモンゴル、タイ、インドシナ、フィリピン、朝鮮の共産党と連絡関係があるが、他の国の状況についての情報が少なく、日本やインドネシアとは一切の交流がないため、先に関係を樹立し、状況を研究した上で、極東情報局の設立に着手すべきだ、と書いている[238]。

　この二つの文書における微妙な食い違いから、毛沢東は極東情報局の設立についてかなり意欲的だったが、スターリンからその焦りを察知されたくなかったことがわかる。「時期尚早」、「機は熟していない」との表現は相手に探りを入れる言い方に過ぎない。毛沢東はその時点で、スターリンから自分が東洋のチトー〔社会主義陣営の異端者〕と見なされるのではないかと非常に気にしていた[239]。彼はまた、スターリンは本心で共産党極東情報局の設立に同意するかどうかについて確信が持てず、特にスターリンに、中国共産党は政権を掌握する前から「かまどを別に作る」〔旧条約を廃止し、新たに交渉・締結すること〕考えがあることを知られたくなかった。毛沢東の予感は当たった。スターリンは五月二十六日付の返電の中で毛沢東に対し、人民解放軍の大挙南下に伴い、米国と英国はかなり警戒し、人民解放軍の後方にある青島《チンタオ》、天津に迂回して上陸作戦を展開するおそれがあると警告し、インドシナ、ビルマ、インドとの国境地帯に急いで進軍せず、また、南下する解放軍の主力部隊から二つの強力な部隊を選んで、天津と青島の守備にあたるべきだと提案し、それに続いてスターリンは、極東共産党情報局は当面設立すべきではないという毛沢東の意見に同意すると言明した[240]。

　スターリンの返答は間違いなく、毛沢東を失望させた。実際には、毛沢東は中国でアジア革命の大本営を本気で作りたかった。そのため、劉少奇の極秘訪ソの機会を借りて、毛沢東は再度、スターリンの態度に探りを入れることにした。七月二十七日の両党代表団の会談で、スターリンは進んで、一九四五年〔八月〕に毛沢東を重慶の談判に行かせた誤りについて詫び、中国共産党は成熟した党であり、国際共産主義運動の最前列に立つことを期待すると語った。スターリンはまた次のように提案した。国際的革命運動の中で、中ソ両者ともより多くの義務を引き受けるべきで、またある種の分業をした方がいい。中国は今後、東方と植民地、半植民地国家をより多く担当し、ソ連は西側に対してより多く義務を背負い、より多く指導する。革命の中心は今中国と東アジアに移っており、中国共産党は東アジア各国の革命に対する責任を果たさなければならず、そのため、東南アジア諸国と密接な関係を樹立すべきだ。

ここまで聞いて、中国側代表団の高崗は突然、中国共産党はコミンフォルムに加盟した方がいいかどうかとわざと質問した。スターリンはもちろん、中国側が聞きたいことが分かっているので次のように答えた。これはあまり適切ではない。中国の状況とヨーロッパは完全に違うからだ。東アジア諸国の状況は中国と似ているので、「東アジア各国共産党連盟」の設立を検討してもいい。ただ現時点では時期はやや早過ぎるようだ。スターリンはまた、ソ連はヨーロッパの国であり、アジアの国でもあるので、将来的には東アジア共産党連盟に加入できる、と付け加えた。[241] スターリンは口先ではアジア革命を指導する責任を中国共産党に託したと話したが、実際は信頼を置いていなかったようだ。

もっとも、毛沢東にしてみれば、スターリンはアジア革命における中国共産党の地位を認め、進んで中国がアジア各国の共産党を指導するよう提起した以上、実質的な問題はすでにクリアした。[242] 毛沢東は早速、スターリンの了解を得たとして、実際の行動に移った。極東情報局はただの形式の問題なので、毛沢東はこれ以上こだわらなくなった。

アジア革命の指導権に対する意欲

中国共産党中央の機構が一九四九年三月、西柏坡〔河北省〕から北平に移転した後、最初に取り組んだことの一つは、アジア各国共産党との関係を構築し、彼らの革命活動に対して指導を行うことだった。遅くとも七月上旬、党中央統一戦線部は、アジア各国共産党の指導者が中国共産党の革命経験を学習することについて企画、準備を始めた。スターリンが中ソ両党の分業と協力に関する提案をしたのを受けて、劉少奇の帰国を待たずに、およそ七月末、「第一学習組」が早速中南海で開講し、一年の学期をめどに講義を始めた。統一戦線部秘書長連貫は学習組の組長に、第三室副主任の許立と李啓新はそれぞれ党支部書記と副書記に任命された。学習組は国別で七つに分かれた。すなわちベトナム共産党組の六人(ベトナム党中央政治局委員黄文歓など)、タイ共産党組の一〇人(党総書記王斌など)、フィリピン共産党組の六人(林青山など)、インドネシア共産党組の二人(党中央委員呉英明など)、ビルマ共産党組の二人(党中央委員丁文など)、マラヤ共産党組の二人(党中央政治局委員単汝洪など)、インド共産党組の一人、である。学習の資料は『毛沢東選集』を中心とし、講義内容には武装闘争、統一戦線、党の建設、大衆運動などの理論問題が含まれた。講義を担当したのはみな、中国共産党中央の指導者および各関係部門の責任者で、朱徳、陳毅、劉伯承、鄧小平、李濤、李維漢、彭真、張聞天、羅瑞卿、陳伯達、安子文、劉寧一、廖魯言などの面々だった(243)。

中華人民共和国の樹立に伴い、特に表面的にスターリンが武力による政権奪取の中国共産党の革命経験を認可したため、アジア革命の指導者としての中国の地位はいっそう突出し、その行動もいっそうやる気満々になった。一九四九年十月七日、コミンフォルムの機関紙に次のような社説を掲載した。

中国革命の勝利は人類歴史上の里程標であり、世界的な歴史的意義を持ち、中国人民の運命を左右しただけでなく、東方と西方のすべての人民の運命に影響を及ぼすであろう。中華人民共和国は植民地および付属国人民の忠実な友人と信頼できる堅塁である。中国革命の勝利はより一層、世界労働人民の最終的勝利と共産主義の勝利の到来を加速させた(244)。これはただ祝意を表す社説だったが、それによる中国革命の意義に対する評価は中国共産党指導者の気持ちを高揚させた。続いて起きたアジア太平洋労働組合会議事件は、中国共産党の革命を指導する経験と地位を一段と突出させた。

一九四九年十一月十六日、世界労働組合連合会(世界労連)の主催でアジア大洋州諸国十三カ国の労働組合を中心とする「アジア大洋州労働組合会議」が北京で開かれた。第一回会議の主席として、劉少奇は開幕式で挨拶し、その中で中国革命の経験を多く宣伝し、また、武装闘争は中国人民が勝利を勝ち取った根本的な道だとし、「この道はすなわち毛沢東の道」であり、「多くの植民地と半植民地の人民が独立と解放を勝ち取るための避けて通れない道」でもあると総括した(245)。劉少奇の演説はソ連代表団を含む多数の国の代表団から異議を申し立てられ、これは政治会議ではなく労働組合の会議であって、まして多くの資本主義国家の代表が出席しており、この会議で武力による政権奪取といった政治的スローガンを打ち出すべきではない、と反対された。協議の過程で、多くの国の代表は劉少奇演説の公表に反対し、劉少奇は強く抵抗したが、最後はこの決定に従うと表明した。

十一月十八日、中国側代表劉寧一は大会の発言で、武力による政権奪取のスローガンに言及しなかった。この経緯を知ったスターリンは直ちに、ソ連代表団団長のソロヴィヨフ(Solovev、当時は全ロシア労組中央理事会副主席)に電報を送り、劉少奇の演説内容への反対は重大な政治的誤りであり、ソ連指導者は劉少奇の演説は正しいものであり、時宜を得たものだと考えているとして、ソ連は劉少奇の演説の公表に同意することを中国代表団に直ちに伝え、他の各国の代表団にも伝達するよう指示した。数日後の十一月二十一日、中華全国総工会副主席の李立三は大会で中国の労働運動について報告した時、広範な人民の擁護を勝ち取り、革命の武装闘争を展開し、共産党の指導を堅持することは中国の労働者階級が革命の勝利を勝ち取った根本的な原因だと再び強調した。十二月下旬、ソ連は、劉少奇の北京会議での演説と起草した決議文の検閲済の訳文を送付するよう中国側に要請し、一九五〇年一月四日の『プラウダ』は劉少奇のアジア大洋州労働組合会議での開幕演説を掲載した(246)。

このエピソードは実際は、スターリンが中国共産党の武力による政権奪取の道が普遍的意義をもつことを認めたことにならず、彼が武装闘争を世界労連の活動路線とすることに同意したことをなおさら意味しない。スターリンのこの意思表示は、間もなく行われる毛沢東のモスクワ訪問に備え、中国がソ連の思惑に従って中ソ同盟条約に調印し、ソ連のアジアにおける戦略的利益を確保しようとの計算によるものだったに過ぎない(247)。しかしスターリンの真の意図はともあれ、世界労連会議事件と『プラウダ』の報道は間違いなく、中国共産党を一層激励する効果をもたらした。アジア各国共産党に対する理解と指導を強化するため、一九五〇年二月、党中央は統一戦線部の下で「東方各国革命問題研究会」を設立し、李維漢が書記を務め、廖承志、連貫、李初梨、劉寧一、廖魯言、許立、王任叔の七人が委員となった(248)。

その後、朝鮮戦争が勃発し、毛沢東は極めて困難な情勢の中でソ連の要請を受け入れ、朝鮮に義勇軍の派遣を決断した。このことはスターリンの信頼を勝ち取っただけでなく、社会主義陣営とアジア諸国でも大きな反響を呼んだ。毛沢東はその決断を下した時、「参戦すべきで、参戦しなければならず、参戦の利益は極めて大きい」「中国、朝鮮、東方、世界のいずれにとっても極めて有利だ」と語ったが、その念頭には上に述べたファクターも含まれていたと思われる[249]。あるアジアの国の革命が危機に瀕したときに中国が身を挺して支援したことにより、指導者の責任を果したと敬意を表されるのみならず、自ずと北京の中心的地位を印象付けた。毛沢東の考え方は確かにその他の中国の指導者と違って、彼の眼差しは早くから中国以外の世界に向けられていた。米国の中国駐在大使だったスチュアートは毛沢東に関して的を得た表現を使っている。未来に向けて「中ソの分裂ないし戦争に導きかねない種々の原因のうち、最も重要なのは他国の指揮下には甘んじない毛沢東がアジアのレーニンになろうとしたことだ[250]」。それ以後、中国はアジア諸国の共産党との関係を速やかに拡大し、その活動もますます頻繁になった。

各国共産党幹部の北京研修

一九五〇年末、中朝連合軍が三十八度線まで順調に進撃した際、毛沢東、劉少奇、周恩来の三人の指導者は、スターリンから『毛沢東選集』の編集協力に派遣されたソ連の著名な哲学者ユージンとそれぞれ会い、アジア諸国の共産党の状況や中国共産党との関係を詳しく紹介した。十二月三十一日の会談で毛沢東は、「現在、すべてのアジアの国の共産党はみな、助言と支援を求めてきている」「北京にはインド共産党を除く他のすべてのアジア各国の共産党の代表が集まっている」と説明した。毛沢東はさらに、中国共産党はアジアの各共産党の状況を研究し、彼らに提案と各方面の援助を与えるべきであり、それと同時に、ソ連共産党中央も中国共産党中央に常駐する代表を派遣し、共同でアジア各国の共産党の問題を協議し解決することを期待していると語った。

一九五一年一月三日、劉少奇は毛沢東の依頼でユージンに、関連の状況を詳しく紹介した。アジア各国の共産党は今すべて中国共産党中央に常駐代表を送っており、ビルマ共産党とインドネシア共産党など一部の党は、対立する二つの派閥とも中国の同意を求めず進んで中国に人を送っている。最近、インド共産党も、対立双方の代表を北京に派遣したいと打診している。日本共産党も分裂し、二人の政治局委員と五人の中央委員は新しい指導部を設置し、徳田球一と野坂参三をはじめとする元の指導部に反対している。徳田と野坂は目下北京に来ており、これは党内反対派との闘争を準備するためだ。中国側は日本共産党の統一を主張し、その反対派も北京に代表を送って徳田や野坂と話し合って統一した活動方針を制定すべきだと考えている。劉少奇も各国共産党の問題を解決するために、ソ連共産党が北京に常駐代表部を置き、中国共産党中央の指導の下で、アジア各国の共産党を共同で助けるとの要望を述べ、中国側は四百人以上が参加する訓練班を立ち上げ、アジア各国の共産党のために中核的人材を育成することに取り掛かっているとも言及した。一月四日に周恩来がユージンを訪ねたとき、日本とインドの状況を重点的に話した[251]。

活動の拡大に備えて、これまで東南アジアの華僑華人の問題もあって、各国共産党との交流は党中央統一戦線部の兼任管轄だったが、一九五〇年八月、統一戦線部長李維漢は中央の指導部に、特別に国際担当の部門を設置することが望ましいと提案した[252]。一九五一年一月十六日、劉少奇は駐ソ大使の任にある王稼祥が新設する中央対外連絡部部長に就任するよう本人に通知し、一月二十四日の電報で対外連絡部の正式設立を知らせたが、モスクワにいた王稼祥は二月十九日、劉少奇への返電で、対外連絡部の機構編成と主要人事案を提出し、さらに各兄弟党の幹部を訓練するための幹部学校の設立を提案した。二月二十二日、劉少奇は党中央を代表して、人員と編成に関する意見に同意し、幹部学校については極秘にすべきで、正式な名称をつけず、校長を置かず、中央は専門の担当者を指定し、日常の事務は対外連絡部が担当すると答えた[253]。

各国共産党幹部の研修はそれまで、中南海の高級幹部学習組を除いて、大半は各大学に配属されて行われた。例えば一九五〇年一月初めにマルクス・レーニン主義学院〔略称「ML学院」〕で一つのクラスを新たに開設し、ベトナムから送られてきた二一人の幹部が研修を受けた。ML学院は中国共産党中央が一九四八年七月に開設した高級党学校で、劉少奇が院長、陳伯達が副院長で、その任務は「理論的能力をもつ指導幹部と宣伝幹部を系統的に育成する」こととされた。七月、ベトナムからさらに二八〇人が送られたため、劉少奇は統一戦線部に対して、華北人民革命大学と人民大学が協議して暫定的に受け入れて研修を行うよう指示した[254]。

一九五二年初めまで、研修を受けるために中国にやってきたアジア各国の共産党の幹部がますます増えたため、党中央はML学院に、第一分院の開設を決定し、三年の学制でアジアの共産党のために理論担当幹部の育成にあたった。第一分院は中南海学習組と同じように、国別で七つの班に分かれた。第一班はベトナム労働党の二百人余りからなり、学習委員会主任は党中央宣伝部長の黄頌が務めた。第二班はオーストラリア、ニュージーランド、パキスタンの共産党から来た二十数人で、オーストラリア共産党のある政治局委員が主任を務めた。第三班はインドネシア共産党の二十数人で、主任は党中央政治局委員呉英明（馬尤諾）。第四班はマラヤ共産党の二十数人で、主任は阿成（陳瑞）。第五班はタイ共産党の五十数人で、主任は党中央委員張元。第六班はビルマ共産党の七十数人で、主任は党中央委員楊光。第七班は日本共産党の七百人余りで、学習委員会主任も党中央委員が務めた。日本の幹部が多いため、後にその一部は天津分院に振り分けられた。第一分院の一期生は一九五五年末に卒業した。ほかに、中国の一部の省と市でも学制二年の分院が設置された。[255]

ソ連共産党の外国共産党連絡部副部長のステパノフ(V. Stepanov)の報告によると、一九五二年八月、中国共産党中央はML学院の分院(おそらく阿成が証言した天津分院を指すと思われる)をベースに、日本共産党特別学校を新設し、校長には党中央委員高倉テルが中国側から任命された。研修者は約千五百人に達し、大半は戦後、中国に留まった日本人の中から選抜されたものだった。ソ連共産党中央はこの学校に四人の教師を派遣し、それぞれソ連共産党の歴史、政治経済学、ロシア語の講義を担当した。[256]

これで見ると、一九五一年初めに中央対外連絡部が発足した時、北京はすでにアジア各国共産党の代表が集まって活動する中心地になっていた。当時アジアで与党の地位になかった各国共産党は北京に常駐代表を送っており、代表は大抵家族とともに、ML学院第一分院(現在は中共中央高級党校の所在地)の大キャンパスの中に居住し仕事をした。

一九五七年の研修終了後、各共産党の北京駐在の中心メンバーは木樨地にある中央対外連絡部東院の第一招待所に居住し、その他のメンバーおよびその家族の住居は、北京市内の各地に分布する対外連絡部の招待所に分散された。たとえばマラヤ共産党代表団は最初は宣武区丞相胡同の第五招待所〔五所と略称、以下同〕に集中して居住したが、その後、東城区鑼鼓巷の三所に移った。ほかの各国共産党の代表団はそれぞれ、二所、七所、十八所などに住み分けられた。これらの代表は主として自国の党と中国共産党との連絡役を務め、新しい状況の報告、指示の受け入れ、対策の検討などを担当した。本国の党を代表して一部の重要会議に出席するケースもあり、例えばマラヤ共産党政治局委員阿成は正式の代表としてソ連共産党第二十回大会と中国共産党八全大会に出席した。駐在初期には一部の代表は二重の身分を持ち、中国共産党の活動にも直接参加し、阿成は北京市党委員会組織部副部長を務めた。これらの代表はほとんど秘密ルートを通じて本国の党と連絡パイプを持った。常駐代表の子女は、年齢が幼いものは中南海幼稚園、もしくはML学院第一分院の託児所に預けるが、年長の子女は海淀区の育才学校に入り、中央対外連絡部の子弟と同席して学んだ。[257] その駐在状況は、二〇年代から四〇年代にかけて各国共産党が代表をコミンテルンに常駐させていたことと非常に似ていた。

これで明らかになったように、中国が朝鮮戦争に参戦した後、スターリンはアジア革命の指導権を完全に中国共産党に任せた。一九五一年五月、スターリンは中国共産党対外連絡部部長王稼祥と会った際、中国を中心とするアジア社会主義連盟の樹立に関する構想を進んで持ちかけた[258]。毛沢東の夢はついに現実になった。

しかし、中国共産党が極東情報局の設立を模索し、またアジアの革命を実際に指導し運営した過程の中で、ある特別な現象があった。ほとんどすべてのアジア各国の共産党の機関はみな中国共産党の支援と指導を受け、いずれも中国に幹部を派遣して学習と研修をしたが、二つだけ例外があった。モンゴル人民革命党と朝鮮労働党である。理由は簡単だ。モンゴルと朝鮮は両方ともソ連の衛星国で、彼らはソ連共産党中央の直接の指導を受けていたのである。

北朝鮮は依然、ソ連の傘下

ソ連の北朝鮮占領期間中、赤軍司令部と民政局は、外交、経済、軍隊、鉄道、国境および幹部の任命、機構の設置などすべてを牛耳っていた。占領者としてソ連があらゆる権力を握っていたことは容易に理解できる。金日成はソ連の外交政策から容認される限度をよく理解していた。一九四七年十月に中国共産党軍が東北の戦局の主導権を完全に掌握するまで、朝鮮労働党の機関紙『労働新聞』では、米国の報道に関する引用を除いて、「中国共産」という言葉はほとんど出現しなかった[259]。中国共産党中央もその事情を心得ていた。そのため、東北局およびその所属機構は北朝鮮と頻繁に交流していたが、党の上層部は朝鮮労働党や北朝鮮の臨時権力機構との間に直接の関係を一切持たず、北朝鮮の内部状況およびその指導者に対してすら知識が乏しかった。

長城以南に活動の中心を置いた当時の中国共産党中央の指導機関と宣伝機関は、大韓民国臨時政府のメンバーおよび南朝鮮の政治活動家に関しては割に知っており、一部の接触も行われた[260]。対照的に、朝鮮の組織機構およびその指導者についてはほとんど紹介されなかった。当時の中国共産党の新聞を開けばその点がよくわかる。朝鮮労働党およびその主要な指導者について、『東北日報』の翻訳はほぼ正確だったが、それ以外の中国共産党の主要新聞『新華日報』『解放日報』『晋察冀日報』および新華社通信はほとんど音訳を使い、バラバラな訳語を使っていた。たとえば、朝鮮労働党を「労工党」「工人党」に訳し、金日成を「金民松」「蓋彌生」「金貽蓀」と訳し、金科奉を「銭士鵬」「康宝賓」「金托本」と訳し、崔庸健を「崔養賢」「秦仁金」に訳し、朴憲永を「柏亭寧」

「杜西英」「派克」と訳し、あるいは英語からの重訳で「Park Hewu Yong」と表記したり、混乱を極めていた。一九四八年四月二十三日付『東北日報』は、訳名の統一に関する「訂正書簡」を掲載したが、朝鮮の指導者とその組織機構の中国語の正式名称は、朝鮮民主主義人民共和国の誕生後、九月十九日付の中国共産党の各新聞にそれに関するニュースと毛沢東、朱徳の祝電が掲載されたのを待って、ようやく正確に統一された(261)。

一九四八年末、ソ連軍は朝鮮から完全に撤退し、最高権力はソ連が細心に選りすぐった金日成に引き渡された。しかし、朝鮮労働党および朝鮮政府のあらゆる重要決定、特に外交と軍事の問題に関連するものは、相変わらずモスクワの許可を得なければならなかった。コミンフォルムが設立された後、スターリンは、世界共産党グループの中で、意思疎通、歩調の一致、行動の統一を再三強調した。ユーゴスラビアのチトーはバルカン同盟とギリシア内戦の問題で一方的な行動を取ったため、スターリンの逆鱗に触れ、コミンフォルムから除名されただけでなく、KGBの暗殺の手に何度もかけられた。金日成は利口な人間で、もちろんそのレッドラインを心得ていた。ロシア公文書の中で発見された大量の往復電報と会談記録が示したように、金日成は問題処理が極めて慎重で、設けられたタブーを絶対に破らなかった。中国共産党との関係を処理するにあたっては、なおさらそうであった。金日成の権力掌握から朝鮮戦争の勃発まで、中国と朝鮮の間のすべての問題の決定権は実際は完全にスターリンの手に握られていた。以下はいくつかの実例である。

——一九四九年五月初め、中国共産党の指導者が金一と会見した際、朝鮮政府代表団がモスクワ訪問中、コミンフォルムの設立について話し合われたか、朝鮮労働党中央はこの問題にどのような考えを持つのか、朝鮮が中国軍の朝鮮師団の帰還を要請したことはソ連の同志に伝えているかと質問したのに対し、朝鮮代表はすべて即答を避ける態度をとった。この点は金日成がソ連大使に報告した時の会談記録から見て取れた(262)。実際は、金日成が四月二十五日にソ連から帰国した後に金一を訪中させたもので、中国側と協議するすべての問題は事前に、ソ連側の意見を求めていた。ロシア公文書の記録によると、金日成は四月十日にスターリンと会談した時、極東共産党と労働党情報局の設立問題を提起したが、スターリンは、この件はまだ検討が必要で、ソ連は日本、インドネシア、フィリピンなどの共産党の実情をあまり知らなかったからだと答えた(263)。もしかすると、金日成も東方情報局の発起人になりたかったのかもしれない。またこのやり取りで分かるのは、金日成はその時、毛沢東より、スターリンにもっと近かったことだ。

――劉少奇は極秘に訪ソ中の一九四九年七月六日、スターリンに書簡を送り、一連の要望を申し入れたが、その中で特に中朝両国が共有する鴨緑江(水豊)水力発電所の電力分配の問題を取り上げた。中国側はこの発電所の総発電量四〇万キロワットのうちの半分を東北に送電するよう求めた。その理由は発電所の建設の際、中国側は七五〇〇万日本円を投資し、朝鮮の投資は五〇〇〇万日本円だったが、中朝間の単独協議では朝鮮側は二万キロワットしか送電できないと主張したからだと説明した。劉少奇はこの問題の解決にソ連の協力を要請した[264]。水豊水力発電所は満州国と日本統治下の朝鮮が共同出資して建設したもので、一九四三年に落成し、運用し始めた。戦後になって中朝両国は共同で接収し、それぞれ半分の権利を持ったが、電力分配の問題では交渉を重ねたにもかかわらず、一向に歩み寄ることができなかった。ソ連の介入を経て、双方はピョンヤンで正式な交渉を開始したが、その過程で朝

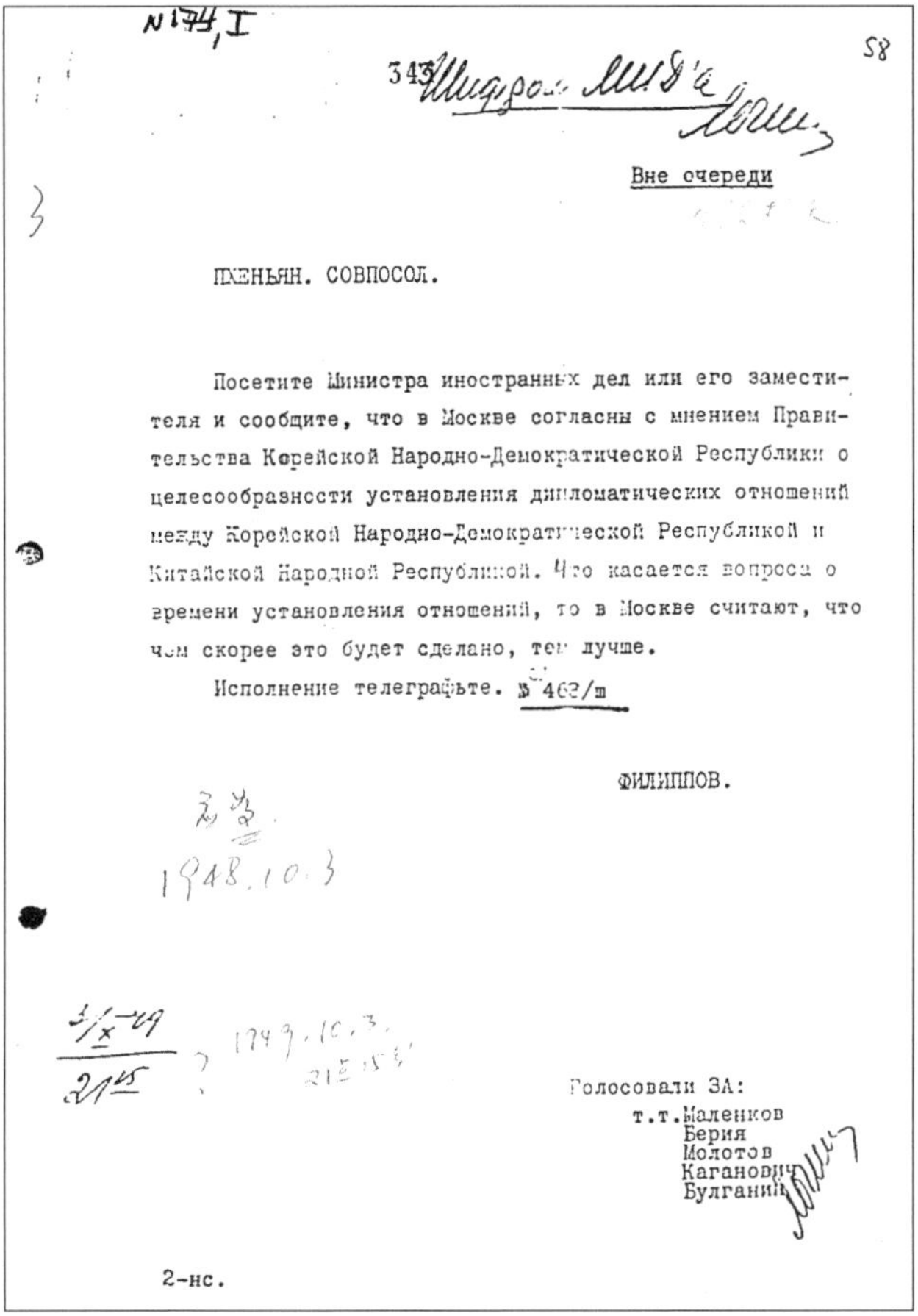
N174, I

58

Вне очереди

ПХЕНЬЯН. СОВПОСОЛ.

Посетите Министра иностранных дел или его заместителя и сообщите, что в Москве согласны с мнением Правительства Корейской Народно-Демократической Республики о целесообразности установления дипломатических отношений между Корейской Народно-Демократической Республикой и Китайской Народной Республикой. Что касается вопроса о времени установления отношений, то в Москве считают, что чем скорее это будет сделано, тем лучше.

Исполнение телеграфьте. № 463/ш

ФИЛИППОВ.

1948.10.3

Голосовали ЗА:
т.т.Маленков
Берия
Молотов
Каганович
Булганин

2-нс.

図 26　スターリンの中朝国交樹立に同意することに関するシトゥイコフ在ピョンヤン大使宛電報原文(1949 年 10 月 3 日).

鮮の外相はソ連大使館に対し、交渉の進行状況を一々細かく報告した。朝鮮戦争開戦直前の一九五〇年六月に北京で行われた交渉で問題はようやく最終的解決に至った。[265]

――朝鮮労働党中央の代表が初めて毛沢東に会った際、中国の新政府の樹立後、直ちに承認を与え、金日成をはじめとする朝鮮政府代表団を派遣するとの考えを伝えた。[266] 中華人民共和国中央人民政府の樹立が発表された後、金日成と朝鮮労働党中央は確かにいち早く祝電を送った。[267] にもかかわらず、果たして新中国を承認していいか、いつ承認するのかについてはモスクワの指示を仰ぐ必要があった。一九四九年十月三日二十一時十五分、スターリンはピョンヤンに、朝鮮民主主義人民共和国と中華人民共和国が外交関係を樹立することに同意し、かつ「早いほどよい」と打電した。[268] 翌十月四日、朝鮮外相朴憲永は早速周恩来に書簡を送り、朝鮮政府の中国との国交樹立に関する決定を通報したが、迅速に送達するため、書簡は朝鮮中央通信社の中国駐在特派員から新華社に直接に手渡された。[269]

――一九五〇年一月、中朝の間で朝鮮師団の帰国問題が協議される中で、双方ともスターリンの意見を打診した。一九四九年十二月二十九日、中国軍副総参謀長聶栄臻は、林彪が提案した、解放軍の中の朝鮮族将兵の帰国に関する電報をモスクワ訪問中の毛沢東に転送した。[270] 一九五〇年元日、スターリンは毛沢東から転送してきた情報をピョンヤン駐在のソ連大使シトゥイコフ(T. F. Shtykov)に送り、朝鮮側の意見を聴取するよう指示した。[271] 中国政府は同時に金日成にも書簡を送ったが、金日成は中国側に回答せず、一月九日、自分の考えをソ連側に伝えた。[272] モスクワの同意を取り付けてから、朝鮮は初めて中国に協議の代表を派遣した。

――一九五〇年四月十日、朝鮮副首相金策は中国駐在大使李周淵から、毛沢東は李の提案を受けて、いつ、どこで、どのように金日成と会見するかの問題を協議した、という金日成への報告を受け取った。その時点では金日成はモスクワでスターリンと開戦の問題を極秘に協議していたため、金策はソ連大使館経由で報告をソ連外務省に送り(当時の朝鮮の北京、モスクワ駐在大使館はいずれも国内とストレートに連絡する電報と電話の手段を持っていなかった)、さらにそれを通じて金日成に渡す方法を取った。[273] これで、金日成はモスクワに赴く前にすでに李周淵に毛沢東との会見を指示し、しかも訪中の問題を提起した、ということがソ連側に知られたことになるが、金日成の帰国後、この件について全く異なる説明がソ連側に対して行われた。五月十二日、金日成はシトゥイコフとの面会を求め、次のように説明した。自分がモスクワから帰国した直後に李周淵の書簡を受け取った。その中で自分の訪中の設定が報告されたが、朝鮮労働党中央は李周淵が毛沢東との面会でこの問題について討論する権限を与えなかったので、李周淵の本国召還を決定し、そして改めて彼に指示を与え、李周淵は五月十日、中央の委託を受けて北京に戻り、自分の訪中問題の協議に正式に入る、という[274]。李周淵が大胆にもこのような重大な行動を勝手に取ったのか、金日成がスターリンからの責めを恐れて嘘をついたのか。筆者は後者の可能性が大きいと見る。

中国革命の勝利は言うまでもなく、社会主義陣営における中国共産党の地位を大幅に高め、スターリンも毛沢東にアジア革命を指導する責任を任せたが、朝鮮は例外扱いされた。ソ連の極東における安全保障の玄関として、スターリンはそれまで通り、朝鮮を自分の手中にしっかりと掌握する必要があり、中朝関係は引き続き、即かず離れずの状態にあった。朝鮮戦争の勃発、特に中国人民義勇軍が朝鮮戦争に参戦した後になって、情勢は初めて一変した。

第二章　朝鮮戦争——朝鮮問題をめぐる主導権の移転（一九四九—一九五三年）

金日成とスターリンのイニシアチブで朝鮮戦争の発動が決定されたことに、毛沢東は内心不満を持ったが、やはり全力で支持を表明し、また戦争勃発後、中国は戦争を終結させるために迅速に参戦したいと主張した。スターリンは国連軍が三十八度線以北に突進しはじめたという危機一髪の局面で、中国の出兵を要請せざるをえなくなった。毛沢東はソ連が空軍の出動を拒否する困難な条件の下で、大勢の反対を押しきって、参戦を決断したが、心の奥底では二つの考えがあったと思われる。一つは、スターリンの信頼を勝ち取ることにより、中ソの同盟関係を固め、新政権の基盤を安定させること。もう一つは、金日成を守り、支援することにより、アジアの革命のリーダーとしての責任を果たすことだった。動機はともあれ、中国は大軍を出動させて参戦することにより、結果として朝鮮問題をめぐる発言権と主導権を獲得した。

戦争期間中、「唇と歯の関係」、「親密無二」の友情が広く宣伝された裏で、中朝両国指導者の間では意見の相違が噴出し、衝突が後を絶たず、関係はかなり緊張していた。軍隊指揮権の問題において、彭徳懐が、中朝両軍は統一した指導と運用をすべきとの意見を堅持したのに対し、金日成は終始、朝鮮人民軍に対する指揮権を手放そうとしなかった。中朝軍が三十八度線を越えた後、南への進撃を続行するか否かの問題において、毛沢東と彭徳懐は全軍の攻撃停止と休養を主張したが、金日成とソ連の顧問は、「勢いに乗って」一気に米軍を朝鮮半島から追い出すことを力説した。戦争が膠着の局面に入った後、金日成は朝鮮の鉄道管理権を本国の交通省に回収しようとしたが、周恩来と彭徳懐は軍事管制の継続を譲らなかった。

朝鮮休戦交渉が袋小路に入る中、金日成は、中国が米国の条件を受け入れ、できるだけ早く休戦を実現するよう求めたが、毛沢東は逆に朝鮮に、米国に対する強硬姿勢と最後まで譲歩しないよう勧告した。これらの対立は最後に、いずれもモスクワの意見で解決した。それまで朝鮮はソ連の支持と援助に頼っていたが、戦争が進むにつれ、中国がその巨大なプレゼンスにより主導権をとるようになったため、中朝間の重大な意見の相違と衝突が生じるたびに、スターリンは例外なく毛沢東側についた。これで朝鮮問題をめぐる主導権は実際に毛沢東の手に次第に移り、一方、このプロセスは金日成の心に深い影を残した。中国人は確かに朝鮮のために多くの血を流した。しかし中朝指導者同士と両国の間では真の友情は育たなかった。

第一節　毛沢東と金日成の初対面

一九四九年から五〇年にかけて、毛沢東は台湾の解放を、金日成は朝鮮南方の解放をめざし、それぞれ自国の政権統一の優先課題を追求する中である種の競合関係になり、同時に双方ともモスクワからの支持を得ようと働きかけていた。中国が台湾攻略作戦を積極的に準備するなか、朝鮮戦争が勃発した。これはスターリンがピョンヤンへの支援を選んだことを意味する。これまでの伝統派の学者は、朝鮮戦争はソ連と中国、朝鮮が共同で画策したという「共謀論」を主張した。(1)

近年機密解除された公文書が明らかにしたように、この説は想像に過ぎず、事実の裏付けはない。実際は、スターリンと毛沢東の二人とも最初、金日成が軍事的手段を使って朝鮮の統一を図る考えに反対した。その後、スターリンは方針転換し、金日成にゴーサインを出したが、毛沢東には自らの構想を諦めさせた。この問題をめぐって、中、ソ、朝の三カ国関係はかなり微妙だった。まさに朝鮮戦争の開戦をめぐる駆け引きの中で、毛沢東と金日成の初対面が実現した。

金日成、民族統一に意欲

朝鮮という国は歴史上、長きにわたって他国の影響下におかれ、一時、植民地にもなった。第二次世界大戦の終結で朝鮮人はようやく独立と自由の希望を見た。しかし冷戦構造の形成に伴い、朝鮮半島は人為的に二つの国に分けられてしまった。加えて極東地域の主導的地位をめぐる米ソの争奪および両者の利益衝突の激化によって、平和的方法で朝鮮の民族統一と独立を実現する見通しは日増しに暗くなった。南北朝鮮の指導者である李承晩と金日成は異なる立場から民族の統一という共通の目標を目指しており、平和的手段が使えないことがわかると、双方とも武力に期待をかけた。(2)その前提はそれぞれ米国とソ連の同意を取り付けることだった。だがその時点で、米ソ両大国は対立しつつ、朝鮮半島の平穏と無事を期待し、この極東の片隅で緊張に巻き込まれたくないという共通項をもっていた。

北朝鮮側が最初に武力による半島統一を提起したのは、一九四九年三月の金日成のモスクワ訪問だった。ロシア公文書の記録によると、三月五日に行われたスターリンとの正式会談で、金日成は三十八度線の緊張情勢を説明したのに対し、スターリンはあまり関心を持たず、ただ、敵による浸透に気をつけるようにと注意するにとどまった(3)。しかしスターリンは金日成の気持ちを少し察したようで、三月十一日の金日成との会談で、南方から北方に対して攻撃が発動された場合に限って軍事行動をとってよいと念を押した(4)。そのため、三月十四日に朝鮮代表団がソ連側に渡した協議リストに、朝鮮半島の統一問題は列挙されなかった(5)。

一九四九年六月末、米軍が朝鮮半島から撤収した。それを受けて金日成は先手を打ちたい、という心の高揚を抑えきれなくなった。彼は三十八度線の緊張状態を利用して大量の近代化した武器装備を入手した(主にソ連から)だけでなく、また戦闘経験が豊かな作戦部隊も掌握した(主に中国から)。金日成が当時考えたことは南方からの攻撃に対する防御ではなく、いかに南方の防御を突破して、国家統一の大業を全うするかであった。李承晩が北方の平和統一に関する提案を拒否した後の一九四九年八月十二日、金日成と朴憲永は初めてシトゥイコフ(T. F. Shtykov)ソ連大使に対して「南方への攻撃を準備している」問題を提起した。彼らは、「もし我々が攻撃を準備しなければ、朝鮮人民から理解されないだろう。我々は朝鮮人民の信頼と支持を失い、祖国統一の偉大な歴史的タイミングも逸することになろう。朝鮮人民をいつまでも支持し助けてくれるスターリン同志は当然我々のこの感情を理解するだろう」と話した。

シトゥイコフ大使はスターリンが三月十一日の会談で述べた方針を再度伝えたのに対し、金日成は、米軍の撤退に伴い、三十八度線は障壁としてもはや存在しない。米国とソ連はいま朝鮮に対していかなる形の信託統治もしていないのに、どうしてこのただの緯度を表示する線を守らなければならないのか、と話した。金日成は特に次の点を強調した。「反攻」の問題を再考しなければならない。南方はすでに北方への全面的進攻を遅らせており、彼らは三十八度線に沿って強固な防御ラインを敷こうとしている。そのため、朝鮮人民軍には反攻のチャンスが訪れないかもしれない。南方の軍隊に比べ、朝鮮人民軍は明らかに優勢で、相手の防御体制を一気に粉砕することができる。このプランに対し、シトゥイコフは、金日成の情勢判断は過度に楽観的で理想主義的だとして懐疑的な姿勢を示した。ソ連大使の返答を受け、金日成は「かなり落ち込んだ表情を見せた」(6)。八月十四日、金日成は再度、攻撃をしかける問題を提起し、それに関する文書資料も手渡した。金日成は、作戦は周到な準備が必要だという点に同意を示し、ある局地から進攻を開始するプランを提出した。その目標は西海岸にある甕津《オンジン》半島の三十八度線より南側の地域を攻略するもので、その作戦に成功すれば、北朝鮮の三十八度線に沿う陸上の境界線を一二〇キロも短縮するだけでなく、全面的攻撃を行う最前線の拠点を作ることもできる、とした(7)。

九月三日、シトゥイコフの一時帰国の隙をつき、金日成は個人秘書文日を、ソ連大使館公使級参事官で臨時大使を務めるツンキン(G. I. Tunkin)に会わせた。文日は次のように伝言した。信頼できる情報によると、南朝鮮は甕津半島の三十八度線以北の一部の地域を奪取し、海州市のセメント工場を砲撃する計画を進めている。よって金日成は南部に対して軍事行動を取り、防御ラインを短縮するため、甕津半島およびそれ以東の開城付近までの一部の南朝鮮の支配地を攻略することへの許可を求める。もし国際情勢が許せば、さらに南へ進攻する考えである。二週間以内、長くとも二カ月以内で、南朝鮮を占領できると金日成は確信している、という内容だ。これに関し、ツンキンは文日から金日成に、「軽率に行動を起こさず、当面はこの問題についていかなる決定も下さないよう」念を押して伝えさせた。ツンキンのモスクワへの報告はまた、八月十五日以降、三十八度線において重大な事件が起きておらず、文日が伝えた南朝鮮軍の海州市に対する砲撃も発生せず、南朝鮮が三十八度線以北地域に進攻するとの情報も、「今のところ南方からの投降者の口頭供述しかない」と説明している(8)。

九月十一日、ソ連外相ヴィシンスキー(A. Ja. Vyshinsky)は大使館に返電を送り、ツンキンは速やかに金日成と会い、南朝鮮軍の兵力数、武器装備、戦闘力、朝鮮南部のゲリラ勢力の状況を調べること、北方が先に進攻を起こす場合、世論と人民からどのように受け止められるか、南部の民衆は北方の軍隊にどのような実際の支援を与えるかを確認すること、さらに、北方が攻撃をしかけるとき、米国はどのような対応措置をとるか、北方は自身の軍事力をどう評価しているか金日成の意見を聞くこと、それと同時に、上に述べた状況および朝鮮指導者の提案の現実性と合理性についてツンキン自身の判断も報告するよう指示した(9)。

ツンキンは九月十二日と十三日の二度にわたって金日成、朴憲永と面会した後、九月十四日、モスクワに対し、南北朝鮮の軍事力の詳しい状況、金日成の考えおよび一連の問題に関する金の見解を報告した。それを踏まえてツンキンは、金日成が計画した局地的作戦は、南北朝鮮の内戦を招くのは必至であり、「南部に勝利する即決戦を展開するには北方の軍隊はまだそれほど強大ではない」とし、「長引く内戦は軍事面でも政治面でも、北方にとって不利である」との評価を与え、したがって、「金日成が構想した局地戦争を起こすことは適切ではない」という彼の結論を述べた(10)。

ただ、シトゥイコフ大使は違う見解を持っていた。彼は九月十五日、スターリンへの報告で、金日成が局地的作戦を起こす計画に賛成の意を表明した。シトゥイコフはまず、平和的手段で朝鮮を統一することが不可能な情勢のもとで、「今現在、軍事方式で統一を実現しなければ、統一の問題は何年も長引くことになる」とし、南朝鮮の反動派はこの段階を利用して「南部の民主運動を弾圧する」こと、また「より強力な軍隊を整備して朝鮮北部に進攻し、ここ数年北部で樹立されたすべてを破壊するだろう」との見通しを示した。続いてシトゥイコフは、南北朝鮮の経済と政治情勢を詳しく紹介した上で、「南朝鮮政権の政治的地位は不安定」であり、朝鮮半島の情勢は北部にとって有利であると分析した。ただ、米国が介入する可能性は排除できないため、シトゥイコフは全面的進攻に賛成せず、ただ、「朝鮮南部のゲリラ勢力を扇動し、様々な支持と指導を与えることは可能であり適切である」とし、情勢が有利な場合、「南朝鮮が三十八度線で挑発するのを利用して、彼らが三十八度線を破壊したことへの懲罰として、甕津半島と開城地域を占領することができる」と提言した(11)。

モスクワと北京から掛けられたブレーキ

ソ連指導者はこの問題をめぐって真剣な協議を行い、モロトフ(Vyacheslav Mikhailovich Molotov)第一副首相が協議を司会し、九月二十四日、朝鮮問題に関するソ連共産党中央政治局会議の決議が出された。決議は「アジア全体の情勢はソ連と朝鮮にとって有利である」との見方を示し、中国革命は米国の干渉を受けずにすでに根本的な勝利を順調に勝ち取ったこと、米国の軍隊は朝鮮半島から撤退したこと、朝鮮人民が高い革命意欲を見せたこと、韓国社会内部の経済と政治状況は極めて不安定であることなどをその根拠に挙げた。しかし最終的結論は金日成の計画を否定した。政治局会議の同意を得てソ連の朝鮮駐在大使に与えた指示は、北朝鮮は軍事と政治のいずれの面においてもこの進攻を起こす準備を整えておらず、武装力は圧倒的優位を占めず、ゲリラ勢力と南部の民衆の蜂起を発動する活動も十分に行われていないとの見解を示したうえで、甕津半島と開城地域を奪取する局地的作戦はすなわち「北朝鮮と南朝鮮の間の戦争の発端である」とし、また、北方が軍事行動を起こし、戦争が長引けば、「米国に様々な方法で朝鮮の内部に干渉を行う口実を与える可能性が高い」との判断を盛り込んでいた。指示の最後に、ソ連人は、「さらに朝鮮人民軍の実力を全力で強化する」とともに、「南朝鮮でゲリラ活動を展開し、解放区を切り開き、全民衆の武装蜂起を準備し、それをもって反動政権を倒し、朝鮮全体の統一という任務を成功裏に解決する」よう朝鮮側に要求した。(12)

十月四日、ピョンヤンに戻ったシトゥイコフ大使は金日成と朴憲永に面会し、二人にモスクワの決議を伝えた。直後にシトゥイコフがスターリンに送った報告によると、朝鮮指導者はようやく通報の内容を受け入れ、金日成は私の話を聞き終えて力なく「いいだろう」と一言話した、という。(13)

しかし、モスクワで出鼻をくじかれた金日成はあきらめず、今度は毛沢東にその計画を働きかけようと考えた。中国共産党は一貫して武力による政権奪取の考えを貫いており、中国の統一の実現も武装闘争にかかっていることを金日成はもちろん知っていた。

一九四九年五月の朝鮮労働党中央の代表金一との会談で、毛沢東は朝鮮統一を支援する用意があるという考えを伝えたこともある。南朝鮮が日本人の助けを得て攻撃を起こすかもしれないという朝鮮側の懸念に対し、毛沢東は、中国は極秘に軍隊を派遣して北朝鮮の作戦を助けることができる、と話した。ただ同時に、南朝鮮が攻撃してこなければ、北方も先に攻撃をしてはならぬ、それはアメリカ人の介入を招きかねないからだと注意を与え、さらに、中国共産党の軍隊は全軍が長江の南で国民党軍と戦っており、現時点で朝鮮に支持と援助を提供することが難しいため、進攻するためには有利な時期を待つべきで、一九五〇年初めが時期としてはよいだろうと毛沢東は発言した。(14)金日成は今、毛沢東からその約束を果たしてもらおうと考えた。しかし状況が大きく変わり、一九四九年十月、中華人民共和国を樹立したものの、南西地域全体はまだ国民党の支配下にあり、台湾攻略の計画はなおのこと、金門作戦の失敗で順延せざるを得なくなっている。中国自身はまだ統一が実現しておらず、毛沢東が大軍を北上させて金日成を助ける気持ちになるはずはなかった。ただ、ストレートに金日成に断るのが都合が悪いと感じた毛沢東はボールをスターリンに投げ返した。

ロシア人学者・レドフスキーの調べによると、十月二十一日に毛沢東はスターリンに電報を送ったが、その主な内容は、朝鮮の同志は武力によって南朝鮮の問題を解決しようとしているが、中国の指導者は彼らにそのような行動を取らないよう助言した、というものだった(15)。

十月二十六日、モロトフはスターリンのために、グロムイコ(Andrej Andrejevich Gromyko)外務次官の名義で毛沢東への返電を起草した。電報は次のように伝えた。「我々は、現段階で朝鮮人民軍は進攻計画を実施すべきではないというあなたの意見に賛同する。我々も朝鮮の友人に対し、彼らが計画している朝鮮人民軍の南方に対する進攻はまだ実施に移してはならず、〔その理由は〕軍事面でも政治面でもこの種の進攻行動は十分な準備が行われていないためだと指摘したことがある。我々から見れば、当面朝鮮の友人が朝鮮の統一を目指す闘いの中で、自分の力をゲリラ運動の展開、朝鮮南部地域で解放区を作ること、および朝鮮人民軍を全面的に強化することに集中すべきである(16)」。

筆者はロシアの公文書の中にもう一通のスターリンから毛沢東宛の返電を見つけた。十一月五日付のこの電報の中でスターリンは、「あなたの十月二十一日付の朝鮮問題に関する電報の内容に鑑みて、我々はあなたの示した見解を支持するということを伝えなければならない。同時に我々は、この方針に基づいて朝鮮の友人に我々の勧告を送る予定である」と伝えた(17)。あるいはスターリンがその前の電文を修正したか、あるいはこれは別の電報か、いずれにせよ、朝鮮問題に関してこの時点ではスターリンと毛沢東は出発点こそ違うが、見解は完全に一致していた。

それのみならず、スターリンは、三十八度線付近で頻繁に起きている軍事衝突について懸念を一段と募らせ、ソ連大使と軍事顧問がこの種の緊張状態を解消できなかったことに対し厳しく批判した。十月二十六日付でのシトゥイコフ宛の電報では、グロムイコは「上層部」(すなわちスターリン)の厳しい批判を伝えた(18)。十月三十一日、シトゥイコフ大使は事情を詳しく説明し、自分の誤りを弁護する返電を送ったが(19)、それは一層、スターリンの癇癪と厳しい糾弾を招いた。十一月二十日付でのグロムイコの電報は、「あなたが報告した釈明は完全に納得できない。それは、あなたがモスクワから受けた指令を執行していないことを物語っている。あなたは三十八度線をめぐる情勢の複雑化を防止することに関する党中央の指示を厳格に守ることができず、逆に(北朝鮮側の)協議に参加した。これはすなわち指示に実際に従っていない現れだ」と非難した。この問題をめぐってモスクワはソ連大使に対し「警告」も送った(20)。

総じて言えば、金日成が一九四九年八月に軍事的手段で朝鮮統一の問題を解決しようと提起した後、モスクワと北京はいずれも反対の姿勢を見せた。毛沢東の態度は比較的婉曲で、朝鮮人に明確な異議を呈しなかったが、スターリンは金日成とソ連のピョンヤン大使館に対して、進んで進攻を起こしてはならないと繰り返し強調した。

しかし日が立たないうちに、スターリンは従来の考えを完全に変えた。

スターリンが金日成に「ゴーサイン」

毛沢東とスターリンは初めての会談でまず戦争と平和の問題を話し合った。スターリンは毛沢東がモスクワに到着したその日、すなわち一九四九年十二月十六日、早速、毛と正式会談を行った。会談の冒頭、毛沢東は、「現在、最も重要な問題は平和を守ることだ。中国は三年から五年の息を抜く平和の時間が必要だ。その間、戦前の経済水準を回復し、全国の情勢を安定させたい。中国の最も重要な問題を解決できるか否かは平和の行方にかかっている」と話し、続いてスターリンに、世界平和の見通しはどうなのか、その持続は可能かと質問した。スターリンは、当面、中国に対する直接の脅威は存在しないとの見解を示し、「日本はまだ復活しておらず、戦争を準備する力はないだろう。米国は戦争をしきりに叫んでいるが、実際は戦争を最も恐れている。ヨーロッパは戦争に度肝を抜かれた」と語り、さらにジョークを言った。「誰も中国と戦争をしない。まさか金日成が中国を攻撃することはなかろう」と。スターリンの結論は、「平和は我々の努力にかかっている。我々が心を一つにして歩調を合わせれば、平和は保証できる。五年から十年だけでなく、二十年、いや、もっと長い時間保証できる」というものだった。[21] このやり取りから、一九四九年末まで、朝鮮問題に関してスターリンと毛沢東の立場は一致していたことが分かる。二人とも平和の局面の持続を望んでいた。しかしその後わずか一カ月しか経たないのに、すべてが変わった。ことの発端はやはり金日成だった。

一九五〇年一月十七日、朝鮮外相朴憲永が、初代の中国駐在大使李周淵を送別するための小規模の昼食会を催した。席上、金日成が挨拶し、南朝鮮の解放問題を取り上げてこう言った。中国はその全国解放の大業を完成させたが、次の問題は我々がいかに祖国南部の人民を解放するかだ。「朝鮮南部の人民は私を信頼し、我々の軍事力に期待している。ゲリラは問題を解決しない。南部の人民は我々が優秀な軍隊を持っていることを知っている。最近、私はどのように全国を統一するかの問題を考え続け、夜も眠れない。もし南朝鮮人民の解放と祖国の統一を引き延ばすなら、私は朝鮮人民からの信頼を失うだろう」。酒の力を借りて金日成は愚痴をこぼした。自分がモスクワに行ったとき、スターリンから、先に南部を攻撃するな、李承晩の軍隊が攻撃してきた時、初めて反攻してもいいと言われた。だが李承晩はいまだに攻めてこない。これで南朝鮮人民の解放と祖国の統一は遠のいてしまった。その上で金日成は、自分は共産党員で規律を守る人間だ、スターリンの指示はすなわち自分の規律だ、もう一度モスクワへスターリンに会いに行って、自分の行動を許可するよう頼みたいと話した。最後に金日成はこう付け加えた。もしスターリンに会えなければ、自分は毛沢東に会いに北京に行く。毛沢東は中国の戦争の終結後、朝鮮を助けると約束したからだと。まだ興奮状態にあった金日成はシトゥイコフ・ソ連大使に、どうして彼に甕津半島への攻撃を許可しないか、人民軍は三日間でこの半島を攻略できる、総攻撃をかければ数日中にソウルを占領できるとまくし立てた。シトゥイコフは一月十九日付電報でこの経緯を詳しく報告し、金日成は酒の酔いを借りて内心に長く抑え込んでいた話をし、ソ連の態度を試すのが狙いだ、との見解を示した。(22)

スターリンは電報を受け取ってからしばらく何の反応も見せなかった。しかし十一日経った一月三十日、突然シトゥイコフ大使に次の電報を打った。「あなたの報告を読んだ。私は金日成同志の不満を理解できる。しかし彼は、南朝鮮にこれほど重大な行動を起こすには十分な準備が必要だということも理解すべきだ。十分な計画と準備をしなければならない。大きなリスクを冒したくない。もし彼が私とこの件を話したいなら、私はいつでも応じる用意がある。このことを金日成に伝え、また、この問題に関して私は彼を助ける考えだと説明せよ」。(23)これまで見た公文書資料の中で、これはスターリンが初めて、金日成の軍事計画に青信号を与えた発言だ。この文書は、ソ連の朝鮮半島政策はまさに一九五〇年一月末から変化が始まったことを物語っている。

一月三十一日、シトゥイコフはモスクワに次のように返電した。金日成は、彼が正確に伝えた指示を聞いた後、非常に満足し、自分の耳を疑う様子で、「では、この問題についてスターリン同志に会いに行ってもいい、という意味なのか」との確認を求めた。再度の肯定的な返事を受けて金日成は、直ちにモスクワに行く準備をすると話した、といったやり取りを報告した。(24)しかしスターリンはまだいくらか不安が残るようで、二月二日、シトゥイコフに追加の指示を送った。「金日成同志に対し、今の状況下で、私とこの問題を討論することはすべて秘密にしてほしい、他のいかなる北朝鮮指導者や中国の同志にも伝えるな、我々の敵にはなおさら知られてはならないと説明せよ。今モスクワで毛沢東との会談が続いている。我々は朝鮮民主主義人民共和国を支援する必要性と可能性について意見を交換する予定で、目的は北朝鮮の軍事の実力を高め、その国防を強化するためだ」、という内容である。(25)

筆者の理解では、スターリンの話には三つの意味が含まれている。まず、この件は当面毛沢東に知られたくない。金日成が直ちに軍事行動を起こすことに毛沢東は反対していることを、スターリンは知っているため、先に朝鮮と協議しておきたい。次に、スターリンは毛沢東との間に、南朝鮮の進攻を防止するという以前の話題をなお継続中で、ソ連側の変化を中国はまだ知らないためだ。さらに、毛沢東はまだモスクワにいるため、金日成にはすぐには来てほしくない。

どうしてスターリンはその一カ月のうちに朝鮮問題に関する方針と戦略を完全に変えたのか。筆者が研究を重ねて出した結論は、ソ連の極東地域における安全と戦略的利益を保障するのがそのすべての方針を決定する核心的な問題だからである、というものだ。毛沢東はちょうどスターリンとの間で新しい中ソ友好同盟条約〔一九五〇年二月十四日「中ソ友好同盟相互援助条約」を締結〕の内容を交渉しており、中国側の要求を呑めば、ソ連は二年以内に大連、旅順および中国の長春鉄道(中長鉄道)〔1〕に対する支配権を失うことになるが、しかしこの三つの足場こそ、戦後のアジアにおけるソ連の戦略的利益の基礎、すなわち太平洋への出口の確保、という目的を保障している。一方、中国側が出した試案では、もし極東地域で戦争が発生し、もしくは戦争の危険性が顕在化すれば、ソ連海軍は引き続き旅順港に留まっていいことになっている。おそらくこの条項がスターリンにヒントを与えた。そのため、二日後、ソ連は中ソ条約に追加条項、すなわち極東地域で戦争が起こり、もしくは戦争の危険性が現れる場合、ソ連軍は中長鉄道に沿って自由に移動できる、という内容を提案した。これにより、極東地域で緊張情勢さえあれば、どちらに転んでもスターリンの望み通りになるはずだ。戦争が順調にいけば、スターリンは朝鮮半島の不凍港を遼東半島の港に取って代えることができる。戦争がうまくいかなければ、ソ連は遼東半島の軍事基地を継続的に使用できるからだ。(26)

金日成はスターリンの一月末の意思表示に感激・興奮し、一切の躊躇なく行動を開始した。二月四日、彼はシトゥイコフと面会し、一、二十億朝鮮ウォンの公債の発行を準備しており、モスクワに債券の印刷を依頼したい。二、人民軍の兵力を十個師団に増やすため、三個の歩兵師団の拡充を許可してほしい。三、新たに拡充する部隊のためにソ連の武器装備を購入したいので、朝鮮は一九五一年分の借款の前倒し使用を希望するが、それに同意して欲しい、という三つの要望を出した[27]。今度は、モスクワの返事は迅速だった。二月九日、ソ連外務省は、朝鮮の要求をすべて受け入れると満額の回答をしてきた[28]。金日成はますます感激し、「再度、スターリン同志の援助に対する感謝の意を伝えてほしい」と表明した、という[29]。

朝鮮の軍隊をよりよく訓練するため、二月下旬、ソ連国防省は朝鮮駐在の軍事総顧問の交代を決定し、政治畑出身のシトゥイコフに代わって作戦経験が豊富なワシリエフ中将(Nikolai A. Vasiliev、後にソ連の朝鮮駐在軍事総顧問)を充てることにした[30]。その上、在朝鮮のソ連軍事顧問団もソ連国防省の指導と監督下に置かれ、同時に朝鮮民族保衛省(国防省)と人民軍総司令部も派遣を受けいれる。朝鮮人民軍の各軍種の司令部と後方勤務部、各部隊の連隊以上の機関、および教導隊、士官学校と警官学校などにソ連軍事顧問を配置する。朝鮮人民軍は完全にソ連軍の組織にならって再建し、士官の訓練は赤軍の教育大綱と教材を使用し、戦闘訓練に使われる基準も赤軍の条令と条例による[31]。

三月九日、金日成はさらに、人民軍の作戦能力を強化するため、ソ連政府に、一九五〇年中に前に手渡した要望リストに基づいて朝鮮側に一・二億から一・三億ルーブルの軍事技術装備を提供するよう要望し、代わりに朝鮮は一・三八億ルーブル相当の金(九トン)、白銀(四十トン)、モリブデン鉛鉱(一・五万トン)をソ連側に供与することを約束する、と申し入れた[32]。三月十八日、スターリンは、「ソ連政府はこれらの要望をすべて受け入れることを決定した」と返電を送った[33]。

戦争準備のステップは加速したが、モスクワは金日成の全般的計画についてまだ十分に把握していなかった。三月二十日、シトゥイコフはスターリンの指示で金日成と朴憲永に会い、朝鮮指導者のソ連訪問の件を協議した。金日成は、自分と朴憲永が四月初めにモスクワを訪れたいと表明した[34]。三月二十三日、シトゥイコフはまた、金日成のソ連訪問で協議したい事項の詳しいリストをモスクワに送った。その中には、国家を統一する道筋と方法として武力を使うこと、経済問題、朝中関係(毛沢東との会談、中国との条約調印および在中国の朝鮮人問題)、コミンフォルムの問題、海運株式会社に関する条約の改定(咸興港の返還要求)などが含まれていた[35]。モスクワの同意を経て三月二十四日、シトゥイコフは、すでに金日成との間に出発の期日を協議して決め、それに対する飛行機もしくは特別列車の調達を要請するという報告を送った[36]。

三月二十九日、ヴィシンスキー外相は、金日成と朝鮮外相朴憲永が三月三十日にピョンヤンを発ってモスクワに向かい、四月八日にモスクワに到着することをスターリンに報告した[37]。

金日成の今回の訪問は極秘にされたため、ソ連では一切報道されなかった。スターリンのクレムリン執務室にあった登録帳簿の記録によると、四月十日二十一時十分、金日成、朴憲永、文日(通訳)がスターリンの執務室に入り、会見に参加したソ連指導者はスターリン、マレンコフ(Georgij Maksimilianovich Malenkov)、モロトフ、ヴィシンスキーで、会談は二十三時に終わった[38]。金日成は予定通りにモスクワに到着した模様で、帰国したのは四月二十五日だった[39]。

約半月の間、スターリンと金日成は朝鮮戦争の作戦計画を綿密に協議し決定したが、毛沢東は蚊帳の外に置かれ、まだ何も知らされていなかった。

「二台の馬車」に乗せられた毛沢東

すでに機密解除されたロシアの公文書が示すように、四月十日の会談でソ連と朝鮮の双方が話し合ったのは経済計画とソ連の援助に関連する問題に留まった[40]。戦争の準備をめぐる交渉はこのほか極秘に行われた。スターリンと金日成の秘密会談の具体的内容については、これまでは、すべて当事者の回想によるもので、特に戦争の政策決定に参加、もしくは知る立場にあった朝鮮の高級幹部の暴露によるものだった。金日成のロシア語通訳を長年担当した文日、内務省副相姜相鎬(Kang Sang-ho)、内閣某省の副相申成吉(偽名)、副総参謀長李相朝、総参謀部作戦部長兪成哲(Yoo Song-cho)、労働党中央委員許真(林隠)、および人民軍高級将官の鄭相晋(Chong Sang-jin)など朝鮮側のメンバーと、ソ連外務省の役人カピッツァ(M. S. Kapitsa、ウクラインステフ Ukrainstev というペンネームをもつ)と後に国防省軍事歴史研究所所長になったヴォルコゴノフ(Dmitrii Volkogonov)などが証言の主な提供者だった。彼らの証言史料に対して総合的な比較と分析を行えば、一部の明らかな誤りを除外して、以下のような脈絡を見出すことができる。これらのほぼ一致する証言はその後の歴史の展開によっても基本的に裏付けられた[41]。

第一、軍事行動による政治的意味について。金日成は、全般的情勢は良好で、北方と南部(の革命勢力)はみな統一の準備を着実に進めているが、統一のために取った決定的な措置に対し人民がどのような反応を示すかについて確信が持てないと言った。これに対しスターリンは、人民は羊の群れと同じように、いつもリーダーを務める羊について行動するもので、リーダー格の羊が行く方向にみんながついてくると慰めた。続いて朴憲永は、南部で繰り広げられている李承晩政権に反対する抵抗運動を情熱的に説明し、「南朝鮮では二十万以上の共産党員が北方からの最初の合図を待って蜂起する準備を整えており、南部の人民も土地改革とその他の北方ですでに実行した民主改革を待ちわびている」と話した。スターリンがここで述べた見解は、一九四九年九月の政治局決議とは正反対のものだった。あの時、ソ連が金日成の局地戦争構想を否定した理由の一つは、社会における政治的反響が不利になるという懸念だったが、今回、スターリンは金日成に対し、人民のリアクションを気にしなくていいと助言した。朴憲永の説明は完全にスターリンに迎合するようなものだった。実際は朝鮮南部のゲリラが最も活発に活動したのは一九四九年の秋ごろで、ゲリラ部隊はその時点ですでに正面から大都市を攻撃する実力を持ち、兵力の規模は政府軍の師団クラスに達していた。しかし一九五〇年春になると、掃討を受けて南部のゲリラ活動はほぼ平定されてしまった(42)。これはつまり、モスクワはこの段階で軍事的勝利を勝ち取る絶対的な自信がなくなっているはずなのに、スターリンは逆に金日成が軍事行動を起こすよう同意し甚だしくは勧告した。その背後にはスターリン自身の狙いがあったに違いない。

第二、米軍が参戦するかについて。金日成は、「アメリカ人は中ソ同盟による介入という抑止力に封じ込められる」として、米軍は参戦しないという四つの理由を挙げた。一、これは果敢な急襲攻撃で、三日以内に勝利を収める。二、二十万人の南朝鮮共産党員が一斉蜂起する。三、南部各道のゲリラは人民軍に呼応する。四、米国は準備を行う時間がない、ということである。スターリンはもちろん金日成の勇猛果敢な言葉に簡単に惑わされることはなかったが、朝鮮人自身が自信を持てばそれで十分だった。スターリンがこの戦争の発動に同意した動機から見れば、肝心なのは戦争の結果ではなく、戦争の発動そのものだった。実際に金日成をモスクワに呼んだ時点で、スターリンはこの問題に関してすでに計算済みだったと思われる。

第三、軍事行動への国際的援助の問題について。スターリンは、朝鮮の友人はソ連から大きな援助と支持を得ることを期待すべきではない、なぜならソ連は朝鮮問題よりもっと重要な挑戦に直面しているからだ、朝鮮の友人は毛沢東ともっと相談したほうがいい、毛は「極東の問題についてより深い理解をしている」と語った。スターリンはさらに、「もしあなたがたが手強い抵抗を受けても、私は少しも手を差し伸べられない。あなたがたは毛沢東からのあらゆる支援を要請しなければならない」と念を押した。明らかにスターリンは、万が一米国が参戦し朝鮮が不利になるという状況も想定していたと見られる。金日成が南朝鮮を攻略できるかどうかは重要ではないが、アメリカ人に北朝鮮まで占領されればそれは大問題になる。ソ連の極東における安全保障体制が脅かされるからだ。しかしソ連はベルリン封鎖危機の時のように米国と直接対決をしたくない。それで中国を頼りにするという選択肢しかない。スターリンが会談の中で、行動を起こす前に毛沢東の意見を聞くよう何度も強調したのはまさにそのような考えがあったからだ。

南進作戦計画

会談の結果について、ソ連外務省は一九六六年にまとめた「朝鮮戦争の背景に関する報告」の中でこう述べた。スターリンは金日成が提出した戦略構想を批准し、北朝鮮の武器装備に関するすべての要求を満たすよう命じた。「朝鮮政府は、まず三十八度線近くで軍隊を集結し、続いて南朝鮮に平和統一の呼びかけを発し、そして南朝鮮から平和統一の提案が拒否された後に軍事行動を起こすという三段階に分けて彼らの目標を実現しようとした。スターリンの命令に基づき、北朝鮮からの、新しい人民軍の作戦部隊を増設するために必要な武器装備の提供に関するあらゆる要求を、最速のスピードで満たすように図られた」[43]。

会談後、スターリンは早速行動に移った。朝鮮民族保衛省軍備装備局局長だった将軍の話によると、金日成がモスクワより帰国した直後から、ソ連の「大量の武器が清津港に運ばれ、その数は前より明らかに急増した。戦争準備の最後の段階なので、武器が到着するや直ちに三十八度線近くに配備された部隊に渡された」という[44]。秘密を守るため、モスクワとピョンヤンは中国人に対しても軍事的準備に関する情報をすべて封鎖した。朝鮮人民軍作戦部長だった兪成哲によると、もともと各軍事部門に勤務していた中国から来た延安派の一部の幹部は、この時、作戦計画の編成に関連するポストから異動させられた、という。「我々は秘密保持の必要があった」と振り返っている[45]。

具体的な進攻計画の制定過程について、兪成哲は次のように証言した。金日成の一九五〇年四月の帰国後、ソ連から南方進攻の構想に同意する電報が届いた。五月から、ソ連の朝鮮駐在メンバーが大幅に入れ替わり、大量の作戦専門家がそれまで派遣された訓練担当の軍事顧問にとって代わった。ソ連顧問の到着時、彼らは文書に書かれた作戦命令書は何も携行してこなかった。

五月一日の祝賀大会以後、ソ連顧問団は朝鮮側が作成した具体的な作戦プランを受け取ったが、すぐそれを否定し、自ら練り直すことになった。三日か四日後、「先制攻撃の進攻作戦計画」と題する命令書が総参謀長姜健から兪成哲に引き渡され、朝鮮語に翻訳してから金日成に届け、そのサインを得て成立した。兪成哲によると、この計画は、「軍事訓練の形で南侵の準備を覆い隠す」もので、その中に、すべての進攻部隊の前進ルートや作戦目的に関する命令、陸、海、空、砲兵など各兵種の協同に関する文書、工兵および後方支援に関する文書が含まれていた。進攻計画の具体的内容に関して兪成哲は次のように回想した。

前線指揮部の統一した指揮の下で、兵力は二つの軍団に分けられ、第１軍団は正面から攻撃をかける部隊で、第１、第２、第３、第４、第６歩兵師団と第105戦車師団を統率し、金雄が司令官を務め、その進攻方法は、海州→開城→漣川→ソウルというルートだった。第２軍団は呼応する側翼部隊で、第７、第12歩兵師団と機械化連隊を指揮し、武亭が司令官で、進攻方法は、春川→水原というルートで、三日以内に春川と洪川を通過してソウル以南に到着し、ソウルに対する包囲の体制を形成するものだった。(46)

すべての準備が整い、毛沢東に知らせる時が来た。これほど重大な軍事行動をとるには、やはり毛沢東の了解を取るべきだ。アジア革命の指導権はすでに中国共産党に任されたからなおさらその必要があった。まして万が一戦争が困難な局面に陥ったならば、中国の支援を引き出さなければならない。そこで五月三日、スターリンは毛沢東に、「朝鮮の同志が我々のところに来た。彼らとの会談の結果は近日中に改めて詳しく通報する」と打電した。(47)しかし数日経っても、モスクワから北京に次の詳しい通報は送られてこなかった。おそらくスターリンはあれこれ検討した結果、自ら口火を切って説明するより、先に朝鮮人を毛沢東に会わせたほうがいいと考えなおしたのだろう。五月十日、朝鮮の李周淵大使は金日成の訪中希望に関する委託を受けて北京に戻った。金日成の訪中に同意するとの毛沢東の電報を受け取ってから、五月十二日、金日成はソ連に次のように報告した。

自分は朴憲永と一緒に訪中し、毛沢東と以下の諸問題について協議する予定だ。一、武力による国家統一の構想およびモスクワ会談の結果を通報すること、二、近い将来、中国との貿易条約に調印する問題をめぐって意見交換すること、ただし友好条約は全国の統一後に協議する考えである、三、モスクワで討論したその他の問題や、朝鮮労働党と中国共産党のより緊密な関係の樹立に関する問題、四、朝鮮と中国の双方がともに関心を持つ若干の問題、例えば水豊水力発電所、中国領内の朝鮮人の問題などをめぐって意見交換すること、といった内容である。

シトゥイコフは、朝鮮は中国からどのような支援を希望しているかを聞いたのに対し、金日成は、もはや毛沢東に支援を求めるものは何もなく、すべての要望はすでにモスクワで満足されたと答えた。最後に金日成は、作戦の準備をめぐって総参謀長にすべての必要な指示を与え、作成命令も起草にかかっており、六月に作戦を発動したいと希望していると知らせた。金日成と朴憲永は、五月十三日、現地時間の五時二十分に北京に飛び立った(48)。

開戦をめぐる中朝首脳会談

金日成一行は、十三日当日北京に到着すると、すぐ中国指導者との会談に臨んだ。今まで会談の具体的内容を示す資料は発見されていないが、ソ連のロシチン(N. V. Roshchin)大使によるモスクワへの報告から見ると、交渉はスムーズにいかず、毛沢東は金日成が伝えたスターリンの意見について懐疑的だった。夜二十三時三十分、周恩来がソ連大使館に姿を見せ、「朝鮮の同志はフィリポフ同志(スターリンの暗号名)の以下の指示を伝えた。現在の情勢は以前と変わり、北朝鮮は行動を起こして良い。ただしこの問題は中国の同志と毛沢東本人と協議しなければならない」「毛沢東同志はこの問題に関するフィリポフ同志本人の説明を伺いたい」ということを直ちにスターリンに報告するよう要請した。ロシチンの電報は最後に、「中国の同志は最至急の返事を期待している」との言葉で締めくくった(49)。

そこで、スターリンは自ら中国の指導者に、この問題におけるソ連の方針が確かに変わったことを説明しなければならなくなった。五月十四日午後、毛沢東はスターリンからの以下の返電を受け取った。「朝鮮の同志との会談で、フィリポフ同志とその友人たちは、国際情勢の変化に鑑み、彼らは朝鮮人の統一の実現に関する提案に同意したが、一つ補足して説明することがある。すなわちこの問題は最終的に中国と朝鮮の同志が共同で解決しなければならないので、もし中国同志が同意しなければ、この問題をいかに解決するかについて改めて協議する必要がある。会談の詳しい状況は朝鮮の同志からあなたに説明してもらう(50)」。ソ連と朝鮮はあらかじめ相談済みの決定事項なので、毛沢東はモスクワの意見に賛成を表する返電をすぐ送る以外にすべがなかった(51)。毛沢東はこれについて不満を抱いたが、どうしようもなかったのである。

ソ連はもともと、中国の台湾を解放する作戦を支持し、同意も表明していたが、新しい中ソ同盟条約が極東におけるソ連の既得権益を侵害したため、スターリンは報復を行ったのである。支援を約束した、中国の台湾攻略作戦に必要な飛行機と軍艦は遅々として輸送してこないのに、朝鮮に供与する武器装備は次々と輸送されてきた(52)。この点について毛沢東はすでに気づいたようだ(53)。五月十五日の金日成との会談で、毛沢東は、自分は最初、中国が台湾を攻略した後に朝鮮が南部に攻撃を行うことを構想し、そうすれば朝鮮に十分な支援を提供することができるが、今、朝鮮が戦争を決定し、またこれは中国と朝鮮との共同作業である以上、自分は同意し、また必要な協力を与える用意もあると釈明した。続いて毛沢東は、アメリカ人が参戦すれば、中国は軍隊を派遣し北朝鮮を支援する用意があると述べ、朝鮮との国境に一部の軍隊を配置しておく必要があるか、武器弾薬の供与が必要かと聞いたが、金日成はこれらの提案に感謝を示したが、受け入れなかった。会談が終わった直後、金日成は毛沢東の目の前でソ連大使に対し、協議したすべての問題において、完全に意見が一致した、と話した(54)。毛沢東の苦々しい心境は想像に難くない。

毛沢東と金日成は初対面であるにもかかわらず、両国指導者の心の中には見えない溝とわだかまりがすでに生まれていた。金日成は毛沢東に不満を感じるふしがあった。彼からすれば、朝鮮は中国革命の勝利のためにあれほど大きな貢献をしたのに、毛沢東は本国が勝利を収めた後、朝鮮の統一と解放の実現のために充分な支援をしなかった。毛沢東はもともと、朝鮮が武力による国家統一を目指すことに反対しておらず、金日成の武力統一の考えもまさに中国革命の後を追うようなものだった。ただ、毛沢東の構想によれば、朝鮮問題は、中国が統一の大業を完遂した(台湾の解放、チベットの解放も含まれるかもしれない)後に解決されるべき課題だった。だが、性急な金日成はモスクワに支援を求め、スターリンは肝心な時に方針を変え、アジアの革命を指導する立場にあるはずの中国共産党は脇に置かれた。この点は毛沢東をも不愉快にさせた。

まさに中国への不満と不信が生まれたため、金日成は帰国後、戦争の準備や発動の時期に関するいかなる情報もこれ以上、毛沢東に漏らさなかった。ある元北朝鮮の物資調達担当官の証言によると、戦争の勃発前、ソ連が援助したすべての武器は海上のルートを使って朝鮮に運ばれ、中国経由の鉄道は使わなかった。その目的は朝鮮の戦争準備状況を中国に察知されないためだった(55)。戦争勃発後の三日目、金日成はようやく一人の駐在武官に、中国への戦況通報をさせた。毛沢東はかなり立腹し、ロシア語通訳の師哲に対し、「彼らは我々の近隣なのに、戦争の発動は我々と相談せず、今ようやく一言伝えに来ただけ」と漏らした。[56]

ただし、この種の感情は毛沢東が朝鮮を支援するために派兵するという考えと決意を妨げるものではなかった。

第二節　中国人民義勇軍の参戦

朝鮮戦争の研究で最も興味深く、かつ論争が最も大きいのは中国の参戦の問題である。その歴史の細部に関しては、ここ十数年来、学者達による中国とロシア双方の公文書に対する研究により、ほぼ一致した見解が次第に形成された。[57]六月二十五日に北朝鮮軍が三十八度線を突破してから、十月十九日に中国軍が鴨緑江を渡るまでの短い三カ月余りの間（特に十月一日から十九日まで）、中国の参戦をめぐる内外情勢と政策決定は起伏が激しく、目まぐるしく転換していた。その変化は、社会主義同盟内部の中ソ、中朝、ソ朝の間の微妙な関係およびそれぞれの指導者の複雑な考え方を如実に示した。

早期の出兵を望んだ毛沢東

中ソ同盟条約の締結により、この両者を分断しようとする米国の試みは挫折した。ＮＳＣ〔National Security Council. 国家安全保障会議〕第68号文書が現れたことは、米国の新しい冷戦戦略――全面的封じ込め戦略の形成を意味した。[58]これを背景に勃発した朝鮮戦争に対し、米国が出兵して介入することは不可避のなりゆきとなった。

モスクワとピョンヤンのやり方に不満を抱きつつも、米国が直接に戦争に介入し、特に第七艦隊を派遣して台湾海峡を封鎖した状況のもとで、毛沢東は結局北朝鮮を全力で支援する方針をとった。七月初め、中国政府は東北軍区の二百人の朝鮮籍幹部の帰国に同意し、また朝鮮籍の医療関係者、運転手、技師などの帰国奉仕を広く動員した。[59]六月下旬から九月初めまで、東北外事局を通じて帰国手続きを済ませた朝鮮人幹部、将兵と技術者は三四七人に上った。[60]それと同時に、周恩来はロシチン大使に対し、ソ連政府が提案した長春鉄道と中国領空を通過して朝鮮に軍用物資を運ぶという要求に同意すると伝えた。[61]七月四日、中国情報総署署長鄒大鵬はロシチンに、いかに山東半島の港を利用して北朝鮮の軍隊を南朝鮮に輸送し、またいかに中国の軍事専門家を南朝鮮の戦場に送って朝鮮人民軍を支援するかに関する具体的な構想まで提案した。[62]毛沢東は明らかに、この予想より早く勃発した戦争を早期に終結させ、中国の経済復興に平和的な国際環境を回復しようとした。もしかすると、毛沢東はすでに中断した台湾

攻略の作戦準備を再開し、祖国統一の宿願の達成に再度取り組もうと考えた可能性もあった。(63)

中国の指導者は特に、朝鮮に直接の軍事支援をしたい旨ソ連側に提起した。七月二日、周恩来はロシチン大使と会った際、米国は朝鮮に兵力を増派し、南部の一部の港に上陸してから鉄道に沿って北上する可能性がある、という戦況の行方に対する中国側の判断を通報し、人民軍が南下を加速し、これらの港を占領し、とりわけ仁川地域で強力な防御線を敷き、ソウルを守り、同時に米軍海兵隊がここで上陸することを防ぐよう提案した。周恩来は、米国の軍事介入の可能性に関する毛沢東の度重なる警告が朝鮮の指導者に無視されたことに不満をあらわにしながら、もし米軍が三十八度線を越えれば、中国は人民軍の制服を着た義勇軍(原語は「志願軍」。以下同じ)を派遣して米軍に対抗する用意があると強調した。周はまた、すでに東北地区で三個軍団の十二万人の兵力を集結しており、ソ連からの空軍の援護を提供してほしいと話した。(64)これは中国が初めて参戦の問題に触れた発言だった。

人民軍が破竹の勢いで進攻を続けているさなかだったが、米国がすでに参戦したため、様々なシナリオに備える必要があると中国側は考えた。それに対し、スターリンは直ちに、周恩来の提案を支持すると表明し、「我々は、敵が三十八度線を越える場合に備えて朝鮮に義勇軍を派遣するため、九個の中国師団を中朝国境に集結する決定は正しいと認める。我々は最大限の努力を尽くしてこれらの部隊に空中支援を提供する考えだ」と明言した。(65)スターリンはまた、中国が速やかに朝鮮に代表を送り、双方の連絡強化と問題の解決に当たるよう督促した。(66)中国の朝鮮駐在大使倪志亮は病気療養のため本国から出られないため、朝鮮側との連携強化を図るとして、周恩来は六月三十日、東ドイツに赴任する予定だった柴軍武(後に柴成文と改名)を政務参事官の身分で朝鮮に派遣することを急遽決定した。出発する直前の柴に対し、周恩来は、「当面、朝鮮人民は戦いの最前線にあり、朝鮮の同志に支持を表明せよ。また、我々に何を期待しているかをよく調査し、彼らから要望を提出してもらい、我々はそれを最大限に満たすようにせよ」と話した。(67)

周恩来とスターリンは中国軍参戦のタイミングを米軍が三十八度線を越えた時点だと想定したが、中国の参戦準備は早くから着手されていたため、北朝鮮側にもこの意図を暗に伝えた。七月十二日、周恩来は、中国は米国の朝鮮に対する干渉を容認することはありえず、朝鮮が戦争遂行に必要なあらゆる支援を行う考えであることを金日成に伝え、その上で、比率が一〇万分の一、二〇万分の一、五〇万分の一の朝鮮の地図を各五〇〇枚提供し、朝鮮前線の戦況も通報するよう申し入れ、さらに「朝鮮人民軍の軍服のサンプルをできるだけ早く送ってほしい」と要請した。中国はこの時点で参戦準備を速めており、その参戦方式は毛沢東がすでに構想したように、朝鮮人民軍に偽装して極秘に出兵するというものだった。[68]金日成はこの打診のニュアンスをよく理解していた。彼にとって、米軍の参戦は予想外だったのみならず、勝利を勝ち取る自信も大きな打撃を受けた。金日成は直ちに、ソ連大使にこの件を報告し、「米国などの国は李承晩側に立って戦争に参加した以上、チェコスロバキア、中国などの民主国家も軍隊を派遣して朝鮮を支援できるはずだ」と表明した。しかし、シトゥイコフはこの打診への回答を回避した。[69]

ソ連の沈黙は朝鮮人をいささか不安に追い込んだ。七月十九日、金日成は再び朝鮮のソ連大使館に対し、彼の北京駐在代表と毛沢東との次のような会談の状況を報告した。毛沢東は米国が長期にわたって参戦し、より多くの兵力を投入するだろうとの判断を示し、金日成に「自分の主力部隊を温存するため、敵への進攻を停止するよう」提案するとともに、朝鮮に武器と軍用物資の供与をする用意があると申し入れた。毛沢東はまた、朝鮮が支援を希望するなら、中国は自分の軍隊を朝鮮に派遣することができ、それに備えて中国は四個軍団の併せて三十二万人をすでに集結させたと説明し、金日成から八月十日までにこれに関する返事をしてほしいと求めた、という内容だった。金日成がモスクワにこの問題に関する見解を確かめたのに対し、シトゥイコフ・ソ連大使は、「何も指示を受けていない」と答えた。金日成はまた、この件について毛沢東とスターリンはすでに協議したと思ったが、毛沢東個人の考えであることを知らなかったと語った。シトゥイコフの答えは、詳しいことは知らない、の一点張りだった。そこでシトゥイコフはモスクワへの電報で、金日成に返答できるように、中国の参戦に関する見解をできるだけ早く伝えるよう要請した。[70]スターリンは相変わらず、返事を出さなかった。中国の参戦を想定する前提は敵軍が三十八度線を越えることで、ソ連の援助だけで金日成が勝利できるなら、どうして中国の参戦を必要とするのか。この時点で中国が参戦すれば、ソ連はどうやって朝鮮をコントロールしてその戦争発動の目標を実現できようか。よほど追いつめられない限り、中国軍に参戦してほしくない、というのがモスクワの本音のようだった。何度かのモスクワとのやりとりを経て、金日成もスターリンのこの思惑を理解した。

スターリンはなぜ中国の参戦をいやがったか

モスクワの思惑の影響を受けてか、朝鮮の指導者は中国大使館に対し情報を封鎖するというやり方をとった。柴成文の証言によると、彼がピョンヤンに到着した後、金日成から厚い待遇で迎えられ、金は「今後必要な時、いつでも私を訪ねてよい」と彼に伝え、さらに人民軍総政治局副局長徐輝を指名し、毎日一回、中国の武官に戦場の情勢を説明するよう指示した。しかしまもなく、中国大使館は、徐輝が伝えた戦況の大半は朝鮮側が当日夜のラジオで放送した内容であることに気づいた。柴が朝鮮の最高指導者と何度も面会することも不可能だった。中国大使館が提案した、副武官を人民軍の部隊に派遣して見学と学習をするという打診についても、朝鮮側からずっと返事がなかった。朝鮮側のほかの幹部との接触を通じて、柴は、軍事情報の中国への説明は事実上、タブーとされていることを感じた。かつて肩を並べて戦った延安派の幹部にすら、厳しい緘口令が敷かれ、柴に対して戦場の詳しい状況を絶対語らなかった(71)。中国軍が情勢を確かめるために朝鮮へ参謀チームを派遣したいとの打診も、断られた(72)。

戦局は八月に入って、洛東江を挟んで膠着状態に陥り、このことで中国の指導者は参戦準備の強化に対する緊迫性を一段と認識した。八月十一日、東北に集結した第13兵団は毛沢東の指示に従って所属する各軍団、師団の幹部会議を招集した。東北軍区司令官兼政治委員高崗は会議で演説し、参戦を準備する目的と意義を詳しく説明し、積極的に朝鮮人民を支援する必要があると強調、「義勇軍の名義で出動し、朝鮮服を着用し、人民軍の番号を使い、人民軍の旗を掲げ、主要幹部は朝鮮人の名前を使う」と具体的に指示し、各方面の準備にはすべて担当責任者をつけ、厳格に検査し、期限内に完成するよう要求した(73)。

八月十九日と二十八日、毛沢東は二度にわたって、『毛沢東選集』の編集と出版に協力するためにやってきたユージン(P. F. Yudin、後の中国駐在大使)と懇談し、その中で特に、米軍が兵力増強を続けるなら、北朝鮮だけでは対処できず、彼らは中国の直接の援助を必要とするだろう、最新情報によれば米国は在朝鮮の兵力を大幅に増強することをすでに決定した、と言及した(74)。毛沢東はさらに、中国の指導者は朝鮮側に対し、戦争の行方について最悪の事態への準備をする必要もある、と直接注意を与えているとユージンに説明した。毛沢東は中国の参戦について明言を避けたものの、それに関する暗示は明確なものだった。毛沢東は八月と九月の初めに、朝鮮側代表李相朝との二回にわたる会見でも戦況について討議し、人民軍の誤りは十分な予備軍を用意せず、すべての戦線に均等に兵力を分散したことと、敵の殲滅よりただ敵を撃退して領土を奪取すればよいとの考えにあると評した。毛沢東はまた特に、仁川―ソウルと、南浦―ピョンヤンというような要衝地域は敵からの襲撃を受ける可能性があり、今後の退却と兵力配備調整の問題を今から検討すべきだと提起した。劉少奇も、戦争が長引き、すぐには終わらないことがありうるという心構えを人民に持たせる必要があると指摘した(75)。

九月初め、毛沢東の再三の督促を経て、東北辺防軍は、兵力を七十万人に拡張し、ほかに二十万人の兵員準備と武器装備の強化に関する計画を作成した(76)。この段階で毛沢東が参戦準備に積極的に取り組んだのは、主に軍事面の配慮によるもので、すなわち米国がとりうる急襲攻撃に備えるためであった。いずれにせよ、朝鮮戦争を早く終結させることは、どのような角度から見ても、中国にとってプラスなのだ。

戦況がますます不利に転じる中、金日成は中国軍の出動要請を検討すべきだと内心では認識していたが、かといってスターリンの意に反する行動もとれない。そこでモスクワに打診することを決意し、八月二十六日、金日成は電話を通じてシトゥイコフ・ソ連大使に対し、彼らが入手した情報によれば、アメリカ人は仁川地区と水原地区で上陸作戦を実施する計画で、朝鮮側は必要な措置をとってこれらの地域の防御を強化したいと申し入れた。同日夜、金の秘書文日は事実上、金日成の依頼を受けて大使に次のように話した。目下前線にある人民軍の状況はあまりにも困難であり、我々はやはり、中国の同志が朝鮮を援助するために派兵することを要請したい、これに関するモスクワの見解を知りたい、金日成はこの問題を労働党政治委員会の討論にもかけたい考えだ、と。しかしシトゥイコフがこの話題について触れたくない様子を見て文日は慌てて、以上のことはみな自分が勝手に述べたもので、金日成からは依頼されていないと言い直した。シトゥイコフ大使はそれを受けてモスクワに対し、近頃の金日成は自分の力で戦争の勝利を勝ち取ることについてますます自信を失くしており、そのため何度もソ連大使館から、中国軍による朝鮮支援の要請に対する同意を取り付けたいというアプローチをしており、ただ文日を通じて探りを入れた後は、金日成はこの問題にこれ以上触れていない、と報告した(77)。

スターリンの心の中では、金日成さえ頑張り通すことができれば、東アジア情勢がいっそう複雑化し、朝鮮に対する支配が弱体化することを避けるためにも、中国軍を朝鮮戦争に巻き込みたくなかった。そのため、金日成からの再三の打診を受けて、スターリンはついに、国際援助に関する朝鮮の要求を明確に拒否することにした。八月二十八日付の金日成宛の電報でスターリンはまず、「ソ連共産党中央は、外国の干渉者が早いうちに朝鮮から追い出されることにいささかも疑いをもっていない」と伝え、その上で、「外国の干渉者との戦いで連続的な勝利を収めていないからといって、不安に陥る必要はなく、勝利の中でも一部の挫折ないし局地的な敗北を伴うものだ」と慰め、電報の最後に、「必要であれば、我々はさらに朝鮮空軍に攻撃機と戦闘機を提供する用意がある」と約束した。(78) スターリンの意見を聞いた金日成は「非常に喜び、何度も感謝の意を表し」、この書簡は非常に重要で、政治委員会委員にも伝達すべきだと語り、また、金日成は、あたかも責任逃れをするかのように、「一部の政治委員会委員がやや動揺しているが、この書簡の内容を知らせれば彼らにとってプラスになるだろう」と釈明したという。(79) スターリンの意図を確認した金日成はそれ以後、中国からの支援を要請するなどと口にしなくなり、すべての希望をモスクワに託すことにした。

モスクワの支持と約束を得て、朝鮮の指導者はまた自信を取り戻したようだ。中国軍の支援を得られず、人民軍を北部に撤収することも事実上できないため、金日成は南部での戦争に乾坤一擲の決意をした。九月四日、柴成文は金日成との面会で、戦争は膠着局面に入ったと指摘したが、それに対し、金日成は自信満々に、釜山作戦はすでに始まっており、勇敢な突撃部隊が攻撃すれば局面は打開されるだろうと答えた。柴成文はさらに、米軍が朝鮮軍の後方で上陸作戦を実施する可能性はないかと質問したが、金日成は、「米軍は当面反攻に転じることが不可能であり、大兵力の増援がなければ、我々の後方の港で上陸することは困難だと我々は判断している」と断定的に答えた。この段階に入ると、金日成の冒険主義的傾向がいっそう強まった。柴成文はその変化を次のように分析した。朝鮮の指導者は最初は米軍の出兵を予想せず、一カ月で戦争が終わると考えたが、米軍の参戦後、八月十五日までに問題を片付け、八月を勝利の月にしようとのスローガンを打ち出した。大量の技術者や学生を軍に入隊させ、人力と財力のおびただしい無駄遣いなどの状況から見れば、完全にばくちを打つような構えだった、という。九月十日、柴成文が一時帰国してその後ピョンヤンに戻った日、周恩来の指示に従って金日成と緊急に面会し、朝鮮軍は戦略的退却の問題を検討すべきだと申し入れたのに対し、金日成の答えは、「私は一度たりとも後退を考えたことがない」というものだった。(80)

この経緯について、筆者は機密解除されたロシア公文書中に裏付けの資料を見つけた。一九五六年十月五日、朝鮮のモスクワ駐在大使李相朝はソ連の外務次官フェドレンコ(N. T.

Fedorenko）を通じてソ連共産党中央に、彼個人が朝鮮労働党中央委員会宛に送った公開書簡を渡したが、書簡は次のような事実を明らかにした。朝鮮戦争が始まって間もなく、李相朝は金日成の私的代表として北京に滞在したが、八月、朝鮮人民軍が洛東江まで攻めたとき、毛沢東は彼との長時間にわたる会談の中で、人民軍は補給路が敵軍に切断される危険性があるので、朝鮮の指導者は戦略的撤退を検討するように、と提案した。李は金日成に毛沢東との会談内容を詳しく報告したが、金日成は毛沢東の提案を退け、このことは外部に漏らすなと彼に警告した[81]。

金日成は内心では、中国からの援助が喉から手が出るほど欲しかった筈だ。しかし彼はモスクワの指揮棒に従わなければならない。彼の真のボスはスターリンなのだ。

国際義勇軍結成の提案

九月十五日、米軍の仁川上陸作戦が成功した後、戦況は急転直下、形勢は大逆転した。中国の指導者は参戦はもはや避けられないと判断した。九月十八日、周恩来はロシチン大使とソ連軍事顧問を呼び、朝鮮側は軍事情報を中国にほとんど提供せず、一部の軍事専門家を戦場情勢視察のために朝鮮に送ろうと提案したがいまだにピョンヤンからなんら返事ももらっていない、という不満を述べ、続いて、朝鮮軍が十分な予備軍（十万人）をもっていなければ、主力部隊を北に撤収すべきだと提案した。周恩来はまた含みを持たせてこう言った。西側諸国は今、長期的で大規模な戦争に対する心理的準備がないため、ソ連と中国が朝鮮の軍事衝突に介入することを非常に恐れており、この種の恐怖心を利用して我々の意図を見せつけるような措置をとるべきだ。この点において中国軍が南方から東北に移動することだけで米英両国政府は不安を感じるだろう。最後に周恩来は、これらの意見を速やかにソ連政府に伝え、また返事を待っていると要請した[82]。九月二十日、モスクワから返事がきた。ソ連側は、朝鮮が迅速に軍事情報を提供しないのは間違いで、原因は彼らの若さと経験不足にあるとし、人民軍主力の北上撤収とソウル防御ラインの構築に関する中国の提案にも同意を示したが、周恩来が示唆した中国軍参戦の問題については何も触れなかった[83]。そこで周恩来も返電し、金日成が兵力を集中して三十八度線を堅守し、自力更正と長期的戦闘の方針を堅持するよう期待すると述べるにとどまった[84]。九月二十一日、劉少奇もロシチン大使と会い、中国指導者は、もし米国が朝鮮で優位に立つなら、中国は朝鮮の同志を助ける義務があると表明した[85]。

アメリカの仁川上陸前まで中国側が参戦を考えていたのは

できるだけ早く勝利し、戦争を終結させることだったとすれば、この時点での参戦表明は明らかに、朝鮮北部が侵攻されないよう努め、これによって同様に周辺環境の安全を確保できると考えたからだ。軍事的な視点から見れば、これも一つの対応策だった。

周恩来は、モスクワに中国の参戦問題を打診すると同時に、朝鮮側の意見も直接聞くことにした。九月十九日、周恩来は朝鮮の中国駐在大使李周淵を呼び、ロシチンとの前日の談話内容を紹介した上で、米国の仁川上陸後、「朝鮮政府は現在、中国政府にどのようなことを要望しているかを踏み込んで質問した。[86]翌日、金日成はシトゥイコフ・ソ連大使に周恩来との会談内容を報告し、また、中朝の間に、もし敵軍が後方に上陸すれば、中国人は自国軍を派遣して朝鮮を支援する約束があると説明した。続いて金日成はシトゥイコフに、中国人にどのように返事するかを聞いた。ソ連大使は「ノーコメント」という外交辞令だけを述べた。それを受けて金日成はまた微妙に軌道修正し、中国軍は優秀で戦闘経験があるが、大量の米軍機による絶え間ない空爆に耐えられるかどうかは確かに疑問が残ると話した。同席した朝鮮の指導者も「中国軍が朝鮮に参戦する場合でも、空軍による支援がなければ勝敗はやはり分からない」と相槌を打った。外相朴憲永だけは、中国の参戦を希望すると明確に話した。モスクワからの指示がないため、シトゥイコフは「この問題について即答を避けた[87]」。

九月二十一日、朝鮮労働党政治委員会は会議を開き、周恩来の提案にどう応えるかを協議した。朴憲永、金科奉と朴一禹はいずれも、朝鮮が自力ではアメリカ人に勝てないのは明らかで、中国政府が軍隊を朝鮮に派遣するよう要請すべきだとの意見を表明したが、金日成は、「我々が希望したすべての武器をソ連からもらった。今さら中国人に支援を求める理由を何と言えばいいか」と発言し、「ソ連と中国はアメリカ人が朝鮮を完全に占領することを許さないはずだ」との希望も述べた。最後に金日成は、「当面は中国政府に援助を求める決議を採択せず、まずスターリンに書簡を送り、中国軍の支援を要請するかどうか彼の意見を聞こう」と提案し、「もしソ連の指示を待たずに勝手に中国軍の支援を要請すれば、ソ連は我々の顧問と武器による援助ではまだ足りないのか、と文句を言うかもしれない」とつけたした。金は、朝鮮が新しい部隊を速やかに再建すれば、中国人に支援を求める必要はなくなるだろうとも話した。政治委員会会議は結局、何も決議を行わなかった。[88]朝鮮にとって、北京とモスクワのどちらがより重要か、このやり取りで如実に示された。

しかし戦況は悪化する一途だった。九月二十六日、スターリンの特使マトヴェーエフ(M. M. Matveev)がピョンヤンから緊急報告を送った。米空軍は完全な制空権をもち、人民軍の前線と後方に絨毯爆撃を行っており、米陸軍は迅速に前進し、人民軍に対する包囲態勢を形成した。人民軍部隊は「ほとんどすべての戦車と大半の大砲を失い、困難な狙撃戦を行っているが、弾薬と燃料が底をつき、補給はほぼない」、軍全体は「上から下まで統率が取れなくなっており」、通信も「保障できない」、というありさまだった。(89)

焦ったスターリンは朝鮮軍とソ連軍顧問に八つ当たりした。九月二十七日の電報でスターリンは、朝鮮の「前線軍司令部、集団軍司令部と各部隊は軍事指揮の面、特に戦術面で重大な過ちを犯し」、ソ連の「軍事顧問はこれらの過ちに対して大きな責任がある」と非難し、彼らの戦車に関する戦術的運用は、「愚か」で、情報活動は「無知」だと罵った。スターリンは、「ソ連最高統帥部の、主要な前線から四個師団をソウル地区に撤収するという命令が確実で速やかに執行されれば、本来はソウル一帯の形勢を完全に変えられるはずだった」と主張した。(90)

十月一日の電報でスターリンはまた、シトゥイコフ大使は朝鮮指導者に積極的に意見と提案を送らず、「それによって朝鮮の指導者の不安定な情緒を助長した」とし、マトビエフ特使は「彼自身の朝鮮戦況に関する見解を一度もモスクワに報告せず、まして現在の情勢下で必要ないかなる構想と提案も出しておらず」、これによってモスクワの政策決定を妨害し、「朝鮮の指導者は三十八度線およびその北部で共和国の防衛に関するいかなる計画をも準備せず、南朝鮮から撤退するいかなるプランも用意していなかった」不手際を叱責した。(91)

非難と文句は役に立たない。朝鮮人はモスクワより現実に直面しており、中国の参戦に対する要請を再度検討せざるを得なくなった。ただモスクワへの問題提起の方法は少し工夫をした。

九月二十八日に開かれた朝鮮労働党政治委員会会議は、スターリンへの書簡を協議・採択し、ソ連が空軍を出動させて朝鮮を援助するよう求めた。同時に、毛沢東に援助の要請をほのめかす書簡を送ることも決定した。九月二十九日、シトゥイコフは金日成の要望で面会し、金日成は談話の中で前線軍隊の状況を簡潔に説明した。「規律が散漫になり、命令は執行されていない」。敵軍はすでに人民軍の二個軍団の連携を切断した。ソウルで作戦の指揮にあたる民族防衛相崔庸健としばらく連絡が取れなくなっている。後方で十五個の新しい師団を増設する計画は実現せず、敵が今三十八度線を越えれば抵抗することもできないだろう、といった状況である。続いて金日成は労働党政治委員会の決定を伝え、スターリンに送る書簡の書き方を教えるようシトゥイコフ・ソ連大使に依頼した。シトゥイコフは再度沈黙した。翌日彼はモスクワに送った電報で最新状況を報告した。ソウルはすでに陥落した。三十八度線で有効な防御を構築することは難しく、政治情勢も複雑化し、反動勢力は北朝鮮で勢いを増している。金日成と朴憲永は「焦りと不安に苛まれ」「当面の情勢に対して冷静さと自信を失っている」、という。九月三十日夜、シトゥイコフは金日成からスターリン宛の緊急支援要請の書簡を転送した。(92)

この周到に工夫された書簡の中で、金日成と朴憲永はまず、「危険な情勢はすでに現れた」と認め、米空軍の絶対的優位は人民軍のすべての有効な軍事行動を破壊し、「我が方の人員と物資の甚大な損害をもたらし」、通信網は切断され、物資供給ラインも寸断され、南部にある各部隊は分割包囲され、孤立無援の状況にあり、「ソウルの陥落は不可避」と説明した。書簡は「独立と民主、人民の幸せのために最後の血の一滴まで戦う」との決意を表明した上で、スターリンに対し、「特別な支援」、すなわち「敵軍が三十八度線を越えて北上する際、我々はソ連側からの直接の軍事援助を切望している」と「懇願」した。金日成にはもちろんこの懇願が実現する可能性はゼロであることは分かっていたが、言わないといけない枕詞でもある。次の内容こそ彼が本当に言いたかったものだ。「もし何らかの原因でこれが実現できなければ、中国とその他の人民民主国家による国際義勇軍を創設し、我々の闘争のために軍事援助を行うよう助けてほしい」(93)。書簡の言葉遣いからみて、金日成は中国の参戦に対する要請に直接言及することを極力避けたが、内心ではこの時点で出兵できるのは中国しかないことは分かっていた。

スターリンは金日成に直接の返事を送らない代わりに、十月一日、ピョンヤンのソ連大使や軍事代表および北京の毛沢東にそれぞれ打電した。ピョンヤンへの電報でスターリンは、直接の軍事援助供与の問題について、「より受け容れられやすい形は人民義勇軍を組織することだと考える。この点についてまず中国の同志と相談しなければならない」と述べた。しかし相談の結果について自信がなかったため、スターリンは北朝鮮自身には防御能力があると繰り返し強調した。「朝鮮の防御組織能力と実力を低く見てはならない」「北朝鮮は極めて大きな動員可能な潜在力と資源を持っている」「北朝鮮が三十八度線およびその以北の地域で抵抗できないとの見方は誤りであり、朝鮮政府は十分な力を持つが、必要なのはすべての力を組織・運用し、それぞれの能力を生かして戦闘を行うことだ」。

一方、北京に送った電報の中でスターリンは、非常に丁寧だが有無を言わせぬ口調で中国に要求した。「私はモスクワから遠く離れたところで休暇中で、朝鮮の情勢について詳しく知らない。モスクワから今送られてきた報告から見て、朝鮮の同志は苦境に陥っているようだ」として朝鮮の状況を簡単に説明した上で、「目下の情勢に鑑み、もしあなた〔毛〕が朝鮮人のために支援部隊、たとえ五から六個の師団でも良いが、提供することができれば、直ちに三十八度線に進撃するよう望む。これによって朝鮮の同志はあなたたちの軍隊の援護のもとで三十八度線以北で態勢を立て直すことができる。中国軍は義勇軍の形で出動すべきで、もちろん中国の指揮官に率いられる」と提案した。スターリンは毛沢東に、朝鮮からの同じ要請をソ連が断った経緯を知られたくないため、最後の段落でまことしやかにこう書いた。「私は朝鮮の同志にこの件を話しておらず、話すつもりもないが、彼らがこのことを知らされれば、非常に喜ぶに違いない」(94)。

情勢がここまで変わると、朝鮮に直接の軍事支援を与える責任は毛沢東の肩にかかることになった。

一進一退する毛沢東の出兵構想

軍事的視点からすれば、一九五〇年十月以前に、中国軍は二度の有利な出動チャンスがあった。朝鮮人民軍が南方に進撃している最中、中国の指導者は、米軍が相手の後方で不意打ちをかける戦術を取る可能性があると正確に見通し、朝鮮への出動を力説した。

この時にスターリンが中国の出兵を認め、朝鮮半島中部の東西両海岸に数個の中国軍団を配置すれば、仁川上陸が成功する可能性は皆無だっただろう。次に、米軍の仁川上陸成功後、朝鮮人民軍が北へ敗走し始めた時、中国の指導者は再度進んで参戦を打診した。米国はその時点では三十八度線を越えて朝鮮に攻め込むかどうか、まだ躊躇していた。戦況の有利な展開により、ホワイトハウスはマッカーサーの積極的北進と三十八度線突破の主張を受け入れたが、九月二十七日の統合参謀本部会議が出した命令はやはり、前線部隊の行動に条件を付けた。それはすなわち、北朝鮮にソ連か中国の軍隊が現れた場合、およびソ連か中国が出兵の意思を表明する声明を発表した場合、米軍はこれ以上、地上での軍事行動を展開してはならないとの制限だった(95)。このラストチャンスにスターリンが中国の出兵に同意し、三十八度線付近にいくつかの軍団を配備すれば、米軍が三十八度線の前に踏みとどまる可能性も高かった。

しかしこの二つのチャンスとも見逃された。スターリンが中国の参戦を要求したとき、国連軍はすでに三十八度線を越え、朝鮮はすべての抵抗力を失っていた。中国が参戦するあらゆる軍事面の有利な条件はもはや存在しなくなった。まさにこのような経緯があったため、マッカーサーは後にトルーマン大統領に対し、中国軍が北朝鮮に姿を現すことは絶対ありえないと言い切ったのである(96)。

スターリンの電報を受け取った後、毛沢東の第一の反応は、長く待機していた中国軍に直ちに参戦せよとの命令を準備することだった。彼は十月二日に起草した返電の中で、「我々は義勇軍の名義で一部の軍隊を朝鮮領内に派遣し、米国およびその手先である李承晩の軍隊と戦い、朝鮮の同志を支援することを決定した」と書いた。具体的な作戦方針として、「あらかじめ南満州に待機していた十二個の師団は十月十五日に出動を開始し、北朝鮮の適切な地域(必ずしも三十八度線ではない)に配備し、三十八度線以北に進攻する敵と交戦する。最初の段階では防御に徹し、小規模な敵の殲滅にとどめ、各方面の状況に慣れるようにする。その間、ソ連の武器の到着を待って我が軍は新たに武装し、朝鮮の同志に協力して反攻に転じ、米国侵略軍を消滅する」というものだった。電報の中でソ連空軍による支援の問題には間接的に触れたが、ソ連からの大量の武器装備の供与は直接要請した(97)。しかしこの電報は打電されなかった。なぜなら、中国指導部内で意見の相違があったからだ。

複数の研究者の考証によると、十月一日、スターリンの参戦要請に関する電報を受け取ってから、毛沢東は深夜まで、中央書記局の緊急会議を招集し、朝鮮情勢とその対策を協議した。会議には五人の書記(常務委員)のうち、毛沢東、朱徳、劉少奇、周恩来が出席した(任弼時は病気で欠席)。会議では参戦すべきかどうかをめぐって意見の相違があったが、周恩来の支持を取り付けて、毛沢東の参戦の主張が優位を占めた。翌日、中央書記局拡大会議を開き、在北京の高級軍事指導者も参加し、再度細かく協議することを決定した(98)。散会後、毛沢東はさっそく高崗に電報を送り、速やかに北京に来て会議に参加することと、東北辺防軍に参戦の準備を整え、いつでも出動できるように待機せよと命じた(99)。

このような背景の中で毛沢東は十月二日、参戦に同意する旨のスターリン宛の電報を起草した。ところが当日午後に開かれた中央書記局の拡大会議で、大半の出席者は参戦に反対の意見を表明した。毛沢東は参加者にそれぞれ個人の考えを述べ、朝鮮への参戦による各方面の影響、特に不利な条件を列挙するよう求めたが、その結果、大半の指導者は朝鮮への出兵問題は慎重にすべきだと主張した。会議は四日に政治局拡大会議を再度招集して参戦問題を討論する、と決定した。毛沢東はその間、周恩来に対し、速やかに特別機を派遣して西安にいる彭徳懐を北京の会議に加えるよう要請した(100)。

このような変化を受けて毛沢東は十月二日夜、ソ連大使ロシチンと会い、当面は参戦を見合わせる旨を伝えた。毛沢東は次のように話した。「我々は最初、敵軍が三十八度線以北に進撃してきた場合、数個師団の義勇軍を北朝鮮に派遣して朝鮮の同志を助けようと準備したが、慎重に検討した結果、このような行動をとれば極めて深刻な結果を招くと判断するに至った」。会談の中で参戦を見合わせる理由として、毛沢東は、武器装備の差が極端に大きく、勝利を勝ち取る確信がないこと、米中衝突を引き起こし、ひいてはソ連も戦争に巻き込むこと、人民は平和を熱望し、経済の回復はまったなし、などを挙げた。しかし毛沢東は、これは最後の決定ではなく、中央指導部はもう一度会議を招集して協議する予定であり、同時に周恩来と林彪をソ連に派遣しスターリンと直接協議したいと伝えた。毛沢東は談話の中で、「党中央の多くの同志はこれについて慎重な対応が必要だと主張している」との表現を使い、スターリンから、自分自身は相変わらず参戦に賛成していることを理解してほしかったと匂わせている。しかしロシチン大使は毛沢東との会談内容を報告する電報において、「中国の指導者は朝鮮問題における最初の方針を変えた」との認識を伝えた(101)。

ほぼ同時に、金日成の特使が北京に到着した。朝鮮内相朴一禹は金日成と朴憲永の支援要請書簡を携えて十月二日に瀋陽に到着し、翌日飛行機で北京に飛んだ(102)。毛沢東は朴一禹と二度会い、計十時間以上話し合った。毛沢東は次のように話した。中国は全力を尽くして朝鮮を支援するが、軍隊だけは派遣できない。その理由は、中国の出兵はソ連をこの戦争に巻き込み、第三次世界大戦を誘発しかねない。中国軍は兵員数は多いが、近代的武器装備がなく、空軍と海軍は言うまでもない。そして毛沢東は、朝鮮人は中国の東北を根拠地にゲリラ戦を展開するよう提案した。朴一禹は帰国後、十月六日の労働党政治委員会会議で中国側の意見を報告した。会議は、外部の軍事力支援が期待できない状況下では、山岳地帯でゲリラ戦を堅持しつつ、今後の反攻に備えて中国で新しい軍団を創設する方針を決定した。ただ、ピョンヤンは朴一禹が報告した内容をソ連側に報告しなかった。金日成は個人秘書の文日を通じてソ連大使に以下のことを伝えるにとどめた。朝鮮はすでに戦争に敗れ、外部の支援がなければ、全国を失う

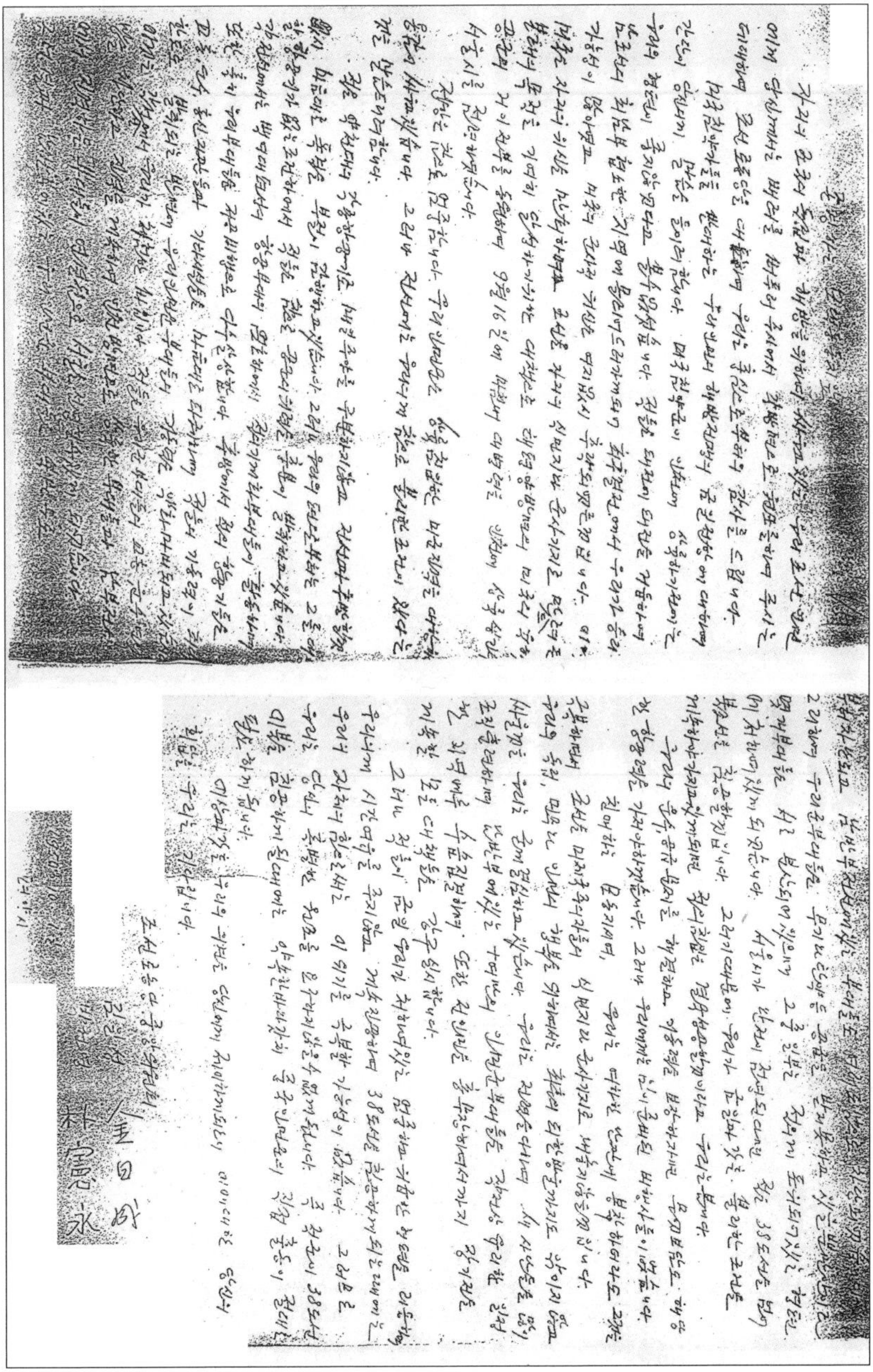

図27　金日成と朴憲永の署名入りの毛沢東宛の支援要請の直筆書簡(朝鮮語原文)

ことは必至だ。残された道はただ一つ、山岳地帯でゲリラ戦を展開することだが、同時に新しい部隊を創設し、将来の反攻の準備としたい。将来に備えて金日成は、千五百名の朝鮮人パイロットとその他の技術官僚を育成するよう申し入れた。(103)

もし米軍が三十八度線を越えなければ、中国もこれほど困難な選択を迫られることはなかっただろう。周恩来は十月三日早朝、インドの中国駐在大使パニッカル(K. M. Panikkar)を至急呼び出し、インドを通じて米国側に、もし米国(韓国ではない)軍が三十八度線を超えれば、中国は座視するわけにはいかない、ということを伝えるよう依頼した。(104) 十月四日に中南海で開かれた政治局拡大会議では意見の相違がみられ、大半の参加者は依然として様々な困難を列挙して出兵に反対の意思を表明した。会議前半の形勢は、「よほど追いつめられない限り、この戦争はしない方がいい」という意見に傾いていた。(105)

十月五日午後、彭徳懐は毛沢東と個人的な意見交換をしてから会議に参加し、きっぱりとした口調で毛沢東の考えに賛成すると発言し、参加者全員に衝撃を与えた。(106) 楊尚昆の証言によると、彭徳懐が発言した後、毛沢東は参加者をさらに説得するため、中、ソ、朝三カ国を、三頭の馬が一台の馬車を引っ張るという関係にたとえ、別の二頭の馬が無理やり馬車を前に引っ張って行こうとすれば、中国はほかにどうしようもないじゃないかと話した。ちょうどその時、師哲が、ソ連共産党中央の代表コワリョフ(I. V. Kovalev)が毛沢東に会いたいと訪ねてきたと報告した。毛沢東はいったん席をたち、同じ中南海の中にある豊沢園でソ連の客と会ってから会場に戻り、こう言った。案の定、あの二頭の馬がどうしても馬車を引っ張りたい、と言う。我々には一緒に引っ張る以外に選択肢はない、と。そこで政治局拡大会議は参戦の決定を採択した。(107) 散会後、毛沢東は彭徳懐に、十日間の準備期間を与え、出兵の期日を十月十五日とすると指示した。(108)

スターリンと周恩来の「不参戦」合意

会議中の十月五日、スターリンは自ら毛沢東宛の電報を起草し、次のように説得を図った。朝鮮を援助して出兵することは、朝鮮がアメリカと日本の中国に反対する軍事基地になるのを阻止するためであって、したがってこの件はまず中国と密接な利害関係がある。現在は中国が出兵するいいタイミングだ。なぜなら、米国は戦争の準備を整えておらず、日本は勢いを回復していない。ドイツは衰退し、欧州のその他の資本主義国家はなおさらこれという軍事力をもっていない。

中国とソ連が力を合わせ、彼らと「真の対決」をすれば、米国は譲歩せざるを得ず、それによって朝鮮問題が解決されるだけでなく、台湾も手放さざるを得ないだろう。[109]

十月六日夜、ロシチン大使がこの電報を毛沢東に手渡した時、中国はすでに参戦を決定していた。毛沢東はこの機に乗じて、ソ連に対し武器装備の供与と空軍支援の問題を提起した。ロシチンの報告によると、毛沢東はスターリンの国際情勢およびその行方に関する分析に完全に同意し、中国がソ連とともに米国に反対する闘争を行うことに興奮していた。毛沢東は、彼の意見も直ちに米国と交戦することだが、慌てて参戦しない方が逆にいいかもしれないと言った。米軍が北朝鮮で分散して駐屯すれば、それをそれぞれ撃破できる。中国も準備の時間が必要だ。中国軍の武器装備は非常に遅れており、戦車はなく、大砲も不足し、その他の技術兵種の専門家も不足し、輸送手段は絶対的に不足している。もっと深刻な問題は空軍がないことで、本国の大都市と工業の中心地を守れないだけでなく、朝鮮に出動する地上軍にも空中支援を提供できない。このような状況のもとで参戦すれば、もし米国によって空中からの攻撃を受けた場合、中国国内でも混乱が生じるに違いない。そのほか、参戦に必要とする武器装備と弾薬を購入する資金もない。これらすべてについてソ連からの支援を期待したい。そのため、周恩来と林彪をソ連に派遣し、スターリンと面会して報告したい。毛沢東はこのように一連の要望を列挙した。[110]

スターリンは十月八日、金日成にこの進展を通報し、十月五日に自分が毛沢東宛に送った電報を紹介しながら、中国の指導者が「ためらっていた」時にソ連の意見が決定的な影響を与えたことを示唆した。スターリンはまた、中国軍は「現在ではなく少し経ってから派遣される」とし、理由は毛沢東との詳細な協議が必要だからだと説明した。[111]実は、十月八日早朝六時、金日成はすでに中国大使館から転送された暗号コードの電報を受け取っていた。電報は、中国は参戦する予定で、指揮官は彭徳懐であり、金日成は代表を瀋陽に送って協議し、前線の状況を紹介するよう要請していた。金日成はソ連大使館への報告時に、待ちきれない様子で中国の参戦部隊の具体的配置に言及し、同時に、朴一禹を当日夜、瀋陽に向かわせた。[112]シトゥイコフの報告によると、中国の出兵を知らされると、金日成は「今、我々には明るい未来が開けた」との感想を述べ、また朴憲永に対し、着実な措置をとって前線を強化し、後続部隊の再建を加速すべきだと話した。[113]

十月八日、毛沢東は中国人民義勇軍の創設に関する正式な命令を発布した。彭徳懐は司令官兼政治委員に任命され、第

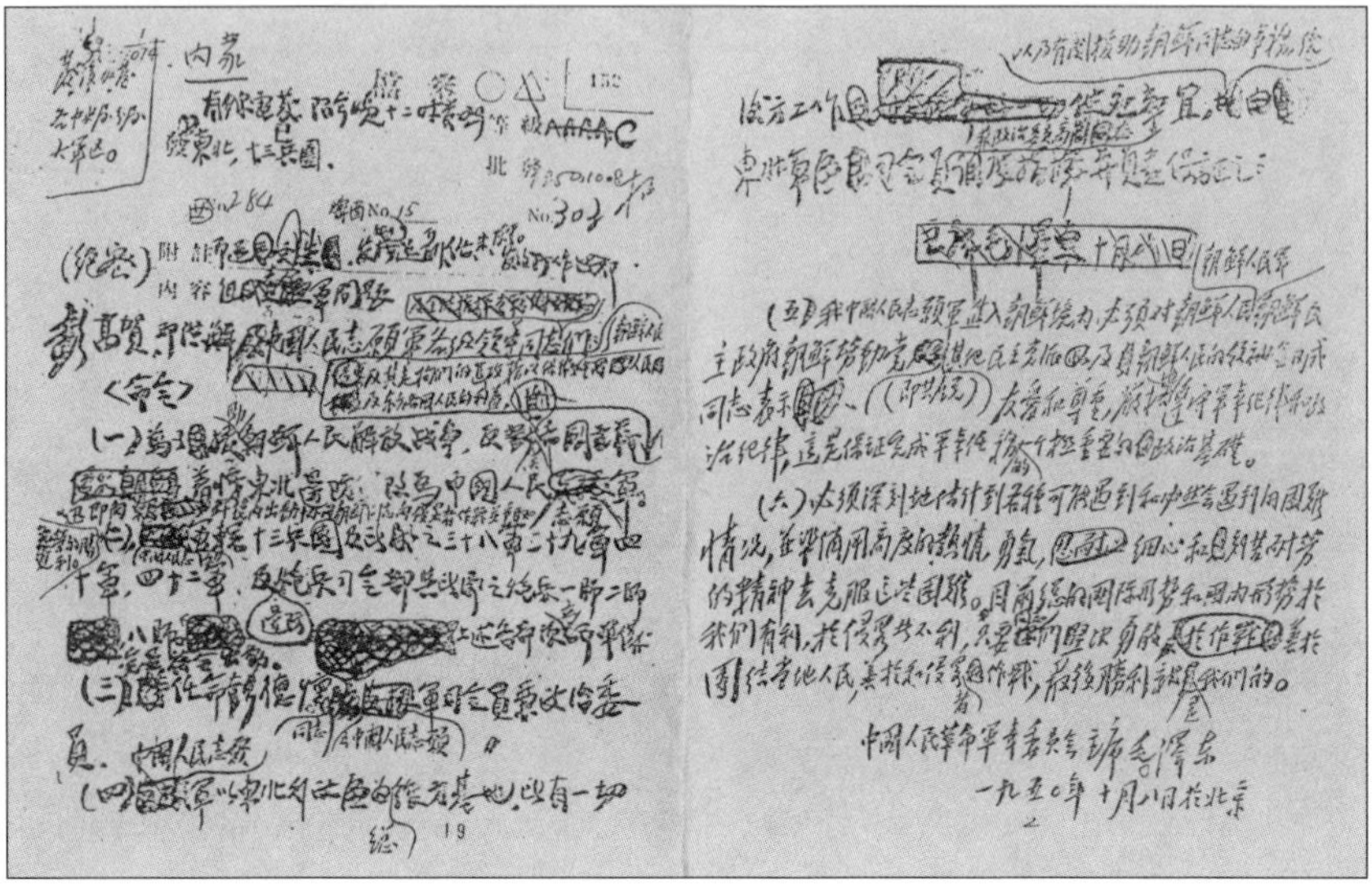

図 28　毛沢東の修正した中国人民義勇軍を創設することに関する命令（1950 年 10 月 8 日，手稿）

13兵団とその所属する四個軍団、辺防砲兵司令部とその所属する三つの砲兵師団を統率して出動のために待機し、高崗は後方支援に統一的な責任を持つことになった(114)。

ほぼすべての準備が整い、最後の詰めを残すのみとなった。この詰めとはすなわち、ソ連の武器装備と空軍の支援を取り付けることだった。当日夜十時三十分、毛沢東はロシチン・ソ連大使にスターリン宛の電報を渡した。毛沢東はまず、「我々党中央の会議は一致してあなたの意見に同意した」と表明した上で、彭徳懐と高崗の任命を伝え、中国軍はおよそ十月十五日以前に朝鮮領に出動すると通告した。電報の最後に毛沢東は、周恩来と林彪が当日早朝、ソ連に飛び立ったことを伝え、彼らの使命に関しては秘密にされるよう要請した(115)。

周恩来と林彪の密命とはすなわち、スターリンが自ら約束した、中国軍のために武器装備と空軍支援を供与することに関する具体的履行をめぐる協議だった。これは中国軍が朝鮮に出動して米国と戦う唯一の条件でもあった。前にも触れたように毛沢東が十月二日に準備した二通の電報からもわかるように、毛沢東が最初に参戦を決意した出発点は、出動すれば必ず戦いに勝つこと、かつ迅速に勝つことだった。これによって中国のすべての懸念と困難は解消される。しかし戦場での迅速な勝利を収めるには、同盟国であるソ連の大量かつ必要な軍事援助がなければならず、特にソ連空軍の支援の履行は義務であった。中国軍の指揮官たちはこれに関してさらに、義勇軍が出兵して参戦する場合、必ずソ連空軍の支援が必要だという要求を明確に出した。第13兵団が集結した直後の八月三十一日の時点で、鄧華、洪学智、解方ら義勇軍の指揮官は林彪に対し、彼らが構想した朝鮮での作戦方針は「速戦速決を目指す」もので、そのために、ソ連空軍の支援を求め、「最大限の可能性を尽くし、大量の空軍を繰り出して作戦に協力する」ことは「この方針を実現するカギとなる手段」であると報告した。この報告書では、空軍の準備が整っていなければ、「参戦の時期を遅らせたほうが有利だ」との見解も示した[116]。

義勇軍の発足後、彭徳懐と高崗はさっそく瀋陽に引き返し、十月九日、北京への電報で次のように報告した。軍団以上の幹部会議で、準備は不十分だが、二個軍団は先に十五日に出動することが決定された。各軍とも輸送手段、対戦車兵器と対空射撃兵器が不足している。空軍はいつ出動するか、速やかに教示されたい、という内容だった。十日の電報ではさらに、義勇軍の各方面の参戦準備はともに不十分だが、米空軍による鴨緑江大橋への空爆による戦機の逸失を懸念し、全軍は同時に出動し、鴨緑江の南側に集結することを決定したと報告した。毛沢東は十一日、返電を打ち、四個軍団と三個砲兵師団が全て出動し、待機して敵軍との戦闘に当たることに同意する旨を伝え、高射砲連隊は上海から前線に移動中だが、「空軍は目下出動できない」と説明した。十二日、毛沢東はまた、第二陣の参戦部隊である第9兵団が繰り上げて北上し、東北に直行することを命じた[117]。同日、シトゥイコフはスターリンに、朴一禹はすでに瀋陽から帰国し、中国軍は十五日に三方向から中朝国境を越えて、二十日に予定地域に集結する、と報告してきたと打電した[118]。しかしまさに同じ日、モスクワから、周恩来とスターリンの黒海での会談は、中国の出兵問題について合意ができなかったとの情報が伝わってきた。

周恩来と林彪は数日間、空路を乗りつぎ、十月十一日、スターリンの黒海沿岸の休養地ソチに到着し、直ちにスターリンとの会談に入った。会談で周恩来は、中国の参戦の条件であるソ連の支援に関する二つの条件を提起した。スターリンは、近代的武器装備の供与については全て引き受けたが、空軍支援に関しては、技術的問題が複雑で、その準備には時間がかかるとして、中国陸軍が先に出動し、ソ連空軍は二カ月から二カ月半以後に初めて支援を提供すると提案した。それに対し周恩来と林彪は、空軍と地上軍との同時出動を主張して譲らなかった。長いやり取りをかわしても合意に至らなかったため、最後に、スターリンと周恩来は毛沢東宛の連名の電報（その表現から見ればスターリンが起草したとみられる）に署名し、中国軍は参戦しないことを決定した。電報は、中国からの支援軍は十分な準備ができておらず、空軍は少なくとも二カ月後に初めて準備ができるため、さらに参戦が中国にもたらすマイナス要因も考慮して、中国軍は朝鮮との国境を渡らないことを決定したこと、朝鮮軍は北部の山岳地帯に留まって防御に当たり、新しく徴兵した部隊は中国東北に入って再編すること、速やかにピョンヤンとその他の重要拠点で疎開を実施する、という考えを伝え、文末は「あなたの決定を待つ」で締めくくった(119)。

肝心な時になると、スターリンは二度もボールを毛沢東に投げ返したが、中国共産党を試す狙いも込めていた。十月十二日午後三時三十分、毛沢東は電報を受け取り、その場でスターリンと周恩来の決定に同意すると表明した。夜十時十二分、毛沢東は再度スターリンに電報を打ち、中国軍に対し、朝鮮領に入る計画の中止を命じたと伝えた(120)。スターリンは毛沢東の電報を受け取るとすかさずシトゥイコフ大使とワシリエフ軍事総顧問に打電し、彼らから金日成に、十一日付の共同署名電報の内容を通報するよう指示し、毛沢東同志もこの会議で合意された意見に賛同しているとわざわざ付言した(121)。

シトゥイコフはスターリンの指示に従って十三日、金日成、朴憲永と会見し、彼らの前でスターリンの電報を読み上げた。「電報の内容は金日成と朴憲永にとって青天の霹靂《へきれき》」で、「金日成は、これは我々にとって非常に受け入れがたいものだが、このような助言が出された以上、我々はこれに従って実施する」と答えた。金日成はさらにソ連に撤退計画に協力してほしい旨要望し、当日夜、撤退に関する具体的指示を出した(122)。しかし、まさに金日成とスターリンが絶望的な気持ちに追い込まれたその矢先、毛沢東は突然、新しい決定を下した。

毛沢東、ついに参戦を決断

毛沢東はスターリンに、中国軍の参戦の停止命令を伝えてはいたが、複数のシナリオを検討し続けていた。実際に、スターリンに返答する前、国内向けに与えた命令は、「十月九日の命令は暫時、実施に移さず、東北の各部隊はこれまで通りに現地に待機して訓練を続け、当面は出動を見合わせること、幹部と民主人士に対し、「当面は新しい説明を行わないこと」であり、同時に、彭徳懐と高崗は北京に戻って協議するよう指示した(123)。毛沢東がこのような、修正の可能性を残した措置を取ったのは、ソ連空軍が当面出動しないという前提の下で、彼本人は依然参戦の立場だが、軍の指揮官たちも同様の考えであるかどうか、把握していなかったからである。[124]

十月十三日正午、彭徳懐と高崗は北京に到着した。午後、毛沢東は頤年堂で中央政治局緊急会議を招集し、出兵する、しないという両者の得失について再度、討論するよう求めた。毛沢東は予定通りの参戦を主張し、また彭徳懐とその他の参加者に、ソ連空軍が戦争の初期に朝鮮領に入れないとしても、スターリンから中国の領空に対する保護と大量の軍事装備の供与に関する約束を取り付けているとして理解を求めた。会議は最後に、現時点でソ連空軍の援護がなくても、米軍が大挙して北進するという状況に鑑み、どんなに大きな困難があっても直ちに朝鮮を援助するため、出兵すべきだとの決定にこぎつけた。十四日、毛沢東は彭徳懐、高崗と義勇軍が出動した後の作戦案をめぐって詳細に協議した。[125]

会議後の十三日夜九時、毛沢東はロシチン大使を呼び、「中国共産党中央は再度、フィリポフ〔スターリン〕同志の電報と私の決定を討論した結果、我々は朝鮮人を助けるべきだとの認識で一致した」と伝えた。「我々の同志がこれまで決意できなかったのは、国際情勢、ソ連の軍事支援、空軍支援などの問題について理解と認識が足りなかったためだ。現在、これらすべての問題を克服した」と毛沢東は説明し、続いて、「今、中国軍を朝鮮に送ることは有利であり、軍隊を送る義務もある。当面はまず九個の師団からなる第一陣を派遣する。装備は劣るが、李承晩の軍隊とは戦えるだろう。その間、中国の同志は第二陣の軍隊の準備に取り組む」「主要な問題は我々を援護する空軍が必要なことだ。空軍が速やかに到着することを切望し、どんなに遅くても二カ月以内を望む」と強調した。毛沢東はさらに、中国政府は現段階でソ連側が提供する装備に現金を支払うことが出来ないため、「租借方式による装備の供与を希望する」とし、そのため周恩来は「フィリポフ同志とこれらの問題について再度討論する必要がある」と語った。[126]電報では「私の決定」という表現が使われたが、スターリンに、毛沢東本人は朝鮮に出兵する決意を変えていないことを知ってほしかったためだと思われる。

中国指導者が単独でこのような決定を下したことは確かにスターリンにとって予想外だった。ロシチンからの第一報を受け、スターリンはすかさず金日成に次のように知らせた。「たったいま毛沢東からの電報を受けとった、中国共産党中央は情勢を再度検討し、中国軍は武器装備が非常に不足しているが、やはり朝鮮の同志に軍事援助を行うことを決定したとのことだ。私は毛沢東からこれに関するさらなる詳しい知らせを待っている。中国の同志のこの新しい決定に鑑み、昨日あなたがたに送った、北朝鮮で疎開を実施し、朝鮮軍を北に撤退させることに関する電報指示の実施を当面見合わせる」。ロシチンからの続報を受けてスターリンは再度金日成に打電し、「前に知らせた、中ソの指導者の会談で出された提案は取り消しとする。中国軍の出動に関連する具体的問題は、あなたが中国の同志と一緒に決定しなければならない」と強調した。[128]

ロシチンとの会談後、毛沢東は夜十時、周恩来宛の電報を起草した。彭徳懐、高崗およびその他の政治局の同志と協議した結果、「我が軍はやはり朝鮮に出動することが有利だ、との認識で一致した」と伝え、参戦初期は韓国軍との戦闘に限定し、ピョンヤン以北で根拠地を切り開き、朝鮮人民を奮い立たせ、人民軍の再建を支援するが、ソ連の義勇空軍の到着とソ連の武器装備を受領した後に米軍への攻撃を考える、との構想を紹介したうえで、「これらの積極策をとることは、中国、朝鮮、東方、世界のいずれにとっても極めて有利であり、逆に出兵せず、鴨緑江まで制圧されれば、国内と国際反動的活動が活発化し、いずれの面でも不利だ」「とにかく参戦すべきで、参戦しなければならない。参戦する利益は極めて大きく、しないことによる損害も極めて大きい」と結論づけた。毛沢東は、周恩来がモスクワでの滞在を延長し、スターリンとの間に借款方式でソ連の軍需品を購入することとソ連が約束通り空軍を出動することについて協議するよう指示した。[129]

十四日早朝、毛沢東は陳毅に対し、第9兵団は予定の計画通りに集結して東北への移動に待機すること、高射砲連隊は予定通り、東北に即刻出発することを命令した。[130]周恩来にも再度電報を送り、ピョンヤンと元山を結ぶラインの以北の山岳地帯で防御態勢を構築し、敵軍が「いくらか躊躇し、更なる北上を思い留まらせる」効果を狙い、これにより「装備換えと訓練の時間を稼ぎ、さらにソ連空軍の到来を待って攻撃を仕掛ける」と説明し、特に、主要な問題は「ソ連が二カ月以内に前線に出動する『義勇空軍』と後方の各大都市を保護する空軍を確実に派遣できるかどうか、また租借方式で軍事装備を供与できるかどうかにかかっている」と強調した。[131]

十四日夜、毛沢東は三度目の周恩来への打電で、スターリンに義勇軍の次の作戦案を伝えるよう要請した。二十六万の全軍が十月十九日に一斉に出動し、十日以内に鴨緑江を渡りきって南へ進出し、徳川と寧遠ラインより南の地域で防御施設を構築し、「空中と地上の両方で敵軍を圧倒する優位を確保してから」、すなわち六カ月後に攻撃を開始する。これにより、「国防ラインを鴨緑江から徳川と寧遠およびそれ以南のラインに推し進めることだが、その達成には自信があり、有益である」、ということだ。[132] 米軍と韓国軍がすでにピョンヤン攻撃を準備中との情報を得て十九日早朝、毛沢東は彭徳懐と高崗に対し、作戦実施を繰り上げ、二個の軍団が先に十七日と十八日にそれぞれ鴨緑江を渡り、防御施設を作る予定の徳川地域に向かうよう命令した。[133] 同じ日また周恩来に打電し、ソ連が先に一個の空軍師団を北京に進駐させ、首都の空中防衛にあたることを要請するよう指示した。[134]

これら一連の電報を慎重に読めば、毛沢東が「出動するが戦わず」の構想を決定したことに、二つの前提条件があったと考えられる。第一、敵軍の北進の速度が緩やかで、もしくは北進が止まる（米軍の躊躇と人民軍の阻止戦による）ことで、義勇軍は防御ラインを固守して支援を待つ時間と空間の余裕が持てること、第二、二カ月後にソ連空軍が参戦し、さらに六カ月以内にソ連の装備が予定通りに到着すれば、義勇軍は一定の自信をもって反攻に転じられることである。これで戦線を中朝国境から遠く離れたところに展開し、「朝鮮を援助し、祖国を守る」という目的を達成できる。だがこの二つの条件はいずれもすぐに重大な変化が生まれた。

スターリンは再度、空軍出動の約束を食言

毛沢東の十三日付電報を受け取った時、周恩来はすでに黒海からモスクワに戻っていた。彼は直ちに毛沢東の電報をロシア語に翻訳させソ連側に手渡し、当日夜、モロトフと面会し、武器供給の問題を協議した。席上、周恩来はソ連側の見解を確かめたが、モロトフは、自分には決められず、すべてスターリンが決定すると答えた。[135] スターリンの返電は今も見つかっていないが、周恩来が十四日にスターリンに送った書簡で提起された一連の質問から判断して、スターリンが当初、義勇空軍の出動を約束していたことが分かる。周は「ソ連義勇軍は十六個連隊のジェット機を出動させた後、引き続き爆撃機を朝鮮に出動させて中国軍の作戦に協力可能か。ソ連政府は義勇空軍を派遣して朝鮮での作戦に参加する以外、援護の空軍を増派して中国沿海部の各大都市に配備できるか。ソ連の義勇空軍が朝鮮での作戦に参加する際、中国義勇軍との指揮系統の関係はどう解決されるか」と質問した。[136]

ところが、この書簡を受け取ったスターリンからの返事は周恩来を大いに驚かせた。スターリンがモロトフに電話し、彼から周恩来に、ソ連は空軍を中国領内に駐屯する予定だが、二カ月もしくは二カ月半以後でも朝鮮領に入って作戦することは考えていない、と伝言させた。[137] これはすなわち、中国指導者に、中国軍が朝鮮で行う軍事行動にはソ連空軍からの支援は期待できないということである。

スターリンはなぜ再度、考えを変えたのか。今日まで入手できる史料からは正確な結論を見出すことはまだできない。筆者の推測では、やはりスターリンが中国の意図と能力に対して懐疑的だったからだと考えられる。一九四九年、国共交渉の調停をめぐって中ソが対立し、一九五〇年初めには、中国側は中ソ条約の内容をめぐる駆け引きでソ連側を譲歩させた。この二回にわたる毛沢東の「盾突き」の経緯からスターリンは、毛沢東が本心からモスクワの指揮に従うのかどうか、中国共産党は社会主義陣営の忠実なメンバーになるのかどうか、たとえ毛沢東が本気で朝鮮に出兵するとしても果たして米軍と対抗する能力があるかどうか、といった一連の問題に疑いを抱いていた。ちょうどこの時、スターリンの疑念に輪をかけた情報が伝わってきた。

十月十三日午前、ソ連海軍総参謀長ゴロフコ(A. G. Golovko)からの報告によると、当日の早朝、咸興地区の沖で米国の艦隊を発見し、戦艦一隻、大型空母三隻、護衛空母二隻、重巡洋艦三隻、巡洋艦三隻、駆逐艦一二隻、そのほかに掃海艇分隊と水陸両用部隊が含まれており、同時に、「咸興は海と空からの猛烈な砲撃を受けた」、という。[138]咸興地区は朝鮮北方のピョンヤン—元山ラインの東海岸に位置するため、スターリンは、米軍は再度上陸作戦を実施し、鴨緑江まで突進すると即座に予測したと考えられる。この時、朝鮮は防御能力を完全に失っており、装備に劣る中国軍が米軍の進撃を防ぐことができなければ、ソ連空軍の参戦はみずから災いを招いて身を滅ぼすようなものだ。スターリンはより慎重にならざるを得なかった。

周恩来が報告してきたスターリンの意見は中国の指導者に冷水を浴びせるようなものだった。しかし、毛沢東の決意はゆるがなかった。彼は十七日、彭徳懐と高崗に打電し、各軍は「十九日に出動する予定で、明日(十八日)に正式命令が下りる」と伝える一方、二人と再度、協議するため上京を求めた。[139]十八日の会議の討論に関してはいまだに何ら文献の記録が見つかっていないが、結果ははっきりしている。義勇軍が計画通りに行動したことだ。[140]師哲が後に振り返ったところによると、毛沢東は会議で「現在、敵軍はすでにピョンヤンを包囲している。さらに何日かすれば鴨緑江まで到着するだろう。天が落ちるような困難があっても、義勇軍の出動は変えてはならず、時間も引き延ばしてはならない。予定通り、鴨緑江を渡れ」と、有無を言わせぬ口調で話した。[141]

彭徳懐の回想録によれば、モスクワから届いた周恩来の電報を受けとった毛沢東は、彼に、それでも出兵すべきかどうか、ソ連は完全にあきらめたのか、と質問したのに対し、彭はソ連は武器を供与しており、空軍を出さなくても「これは半分距離をおいたもので、やはり参戦すべきだ」と答えた。毛沢東は最後に、「たとえ米国に勝てなくとも、彼(スターリン)は我々に大きな借りを作ったのだ。我々はさらに戦おうとすればいつでも再戦できる」と語った。(142)

会議終了後の当日夜、毛沢東は義勇軍副司令官の鄧華に対し、四個軍団と三個砲兵師団は予定した計画に従って十九日夜から安東と輯安(集安の旧名)の両方から極秘に鴨緑江を渡り、昼間は隠れ夜間に行軍し、隠蔽して前進せよと命令した。(143)こうして、中国人民義勇軍の第一陣の部隊は朝鮮の土を踏み、十月二十五日、出動後の米軍との最初の戦闘に突入した。

毛沢東が多数の反対を押し切って、参戦の主張を貫いて譲らなかった動機については、学界では様々な分析と見解がある。筆者の見方はこうだ。社会主義陣営に対して国際主義の責任を背負う考え、米帝国主義と直接対決する革命的なイデオロギー、新中国の安全と主権を守る国家指導者の意識、中ソ同盟の体制を守ろうとする深慮遠謀、という四つの側面が毛沢東の参戦決定の基本的動機と目的を構成した。朝鮮戦争勃発後の数カ月間、毛沢東の参戦に関する考えは複数の思惑が重なった結果であり、異なる外部環境に直面して、多少違うところはどこに重点をおくかということであった。ただ、スターリンの信頼を勝ち取り、中ソ同盟条約の庇護の下で中国共産党の新生政権を守る考えは一貫したもので、それが最後の決断に至らしめた動機でもあった。対外的戦略の決定は国益の確保が至上命題だとすれば、毛沢東の判断と決断は、彼本人にとっても、中国共産党にとっても、全民族と全国家にとっても、合理的に導かれたもので、最終的には米軍が三十八度線を越えて北上することへの対抗に体現された。(144)

中国の朝鮮出兵はまた毛沢東に、計算外の結果をもたらしたのかもしれない。それはすなわち、北朝鮮と関連する問題をめぐって、中国が次第に発言権と主導権を取得したことだった。少なくとも客観的に見ればそうだった。

第三節　北朝鮮問題の主導権は北京へ

毛沢東の思惑がなんであろうと、中国の参戦は危機一髪の状態にあった金日成およびその政権を救ったことは間違いない。その後の数年間、中朝両党と両軍は肩を並べて米帝国主義の侵略と戦い、社会主義の東方の橋頭堡を守り、その関係は社会主義陣営の中で美談となった。両国政府の長期の宣伝により、両国民衆は中朝の友情は強固で誰も破壊できないものと信じ、一方、韓国や西側では、中朝両国が戦争中に「血で結ばれた同盟＝血盟」が生まれた、ということは疑問を挟む余地のない常識になった。

この種の親密で信頼し合う関係は底辺において、特に参戦した中国軍と朝鮮民衆の間では確かに存在した(145)。一方、ロシアと中国の歴史公文書の公開に伴い、研究者たちは、朝鮮戦争中、両国指導者の間では多くの先鋭化した矛盾と深刻な対立が存在していることに気付いた。表向きは肩を並べて戦う盟友だが、一連の戦略の決定と各自の利益に関わる重要問題においては、実は異なる計算があり、ときには真っ向から対立していた。

軍事指揮権をめぐる綱引き

中国軍は朝鮮領に入り、人民軍とともに共通の敵と戦ったが、両者の間で真っ先に出遭った問題は軍の指揮権の所属であった。その主導権をめぐって双方の間で深刻な対立が浮上した。

一九五〇年十月に周恩来が訪ソしてスターリンと武器装備や空軍の支援問題を協議する傍ら、中朝の間では義勇軍の参戦に伴う具体的事項の協議を始めた。ただ軍事情勢が緊迫化していたため、双方は中国出兵後の指揮、通信、補給、輸送など一連の問題について協議する余裕がなく、一つも合意が交わされなかった。十月八日、毛沢東は金日成に電報を打ち、中国の参戦決定を知らせるとともに、朝鮮内相朴一禹が瀋陽に来て義勇軍出動後の諸問題を話し合うよう要請した。当日の夕方、朴は瀋陽に駆けつけたが、具体的事項の協議はほとんどする余裕がなく、金日成の要求に従って、米国が引き続き兵力を増強しているとして、中国軍が直ちに出動するよう督促を繰り返した。後方支援の問題については、義勇軍が朝鮮に入った後には朝鮮の通貨を使い、のちに為替レートに応じて償還すること、すべての物資は現地政府が一律に買い付けて実勢価格で提供するといった点に少し触れただけだった。

朴一禹は、金日成はすでにピョンヤン以北の徳川に移動しており、義勇軍の指揮部もそこに設けるよう希望していると伝えた。朝鮮側はその時点で中朝両軍の指揮の統一問題をすでに考え始めたようだ。柴成文の観察によると、金日成の最初の考え方は、敵軍に追われる中、中国軍が出動してしばらく戦ってくれればいい、というような安易なもので、その場合、軍の指揮権は当然、朝鮮の指導者が握ると思われていた。ところが中国が数十万人の大軍を数回に分けて朝鮮に派遣することを知ると、彼は初めてことの重大さに思い至った。自分が中国軍を指揮することはさすがに切り出し難いので、双方の指揮部が交流するという婉曲な提案をすることにした[146]。

義勇軍司令官の彭徳懐は全く違う考えをもっていた。スターリンは十月一日付の中国参戦を提案した電報の中で、義勇軍は「当然中国の指揮官によって統率される」と明確に態度表明していた[147]。それに加えて彭自身は朝鮮に関する一連の報告を受け、また自分の観察を通じて、朝鮮側の軍事指揮能力に不信感を抱いた。彼は中央軍事委員会宛の電報でこう伝えた。「朝鮮の強引な兵員徴集の問題は極めて深刻で、十六歳から四十五歳の男子は全員入隊させられており、その労働者の家族の面倒はだれも見ず、一般民衆は飢えている」「軍事指揮は極めて幼稚で、十九日にピョンヤンの死守を命令したが、三万人の軍隊のうちごくわずかしか脱出できなかった」「人民軍の中で党活動と政治活動を展開することには同意したが、彼は政治委員制度の設置には同意していない」といったことが列挙された。後に彭徳懐は柴成文に対し、「自分は中朝の人民、数十万人の兵士に対する責任がある」と話した[148]。このことから分かるように、彭徳懐は、中国軍の指揮権を朝鮮側に渡すことは毛頭考えていなかった。しかし、朝鮮軍に対する指揮権の問題はすぐには持ち出さないことにした。それは一つには朝鮮側の考え方を何も知らないためで、もう一つは人民軍の主力部隊がすでに崩壊し、新しく編成した軍隊はまだ中国領内で訓練中であるため、軍事行動に直接参加するような状況ではなかったからだ[149]。そのため、十月二十一日、彭徳懐と金日成が大楡洞で初めて会見した時、双方とも指揮権の統一問題に言及せず、両軍の協力のことだけが話し合われ、連携を強化するため金日成は朴一禹を義勇軍司令部の駐在官として派遣することに同意した。十月二十五日、中国共

図 29　2011 年 2 月 18 日，義勇軍の老戦士との太原における記念撮影．左から白兆林，著者，栄海豊．

産党中央は朴一禹を義勇軍副司令官兼副政治委員、党委員会副書記に正式に任命した[150]。

戦争の進展に伴い、両軍の指揮統一の問題は次第に協議のスケジュールに上った。第一次作戦の間、彭徳懐は、両国の間では言語と意思疎通の問題、地理状況に疎い、朝鮮側の撤退が道路を塞いでしまっている、といった協調の欠如によって「義勇軍の進軍と作戦が阻まれている」と北京にたびたび報告した[151]。特に人民軍が誤って義勇軍を銃撃・砲撃する事件が何度も発生した。たとえば十一月四日、義勇軍第39軍が博川の南東で米軍第24師団に対する包囲作戦を展開した際、順川に向かう人民軍の戦車師団から砲撃され、包囲された敵軍もその隙に脱出した。物資の供給や交通輸送などの面でも、統一的な協調体制がないため、混乱状態になった[152]。そのため、彭徳懐は北京を通じて中国大使館のメンバーに依頼して金日成に対し、作戦中の協調と統一の問題を提起し、人民軍総部が義勇軍総部の近くに移るよう要請した。十一月七日、彭徳懐はまた朴一禹に依頼して金日成に、軍事行動に関するいくつかの問題点を伝えさせた。

しかし、ソ連側も巻き込んだ三日にわたる話し合いの結果は人を失望させるものだった。一、敵の後方の戦場を切り開く問題について、シトゥイコフ大使が中国側の主張をきっぱりと支持したため、金日成はしぶしぶ認めた。二、両軍協調の問題について、金日成は参謀を派遣して通信連絡と情報交換に当たらせることしか認めず、両軍総部の距離を接近させることに同意せず、合流させることはなおさら拒否した。三、朝鮮側が捕虜を虐待し、英米の大使館メンバーにもそれが及んだことについて、彭徳懐は婉曲にクレームをつけた。四、兵役のがれの住民の扱いについて、金日成は義勇軍が朝鮮人逃亡者の連れ戻しに協力するよう要請する一方、反逆罪でこれらの住民に対する武力鎮圧を計画していた[153]。

この間、彭徳懐は中央軍事委員会を通じて金日成に、人民軍第6師団は六千二百人が残存しており、しかも義勇軍第125師団と合流しているため、この師団が現地に残る義勇軍の作戦に協力するよう要請したが、金日成はこの師団を別の場所に移動することにこだわった。後に人民軍第7師団の残りの五千人余りも義勇軍第125師団に合流し、彭徳懐は再度それら人員を残すことを打診したが、金日成は答えなかった。そのほか、朝鮮側とソ連軍事顧問は、彭徳懐が設定した、自軍を数十キロ後退させて待ち伏せ攻撃を行う第二次作戦の方針に反対し、義勇軍は引き続き清川江以南の敵軍を追撃すべきと主張した[154]。東北局副書記の李富春も北京から東北に戻った後、十一月十三日の報告で、義勇軍の朝鮮での戦闘は極めて困難な状態にあり、民衆の支援もなければ友軍の協力もないため、ソ、中、朝の共同委員会を設置して各方面の問題の協調的解決に当たるべきだと北京に提案した(155)。

軍事的角度からすれば、共同作戦を行う両軍の間で統一した指揮が取られるのはよくあることだが、金日成がこれに応じず、人民軍に対する指揮権を手放したくなかったのは、おそらく主に朝鮮の主権とプライドにこだわったためだと考えられる。ただ、新しく入手した資料から見て、金日成の姿勢には一部の客観的な要因もあったようだ。その一つはモスクワの考えを知らなかったため、もう一つは中国人の一部の表現が彼の誤解を招いたからだと思われる。

米国への刺激を避けるため、中国政府は朝鮮領に入った中国軍に関して特にその非政府的な性格を強調し、公の場で軍の指揮権問題に触れたときは特に慎重だった。第一次作戦が勝利を収めようとした十一月三日、彭徳懐は、「今後、公の発表は朝鮮人民軍と中国人民義勇軍の共同名義で行われるべきであり、将来にわたって朝鮮問題がどのような方式で解決されようと、朝鮮人民の利益を守るため、中国は参加すべきだからである」と提起したのに対し、毛沢東は直ちに返電し、「敵を惑わす目的のため、当面は連合司令部の名義で発表すべきではなく、人民軍総司令部の名義で発表したほうが望ましい」と指示した(156)。

十一月六日、柴成文は、金日成は士気を鼓舞するため、中国が義勇軍参戦の事実の公表に同意するよう希望していると報告したが、毛沢東は翌日の指示で、金日成は演説の中で「中国人民義勇部隊は朝鮮人民軍の統一した指揮のもとで人民軍に協力して侵略者に反抗する闘争をしている」と触れてもいいが、多く語る必要はないと念を押した。

周恩来も回答の中で、「中国義勇軍」の表現ではなく「中国人民義勇軍」を使うべきだと特に強調した〔「義勇軍」の原語はいずれも「志願軍」〕。十一月十二日、周は電報の中で、金日成の演説の表現は「中国人民義勇部隊は朝鮮人民軍総部の指揮の下で戦闘に参加している」に必ず直すよう再度強調した(157)。けれども、これらはいずれも、対外的な宣伝で非難と不利益を回避するための言い方であって、実際に中国は軍隊の指揮を朝鮮側に任せることを一度も考えていなかった。逆に、彭徳懐が報告した問題を重視した毛沢東は高崗を朝鮮に派遣し、金日成に対し、できるだけ早く彭徳懐と高崗の二人と直接面談し、作戦と補給について協議するよう要請した(158)。この面談の真の狙いの一つは両軍の統一的指揮の問題を解決することにあった。

中朝双方が協議に入る前、毛沢東は先にモスクワの意見を

図 30 大楡洞で中朝両軍の指揮権の統一問題を議論する左から高崗，金日成，彭徳懐(1950 年 11 月).

打診した。十一月十三日付のスターリン宛電報で毛沢東は、彭徳懐の提案を紹介する形で次のように要請した。「金日成同志とシトゥイコフ同志は常に前線に滞在し、金日成、シトゥイコフ、彭徳懐からなる三人グループを結成し、軍事政策の決定に全権をもち、戦争を有利に進めるため、軍の編成、作戦、正面戦場と敵の後方戦場、および戦闘と関係する多くの現行の政策について協議し、意思疎通と意見の一致を見出す、という(彭徳懐の)提案に我々は同意し、ここで報告し、ご指示を伺いたい。もしあなたがこの意見を認可するなら、あなたからシトゥイコフ同志と金日成同志にこれを提起するよう望む」。毛沢東はさらに、「現在の重要問題は朝、ソ、中の三カ国の現地にいる指導者同志たちが団結を強化し、様々な軍事と政治政策について意見の一致を見出し、朝鮮人民軍と中国人民義勇軍は作戦においてよりよく協力することである。さらにあなたの提案の通り、相当数の朝鮮軍と中国義勇軍が混合して編成する(朝鮮軍の序列を保ったまま)ことができれば、勝利はより確実になるだろう」と力説した。[159]

十一月十五日、金日成とシトゥイコフは要請を受けて大楡洞にある義勇軍総部を訪れ、高崗もわざわざ瀋陽から駆けつけた。会談が始まると、金日成は先に発言し、ソ連による朝鮮への巨大な援助を高く讃えた後、中国の援助にも感謝を示したものの、言葉の中にある種の不満をにじませ、「敵軍がソウルを占領し、三十八度線に進む際、自分は毛沢東に朝鮮軍への援助を要請したが、敵にピョンヤンを占領される前にこの種の援助がもらえると期待していた」と言った。

シトゥイコフは、「金日成は発言の中で、中朝両軍の戦闘中における主と従の関係について故意に避けて言及しなかった」ことに気づいた。性格が実直な彭徳懐は発言の中でまず、「中国軍が朝鮮に迅速に出動した」と表明し、中国軍が直面する困難を述べた後、「中朝の軍隊はより一層緊密に協同して戦闘に当たるべき」と強調し、金日成、シトゥイコフと彼本人から成る三人チームを作り、軍事問題に対して協調と統一的な指揮に全権をもつ必要があると提案した。高崗はそれに続く発言で、朝鮮半島は地形的に狭く、作戦上の統一した指揮が不可欠と説明し、「双方の協力の方法を検討すべき」として、彭徳懐の提案に支持を表明した。

朝鮮人に対し絶望していたシトゥイコフは、人民軍は最良のソ連の装備で負け戦を重ねたと批判し、義勇軍は劣勢の装備で大量の敵軍を殲滅したと称え、中国側の優れた指揮に対していささかも疑いを持つべきではないと発言した。しかし金日成は指揮権やそれに関連する政策問題について終始黙って言及しなかったため、シトゥイコフも三人チームの設立に関する提案に明確な意思表示をしなかった。六時間にわたる討論は結論を出せず、最後に高崗と彭徳懐は、指揮権統一の問題は第二次作戦の終了後に再度会議を開いて討論しようと述べた[160]。

「中国の同志に統一的指揮権を」

ところが、会議が終わって間もなく、モスクワから新しい指示が伝わってきた。十一月十七日、毛沢東は彭徳懐と高崗に送る電報の中で、スターリンは中国の同志による統一的な指揮に完全に賛意を表明し、すでに金日成とシトゥイコフにもこの点を電報で伝えたこと、ソ連の中国駐在軍事総顧問ザハロフ(M. V. Zakharov)も指揮権の統一に賛成したことを伝えた上で、これに関する金日成の反応を見るよう彭徳懐に要求した[161]。確かに、その前の十一月十五日、スターリンはシトゥイコフを通じて金日成に対し、連合司令部の設立と中国人が司令官を担当することにソ連が同意するという見解を伝えた[162]。しかし金日成にとって、軍事指揮権を失うことはこれ以上ない大事であり、メンツを失う(外国人が朝鮮での戦争を直接指揮する)ばかりでなく、その指導的地位にも影響を及ぼしかねない(党内の派閥闘争はずっと続いている)。そのため、金日成はスターリンの意見を部下に伝達しないばかりか、一切の行動を取らなかった。それを見てスターリンは一段と圧力を強めることにした。

十一月二十一日、シトゥイコフは金日成、朴憲永と面会し、ソ連軍事相(一九五三年から「国防相」に名称変更)の命により、軍事総顧問ワシリエフは本国に召還され、その後任は間もなく朝鮮に到着するラズワエフ(V. N. Razuvaev)中将が務めると通報した。さらに、軍事相の命で、今後、軍事顧問の業務に関連するあらゆる問題についてラズワエフ将軍が全権で責任をもち、彼本人も軍事問題に一切関与しなくなると伝えた。この通報に込められた別のニュアンスを感じとった金日成は、しばらく考えてから、「そうすると、自分も総司令官の職務から退かなければならないようだ」と言ったが、シトゥイコフは返事をしなかった。[163] モスクワが態度を表明した以上、金日成も服従せざるを得なくなった。しかし彼はあの手この手で時間の引き延ばしを試みた。二日後、金日成はシトゥイコフと会い、こう釈明した。

中国人は一体何を考えているか分からないが、自分は統一した指揮部の設立に一度も反対したことはない。労働党政治委員会では連合司令部の朝鮮側副司令官の人選問題を検討したが、なかなか決められない事情があった。金策は軍事指揮の経歴が浅く、朴一禹は軍人ではない。金雄は人民軍総参謀長に在任中で、いずれも適任ではない。彼本人が党と政府の担当を放棄してこの副職に就くのも「あまりいい選択ではない」。それで金日成はソ連側からの助言を求めたが、シトゥイコフは、この問題の討論には参加しないと明確に表明した。金日成は最後に、毛沢東は自分を全然理解していないと文句を言いつつ、朴憲永を派遣して毛沢東と会い、両軍の指揮権の統一問題などをめぐって直接協議すると伝えた。[164]

直後、金日成は、朴憲永と朴一禹が毛沢東と面会できるよう取り計らってほしいと中国側に要請した。毛沢東は、この問題は金日成本人と話して決める必要性を理解しており、金日成が自ら中国に来るよう希望するとの返事を送った。金日成はソ連大使の助言を求めたが、シトゥイコフはモスクワからの指令に基づいて、これはあなたたち自身の問題で、あなたが行く考えをもつならもちろんいいことだと答えた。[165]

これで、すべての逃げ道が閉ざされ、金日成は決断に追い込まれた。十一月二十九日、労働党政治委員会の会議で、金日成はスターリンの十一月十五日付の電報を読み上げ(受領から半月も経った後に)、金雄を(中朝)連合司令部副司令官に任命し、金日成が自ら北京に行き、毛沢東と会談することが決定された。会議後、シトゥイコフの提案に従い、金日成はスターリンに書簡を送り、十一月十五日付の電報で伝えられたソ連の決定、すなわち中朝両軍を統一して指揮する連合司令部の設置、中国人が最高司令官を務め、朝鮮人が副職に就くとの決定を完全に受け入れると表明した。[166]

十二月三日、金日成は北京を訪れ、毛沢東、劉少奇、周恩来と会談した。中朝両軍の関係に触れた際、毛沢東は、双方とも団結を大事にしなければならない、我々は中国人民義勇軍が朝鮮労働党を擁護し、金首相を擁護し、民主政府を擁護し、朝鮮人民軍を尊重し、双方の関係を配慮するよう要求している、人民義勇軍は通常規則はいいが、それでも最近の調査で規則違反が十数件発生したことが分かった。それに対して厳しく処理すること、現地住民に謝罪することを決めたと話した。金日成は、中国義勇軍の規律はすばらしいと言い、続いて、スターリンからの電報で中朝両軍は統一的に指揮し、中国義勇軍の経験が豊かであるため、中国の同志は正職を、朝鮮の同志は副職を務めるべきだとの意見が伝えられたが、朝鮮労働党政治委員会会議はこれに同意すると決めたと話した。それを受けて毛沢東は、中国側は彭徳懐を司令官兼政治委員に推すと述べ、金日成は金雄が副司令官に、朴一禹が副政治委員になると伝えた。

会談で以下の一連のことも決められた。今後、共同命令は彭徳懐、金雄、朴一禹の三人が連署する形を取り、義勇軍への単独命令はこれまで通りの署名で変わらない。連合司令部の設立後、作戦関連および前線の活動に関連するすべてのことはその指揮下に置かれ、後方の動員、訓練、軍政、警備などの関連事項は朝鮮政府が直接に管轄するが、連合司令部は後方に要求と提案を出すことができる。司令部は、義勇軍司令部と人民軍参謀部という二つの下部機関をもつが、同じ場所で行動する。連合司令部の設立は外部には公開せず、内部文書でのみその名義が使われる。鉄道の輸送と修理も連合司令部の管轄とする。会談後、周恩来は「中朝連合司令部の設立に関する中朝双方の合意」を起草した。[167]

十二月五日夜、金日成は朝鮮に戻り、すぐさまラズワエフ総顧問に北京会談の内容を報告した。金は、連合司令部の設立について双方が合意したが、毛沢東はその実施を急ぐ必要はないと話したと伝えた。[168] 金日成を慰めるため、毛沢東がそのような話をした可能性はある(文献の裏付けはまだ見つかっていない)が、金日成がこの点をわざわざ話したのは、自分がモスクワの決定の実施を遅延させた責任をかわしたい狙いがあったとも考えられる。実際は、毛沢東は指揮権の統一は緊迫した問題と考えており、金日成が帰国した翌日の十二月六日、直ちに彭徳懐に次の電報を送り指示した。

中朝軍隊の共同作戦の問題に関して、方虎山軍団は元山方向に行くのではなく、速やかに南朝鮮に進出すべきだ。朝鮮第3軍団は豊山に行くのではなく、宋時輪の指揮を受けて北青、咸興方面に前進すべきだ。江界と定州にある二つの軍団については金日成から、義勇軍司令部の指揮を受け、義勇軍の作戦に協力することを伝えてほしい、という内容だった。[169]

十二月七日、金日成と彭徳懐が対面し、具体的対応につい

図 31　中朝連合司令部の成立．金日成(左から 3 人目)，彭徳懐(同 4 人目)と双方の高級将校．

て再度協議した。彭徳懐の報告によると、双方の「話し合いはとてもスムーズ」で、金日成は、数日以内の連合司令部設立を約束し、今後は軍事指揮に直接介入しないと明言し、さらに中国側の提案を受け入れ、その前に発した人民軍第3軍団の配置に関する命令を取り消し、その近くにある義勇軍第9兵団指揮官宋時輪の指揮下に入るよう命じた、と話した。[170]
彭徳懐も団結重視を示して、「人民軍の勇敢で頑強な精神と厳格なソ連の軍事管理制度は見習うべきだ」と何度も触れ、第9兵団に対し、学習の姿勢で(人民軍)第3軍団のことを理解するとともに、「実際の状況に応じて中国軍の政治工作と地方工作の経験を紹介」していいが、相手の現有制度と矛盾する場合は「強引に押し付けてはならない」と指令した。[171]それでも毛沢東はこの件で金日成を過度に刺激しないよう配慮し、十二月八日付の義勇軍総部宛の電報で、連合司令部の職権条例案などは「両国関係のみならず、特に国際関係において」不利だとして、作らなくてよいと指示した。毛沢東はまた、中朝連合司令部は実際の運用でのみ有効で、外部に対しては公開せず、内部に対しても軍団級と独立師団級の幹部にしか知らせないが、ただ戦争に関連するすべての事項は統一した指揮下に置くべきだ、と強調した。[172]
十二月八日、周恩来は「中朝連合司令部の設立に関する中朝双方の合意文書」を起草し、「同文書に関して金日成同志の意見を聞き、その同意を得るかもしくは若干の修正を加えたものを我々に報告し、同意を得た後、正式文書として発行し、実施に移す」と説明した。十二月上旬、中国人民義勇軍と朝鮮人民軍の連合司令部〔中国語では「聯司」と略称〕が正式に発足した。(173)

地上軍だけでなく、空中の作戦も協調を図らなければならない。中国軍が極秘に出動し、初戦の勝利を収めた後、スターリンはソ連空軍の参戦を決断した。(174)一九五〇年十月二十九日、ソ連顧問は周恩来に対し、モスクワはソ連空軍が「安東で防空の任務に就く」ことに同意し、中朝国境を通過することも許可され、十日後にソ連空軍の基地を瀋陽から安東に移すことを伝えた。(175)十一月一日、ソ連空軍は初めて鴨緑江上空で戦闘に参加した。(176)一九五一年一月初め、ザハロフは、ソ連空軍の二個師団が近日中に朝鮮領内に出動し、輯安から江界までと安東から安州までの両ルートに対する空中支援を行うと通報した。そのほか、四月初めまで、中国空軍の五個師団、朝鮮空軍の三個師団が参戦する予定なので、ソ連顧問の賛同を得て中国側は、統一した空軍司令部の設立の必要性を提起した。中朝の協議を経て一九五一年三月、連合司令部の組織方法と原則を参考にして中朝空軍連合集団軍司令部が設立された。政治面の配慮と言葉の障害などの原因により、ソ連空軍は連合司令部に加入しなかった。(177)

ただし実際の作戦では、すべての朝鮮人民軍部隊が全部、連合司令部の直接指揮を受けるものではなかった。一九五一年四月十五日まで、中国で訓練された部隊の帰国に伴い、朝鮮人民軍は七つの作戦軍団を持つようになった。そのうち、四個の軍団は連合司令部の指揮下に置かれるが、三個の軍団は朝鮮人民軍総司令官に直接隷属した。(178)連合司令部にいる朝鮮側幹部の任命権も、労働党中央が直接握った。金雄と朴一禹はいずれも延安派の幹部で、抗日戦争中は中国共産党中央と八路軍、新四軍の直接の指導を受けて活動していた。二人は中国指導者から熟知され信頼されていたが、金日成は安心できなくなった。一九五二年七月六日、金日成は義勇軍総部に書簡を送り、金雄を民族保衛省次長に移動し、代わって金日成の長年の戦友崔庸健を連合司令部副司令官の後任に充てるとの朝鮮労働党中央政治委員会の決定を伝えた。一九五三年二月五日、連合司令部副政治委員の朴一禹も呼び戻され、崔庸健がその担当を兼任した。(179)結局のところ、金日成は軍の指揮権を手放したくはなかったのだ。

国連軍の各国部隊が米国の統一した指揮下に置かれることにはだれも疑問を持たなかったが、中朝両軍の共同作戦と指揮権統一の問題は難しいジレンマに陥った。朝鮮側にとっては、確かに主権と尊厳に関わることで、彼らに自分の軍隊の指揮権を手放させることは民族的感情からとても受け入れがたいことだった。一方の中国は主に戦争の勝敗を考えた。軍隊の実力と作戦の経験のいずれにおいても中国側は絶対的優位にあった。様々な駆け引きと利害関係の調整を経て、戦場の情勢と現実の利益の配慮が優先され、軍事指揮権が義勇軍の手に集中されることは自然の成り行きであり、スターリンもこれ以外に選択肢はなかった。これは金日成が中国と同盟関係を結ぶときに直面しなければならない現実でもあった。

しかし中朝連合司令部が設立して一カ月もたたないうちに、金日成は軍事指揮権を失ったことの悩みと苦痛を感じた。

義勇軍の南下をめぐる対立

朝鮮人民軍が破竹の勢いで南部へ進撃する最中、毛沢東はすでに金日成の個人代表李相朝との長時間の会談で、朝鮮人民が対戦しているのは非常に強大な敵であることを一時たりとも忘れてはならず、人民軍は攻撃ばかり考えると、後方の守りが薄くなり、敵軍による後方上陸、輸送ルートの切断など付け込まれる可能性があると強調し、朝鮮の指導者はこのような危険を認識して、力を集中すべきで、戦略的な後退も考える必要があると警告した。しかし金日成は当時、警告を聞き入れる耳を持っていなかった。(180)

義勇軍が最初の二回の作戦で予想以上の成果を収め、戦線を三十八度線付近まで押し戻した時、前線の最高指揮官として彭徳懐も八月の毛沢東と同じように様々な可能性を考え、余力を残すため各軍に休養と再編成に入るよう命じた。彭徳懐は、いくつかの勝利を収めたことで朝鮮の政府から民衆まで気持ちが高揚し、敵軍を早く追い出せるという盲目的な楽観の雰囲気に包まれており、「ソ連大使は、敵軍はいち早く逃走しており、我が軍も猛追すべきだと言っているが、これはソ連大使の意見だけでなく、朝鮮労働党中央の大半の同志の要望でもあるとも話した」と北京に報告し、「朝鮮戦争は依然長期戦と厳しい戦いを覚悟しなければならない。敵は進攻から防御に転じることにより、戦線が縮小し、兵力が集中し、正面が狭くなり、後方支援と各兵種の共同作戦にとって有利になる」と冷静に分析し、敵軍の士気が前より低下しているが、今なお二十六万前後の兵力を持っており、すぐに朝鮮から撤退することはありえないため、「我が軍は着実に推し進める方針をとるべきだ」と主張した。(181)

周恩来も同じ見解を示し、ソウル周辺地域で敵軍を大量に殲滅する機会がなければ、敵がソウルを固守するにせよ放棄するにせよ、我が軍は必ずいったん休養と補給の時間が必要だと指摘した。[182] ただ毛沢東は国際政治情勢に対する判断により、義勇軍が直ちに第三次進攻作戦を発動することを強く要求した。それでも作戦の面において、毛沢東はやはり彭徳懐が提起した、長期的な展望をもち、着実に前進するという方針に賛同し、三十八度線を越えてもう一度攻撃をかけたらすぐ防御態勢を取り、全軍の主力（人民軍を含む）が数十キロ後退して休養に入ることに同意した。なお、休養し再編成する場所は三十八度線の南か北かに「こだわる必要がない」とした、これによって敵軍はいくらか安心感を取り戻し、防御線の回復に動くので、それは来年春に我が軍が再度攻撃をかけ、殲滅作戦を展開するのに有利だとも毛沢東は述べた。[183]

第三次作戦を発動した後の一九五一年一月三日、彭徳懐は金日成に、防御ラインを突破された敵軍が迅速に後退したため、中朝連合軍の戦果は大きくなく、三千人余りしか捕虜にしておらず、敵軍が引き続き南へ逃げるなら、水原まで追撃した後に停止し、今回の作戦はソウル、仁川、水原、利川などの地域の占領を目標にし、それが達成されれば休養と補給に入る、という作戦構想を伝えた。[184] 毛沢東はこの構想をスターリンにも伝えた。[185] 戦況の推移は彭徳懐の予想通り、中国軍が三十八度線を順調に突破しソウルを攻略したものの、国連軍は攻撃される前に後退し、重大な損害がなかった。しかし義勇軍の疲労と補給は限界だった。[186]「敵は、我が軍を洛東江周辺にあるすでに構築した強固な陣地に誘い込む陰謀をしかけている」と見た彭徳懐は一月八日、全軍に対して攻撃を停止し、休養に入ると命じた。[187] ところがこの命令は朝鮮側から強烈な不満と反対を引き起こした。

三十八度線を突破する前から、金日成は「中国軍の進撃が緩慢である」ことに不満をあらわにし、ソ連軍事総顧問ラズワエフのところに行って、これは「主に北京から何かの指令を受けたためだ」と訴えた。[188] 第三次作戦が始まる前日の十二月三十日、金日成は毛沢東と彭徳懐から受け取った書簡の内容をラズワエフに伝え、中国の作戦計画によると、作戦は敵陣の深くまで進む予定がなく、人民軍の二個軍団が三十八度線以北に撤収することも要求していると話した。[189] これでソ連総顧問は彭徳懐に対し、北京は三十八度線はもはや存在しないと宣言したのに、突破してからどうして戻るのか、政治的にどう説明するのか、なぜ人民軍の二個軍団を三十八度線以北に引き戻すのかと問いただした。[190]

中国軍が第三次作戦を発動して三十八度線を越えて南下したことに雀躍した朝鮮側では、一月二日、『労働新聞』が金日成が数日前の党中央第三回常務委員会で行った報告を載せ、その中で、朝鮮の党と人民は三十八度線について「容認も座視もせず」とし、当面の軍事任務は逃走する敵に対して「積極的に追撃戦を行い」「決定的な戦闘」を組織することだと主張した。[191] 前段階の敗北の教訓と圧力により、金日成はいったん、三十八度線を越えてから二カ月間の休養に入る計画に同意したが、内心では依然可能な限り迅速な進撃を望んでいた。ただそれを直接言うのではなく、いつもソ連大使に新たに就任したラズワエフと朴憲永の口から言わせた。

彭徳懐が攻撃の停止を命令した当日、金日成は柴成文代理大使に対しこう表明した。部隊の休養時間は長過ぎない方がよく、一カ月あれば十分だ。時間が経って、河川と田んぼの氷が溶けると行軍にとって困難を増すばかりで、逆に敵軍も装備や人員の補給を行う機会を手にする。彭は直ちに金の意見を毛沢東に打電したが、部隊はやはり休養と補充が必要との主張を曲げなかった。[192] 一月九日午前、ソ連の中国駐在軍事総顧問ザハロフも、中国軍が前進を停止したとの知らせを受けると反対を表明した。戦勝した軍隊が追撃せず、勝利の成果を拡大しない軍隊は世界のどこにあるか、これで敵軍に息を抜く機会を与え、戦機を失う過ちを犯すことになると不満げに話した。代理総参謀長聶栄臻が丁寧に説明したにもかかわらず、ザハロフは自分の意見に固執した。[193] 同日、スターリンの電報が北京に届き、国際社会による中国への非難を避けるため、義勇軍は三十八度線以北および両側の海岸線の守備に回り、人民軍は引き続き南下して追撃することを提案した。毛沢東はすぐこの電報を彭徳懐に転送した。[194]

スターリンは再び彭徳懐を支持

一月十日夜、柴成文は金日成を案内して彭徳懐の指揮部にやってきた。彭は敵と味方の実際の状況を分析したうえで、わが軍はどうしても休養と補充が必要で、それを整えれば次の作戦でより多くの敵を殲滅できるとの考えを述べた。金は軍の休養に同意したが、期間をできるだけ短縮して、先に三個軍団を進撃させ、残りは一カ月間休養することを提案した。彭が、現在の出撃は敵軍にさらにいくつかの地域の放棄を迫ることができたとしても、その主力部隊を釜山という狭い地域に追い込んで分断して殲滅させることには不利だと説明した。これに対して金は、敵を殲滅できなくても、領土の拡大も大事だと反論した。彭は領土の拡大より、敵の殲滅が優先されるべきで、敵軍が消滅すれば領土は自然と手に入ると反論した。それでも金は、目下、領土を多く占領し、人口を増やせば、休戦後の選挙にとって有利だと弁解した。

彭は、今はそんなことを考える場合ではなく、より多く勝ち戦をし、より多く敵を殲滅するのが中心任務だと答えた。論争がなかなか収まらないため、彭徳懐はここで毛沢東の九日付電報を取り出して金日成に見せた。金は、自分が述べたのは個人の意見ではなく、労働党政治委員会全体の意見だと述べ、その場で電話をかけて、朴憲永に深夜に駆けつけるようにと命じた。(195)

一月十一日、彭徳懐は毛沢東からの至急電報を受け取った。休養時間の短縮に関する金日成の主張に対し、毛沢東はスターリンの電報を根拠に、次のように提案した。人民軍の第1、2、3、5軍団は全部漢江以南の第一線に配置し、義勇軍は仁川と漢江以北に撤収して二カ月から三カ月の休養に入り、仁川とソウルの守備は義勇軍が担当する。人民軍には中国の東北で訓練した新兵を補充することを提案したが、もしも金日成が補充と休養がなくても前進できると考えるなら、人民軍の南進追撃に同意し、その作戦は朝鮮政府が自ら直接に指揮すればよい。義勇軍は仁川、ソウルおよび三十八度線以北の守備に責任をもつ、という内容だった。

当日夕方、彭、金日成、朴憲永の会談ではさらに激しい論争が繰り広げられた。金と朴は、スターリンが言った人民軍の単独南進は、今の情勢が有利であり、米軍が朝鮮から撤収することを指しているとし、朴憲永は最近の一連の報道とソ連側から得た情報を列挙して、米軍は必ず朝鮮から撤収するが、わが軍が追撃しなければ撤収しない、米国は口実が必要だと結論づけた。彭徳懐は、わが軍が追撃しなければ、米国は進んで撤収することができ、これは彼らにとって最も良い口実ではないかと反論した。朴憲永は、追撃しなければ撤退はない、米国ブルジョア階級内部の矛盾を利用すべきだと答えた。彭は、さらにいくつかの米軍師団を殲滅して初めてこの種の矛盾を激化させることができるが、義勇軍は休養してこそ初めて戦闘に出られると話した。この時、金日成が口を挟み、半月前に提案した、義勇軍は三個軍団を南進させ、他の部隊は一カ月の休養をしてから直ちに進攻を展開するという主張を繰り返した。

彭徳懐はついに堪忍袋の緒が切れて、声を張り上げて興奮気味に言った。あなたがたの見方は間違っており、すべてたわごとを言っているようなものだ。かつてあなたがたは米国は絶対に出兵しないと言い切り、米国が出兵する場合にどう対応するかを想定して準備することをしなかった。今はまた、米軍は必ず朝鮮から撤収すると言い切るが、米軍が撤退しなければどうするかを考えない。あなたがたは早い勝利を望むが具体的な準備と対策をしない。それは戦争を長引かせるだけだ。あなたがたは戦争の勝利を幸運と僥倖に託し、人民の事業を賭け事のように扱っており、これでは戦争を再度敗北に導くに決まっている。義勇軍の休養と補充には二カ月が必要で、一日も減らしてはならず、三カ月かかるかもしれない。相当の準備がなければ一個師団たりとも南進させない。私は断固としてあなたがたのこのような敵を軽視する意見に反対だ。もし、あなたがたは私がこの職務にふさわしくないと思ったら、解任してもいいし、裁判にかけ、銃殺刑にしても良い。

続いて彭徳懐は毛沢東からの電報の意見に基づいてこう提案した。仁川と襄陽を結ぶラインより以北の全海岸線警備と後方の要衝ルートの確保は義勇軍が責任をもつ。人民軍の四個軍団の約十二万人はすでに二カ月休養しており、それをあなたがた自身の指揮に任せ、あなたがたの望み通りに引き続き南進すればよい。米軍が果たしてあなたがたの想像通りに朝鮮から撤退すれば、私は朝鮮解放の万歳を祝う。もし米軍が撤収しなければ、義勇軍は予定した計画に沿って南進作戦を続行する。

この提案を突きつけられて、金日成は、人民軍はまだ準備ができておらず、その元気も回復していないため、単独の前進はできないと表明せざるを得ず、性急な気持ちがあると認め、義勇軍が二カ月の休養後、再編成を行うことにしぶしぶ同意した。最後に、双方は両軍の高級幹部合同会議を招集し、経験の交流と思想の統一を図ることに合意した。(196)

スターリンは少し前、中朝の間で軍事の指揮権をめぐって論争が起きたことを知り、ある電報で、「中国義勇軍の指導は正しい」「疑いもなく、真理は彭徳懐の手が握っている」と述べ、彭徳懐はあのような劣勢の装備で最も強大な米帝国主義を打ち負かし、彼は現代の天才的な軍略家だと称賛した。スターリンはまたソ連大使シトゥイコフは軍事のことを何も分かっていないと批判し、これ以上彭徳懐の指揮の邪魔をしてはならないと命じた。(197) 毛沢東もここで彭徳懐に援護射撃をし、一月十四日付の金日成宛の電報で、こう述べた。「最近の二カ月から三カ月の間、中国義勇軍と朝鮮人民軍は深刻な困難を克服し、重くて厳しい一連の仕事を完遂しなければならない。それには、訓練を経た新兵を部隊に補充し、彼らにベテラン兵士の経験を学ばせること、部隊の武器装備を補充すること、鉄道の回復、補給品と弾薬を十分に準備すること、輸送と後方支援を改善することなどが含まれる。これら一連のことをうまくこなして初めて最後の勝利を勝ち取ることができる」。

毛沢東は、敵が抵抗の継続を準備している中で、「我々は十分な準備を整えてこそ初めて継続的な作戦ができる。さもなければ朝鮮軍が一九五〇年六月から九月にかけて犯した過ちを繰り返すことになる」「中朝両国の同志は気持ちを落着かせて必要な準備に取りかかるべきだ」との意見を明示した。翌日、毛沢東はこの電報をスターリンにも転送した[198]。それを受けて、一月十六日から十八日の間に行われた彭徳懐との会談で金日成は、朝鮮人民軍の単独南進は冒険的なもので、朝鮮労働党政治委員会は討論を経て、中国側が提起した二カ月間の休養に関する提案が正しいと理解したと伝えた[199]。

しかし金日成の心中の不満は容易に想像できるものだった。ソ連の朝鮮駐在大使ラズワエフはのちにこう書いている。「アメリカ人が朝鮮から撤収しようと準備したまさにその時、中国人は水原から離れて三十八度線地域に引き返し、大規模な進攻行動を放棄、また準備が不十分な軍隊を時々攻撃行動に参加させ、明らかに三十八度線地区での休戦を追求していた。中国が深刻な困難に遭遇していることは朝鮮人もわかるが、それでもこれらすべてのことは朝鮮の指導者の心にある中国人の威信を著しく損なった」と[200]。休戦後の長い間、朝鮮の党内では、「中国義勇軍は一九五一年初めに武装干渉者が敗北したとき、朝鮮の徹底的解放を望まなかった」という説が語り継がれていた[201]。この衝突は金日成の心に、中国人の想像以上の深い影を残したに違いない。

軍事的見地から見れば、彭徳懐の主張は実事求是（事実に即して問題に取り組む）で十分な根拠があったもので、朝鮮の指導者は甘い期待と冒険的主張の間でブレて、明らかに政治やその他の要素の影響を受けた。もっとも、ここで付け加えて指摘すべきなのは、中朝の間のこの種の相違は、軍事戦術面における異なる考えに過ぎず、全体的な戦略方針では、北京、ピョンヤン、モスクワの三者は一致しており、いずれも軍事手段もしくは軍事圧力を通じて国連軍を朝鮮半島から追い出し、朝鮮問題を徹底的に解決することを主張していた、という点だ。

まさにこのような気持ちに影響されて、毛沢東と金日成のいずれも、国連政治委員会が一九五一年一月に提案した休戦交渉の決議案を真剣に検討せず、早期に戦争を有利な形で終結させるタイミングを見逃した。またこれにより、中国はその後の長きにわたり、政治、外交、軍事など各方面において極めて受動的な局面に追い込まれた[202]。

誰が戦時の鉄道を管轄するか

義勇軍の連続三回の作戦勝利により、戦線が南に押し戻され、中朝軍の後方補給ラインは長く延びてしまい、軍隊の補給確保の問題はこれで突出した。朝鮮経済は戦争でほぼ破壊され、一九五〇年末の時点で工業生産は完全に停頓した。国民経済を回復するため、朝鮮政府は、中朝軍が三十八度線を南下した直後、「一九五一年第1四半期の国民経済の回復と発展に関する計画」など一連の決定を行った。特に五一年二月二十二日に出した「戦時中の鉄道運輸改善」に関する決定は、鉄道は「工業と農業の生産回復と国民経済の輸送を保障せよ」という任務を提起した(203)。ここで中朝双方は鉄道輸送の確保と鉄道管理体制をめぐる矛盾と衝突が表面化した。

中国軍の参戦にとって、兵站供給は最初から大問題だった。義勇軍司令部の電報によると、参戦して二カ月の間、供給は需要に追いつかず、多くの将兵が飯を食べられず、油と塩の不足が度々発生し、一部の部隊は綿靴がなく、弾薬が補充されず、負傷者は迅速に救助できず、後方の大量の物資は前線に輸送することができなかった(204)。朝鮮自身は戦争でほぼ廃墟になり、資源も不足しているので、義勇軍部隊は現地で食料と物資を調達することは不可能であり、一方の米軍は装備が優れ、機動性が強く、そこから捕獲することも期待できない。最初の段階では、物資と装備を国内から前線に運ぶのに自動車を頼りにしていたが、朝鮮北部は山が多く、道路状況が悪く、車の数も不足し、加えて敵軍による昼夜を問わない爆撃で損失も極めて大きい(205)。そのため、鉄道輸送の重要性は一段とクローズアップされた。

一九五〇年十一月四日、鉄道部長滕代遠は周恩来総理に対し、朝鮮側の鉄道輸送に関する組織能力はかなり低く、人員も揃わず、多くの軍事補給物資が運べない現状に鑑み、「東北鉄道局から一部の幹部を引き抜いて二つの分局相当の人材を確保し、鉄道輸送の直接的掌握にあたるべき」という東北鉄道局の提案に同意したいと申し入れた。周恩来は、同意を示し、東北鉄道局にこれを速やかに実施するよう電話で催促して良いと指示した(206)。十一月初め、彭徳懐は東北局に対し、鉄道輸送の強化と統一した指揮機関の樹立に関する要望を出し、中央から鉄道兵を朝鮮に派遣して鉄道修復の力を強化するよう要請した。十一月六日、鉄道兵団と鉄道関係者義勇支援大隊は相次いで朝鮮領に入り、朝鮮人民軍の鉄道修復部隊や朝鮮の鉄道関係者と肩を並べて作業した(207)。

鉄道輸送の管理を改善し、両国の輸送任務の協調を図り、前線への供給と負傷者の運搬を確保するため、十一月十六日、彭徳懐は高崗との面談で、中朝鉄道連合指揮機関を設立する構想を提起した(208)。このために中国側は何度も使者を派遣し、中国大使館の斡旋で朝鮮側関係者と協議を重ねたが、結果は出なかった。十二月三日、金日成が北京を訪れ、中朝連合司令部の創設問題をめぐって中国指導者と協議する中で、双方はようやく大筋合意に達した[209]。金日成は朝鮮に戻った後の十二月七日、彭徳懐との会談で、高崗が鉄道管理の幹部を任命することに同意した[210]。十二月九日、中央軍事委員会は高崗に打電し、東北軍区の鉄道軍需輸送司令部の設立に同意し、劉居英が司令官、余光生が政治委員、葉林が副司令官、劉致中が朝鮮軍隅里軍需輸送管理局長、劉震東が定州の同管理局長に任命された。中央軍事委の命令はまた、朝鮮領内の軍需監理局は必ず朝鮮側からも局長を一名任命し、中国側の局長とともにすべての問題処理を担当するよう指示した[211]。

十二月十九日、周恩来の修正を得て発布した「東北の鉄道輸送に対する軍事管制に関する中央軍事委員会の指示」は、戦時輸送の必要上「今後、東北の軍事、貿易などの物資を含む全ての輸送は、混乱を避けるため、軍需輸送司令部の許可を得て実施されるべき」と要求した。これで東北の鉄道全線に対する戦時管理体制が敷かれた[212]。十二月末、東北軍区鉄道輸送司令部(後に東北軍区軍事輸送司令部に改名)が正式に発足し、前線支援の輸送企画運営、鉄道修復の指揮にあたるとし、同時に、朝鮮鉄道軍事管理局が暫定的に設立され、中朝双方の共同管理下に置かれた[213]。

一九五一年一月十五日、朝鮮交通省は、安州、ピョンヤン、咸興の鉄道管理局の車両、機械、工務、電気部門は軍事鉄道管理局の命令を受け、ほかの材料、財務、人事、衛生、総務などの部門は交通省の各主管局長の許可を得て協力するとの命令を出した[214]。

一九五一年一月、東北軍区は瀋陽で、義勇軍の後方支援問題を全面的に討論する会議を開き、周恩来は聶栄臻らと出席した。席上、周恩来は、打たれ強く、空爆に耐えられる鋼鉄のような輸送線を打ち立てるようにとの任務を明確に要求した[215]。努力を重ねた結果、中断していた鉄道輸送は球場、定州以北(全長三八四キロ)の区間では迅速に回復され、一九五一年一月だけで二九四四本の列車を通過させ、前月比で四四%増加した。四月まで、軍管局の管轄範囲内の一三九一キロの路線のうち、輸送が回復したのは一三二一キロに上った[216]。

鉄道路線は輸送をほぼ回復したものの、後方支援と補給をめぐる根本的矛盾は緩和されなかった。中国と朝鮮がそれぞれ自国領内の鉄道しか管理しないため、協調が難しく、特に安全保障の面で重大な欠陥が存在した。例えば朝鮮の鉄道は暗号なしの通信を使用しているが、敵のスパイ活動も活発で、輸送情報がよく漏れるため、鉄道輸送と物資の貯蔵がいつも重大な損害を受け、前線の緊急に必要な物資はわずか六割から七割しか運べず、その他はほとんど途中で破壊された[217]。敵軍機による空爆でもたらされた損害の外に、最も深刻な問題は鉄道輸送内部の管理の混乱と、統一した運用がないことだった。せっかく運んできた緊急物資なのに、それを卸し運ぶ人員がいないか、大量の物資が鉄道の通る山のトンネルいっぱいに詰まったため輸送できないことが頻繁に発生したため、列車の運行時間は極端に長引き、熙川以北のトンネルの深刻な渋滞(例えば一九五〇年十二月末、三二九本の物資満載の列車が滞った)がネックになった[218]。

安州軍需監理局の報告によると、運輸の指揮をめぐる両国の現地人員の摩擦も増えていた。中国側の鉄道部員が不足していたため、一部の小さい駅の操車係は朝鮮人に委ねられたが、二月二日、朝鮮側の操車係が四〇〇二番列車が輸送した緊急物資を勝手に下ろし、朝鮮政府が必要な塩を運ぶことにした。運行時刻表ではその変更が反映されなかったため、中国側は翌日の車両検査で初めてこれに気づいた。二月七日、朝鮮の操車係は報告と協議を経ず、義勇軍兵士を運ぶ二本の列車を強引に停車させ、人民軍を運ぶ列車を優先して通過させた。三月に入ると、朝鮮人が武力で列車を止め、強引に転用する事件が何度も発生し、中国の軍事代表に銃を突きつけて脅かし、機関銃で走行中の列車を掃射するケースも現れた[219]。

鉄道軍管局が設立されたが、双方の共同管理であるため、多くの問題をめぐって相違と対立がずっと解決されなかった。管理の方針において、軍事管制方式をとるか、それともただ軍事代表制を実施するかが確定されなかった。輸送力分配の原則において、軍需物資を優先して運ぶのか、それとも民生用と経済建設の物資を主とするかも論争が続いた。そのため彭徳懐は毛沢東に、輸送問題を「速やかに確実に解決する方法を見つけなければ戦争が長引くことは必至」と不満を口にした[220]。いかにして各方面の関係を調整し、配車と指揮を統一した鉄道輸送体制を立て直し、鉄道輸送の安全と遅滞なき運行を保障するか、待ったなしになった。中朝連合鉄道輸送司令部を設立する問題に関して、前年十二月の金日成の訪中で基本原則が合意されたが、しかしその設置を目指す実際の交渉は何重もの壁にぶつかり、ゴールにこぎつけることができなかった[221]。

一九五一年二月十九日、交渉を担当する中国側代表葉林(東北交通部部長)、張明遠(東北後勤司令部副司令官)、彭敏(鉄道兵部隊幹部)は高崗への報告で朝鮮側の事情と思惑を次のように分析した。朝鮮側は交渉中、問題の細部をほとんど詰めず、出した意見にも自己矛盾がよく見られるが、その主張の根幹部分は一貫していた。第一、双方の輸送量が実際の鉄道輸送能力を超過した現状のもとで、朝鮮経済の回復を中心に考え、中国側が提案した「軍需の輸送の確保が優先」という原則に反対すること。朴憲永は、経済はすなわち政治だという点を繰り返し話した。第二、朝鮮の交通相が鉄道の管理に参加することを要求している。中国側が正職、朝鮮側が副職を務める連合軍需輸送司令部の設立と、中朝連合司令部の指導を受ける原則を受け入れたものの、朝鮮交通省との共同管理を要求し、中国側も朝鮮の軍事交通局に類似する機関の設立を提案している。第三、鉄道管理において、軍事管制を敷く制度の実施に反対する。朴憲永は朝鮮の元の各鉄道管理局を復活し、すでに設立した臨時の鉄道軍管局を定州管理局に変えるよう提案した。(222)

三月中旬になっても、鉄道管理の基本原則に関する双方の意見の隔たりは依然大きかった。軍事管制と鉄道行政の一本化は戦時において鉄道輸送の効率を向上させる有効な方法で、鉄道軍管局は中朝両国が共同で軍事管制を実施するための具体的な組織形態である。朝鮮側はこれに直接の反対が言えないため、一方的に軍事交通局を設立し、鉄道に対する支配権を確保しようと図った。元の管理局の機関の復活に関する要求は軍管局の権限の弱体化と制限がその狙いだった。早期に合意を見出すため、周恩来は譲歩案を示し、「連合司令部の指揮の下で双方が統一した軍事管制司令部を設け、鉄道の防衛と修復および配車の統一した管理にあたる」という点は貫いたが、「当面の戦争時期において朝鮮鉄道の行政はやはり朝鮮交通省の管轄とする」点には同意した。中国側の譲歩案については金日成も了解を示したが、中国側代表と朝鮮交通相朴義琓との具体的交渉に入ると、朝鮮側からまた一歩踏み込んだ要求が打ち出された。鉄道行政系統が交通省の指導下に帰属すること以外、軍管局の職権は計画の制定、鉄道輸送に対する検査と監督に限定し、鉄道の修復作業に関してはほかに共同機関を設立し、交通局の指導下に置く、という要求だ。

これは実質的に、すでに設立した中朝連合軍管機構を骨抜きにするような考えだ。交渉担当の中国側代表は、朝鮮側の揺さぶりと、双方の立場の距離が大きいことを痛感し、このままではたとえ文書での合意が交わされても実際の状況を変えることはできないと半ばあきらめ、「もっと威信のある決定力ある幹部を派遣してゆっくり交渉するよう」上申した。彭徳懐もなすすべがなく、交通省の意見を金日成に転送し、双方の政府レベルで協議することを要請し、朝鮮側が「軍需輸送が計画通りに完成されることと、鉄道の管理と輸送に関する具体的措置の制定」だけを要求することにしようと決めた。(223)

朝鮮側が出した、鉄道行政は朝鮮交通省に隷属するなど三項目の原則に対し、高崗は間もなく、朝鮮の鉄道に対する軍事管制制度の堅持、連合輸送司令部は瀋陽に置き、総代表は朝鮮交通省に駐在し、軍需輸送計画の実施を監督するなど五項目の逆提案を出した。葉林、張明遠、彭敏ら中国側代表はこれに基づいて朝鮮交通相と再度協議した。朝鮮側は高崗の五項目意見を基本的に受け入れたが、朝鮮交通省による各鉄道管理局に対する管轄権の行使の確定を要求した。これに関し、ソ連の朝鮮駐在顧問も、鉄道輸送の管理は国家主権にかかわるもので、朝鮮側の指導に委ねるべきだとの意見だった。交渉を重ねた結果、基本合意がまとめられ、双方はそれぞれ自国政府の批准を待つことになり、周恩来は合意案の全文を北京に持ってくるよう交渉担当者に求めた[224]。ちょうどこの時、モスクワからの電報が届き、情勢は急展開した。

金日成は三度押し切られた

周恩来がまさに中国側代表に交渉記録にサインしてよいと電報で指示した当日の三月二十五日、スターリンからソ連の最終的見解を示す電報を受け取った。「我が方の瀋陽駐在領事レドフスキー(A. M. Ledovskii)から、高崗同志の考えが報告されたところだが、部隊と作戦物資を前線に届ける輸送を正確に組織するには、朝鮮の鉄道は在朝鮮の中国司令部の管理に委ねるべきとの意見だ。領事の報告によると、金首相はこの意見を支持するが、朝鮮の閣僚たちは反対し、これにより朝鮮の主権が損われると考えているようである。もし私の意見とソ連共産党中央の意見が求められれば、我々はあなたに、我々は高崗同志の意見を完全に支持すると伝えたい。解放戦争を順調に進めるため、この決断は必要だ。総じて言えば我々は、朝鮮自身の利益を考えるためにも、中国と朝鮮の間にはさらに密接な国家間関係を構築しなければならないと考える[225]」。周恩来は直ちにこの電報を高崗と彭徳懐に転送し、引き続き「連合鉄道修復司令部を連合総司令部もしくは運輸司令部の指揮下に置くこと、あるいは朝鮮鉄道管理局を軍事管制下に置いて直接管理することを目指して交渉するよう」求め、中国側代表はこれまでの合意文書に署名せず、代わって朝鮮の交通相を瀋陽に招いて再交渉せよと指示した[226]。

スターリンの意見に基づき、中国側は斬新な協定案を準備した。一九五一年四月十六日、周恩来は倪志亮大使経由で金日成に次のような電報を打った。「戦争の需要に適応するため、朝鮮の鉄道は統一した軍事管制下に置かれるべき」で、すなわち「連合司令部の指導のもとで中朝連合軍需輸送司令部を設置し、朝鮮の鉄道に対する管理、輸送、修復、防衛の一本化を図る」こと、中国の同志を司令官に任じ、朝中双方はそれぞれ一人の副司令官を置くこと、所属する各級の機関とも中朝両国の同志をそれぞれ正職と副職に就けること、連合軍需輸送司令部は当面瀋陽に置き、それに属する鉄道軍事管理総局は朝鮮領内に置き、中国鉄道兵団および朝鮮鉄道修復機関はいずれも軍需輸送司令部の統一した管轄に帰属する、という提案内容である。(227) スターリンから明確な意思表示がなかったため、金日成は譲歩せざるを得ず、周恩来の新しい案を受け入れた。

五月四日、中朝両国政府は北京で「戦時の鉄道に対する軍事管制の実施に関する中朝両国の協定」に調印し、管理体制、組織機構、輸送力の配分などの重要問題について明確な形で規定した。その主要内容は以下の通りである。朝鮮の鉄道は直ちに統一した軍事管制下に置かれること。中朝連合司令部の指導のもとで瀋陽に中朝連合鉄道軍事輸送司令部を設立し、司令官と政治委員は中国の同志が担当し、朝中双方とも一人から三人の副司令官と副政治委員を任命すること、連合鉄道軍事輸送司令部の指導のもとで朝鮮領内に鉄道軍事管理総局を設置し、総局長は中国の同志が担当し、朝中双方とも一人ずつ副総局長を任命すること。所属する軍事管理局長、分局長、主要な駅長、係長および車両、機械、工務、電気、材料などの業務部門の責任者はいずれも中朝両国の同志が務め、中国側は正職、朝鮮側は副職であること、人事、供給、総務、衛生、保健などの業務部門の責任者は朝鮮の同志が正職、中国の同志が副職を務めること、鉄道輸送の主要任務は優先的に部隊の作戦に必要な物資の輸送および鉄道用の石炭と鉄道修復機材の輸送を保障すること。中朝両軍にとって合理的な輸送力の配分を保障するため、双方の作戦供給物資の輸送量(特種兵の装備と飛行場建設を除く)について暫定的に中国対朝鮮の比率は五対一と規定すること。朝鮮の国民経済に関わる輸送は重視すべきだが、軍事輸送を妨害しない原則のもとで一定の配慮をすること、などである。(228)

この協定は条項が極めてきめ細かく内容は幅広いもので、そこからも、鉄道輸送と管理における両国の矛盾と対立点がいかに多いかを垣間見ることができる。確かに、このような協定がなければ、中朝連合軍の全戦争期間中の後方支援は全く確保できなかったのだろう。

協定の趣旨に基づき、七月、安州で朝鮮鉄道軍事管理総局が正式に設立され、劉居英が局長兼政治委員に就任し、両国はそれぞれ一人の副局長を置き、統一的に朝鮮戦区の鉄道輸送と組織、運用を管轄した。軍管総局の下で熙川、定州、新成川、ピョンヤン、高原という五つの分局が設置され、合わせて一万二千人の中国側からの義勇人員(民間人)が含まれた。

八月一日、瀋陽で中朝連合鉄道輸送司令部が正式に発足し、中朝連合司令部の直接指導を受け、東北軍区副司令官賀晋年がその司令官を兼任し、張明遠は政治委員を兼任した。同年十一月、再び安州でその前線派出機関である前線鉄道輸送司令部を設立し、劉居英が司令官兼政治委員に、中朝双方とも一人が副司令官に任命され、軍管総局、修復指揮部、鉄道高射砲指揮部に対する指揮と協調を担当することになった。中国の鉄道兵団は四個師団と三個連隊に拡張され、朝鮮支援工程総隊を含めると、総人数は五万二千人余りとなった。それ以後、一本化した指導と組織運営の下で、鉄道輸送部隊、修復部隊および高射砲部隊の協調と連携も進み、「集中をもって〔国連軍の〕集中に、機動をもって〔国連軍の〕機動に対抗する」という作戦方針を実施し、鉄道の輸送効率を大幅に上げた。(229)

鉄道の管轄は国家主権にかかわるので、連合鉄道軍需輸送司令部は実際の活動では朝鮮側の利益と需要を特に配慮し、劉居英が一九五二年四月に高級幹部会議で述べたとおり、中朝連合鉄道司令部の発足後、「朝鮮の国民経済に関わる輸送に対する配慮は常に行われ」、人民軍と朝鮮政府の必要物資および朝鮮鉄道局が必要な石炭の輸送量は相対的に増加した。(230)一九五一年下半期に比べ、五二年上半期の義勇軍後方部門の輸送量は三〇％減ったが、逆に朝鮮人民軍と政府の輸送量は三六・四％増えた。(231)一九五二年十一月、両国はさらに「戦時における中朝連合軍事管制下の朝鮮鉄道が必要とする車両の運用に関する協定」を結び、「軍需物資の輸送を完遂する前提のもとで、可及的に朝鮮の国民経済輸送の需要を満たす」ことが明記された。「朝鮮領内における鉄道敷設に関する協定」では、双方は共同で朝鮮領内において計二一六キロの三つの鉄道路線を敷設し、「開通後、その所有権は朝鮮側に帰し、戦争期間中は中朝双方が共同使用する」こと、「建設に必要な経費は、朝鮮側が提供可能なものを除いて全て中国側が提供する」と規定された。(232)

戦後における朝鮮政府による鉄道管轄権の接収および経営管理の問題に対する配慮では、一九五三年六月、劉居英が進んで周恩来と中央軍事委員会に対して、「現在の軍事管理総局および各級機関の指導幹部の配置について、これまでの中国側が正職、朝鮮側が副職を務める原則を、朝鮮側が正職、中国側が副職を務める原則に変える」「将来的に鉄道輸送の指揮権を完全に朝鮮の鉄道省に引き渡すため、今から朝鮮側のために鉄道幹部の育成に協力すべきだ」と提案し、現時点で総局はすでに訓練班を開設する方法で千七百人余りの朝鮮人の業務担当幹部を育成しており、さらに師匠が弟子を教育する方法と一日おきに当直を交替する方法を採用して朝鮮側の輸送人員を育てることに着手しており、学習の成果を見ながら朝鮮側メンバーによる業務の自力担当に移行したいことを説明した。[233] 周恩来は直ちにこの報告を金日成に伝え、その上で、今後の朝鮮国民経済の回復と軍事の需要を満たすため、戦争終結の時点で中国は朝鮮側に、操業可能な状態まで蒸気機関車二十二両、貨物車五千両を修復して引き渡すこと、修復車両の数がそれに満たない場合は、中国国内から調達すること、戦後の朝鮮が必要とする客車は二百編成と見込まれるが、そのうち中国側は百編成を提供する予定で、残りの百編成は朝鮮がソ連から購入するか、もしくは機材を購入して中国側が組み立てるかすること、後者の実現が難しい場合は、中国側は残りの百編成も供与すること、そのほか、中国は三個師団と二個連隊の鉄道兵部隊を派遣して朝鮮側の鉄道修復に協力することを提案した。[234]

しかし何といっても、鉄道の管轄権は朝鮮の内政と主権に関わるもので、中朝の間で論争が最も激しい問題の一つになった。しかし彭徳懐がのちに振り返ったように、鉄道に対して軍事管制を敷くことは戦争という条件下では不可避な措置であり、休戦協定の調印後、中国は鉄道を朝鮮側の管理に全て任せた。[235] それでもモスクワの介入のもとで北朝鮮側に押し付けたやり方は、金日成の心にわだかまりを残したであろうことは充分想像できる。

毛沢東は戦争の長期化を主張

朝鮮戦争は三年に及んだが、一九五一年七月から休戦（一九五三年七月）までの大半の時間は敵対双方の交渉によって費やされた。この二年余りの間、中朝双方は休戦のタイミングをめぐって意見の相違が何度も現れ、対立と論争がやまなかった。

第五次作戦以降、中国側はついに戦争の続行はできないと認識した。五一年五月下旬、毛沢東は党中央会議を主宰し、「交渉しながら戦い、交渉を通じて問題の解決を求める」方針を決定した。[236] それに対し金日成は依然早い勝利と決着を望み、戦争が長引くことに反対し、中朝連合軍が六月末から七月中旬にかけてもう一度総攻撃をかけるよう求めた。毛沢東は金日成を六月三日北京に招いて協議し、情勢を説明したが、金日成は六月から七月に進攻しないことに同意したものの、準備を整えてから八月に反攻するよう要求した。[237] 毛沢東はそこでスターリンに金日成と高崗に会うことを要請し、同時に、ソ連で病気療養中の林彪も会談に参加するよう指示した。スターリンの許可を得て、六月十日、金日成と高崗はソ連が差

ソ連大使ラズワエフの観察によると、「朝鮮の指導者は公に、ストレートに言わなかったが、休戦交渉に対してやや警戒感があるようだ」という。金日成は朝鮮に戻った後、気持ちが落ち込み、ソ連代表マリク(Ia. A. Malik)が六月二十三日、国連で休戦交渉を呼び掛ける発言をしたが、それは「中国が休戦にこぎつけ、朝鮮を支援するという負担から逃れようとする最も明白な現れ」だと解釈し、マリクが声明を発表した後の数日間、北朝鮮の新聞やその他の宣伝機関は、これについて「詳細な説明もせず、いかなる評論文も掲載されなかった」。

その後、朝鮮の指導者も「休戦協定の締結は軍事と政治の両面から見て必要だと認識した」が、相変わらず、中国代表団(特にその責任者は李克農)は休戦協定達成のためにアメリカ人に対して過度に寛容で譲歩したとし、中国人は交渉の過程で迅速かつ十分に朝鮮側代表の意見に耳をかさなかったと文句を言った。特に七月二十七日、毛沢東が金日成に対し、アメリカ人が現在の最前線を境界線だとこだわるなら、中国側は、アメリカ人に一定の譲歩をしても良いとの意見を伝えたのに対し、金日成は強い不満を示し、直ちに、「この種の譲歩は許されない」もので、これは朝鮮に対する「重大な政治的打撃」を意味すると答えた。金日成はさらに朴憲永に対し向けた特別機に乗ってモスクワに向かった[238]。スターリンは、中国側の休戦交渉に関する見解を詳しく聴取してから賛意を表明し、毛沢東への返電で、「我々は、現在休戦することが良いことだと考える」と述べた[239]。金日成はこれ以上自分の意見を貫けなくなったため、朝鮮戦争はここから「交渉しながら戦う」段階に入った[240]。

図 32 朝鮮戦争の休戦交渉に関する問題を議論するため北京に到着した金日成(左)と毛沢東．1951 年 6 月 3 日．

し、「私は、中国人の支援がなくても戦争を継続する考えで、この種の譲歩をしたくない」と話した。

その後、米国代表が境界線問題で過度な要求を出し、また交渉が行われた中立区で挑発し、中国側が強硬な姿勢を見せたため、朝鮮人の気持ちもようやく少し和らいだ。もっとも、ラズワエフは、「最近の数カ月間、中国人に対する朝鮮人の態度は明らかに冷淡になり、ソ連を頼りにするという方針を一層強めた」とモスクワに報告した。[241]

しかし、中朝双方の休戦交渉をめぐる姿勢は間もなく入れ替わり、逆転した。一九五二年下半期、朝鮮の戦場において双方の戦力はほぼ均衡状態に達したが、板門店の休戦交渉は袋小路に入った。発端は、毛沢東が最も解決しやすいと最初の段階で考えていた捕虜の問題だった。[242]それ以後、毛沢東は戦争の続行を主張し、和平交渉において絶対譲歩しないとの姿勢に転じたが、朝鮮側は、米国の休戦条件を受け入れ、できるだけ早く休戦交渉の協定に調印するよう要望した。スターリンは、ソ連と米国の対抗というグローバルな戦略から、再度、毛沢東側に立った。

一九五二年二月、板門店での交渉は、休戦協定の調印後、九十日以内に関係諸国による政治会議を開いて朝鮮問題を解決する、という点では合意したが、ほかの議題、特に捕虜の問題では対立点が残った。朝鮮側はできるだけ早く交渉を終結させるよう主張し、金日成は毛沢東に「戦争の継続を望まない」との意見を直接表明した。[243]ラズワエフ大使はモスクワに次のように報告した。「金日成は南日と、交渉が妥結しない原因を討論する中で、休戦協定を結び、すべての未解決の問題を(国連の)政治会議の協議にゆだねるべきだとの考えを示した。金日成は、米空軍は朝鮮に重大な損害をもたらし続けており、交渉の遅延は不利だとし、捕虜問題をめぐって論争を続けても合理性はほとんどなく、論争の間にさらに大きな損害がもたらされているだけだと話した」。

金日成はまた、中国義勇軍捕虜の大半は旧蔣介石軍の兵士で、政治的に信頼できないため、「彼らのためにエネルギーを費やすことはあまり意味がない」とし、「金日成は南日に、この問題における中国人の本音を確かめるよう指示し、李克農の名義で捕虜の問題で譲歩を見せるよう提案した」。中国指導者の考えについてラズワエフ大使は、「大量のソ連の軍事装備の供給が朝鮮戦争の終結に伴って減少ないし中断することを懸念しており」、急いで問題を解決すれば、「逆に中朝側の力の弱体化につながりかねない」と主張しており、李克農は、国際社会の世論に働きかけず、また長期的に戦う心構えをもたなければ、アメリカ人は決して譲歩しないと話した。

毛沢東同志も、休戦交渉の行方を同様に判断しており、李克農への指示で、粘り強く、原則を曲げない立場を貫いて初めて主導権を勝ち取り、敵に譲歩を迫ることができること、交渉の過程でこの目標を実現するため、さらに数カ月間、敵と渡り合うよう準備すべきだと指示したそうだ」(244)。

五月二日、朝鮮休戦交渉の五項目の議題のうち、四項目は完全に合意したが、第四項目、すなわち捕虜の扱いをめぐって、米側が自主的帰還の原則を打ち出したのに対し、中国側は全員帰還の原則を堅持して譲らず、休戦交渉はこれにより合意にたどり着くことができなかった。朝鮮の指導者はもともと、五月以前に米国と休戦協定に調印し、これを前提に一九五二年下半期の経済計画と政治活動を計画していたが、交渉が捕虜問題で延びた結果について、「朝鮮の指導者は極めて深い失望感を抱いており、金日成は中国の同志が捕虜問題で譲歩し、休戦協定の調印を目指すべきだと要請した」(245)。朝鮮側の要望への配慮で、七月三日、中朝代表団は国連軍側に以下のような新しい提案を出した。

非朝鮮国籍の捕虜に関しては全員帰還を求めるが、朝鮮国籍の捕虜については全員帰還にこだわらず、すなわち「居住地が交渉相手の支配地にある朝鮮籍捕虜は互いに相手地域に送還されるが、軍隊に入隊以前に捕虜になった側の領土に住んでいた朝鮮籍捕虜は現地に留まり、故郷に釈放される」という内容である(246)。しかし米側は、中朝側の再三の譲歩(捕虜全員の帰還要求を下げたことを含む)を無視して、七月十三日、合わせて八万三千人の帰還(人民軍捕虜の八〇%と義勇軍捕虜の三二%を占める)という数字を提出して、これは譲れず、変えられない最終案だと声明した(247)。中朝側はこれに対する最終的決断を迫られた。

捕虜の扱いをめぐる相違

中国の指導者の立場ははっきりしていた。七月十五日、毛沢東は金日成への電報で次のように表明した。敵軍による大規模な空爆が続く軍事的圧力の前で、明らかに離間と誘惑の狙いを込めて真の譲歩ではないこの提案を受諾することは、中朝側にとって政治的にも軍事的にも極めて不利である。戦争の継続は確かに朝鮮人民と義勇軍にさらなる損害をもたらすが、中朝人民も戦争の中で鍛えられ、ますます強大になっており、全世界の平和を愛する人民が侵略戦争に反対することを鼓舞し、全世界の平和擁護運動の盛り上がりを押し上げる。この戦争によって米国の主要な軍事力は東方にはまり込み、絶えず打撃を被ることになる。一方、ソ連の建設は強化され、各国人民の革命運動の発展に好影響を与え、その結果、世界大戦の再発を遅延させる。毛沢東は、このような分析を踏まえて、中国人民はあらゆる可能性を尽くして、朝鮮人民が困難を克服することに協力する用意があると約束し、ともかく「現時点で敵のこの提案を受け入れることは敵の志気を高め、味方の立場を弱める」とし、電報の最後に、中国側の見解と方針についてはスターリンの意見を聞いてから再度ピョンヤンに伝えると、含みを持たせて締めくくった[248]。同じ日、毛沢東はスターリンに、中国側は「敵のこの挑発的で陰謀を込めた提案」を完全に拒否し、戦争の拡大も辞さない方針を伝えたが、「金日成同志はこれについて違う見解を持っているようだ」とも通報した[249]。

金日成は七月十六日の毛沢東への返電で、当面の情勢に対する分析に賛同するとし、中国が全力で援助を提供するという約束に感謝の意を表した[250]。しかし同じ日にスターリンに送った電報では、消極的防御の方針により、敵の空爆で朝鮮の都市と住民は極めて大きな損害を受けており、それでも中国は敵側の条件の受諾を拒否したとの不満をあらわにした。金は、毛沢東の意見に同意すると述べながらも、可及的かつ速やかな休戦に関する要望を明言した。「我々は、できるだけ早く休戦協定を調印し、休戦を実現し、ジュネーブ協定に基づいてすべての捕虜の交換を目指すべきであり、これらの要求はすべての平和を愛する人民から支持され、我々も受動的局面から脱却できるだろう」[251]。

捕虜の問題をめぐって中朝間で相違が現れたのは、政治的考慮以外に、双方の捕虜政策が完全に異なるという背景もあった。国内戦争の伝統的な戦術の影響と国際闘争の経験の欠如により、中国側は最初の段階では敵軍の捕虜を勾留することを考えていなかった。

一九五〇年十一月十七日、彭徳懐は中央軍事委員会に、作戦発動の前に敵軍に揺さぶりをかけるため、百人の国連軍捕虜を釈放するよう提案した。翌十八日、毛沢東は、「一部の捕虜の釈放は正しい考えだ。今後、捕虜に関しては何回かに分けて随時釈放すべきで、一々報告する必要はない」と返電で指示した[252]。このような経緯もあって、中国側が掌握している国連軍捕虜の数はかなり減った。また、一九五一年十一月、捕虜を釈放しやすいように、今後、南朝鮮の捕虜は人民軍の管理に任せ、義勇軍はほかの諸外国の捕虜のみ管理するという合意を交わした[253]。これにより、中国側が実際に管理している捕虜の数は限られていて、米側と取引を行うカードにはならない。これも中国側が「全員帰還」を主張した背景の一つだと考えられる。

一方、朝鮮側は、戦後の経済建設には労働力が必要だとの見通しから、密かに大量の捕虜を勾留していた。後任のソ連大使スーズダレフ(S. P. Suzdalev)の報告によると、「朝鮮の同志は、大量の南朝鮮捕虜を勾留し、彼らには北朝鮮で様々な重労働に従事させることが必要で、捕虜たちが自分の故郷に戻りたいという願望は考慮に入れなくてよいと主張している」。そのため、朝鮮側は一万三〇九四人の李承晩軍の捕虜を勾留し、そのうち六四三〇人は人民軍の中で服役させ、他の人員は内務部と鉄道部で様々な作業に従事させていた。ほかに、戦争の初期段階で南朝鮮から人民軍に「動員」した四万二二六二人を勾留しているが朝鮮側は、彼らは捕虜ではない立場をとった。(254) このような経緯により、朝鮮の指導者が堂々と「全員帰還」の原則を主張できなかったことは容易に想像できる。

最後に、問題はやはりモスクワで決着した。一九五二年七月十五日、毛沢東はスターリンに、米側の提案は、「〔中朝の捕虜に関する〕両者の比率は極めて不均衡で、敵がこれをもって朝中人民の戦闘的団結にくさびを打ち込もうとしていることは明らか」「敵の圧力に屈服することは我が方にとって極めて不利」とし、たとえ交渉が決裂しても絶対に譲歩しないとの考えを伝え、「この問題は政治問題であり、朝中両国のみならず、革命陣営全体にも影響がある」とその理由を説明した。翌日、スターリンから「あなたがたが和平交渉の中で貫いた立場は完全に正しいものだ」との返信が送られてきた。(255)

周恩来はスターリンと中国の経済建設を支援する問題を協議するため、予定通り八月にソ連を訪れたが、スターリンの同意を経て、金日成、朴憲永と彭徳懐も後から駆けつけてきて、休戦方針の対応をめぐる協議に途中から参加した。周恩来はスターリンに、戦場における中朝両軍の状況を紹介し、「現在、我々はより長期間の戦闘を行う十分な自信を持っており、強固な坑道工事を構築できたため、空爆にも耐えられる」と話した。捕虜の問題について、スターリンはまず、アメリカ人は自分の思惑通りに捕虜の問題を解決しようとしているが、国際法の見地から見て、交戦双方とも犯罪者を除くすべての捕虜を帰還させなければならないことになっていると指摘した上で、毛沢東は捕虜の問題について譲歩すべきか否か、どう考えているかと質問した。周恩来は、毛沢東は「捕虜の全員帰還という方針を貫くべき」との主張であることを伝え、「朝鮮側は、戦争の継続は自分の側に不利で、毎日の損害は返還交渉で争う捕虜の人数を上回っており、休戦は米国側に不利だとの考えだが、毛沢東は、戦争を続けることは我々にとって有利であり、これによって米国の第三次世界大戦に関する準備を狂わせたとの考えだ」と、双方の対立点を簡潔に説明した。

スターリンはその場で、「毛沢東は正しい。この戦争は米国の勢いを著しく傷つけた。北朝鮮人は戦争の中で被った犠牲以外、何も負けて失ったものはない。米国はこの戦争が自分に不利だと意識したから終結させようとしており、特に我がソ連軍が中国に駐屯していることを察知した後、なおさらそう考えた。従って、必要なのは気力と辛抱強さだ」と語った。スターリンはさらに、中国指導者の心の琴線に触れる問題に言及し、周恩来に対し、「米国に対しては強い姿勢で臨むべきだ。米国がこの戦争で負けない限り、中国は永遠に台湾を取り戻すことができないことを中国の同志は認識すべきだ」と強調した。

捕虜問題の具体的解決方法について、周恩来は、アメリカ人がある程度の譲歩を見せるなら、三つの対処のシナリオがあるとして、第一、米国が依然として捕虜の部分的帰還という考えにこだわる場合、我が方は同じ比率の米韓の捕虜を勾留すること、第二、捕虜の問題を中立国(例えばインド)の調停に任せること、第三、先に休戦協定に調印し、捕虜の問題についてはその後の解決を図ること、という対応策を挙げた。スターリンは第一案がいいとの考えだが、周恩来は重点的に第二案を紹介した。もっとも、中ソ朝の三者は、まず捕虜の全員帰還という立場を堅持すること、米側に先に譲歩させること、米国の脅しに屈しないこと、という点ではこの会談で完全な一致に達した[256]。スターリンは宴会の中で、さらに「中ソが団結すればどんな帝国主義も恐れることはない」「中国は東方の兵器工場になるべき」「東方の解放は中国が頼りだ」と語り、中国は「アジアの中核である」と持ち上げた[257]。これにより、朝鮮問題における中国の発言力が一層強まったことは間違いない。

ピョンヤンに対する説得はモスクワが引き受けた。九月四日の会談で、スターリンが金日成に、朝中間には休戦交渉の問題についてある種の相違が存在しているか、と質問したのに対し、金日成は「我々の間に原則上の相違は存在しない。中国の同志が提出した対策案に同意する。ただ朝鮮人民はいま極めて厳しい状況に置かれており、可及的かつ速やかに休戦協定を締結するよう望んでいる」と答えた。スターリンはこう答えた。「我々は事前に中国代表団とこの問題を討論し、アメリカ人が出した捕虜問題の条件に応じず、自分の条件を堅持する、という我々の見解を伝えた」「アメリカ人が二〇%の中朝の捕虜の帰還を拒否するなら、(中略)中朝の捕虜が帰るまで、彼らの二〇%の捕虜も返さない」。スターリンはさらに有無を言わさない口調で、「これは我々のこの問題に対する見解だ」と話してこの話題を締めくくった。[258] 一九五二年十一月十日、ソ連代表は国連で、朝鮮問題の解決に関する新しい提案を打ち出し、二十四日にはまた補足提案を出したが、二十八日、周恩来が中国政府を代表して声明を発表し、先に停戦してから次に捕虜の全員帰還の問題を解決する、というソ連の提案と補足説明に完全に賛成だと表明した。[259]

中ソ朝三角関係の真相

それ以後、スターリンの死去(一九五三年三月五日)まで、金日成は二度と即時停戦を主張しなかった。代わりに、より多くのソ連の支援物資の取得に主な関心を移した。しかし、朝鮮戦争が間もなく休戦を迎える段階で、中朝の間では直ちに休戦協定に調印するか否かをめぐっての相違が再度発生した。もっともこれは戦争期間中の最後の論争だった。一九五三年三月以降、ソ連の対外政策と戦争に関する方針が変わり、朝鮮の休戦をめぐる交渉も加速化した。ところが李承晩は休戦を望まず、一方的に捕虜を釈放する形で、休戦協定の調印を妨害しようとした。これに対し、中国側は再度戦闘を起こし、よりよい休戦条件を勝ち取ろうと考えた。しかし朝鮮側は、李承晩の捕虜釈放の行為を追及せず、直ちに協定に署名するようにと求めた。彭徳懐は金日成の申し入れを無視する形で毛沢東の支持を得て、自身の構想に従って規模がかなり大きな陣地突破作戦を発動し、成功させた。[260]

休戦の問題において、金日成は朝鮮の現実的利益を考えていた。戦争に勝つことが不可能になった以上、現状を維持するという前提のもとで戦争を早く終結させ、代わって経済建設に着手し、朝鮮北部に対する支配を強化するという選択が優先された。それに対し毛沢東は、アジアの革命に対する指導的責任を常に意識しており、二大陣営の対抗という全般的情勢に目を配り、北東アジアないし全アジアにおける社会主義陣営の安全保障上の利益に着目しなければならなかった。それがゆえに、中朝の間で相違が現れる度に、毛沢東はスターリンからの支持を取り付けることができた。

朝鮮戦争中における中ソ朝の三角関係および「血で結ばれた同盟」と称された中朝関係の真実に対する回顧と再検証を通じて、およそ以下の結論を見出すことができよう。

一、幕の後ろに隠れたものの、スターリンは疑いもなく社会主義陣営の旗手だった。毛沢東は極めて困難な条件下で義勇軍の参戦を決意したことにより、ソ連と社会主義陣営に対する中国共産党の忠誠心を示し、同時にこれによってアジア革命の実質的リーダーとしての地位を得た。毛沢東はこうしてスターリンの信頼を得て、中ソ同盟も強固なものになった。戦争期間中、モスクワと北京の意見はほとんど一致し、中ソの友好関係は日増しに強まった。

二、大規模な義勇軍を立て続けに朝鮮領に派遣したことにより、中国はかなりの程度で北朝鮮問題、特に中朝間における戦争の戦略と戦術をめぐる実際の発言権と主導権を手に入れた。中ソ両大国の思惑が一致するという状況の下、スターリンは中朝論争が発生したすべての重要問題において、ほぼ例外なく毛沢東側に立ち、金日成は我慢に我慢を重ねて従わざるをえなかった。(261) もっとも、朝鮮は当時、ソ連に不敬の念を抱く勇気がなかったが、中国に対する不満と怨恨が内心にみなぎっていった。

三、金日成は強烈な民族独立意識の持ち主で、また朝鮮で唯我独尊の支配的地位を樹立しようとしたが、朝鮮労働党内部では派閥が林立し、そのうち特に脅威となったのは南方派、モスクワ派と「延安派」だった。特に「延安派」のメンバーの多くは軍事分野の指導幹部で、彼らが参戦した中国軍と密接な関係をもったことで、金日成の不安が募ったことは疑いの余地がない。この種の心理的障害の存在にさらに輪をかけるように、中国の軍事指導者は時々、朝鮮側の指揮と戦闘能力を軽視し、さらにモスクワを通じて圧力を加えた。このような一連のできごとにより、中朝両国間にハイレベルでのイデオロギーを超越した真摯な感情と信頼はついに生まれず、それが彼らの同盟関係の行方に多くの面倒と困難をもたらすことになる。

休戦後の中朝関係はこのような心理的な影におおわれて始まった。

第三章 「チュチェ」の提唱——金日成の粛清と毛沢東の反発(一九五三—一九五六年)

スターリンの死去と朝鮮戦争の終結は、ソ朝関係と中朝関係に水面下で構造的変化をもたらし始めた。クレムリンの新指導者はアジア革命の指導と運用の責任を名実ともに中国に任せ、毛沢東は当たり前のようにそれを受け入れた。金日成を引き寄せ、休戦後も朝鮮問題に対する発言権と主導権を保つため、毛沢東は朝鮮に対する大規模な経済援助の実施を決定した。朝鮮の再建は主に中国、ソ連、東欧など社会主義陣営の国家の援助を受けて行われた。中国の経済の実力はソ連にはるかに及ばず、自身も戦争中に重大な損害を被ったが、朝鮮に対する援助の規模はソ連を大幅に超えた。金日成はこれにかなり満足したが、公の場では「自力更生」を強調し、中国とソ連の援助に言及することはほとんどなかった。朝鮮の党、政、軍の全権を一身に集めるため、金日成は様々な口実と手段を使って、党内の南方派の勢力を消滅させ、モスクワ派と延安派の幹部にも打撃を与え、要職から次々と排除した。これと同時に、金日成は教条主義と形式主義への反対、チュチェ思想の確立を打ち出し、これによってイデオロギーにおける決定権を手にした。ソ連共産党第二十回大会(以下、二十回大会と略称)以後、金日成はモスクワの新しい方針の受け入れを拒否する中で、延安派幹部はモスクワ派と組み、ソ連の不満を借りて金日成に対する批判を展開した。一連の動きを察知した金日成はあの手この手で大局を制圧することに成功した。

一九五六年八月末に開かれた党中央総会で、金日成は反対派の主要メンバーに「反党集団」のレッテルを貼り、彼らに対して党籍剥奪、解任と取り調べなどの処分と追放を行ったため、延安派の一部の幹部は中国に亡命した。毛沢東はこれに強く反発し、ソ連共産党代表団と協議した上、ミコヤンと彭徳懐をピョンヤンに送り、金日成に自らの決定を覆えさせようと迫った。金日成は北京とモスクワの高圧的要求の前で過ちを認めざるを得なかったが、内心では不服であった。ポーランド・ハンガリー事件が発生した後、金日成は巻き返しを図り、内部の粛清を強め、朝鮮問題を直接国連の処理に任せようとひそかに動いた。毛沢東は、朝鮮はもはや限界を超えたと判断し、社会主義陣営の東方の玄関の一角が崩れたとしてその崩れを封じ込めるべきだと強調し、極端な手段で問題を解決しようとソ連との協議に入った。中朝関係はこうして深刻な危機に陥った。

第一節　社会主義陣営と戦後の再建

朝鮮戦争では中国人民義勇軍と朝鮮人民軍が肩を並べて戦ったが、ベールを脱ぐと、「血で結ばれた同盟」が固められたのではなく、朝鮮の指導者に、中国に対する数々の不満や心の傷を残すことになった。もっとも、アジア革命のリーダーを自負する毛沢東の本意は、朝鮮の主権を侵害し、朝鮮の内政に干渉するものではなく、スターリンが朝鮮戦争前にやったような朝鮮に対する直接支配も求めようとしなかった。戦争期間中の両国のハイレベルの緊張関係を緩和するため、毛沢東は政治と外交面において、中国政府と軍隊は朝鮮を尊重し平等に扱うよう再三求め、経済面と軍事面において、相手の立場と需要を考慮した上で全力を尽くして援助を与えた。このような政策とその実施は中国軍の参戦から休戦後の朝鮮の経済回復と再建の時期まで続いた。

戦争中の中国による経済支援

義勇軍が創設されて間もない段階で、毛沢東は早くも朝鮮との関係に配慮するよう問題提起した。一九五〇年十月十八日に発布した「中国人民義勇軍の結成に関する命令」に、毛沢東は自ら次の一段落を付け加えた。「わが中国人民義勇軍が朝鮮領内に入った後、朝鮮人民、朝鮮人民軍、朝鮮民主政府、朝鮮労働党(すなわち共産党)、その他の民主党派および朝鮮人民の指導者金日成同志に対して友愛と尊重の念を示し、軍事規律と政治規律を厳格に順守しなければならない。これは軍事任務の完遂を保障する極めて重要な政治的基礎である」(1)。十二月三日、毛沢東は北京で金日成と会談した際も、我々は中国人民義勇軍に、朝鮮労働党、金首相、朝鮮人民政府を擁護すること、朝鮮人民軍を愛護すること、双方の関係を丁重に扱うことを要求したと直接に伝えた(2)。

彭徳懐が報告した朝鮮労働党の一部の政策上の問題および両軍の作戦協力に関する意見について、毛沢東は一九五〇年十一月十二日の返電で、次のように注意を与えた。「朝鮮の同志との話し合いではその方法に注意しなければならない。朝鮮との論争および相違は相当長い期間にわたることに心の準備をしなければならない。多くの勝利を収め、中国の同志の意見が結果として正しいことが何度も証明されて初めて、朝鮮の同志から賛同と敬服を得られる。これはごく自然なことだ」(3)。中朝関係に緊張の兆しが現れたとき、毛沢東はまた十二月二十六日の彭徳懐らに宛てた電報の中で、第三次作戦の終了と全軍の主力が後退して休養に入ったとき、「規律を整頓し、朝鮮の同志との関係を改善し(悪質な態度で朝鮮の同志に対処した者に対しては厳しく批判し、度を過ぎた者は免職にすべし)、人民大衆との関係を改善し(三大規律と八項目の注意(中国人民解放軍の軍規)の厳格な順守)、大衆工作を行う(困窮した民衆に対する一部の物質的困難の解決に関する支援を含む)こと」を重視せよと特別に指摘した(4)。

一九五一年一月十九日、毛沢東は中朝両軍の軍団以上の高級幹部連席会議での彭徳懐の演説原稿を審査した際、「中国人が朝鮮の政策と活動を決定していると受け止められるような表現を避けよ」と指示し、後に広く知られる次の一節を補足した。「朝鮮に入るすべての中国義勇軍の同志は朝鮮の同志に真剣に学び、朝鮮人民、朝鮮民主主義人民共和国政府、朝鮮人民軍、朝鮮労働党、朝鮮人民の指導者金日成同志を全身全霊で擁護しなければならない。中朝両国の同志は兄弟のように団結して生死と運命を共にし、共通の敵に打ち勝つために最後まで戦うべきである。中国の同志は朝鮮のことを自分のことのように扱い、指揮員と戦闘員に対し、我々が国内でやったのと同じように、朝鮮の一山一水一草一木を愛護し、朝鮮人民の針と糸の一本たりとも勝手に取らないよう教育しなければならない。これが勝利を確保する政治の基礎である」(5)。

毛沢東の指示が伝達された後、義勇軍の各部隊は早速、朝鮮軍民との団結や規律の遵守を「重要な政治原則の問題」と捉え、相次いで査察を行い、措置を制定し、また規律違反者を厳しく処罰した。第12軍政治部は全軍政治工作会議で、朝鮮の同志との交流を強化し、朝鮮側の人員を勝手に叱ってはならない、朝鮮人民の習慣を尊重して玄関に入ったら靴を脱ぎ、勝手に痰を吐いてはならないと要求した。鉄道軍需輸送総局の高級幹部会議でも、鉄道輸送と修復の過程で、中朝の団結を強め、軍民関係を密接にしなければならず、生活と業務のいずれの面でも朝鮮の同志との密接な協力に注意し、自己を厳しく反省し、身を引き締め、より多く相手を助け、より多く問題を積極的に解決すべきとの要求が出された。多くの部隊では中朝団結公約およびその他の規定が特別に制定され、幹部と兵士が互いに監督しあって実行するよう求めた(6)。

戦争の終結直前と休戦後でも、中国の指導者はこの問題に注意を払い続けた。一九五三年二月七日、朝鮮で金日成に元帥の称号が授与されたが、中国の一部の新聞が前の称号を使ったままで報道したため、党中央宣伝部は四月二十三日、全国各地の宣伝部門に対し、今後、金日成に対する呼称は一律に「将軍」から「元帥」に改めると特別な通達を送った(7)。五三年十月三日、周恩来は、中国人民第三回朝鮮慰問団団長賀龍、中国人民抗米援朝総会副主席彭真と会った際、わざわざ次のように注意した。これまでの二年間は激戦が繰り広げられていたため、朝鮮慰問団が先に義勇軍司令部を訪れたことは朝鮮の同志からも理解されるが、現在、朝鮮はすでに休戦したため、戦時下で認められたやり方でも今は変えなければならない。中朝の友情は確かに鮮血で固められ、兄弟のように親しいが、我々はやはり二つの国であり、必ず国家間関係として扱わなければならない。したがって今回の慰問団は先にピョンヤンに行って金日成を表敬訪問し、代表団のすべての活動も朝鮮政府のアレンジに従わなければならない(8)。

戦争中、朝鮮の政府と軍隊に与えた直接的な援助以外、中国はほかに多くの無形の経費を朝鮮のために使った。鉄道運輸の支出だけで、一九五一年に中朝連合輸送司令部が設立してから一九五三年末まで二億人民元に上り、そのうち朝鮮に対する直接支援は九五%を占めた(9)。より重要なのは、朝鮮民衆の苦難を救助するために多大な努力が払われたことだった。戦争の三年間、中国政府は朝鮮に大量の経済と生活物資を支援し、金額換算で七・三億元に達した(一九五三年末まで)。このほか、全中国で義援金公募キャンペーンが行われ、一九五二年五月まで、中国民衆は合わせて三七一〇機の飛行機の値段に相当する金額を寄付し、中華救済総会は大量の食糧と生活用品を朝鮮側に寄贈した(10)。

朝鮮難民の受け入れと救済は、中国政府の朝鮮支援の重要な内容だった。戦争期間中、朝鮮から中国に疎開した難民は合わせて一万三千人以上に上った(そのうち一万一千人は延辺にいた)(11)。東北各地の政府はいずれもその受け入れに関する特別な通知と規定を発布した。例えば河北省は朝鮮難民の救済を義勇軍に対する慰問と結びつけて義援金公募運動を盛り上げた。熱河省はまず県庁所在地の都市部で寄付運動を呼びかけ、続いてすべての村と工場、学校と町に広げ、週一回の進展状況の報告も求めた。山西省は『山西日報』で十項目の規定を発布し、朝鮮難民の救済に関する募金運動を中ソ友好協会の中心任務とし、会員が率先して寄付するよう呼びかけた(12)。東北地区、特に延辺の各県はなおさら積極的だった。

吉林省政府は「自由に移住してきた難民は受け入れ事務所よりすべて現地政府に定住を委託する」ことに関する通知、「友好国人員の我が省への移住は適切な受け入れと処理を求める」という指示を発布し、それに従い、一九五〇年十一月、延辺地区党委員会は各県と各市の責任者、公安局長会議を招集し、党書記朱徳海が自ら引率する形で、稽査処、開山屯、図們、南坪、涼水泉子、圏河などの地域で数多くの難民接待処と連絡処を設け、接待と受け入れを担当した。救済の経費は専員公署（省人民政府の派出機関）の拠出以外、各地民衆による支援を動員し、資金、住宅、衣服、食糧などさまざまな寄付も受け入れた。戦争の三年間、延辺地区は合わせて朝鮮難民一万一七二八人を受け入れ、救済金額一四億八八〇〇万元（東北通貨）、衣服四万三一八〇着、および難民の帰国費用一〇億一〇〇〇万元（東北通貨）を提供した。このほか、延辺の各県では負傷者接待センターと後方病院が設置され、一九五〇年下半期だけで朝鮮の負傷者と患者五万人余りを収容し治療した。[13]

戦争初期、朝鮮で帰る家がない孤児が大量に発生したため、彼らの受け入れと養育の問題も朝鮮政府を悩ませた。それに関して社会主義陣営の各国とも支援の手を差し述べたが、ソ連外務省の報告によると、一九五二年下半期まで、ポーランド、ハンガリー、チェコスロバキア、ブルガリア、モンゴルはそれぞれ二百名、ルーマニアは千五百名の朝鮮孤児を受け入れ、教育を与えたという。それに比べ、中国東北政府は進んで朝鮮政府に対し、戦争終結前、入学の年齢に達した児童は中国での教育を受けて良いと提案し、一九五二年第3四半期まで、中国政府は合わせて朝鮮の児童二万三千人を受け入れた。[14] 東北政府はまた一九五二年十月十二日、朝鮮の避難児童の接収と受け入れに関する対策案を特別に発布し、その中で、安東と図們の出入国管理局が受け入れた避難児童の実際の状況に合わせて接待センターを設置し、安東省（一九四七年設立。後に分割して遼寧省と吉林省に帰属）と遼東省（一九四九年設立。後に遼寧省に合併される）、図們市は民政、衛生、財政、公安など各部門の幹部を指定して具体的対応に当たり、東北民政局と吉林省民政局は幹部を派遣して協力することを要求した。避難児童に対する受け入れ、検疫、定住、医療、飲食、教育他の諸問題に関していずれも細かい規定が制定され、彼らのために初等学校と幼稚園も特別に設置された。[15]

中国政府の朝鮮に対する援助射撃にはほかにも多くの側面があり、大量の労働者、船員、大学生が中国で実習もしくは学習することの受け入れ、ポーランド、ブルガリアなどの国の朝鮮支援物資の中国領通過の輸送費免除なども含まれた。[16]

朝鮮戦争中、戦略と戦術をめぐって両国間の食い違い、ないし対立が生まれたが、多くの史料から見れば、毛沢東はずっと、双方の団結と友誼の強化を繰り返し強調し、とりわけ民衆の生活にかかわる問題では、中国政府は確かに全力を尽くして、相手の要求を満足するよう努力した。[17] 休戦後も、対朝鮮の援助方針は継続された。

北京で予想外の大収穫

朝鮮戦争の休戦後、一九五四年のジュネーブ会議で参戦した各方面は戦争の終結に関する合意を達成できなかったが、どちら側も北東アジアで再度武装衝突を引き起こす意欲を失った。[18] 戦争の硝煙が散った後、朝鮮は、自国が直面する経済回復と建設は戦争に負けないくらい状況が厳しいことを痛感した。一九五四年三月付でソ連大使館が朝鮮中央統計局の資料に基づいて作成した詳しい報告書によると、戦争期間中、朝鮮の人口は一二〇万人近くまで激減し(ほかに六〇万人が徴兵された)、労働力は極端な不足の状態であった。戦争による直接的経済損失は四二〇〇億ウォン(約一四〇億ルーブル)に達し、一部の最重要の工業生産(電力、石炭、鉄鋼、セメント、食塩など)は大幅に減産し、冶金、化学、燃料などの重要な工業部門は徹底的に破壊された。農業の損害も極めて深刻だった。[19]

まだ戦争のさなかから、金日成は戦後の経済復興を憂慮しており、一九五二年、鉄道の管理権と休戦交渉問題をめぐって中国と対立した重要な問題もここにあった。そのため、休戦協定に調印した直後から、金日成は経済再建のための援助を社会主義陣営諸国に求めようと考えたが、真っ先に要請した相手は肩を並べて戦った中国ではなく、幕の後ろに身を隠していたソ連だった。

休戦協定調印三日後の一九五三年七月三十一日、金日成はソ連大使館に、戦争によってもたらされた損害の状況に関する詳しい報告と政府の正式書簡を渡した。書簡はソ連に対し、六二名の専門家を派遣し、朝鮮の経済復興および最も重要な工業と企業の計画の制定に協力するよう要請した。[20] 八月三日、ソ連共産党中央は、朝鮮の破壊された国民経済の復興を支援するため一〇億ルーブルの援助を供与することを決議した。[21] 二日後の八月五日、朝鮮労働党中央委員会第六回総会が開かれ、国民経済の再建計画が協議されたが、金日成は席上、「ソ連政府から、一〇億ルーブルの援助供与を決定したとの知らせを受けた。ポーランド、チェコスロバキア、ハンガリーなど各国政府も援助を提供する決定を行った。これらの国では朝鮮の経済復興と発展を支援する大衆的運動が湧き起った」と興奮気味に発表した[22]。

しかし金日成はやや楽観的すぎたようで、モスクワの情熱は朝鮮人が期待したほどのものではなかった[23]。金日成はさっそく八月にもソ連を訪問したいと申し入れたが、ソ連共産党中央は九月に訪問を受け入れると伝えた[24]。両国政府は九月十九日に援助協定に調印し、ソ連は二年以内に一〇億ルーブルの無償援助を供与すること、そのうち六億は工業企業の再建と拡張に使い、四億は新しい建設項目に使われること、ソ連側は設計と設備供給、組み立ておよび朝鮮側技術幹部の研修を引き受けること、朝鮮に供与した二億九八〇〇万ルーブルの借款の返済期間の延長と金利の引き下げ、などの内容が含まれた[25]。しかしこの支援は明らかに朝鮮側の要求を満足させることができなかった[26]。ピョンヤンに戻った金日成は商業相李周淵を東欧諸国に派遣し、支援を求めた(後に東欧諸国から一九五四年末まで、合わせて二億二〇〇〇万ルーブルの実際の援助金額が使われた[27])。その一方、自ら中国に援助を要請に行くことを決定した[28]。

図 33　中国の国慶節に参加した金日成(右), 毛沢東(左 2), 劉少奇(左 3), 陳雲(左 1), 彭徳懐(左 3)

ところが、金日成は中国で予想外の大収穫を得た。戦争期間中、中朝両国指導者は一連の重要問題をめぐって対立と衝突が生じたため、朝鮮は中国に対して外部で想像されるほどの信頼と感謝の気持ちを持っていなかった。まして、経済利益の面において朝鮮はずっと勘定高かった。新中国の誕生直前、鴨緑江水力発電所の電力配分を協議した際、その建設費用は中国が大半を拠出したにもかかわらず、中国側が全発電量四〇万キロワットの五〇%の取得を希望したのに対し、朝鮮は二万キロワットの送電しか認めなかった。[29] 朝鮮戦争初期も、金日成は、義勇軍の炊飯用の薪について、朝鮮側は市場価格で提供し、中国側は現金で支払うか、または戦後の支払いを要求していた。[30] そのような経緯もあり、中国に大規模な援助を頼むことに、金日成はいくらか後ろめたさもあったと思われる。

中国の援助額はソ連・東欧を上回る

ところが、金日成は北京への二週間の訪問で、モスクワと東欧が約束したものをはるかに上回る援助を取り付けた。中国側が提案した「中朝経済および文化協力協定」など七つの文書に、金日成は喜んで調印した。周恩来は一回目の会談で、秘密の技術協力協定に調印してもいいと申し入れた。[31] すでに公開された資料によると、中国が約束した援助には次のようなものが含まれた。

一九五〇年六月から五三年末まで中国が援助した七億二九〇〇万元(一四億五〇〇〇万ルーブル相当)の返済免除、さらに一九五四年から五七年までの四年間、八億元(一六億ルーブル相当)の無償援助を供与すること(そのうち一九五四年に三億元を供与)。[32] これらの援助は主に物資援助の形で行われたが、石炭三三五万トン、コークス二八万トン、綿花三万三九〇〇トン、綿糸三〇〇キロ、紡績製品八万七二〇〇メートル、とうもろこし四一万トン、米四〇〇〇トン、大豆一七万トン、ゴム一万一二〇〇トン、紙一二五〇キロ、鉄鋼製品五万二九〇〇トン、鉄道レール五五〇〇トン、旅客輸送と貨物列車一六〇〇両、自動車タイヤ一五〇〇個、手押し車四〇〇〇台、金属パイプ二万トンなど合わせて三千以上の品種にわたった。[33]

また、東ドイツの公文書によると、一九五三年中、中国が朝鮮に一五〇〇万元(二七六〇万ルーブル)相当の援助を行うことに関する別の協定も調印され、この追加援助のうち、六六・三%は物資供給の形で行われ、石炭、綿花、輸送資材、化学品原料、医療用品、日常品などがそれに含まれたが、残りの三三・七%はプロジェクト投資の形で、鉄道の修復と建設、輸送費用および専門家の育成などに使われた。[34] 一九五三年十二月三十日、両国はさらにピョンヤンで議定書に調印した。義勇軍が参戦中に朝鮮政府から借りた物資を人民元約三三七三万元に換算して朝鮮側に返済する、という内容だった。[35] このほか、中国は一九五四年から五六年までの三年間、二万二七三五人の朝鮮の避難児童を引き取り扶養し、その教育を担当する七一八六人の朝鮮人とその家族の生活費も負担すると約束した。

ほかの面において中国が朝鮮に提示した援助の条件もソ連より良かった。中朝の協定によると、朝鮮で働く中国の専門家に対し、朝鮮政府は彼らが中国で受領するものと同額の給料(出張費と補助費用を含む)、医療費、宿泊費、交通費を負担するが、その他の費用を一切支払う必要がなかった。それに対しソ連から派遣された専門家には、朝鮮政府は以上の費用以外、専門家全員に毎年、ソ連での一カ月の給料相当の旅行費用、休暇補助費用および給料二カ月分相当の教育関連補助費用を提供し、さらに専門家の技術ランクに応じてソ連政府に毎月二千から四千ルーブルの「元所属機関の損失費用」を払わなければならなかった。

中国に研修に来た朝鮮側メンバーには、中国の同等の技術者もしくは技師と同レベルの待遇が適用され、医療費は免除され、宿泊費のみ支払い、朝鮮政府が支払う研修メンバーの往復旅費のみ負担したが、ソ連の場合、研修人員の受け入れに関するソ連の規定に基づき、朝鮮政府はすべての滞在費用以外に、実習指導費用も負担し、平均して一人当たり毎月百から百五十ルーブルをソ連側に支払った。朝鮮の留学生に対し、中国は朝鮮政府が学生に支給する助学金と国内旅費を徴収するだけなのに比べ、ソ連は教育、宿泊を含むあらゆる支出の五〇%を徴収した。中ソ両国の朝鮮に対する援助の歴然たる差を見たソ連外務省極東局は、財務省と一緒に、ソ朝間の協定書の関連条項の修正を行うよう提案した。(36)

以上で分かるように、朝鮮の経済再建の最初の年に中国が行った無償援助の約束は金額で見れば、ソ連と東欧諸国の合計を超えた。後者が合わせて一二億ルーブルだったのに比べ、中国は三〇億ルーブルを超えた。(37) のちに人民元とルーブルの換算方法の変化(38)や借款返済の免除などにより、ソ連の朝鮮に対する無償援助の金額はいくらか増えた。(39) いずれにせよ、中国自身は建国間もなく、朝鮮戦争参戦で被った重大な損害を併せて考えれば、これほどの大規模な援助を決意したのは並大抵のことではなかった。(40) ある学者は、これは中ソ両国があの時点ですでに朝鮮への援助をめぐってある種の「競争」状態にあった現れだと指摘する(41)が、このような分析は早とちりであろう。当時の中ソ関係は上昇気流に乗り始めた時であり、中国自身の経済復興もソ連からの大規模な援助に頼っていた。ソ連との競争を考える余裕はまだなかった。では毛沢東はなぜ、自分自身の能力の限界を超えた援助を決断したのか。合理的な解釈は「別の意図がある」ためだと推察される。

毛沢東は朝鮮戦争中に中国が朝鮮の指導者に不快感を与えたことを知っており、中国は今アジア革命の指導者であり、歴史上も朝鮮と深いつながりがあったため、朝鮮に対する中国の影響力の回復を念頭に、一般常識を超える努力を払う必要があると考えたのであろう。そのような思惑は中朝の協定が調印された後の一九五三年十二月十日、中国共産党中央が特別に発布した広報宣伝に関する指示からも垣間見ることができる。

同指示は、今回の協定の調印は朝鮮戦争参戦後の「もう一つの重要な出来事」で、「中朝両国人民の切なる利益に合致し」、「重要な国際的意義をもつもの」と位置づけ、中国が一方的に朝鮮を援助しているとの見方は誤りで、朝鮮人民の勇敢な戦いは中国を支援したことにもなり、これまで朝鮮人民が我々を支援したことに関する宣伝が弱かったため今後強化されるべきであること、朝鮮は今回の戦争で極めて大きな損害を受け、民衆の生活は極めて困窮していたため、援助は必要不可欠であること、朝鮮の回復と強大化は中国に有利であること、困難を恐れず、労働を愛し、規律を遵守するなど朝鮮民族の長所についてこれまで紹介が不足であり、今後増やすべきだ、といった内容を具体的に指導した[42]。周恩来も朝鮮代表団との会談で、一連の援助に関する協定について、それは「中朝両国人民の伝統的な戦闘友誼と両国間の協力関係を協定の形で固定化したもの」と説明した[43]。

ソ連と東欧諸国の援助資金は主に工業設備と原材料の購入に充てられたが、中国の援助は紡績機械、蒸気機関車、車両といった一部の工業設備の購入と石炭の供与に使われた以外は、重点的に生活物資の提供に充てられた。一九五四年だけで中国は朝鮮に十三万トンの食糧、四千万メートルの生地（朝鮮の一九五五年の全生産量にほぼ相当）、六十万足の靴、三十万着の綿入れ服を輸出した[44]。朝鮮の技術者と技術労働者の育成にも中国は力を入れ、一九五四年だけで三千人余りの朝鮮人研修生が中国に送られ、のちにその数は一万人余りに増えた。上海に来た研修生は合わせて二六九人で、ほとんど軽工業と日用品工業の企業に振り分けられ、うち三九人は国営もしくは公私合営企業で、二三二人は私営企業で研修を受けた[45]。瀋陽では主に中国が引き受けた朝鮮人孤児に対する研修が行われ、三一の工場に振り分けられ、機械製造などの生産技術を学び、一年後に帰国して勤務することが予定された[46]。一九五四年、中国はまた二九五人の技師と技術者を朝鮮に派遣し、その経済再建に参加した[47]。

義勇軍の現地支援

資金、技術、物資の援助以外、特筆すべきなのは、数十万人の義勇軍将兵が朝鮮の戦後再建に無償労働の形で貢献したことだった。朝鮮の労働力が極めて不足していた戦後の初期において人的支援はとりわけ貴重なものだった。休戦後の三カ月間、義勇軍鉄道兵は三〇八の橋梁(全長一万五千メートル)の修復、修繕と新築に当たり、三七カ所の鉄道の駅を修復し、朝鮮の鉄道関係者に協力して朝鮮北部の全鉄道路線を回復させた。そのほか、都市の再建、ダム・堤防・用水路の修築、植林、農産物の種まきと刈り入れ、民家と校舎の修復など各方面に義勇軍は強大な人的支援を行った(48)。

一九五七年上半期だけで、義勇軍が朝鮮の経済建設に投下した労働力は四三万日相当だった。一九五八年の全軍撤退まで、義勇軍は朝鮮で、合わせて公共施設八八一カ所と民家四万五四一二軒を新築し、橋梁四二六三を修復もしくは新築し、堤防四〇九六カ所(全長四二万九二三〇メートル)、用水路二二九五本(全長一二一八・七一キロ)を建設し、農作業八億五〇〇〇万坪、肥料運搬一三一四万六〇〇〇回、植林三六〇八万六五〇〇本、食糧物資の輸送六万三八五三トンなどの協力を行った。このほか、義勇軍将兵は自らの生活を節約し、食糧一千万キロ以上、衣服五八万九〇〇〇着を拠出して、駐屯地周辺の民衆に寄付し、朝鮮民衆のために延べ人数一八八万三九〇〇〇回の治療を行った(49)。

中国とソ連やその他の社会主義諸国による経済技術援助は、朝鮮の戦後復興と再建に重要な役割を果たした。一九五四年三月十一日、朝鮮の内閣は、「一九五三年の計画、すなわち全面的に人民経済を回復するのに必要な準備と環境整備という目標を見事に達成した」とし、これからは経済の復興と発展を目指す三カ年計画(一九五四年から五六年)の実施を開始することを宣言した(50)。一九五四年四月二十二日、国家計画委員会委員長朴昌玉は最高人民会議第七回会議で三カ年計画の草案に関する報告を行い、数日後、最高人民会議常任委員会は三カ年計画の法令を公表した。その中で、一九五六年まで、工業の生産高は戦前レベルを超過し、一九四九年の一・五倍(うち消費材の生産は二倍)を達成すること、農業面において米の生産量は戦前レベルの一九%を上回ること、国民所得は一九四九年より三〇%以上伸ばすこと、といった目標を打ち出した(51)。

三カ年計画実施の間、ソ連は引き続き工業設備の提供を行ったが、中国の援助は少数の軽工業設備の提供と企業建設の支援以外、主に生活用品と工業原料を提供する形で行われた(52)。一九五四年から五七年まで、中国の朝鮮に対する貿易輸出総額は九億二二〇〇万元、輸入総額は一億二七〇〇万元で、その差額の七億八五〇〇万元は主に資金援助の形で補填した。中国が供与した主な商品は、食糧四四・九万トン、大豆一七・八万トン、綿糸三九五〇トン、綿花三万五五九〇トン、生地八八四七・六万メートル、石炭三四五・六万トン、コークス二六万トン、ゴム一・一二万トン、だった。朝鮮から輸入した商品は主に海産物、砂鉄、化学原料とリンゴなどであった[53]。中国対外貿易部は、朝鮮（とベトナム）に対する援助は優先的に確保するようにとの内部指示も出した[54]。

社会主義陣営諸国による支援は朝鮮の復興と経済再建に疑いもなく重要な貢献となった。三カ年計画の実施期間中、朝鮮が再建した工業プロジェクトの八〇％以上は関係諸国の援助によるものだった[55]。完全にソ連や中国、東欧諸国が建設を担当した工業プロジェクトは九〇（軍事プロジェクトを含まれない）に上り、同期における朝鮮の修復と新設工場総数の二〇％を占めた[56]。

朝鮮の三カ年計画の目標は一年繰り上げて達成されたが、多くの問題と後遺症が残ったことものちに明らかになった。特に農業分野では、一九五五年の食糧総生産は二四四万トンで、前年を上回ったものの、一九四九年の水準（二八〇万トン）にははるかに及ばなかった[57]。その間、中国が一九五四年と五五年にそれぞれ一三万トンと一五万トンの食糧を供与し、ソ連が五万トンの小麦を緊急支援し、それが朝鮮にとって焦眉の急を解くのに大きな助けになったことはソ連の文書で分析された[58]。

党の誤った政策がもたらした経済面の深刻な問題を外国に知られたくなかった金日成は、朝鮮の解放十周年の記念式典に外国代表団を招待しないといったん決めた。しかし中国側が代表団の派遣を再度申し入れたため、朝鮮政府は、中ソ両国の代表団のみを招待し、ほかの国の代表団を受け入れない、という方針に修正した[59]。一方、金日成の急進的経済政策に対して、朝鮮労働党内部のモスクワ派と延安派の幹部がソ連と中国の経験を引き合いに出して批判を度々行ったことが金日成の不満を招き、労働党指導部内の矛盾はこれで一層激化した。

毛沢東は朝鮮戦争後、中国自身の経済が深刻な困難にある中でコストを一切考慮せず朝鮮に対する大規模な援助を行った。その考えの背後、特にその深層には、どのような発想があったのだろうか。中国と朝鮮の間は歴史上長期にわたって宗主国と藩属国の関係を保っていたが、その特徴の一つは宗主国が相手の主権を奪うのではなく、ただ臣服と追随を要求する、というものであった。毛沢東は古代の歴史を熟知し、中国の最高指導者とアジア革命のリーダーとして、彼の頭の中には有形無形の「天朝」の統治理念が浸透していたと思われる。それに関し、陳兼教授は次のように分析した。「毛沢東は、朝鮮戦争への参戦は朝鮮の政治と軍事に対する支配、という『低レベルの目標』を実現するためではなく、より高いレベルの目標、すなわち朝鮮が内心で中国のアジア革命に対する指導的地位を受け入れるようにするためだった[60]」。

対外関係の視点から見ても、中国の朝鮮に対する方針は最初から、力ずくで服従を強要するものではなく、恩恵と道徳的優位性を示すことにより、相手が内心から納得し感謝し敬意を表すようにすることだった。新中国政府の朝鮮に対する外交方針はまさにこの種の理念をベースに形成されたのである。しかし、朝鮮労働党内の対立が激化した結果、金日成は元延安派の幹部に対して粛清と追放を行う事態になり、一時、朝鮮が社会主義陣営からの離脱を図っているのではないかと毛沢東は判断した。ここまでくると、中国の朝鮮に対する姿勢にも変化が訪れた。

第二節　金日成の党内粛清と「八月事件」

ソ連占領軍は朝鮮から撤収した際、最高権力を金日成に移譲したが、金日成が首脳を務めた朝鮮労働党は多くの派閥の連合でできたもので、かつての党内派閥闘争の伝統もあり、簡単に団結と内部統一が図れるものではなかった。国連軍の仁川上陸作戦の成功は北朝鮮軍の敗北をもたらし、それは同時に、金日成の威信と影響力を著しく傷つけ、彼の指導者としての地位も各方面からの挑戦を受けた。金日成は党内と国内における絶対的な支配的地位を獲得し、個人の絶対的権威を確立するには、これらの派閥を逐一消滅しなければならなかった。

南方派が先に一掃される

朝鮮労働党の中で金日成の指導者の地位に挑戦する真の実力を持っていたのは朴憲永と彼が指導する南朝鮮労働党であった。朴憲永は一時期、モスクワからも高く評価され、彼を党と政府指導者に据えることも検討されたが、朝鮮の南北分裂により、南部に支持基盤を置く朴憲永は北方への避難を余儀なくされ、それ以後、党内ナンバー2の地位に甘んじざるを得なかった。しかし金日成は、彼を常に自分の地位を脅かす最も危険な人物として警戒し、一方、朴はソ連や中国のような有力な「後ろ盾」もないため、最も対処しやすい相手でもあった。そこで、党内での粛清はまず朴憲永と南朝鮮労働党にメスを入れることから幕を開けた。

一九五三年三月十六日と四月十二日、南方派の幹部が突然相次いで逮捕された。七月三十日、すなわち休戦協定が調印された三日後、刑法第二五条に基づき、国家裏切りの罪で李承燁ら十二人に対する公訴が行われた。八月三日、最高裁判所は開廷審理し、三日後の八月六日に裁判が終結し、起訴された人たちは、米国のためにスパイ活動を行ったこと、南朝鮮の民主人士を弾圧し革命勢力を破壊したこと、武力で共和国政府の転覆を図ったこと、という三つの罪名が適用され、十人に死刑判決、二人にそれぞれ十二年と十五年の禁固刑が言い渡された(61)。八月五日から九日まで開かれた朝鮮労働党第二期六中全会で、李承燁をリーダーとする反党裏切りスパイ集団の罪状が公表され、朴憲永、朱寧河、張時雨ら七人の中央委員の職が解かれ、党籍剝奪の処分を受けた(62)。これで南朝鮮労働党の一派はほぼ一網打尽にされた。

李承燁グループの摘発は朴憲永を粛清するためのステップで、続いて金日成は、朴憲永本人をいかに一段と追い詰めるかに着手した。一九五三年九月、ソ連大使館は朝鮮側から、調査の結果、朴憲永と李承燁はかつて南部で米国占領軍のホッジ(John Reed Hodge)将軍と接触があり、その指令を受けていたとの通報を受けた(63)。だが、朴憲永のような著名な古参革命家を死刑にすることは中国とソ連からストップがかけられた。一九五三年十一月に訪中した金日成は毛沢東との会談で、朴憲永の裏切りに関する証拠はまだ不十分なので、どのように対処すればよいかと聞いたのに対し、毛沢東は、朴憲永は一介の文人で、ベリヤのように多くの人を殺したわけではなく、彼が反革命分子でないことが将来的に証明されれば名誉回復をしていいし、確かに反革命であれば監禁すればよいので、「くれぐれも殺してはならない」と答えた。この件を知ったソ連側も、ピョンヤンにいる国家安全委員会の在朝鮮顧問を通じて金日成に対し、朴憲永を死刑にしないよう提案した(64)。

しかし二年余り経った後、朴憲永は一九五五年十二月三日に起訴され、その罪名は李承燁らと全く同じだった。十二月十五日午前、朴憲永に対する裁判が行われ、夜八時、死刑判決が言い渡された(65)。最大の障害物だった南方派の壊滅は、金日成が権力を完全掌握するために必要不可欠だったが、最高人民会議主席団が批准した朴憲永に対する死刑の執行は引き延ばされた(66)。原因は簡単だ。金日成は彼の証言を使ってその他の派閥のリーダーを打倒する必要があったからである。

軍権を奪われた延安派

延安派は南方派と対照的な存在だった。このグループには多くの古参で、能力が高い幹部が入っていたが、全体的なまとまりと団体意識は薄かった。金科奉、崔昌益、韓斌、李相朝は政治工作の経験が豊富であり、武亭、朴一禹、金雄、方虎山は百戦錬磨の常勝将軍だった。しかし彼ら同士の横のつながりは弱く、別々に行動していた。たとえば延安派の主要幹部の帰国後、金科奉が朝鮮独立同盟を再建した時、武亭と崔昌益は加盟せず、代わりに北朝鮮共産党に入った。遅れて帰国した延安派は新民党を結成し、崔昌益はここに移って副委員長を務めたが、武亭は共産党北方分局に留まって第三書記の職を続けた。

金科奉は延安派のリーダー格の存在だが、特に政治的野望はなく、人と争うのが嫌いで、世渡りが慎重な人物だった。後に毛沢東とソ連の幹部ミコヤンは会談の中で二人とも金科奉は「人格者」「学問がある」「政治的にしっかりしている」との評価を与えた。彼は帰国してから一度、中国を見に行きたかったが、金日成が許可しなかったため、二度とそのような要求を出さなかった[67]。金科奉はシンボリックなリーダーだが、政治的に影響力はなく、金日成は彼を特に脅威と捉えていなかったようだ。金日成が特に脅威を感じたのは軍幹部だった。

延安派のナンバー2の存在は武亭だが、彼は気性が荒く、負けず嫌いで、簡単に引き下がらない人物だった。もし背後で中国からの支持を取り付ければ、彼は金日成にとって最も手ごわい競争相手になる。そのため、中国軍の参戦後、金日成はまず口実を設けて武亭の排除に動いた。一九五〇年十二月二十一日から二十三日にかけて、朝鮮労働党第二期三中総会が〔中朝国境付近の〕江界で開かれ、金日成は会議で党と政府、軍の各級の幹部を厳しく批判し、彼らは帝国主義の介入に対して予想と準備をせず、敵の攻撃の前で指揮能力を失い、職務から離れ、規律を守らなかったと断罪した。会議は「重大な過ちを犯した」多数の幹部に対して、解任や責任追及ないし党からの除名など一連の処分を行った。武亭も第二軍団司令官の職を解かれただけでなく、中央委員会からも解任された。金日成は、彼がピョンヤン防衛作戦で間違った指揮を取り、敗北を招いたと非難した[68]。ここでの問題は金日成が自分の誤りを他人にすり替えたことではなく、武亭以外にも、金日成のパルチザンの戦友金一、崔光、林春秋およびモスクワ派の金烈、国内派の許成沢、朴光熙なども解任されたことだ。肝心なのはほかの面々は間もなく元の職務に復帰するか別職に起用されたが、武亭だけは二度と起用されることなく、「庶民」のままで生涯を終えたことである[69]。ある時期、彭徳懐（個人名義で）の要請で武亭は胃の病気の治療で中国に向かったが、一九五一年六月、さっそく金日成に呼び戻され、失意のうちに早く亡くなった[70]。

義勇軍の参戦後、金日成は延安派の軍幹部に対する警戒と防備を強めた。(71) ほかの数人は解任されなかったものの、重要なポストから外された。方虎山は作戦案をめぐって金日成と意見が対立し、中国人民解放軍の戦い方の採用を主張したため、軍団長の職を解かれ、軍事学院院長に転任した。金雄は民族保衛省次長に昇格した代わりに、実権を奪われ、彼の人民軍前線司令官の職務は金光俠に、中朝連合司令部副司令官の職は崔庸健にそれぞれ交代した。(72)

朴一禹の扱いはやや慎重さを要した。彼は中国共産党との関係が密接なので、この点で最初はよく利用された。金日成の中国参戦を要請した親書は朴一禹によって北京に届けられ、中国が早く出兵するよう催促するため瀋陽に来たのも彼だった。義勇軍の参戦後、彼は両軍の連絡役を担当し、特に中朝連合司令部の発足後、内閣の内相の職で中朝連軍の副政治委員を兼任し、毎日彭徳懐と一緒にいたので、金日成は不安を募らせた。一九五一年三月、金日成は先に社会安全省を設立し、もともと内務省に属した中核的業務を分離した。続いて五二年十月、朴一禹を逓信相(郵政相)に改任し、彼の権力をさらに弱めた。(73) 金日成が内閣に朴一禹の職務をかろうじて保留したのは、彼の軍隊における威信の高さと、彼と中国との密接な関係への配慮のためだった。(74)

しかしことはここで終わらなかった。十二月十五日の労働党中央総会で、金日成は官僚主義の批判を名目に、名指しではないが矛先を朴一禹に向けた。金日成は、官僚主義は一部の人の仕事における驕りや虚偽とへつらいの傾向を助長し、さらに官僚主義の典型的な現れである個人英雄主義により、「自分の路線」をもって党中央の路線に取って代わろうとする現象すら現れたと非難した。(75) 間もなく、一九五三年二月五日、金日成は中朝連合司令部に対し、朴一禹を召喚し、その副政治委員の職務は崔庸健が兼任すると通告した。しかし朴一禹はその後も義勇軍と連絡を保っていた。一九五四年、食糧が欠乏し数百人が餓死すると、朴一禹はこの情報を中国側に伝えた。金日成は朴金喆(元甲山派幹部)の密告を受けて激怒し、朴一禹を怒鳴りつけた。(76)

一九五五年一月、延安派の軍幹部に対する組織的処分が始まった。方虎山は軍事学院院長を解任され、崔庸健がそれを兼任した。金雄も「方虎山に同情する派閥分子」と糾弾された。(77) すかさず、朴一禹に対する公開批判が展開され、四月十四日に開かれた中央総会で、金日成は激しい口調で朴一禹、金雄、方虎山を「前中国共産党党員小グループ」と呼び、名指しで批判した。金は、朴一禹は「中国から来た代表と自認し」、派閥を作り、党の分裂をたくらんだと断罪し、朴が自分は毛沢東から中朝連合司令部に指名されたもので、その行動は朝鮮の軍事指導方針、とりわけ金日成によって決定されるものではないと豪語したこと、このグループはまたソ連の軍事専門家を中国の軍事指揮と比較してソ連専門家の名声を傷つけたなどと批判の理由を並べた(78)。金日成は最後に、「朴一禹およびその一味が完全降伏し、仕事と政治的観点において正しい立場に戻る最後の機会を与えるべき」と話した。しかし実際には数カ月後、朴一禹と金雄は軟禁され、方虎山も粛清された(79)。

図 34　金策(左)，許嘉誼(許哥而)と金日成(右)

　ソ連外務省は朝鮮指導部内のこの変化に気づき、懸念を表明した。五月十日、第一極東局副局長クルデュコフ(I. F. Kurdiukov)はモロトフに対し、朴一禹は朝鮮と中国の軍隊指導者の中で威信が高く、彼に対する粛清は中国と朝鮮のハイレベルの軍事幹部の反発を招く可能性があると報告した(80)。しかしこれまで入手した資料から、ソ連と中国がこの問題に介入したことを裏付ける証拠は見当たらない。

　八カ月後、金日成は朴一禹に最後の一撃を与えた。一九五五年十二月二日と三日に開かれた中央総会で、朴一禹を中央委員会から除名し、党籍を剝奪する決議が行われた。金日成は演説の中で、朴に対し、「党と国家の機密の漏洩」「党と国家の指導者に対する誹謗」、中国から来た幹部の中で派閥を作り、朴憲永・李承燁グループと「反党統一戦線」を画策したこと、生活の乱れ、大金の無駄遣いといった一連の罪名を羅列した(81)。

　十二月十五日、朴は正式に逮捕され、彼と朴憲永・李承燁グループとの結託に関する証拠探しが進められ、この時点で朴憲永を証言台に立たせた。しかし朴憲永は、「朴一禹は朝鮮人民軍が一九五〇年に北方へ撤退したことを軍の指導者の無能がもたらした敗北だと見なした」とだけ証言した。三カ月後、ソ連の朝鮮駐在大使はモスクワに朴の逮捕状況を報告した上で、金日成はいまだに朴一禹の犯罪に関するいかなる証拠も見つけていないと伝えた(82)。二カ月経った一九五六年五月、金日成は中央常務委員会会議で、朴一禹に対する取り調べでは、まだ彼の犯した罪の具体的内容を確定できていないと認めた。[83] しかしこれで、延安派の一派では金料奉、崔昌益ら数人の政治幹部が残ったが、一つの派閥としては壊滅的な打撃を受けた。それ以後、延安派の軍幹部が務めていた軍職の大半は中国人と接触が少ないパルチザン派とモスクワ派に取って代わられた。

モスクワ派の抵抗と左遷

モスクワ派の幹部はソ連の異なる部門から来ており、かつて互いにほとんど関係がなく、厳密には一つの派閥とは言えなかった。彼らはまた南方派や延安派と違って、帰国後、いかなる団体や政党も結成したことがなかった。許嘉誼は彼らの中心的人物で、党内序列では金日成、金科奉、朴憲永に次ぐ存在だった。許嘉誼は党の人事を担当していたため、まずそれをめぐって金日成との対立が増えた。

一九五一年十一月一日から四日までの中央総会で許は党中央書記を解任され、農業担当の内閣副首相に降格した。一九五二年初め、許はまた順安水力発電所の修復担当を命じられたため、孤高の性格の持ち主である彼はついに金日成の一連の政策を公に批判し、対立が激化した。[84] 一九五三年六月三十日、金日成は労働党政治委員会の会議で、許は水力発電所再建の指導で失敗し、前の人事担当でも多くの過ちを犯したと非を挙げて、厳しく糾弾した。金日成の提案により、許嘉誼は副首相の職務を解かれ、対外貿易相にさらに降格された。七月二日、ソ連大使館は、当日朝九時十五分、許は政治委員会の会議前に拳銃で自殺し、遺書を残していなかったとの報告を受けた。[85] 八月四日に開かれた中央総会で、李承燁反党裏切り集団に対する摘発とともに、許嘉誼の自殺も公表された。[86]

金日成が許嘉誼を排斥したのは主に許個人に向けた行動で、ソ連から来た幹部全体を粛清するものではなかったが、その後の一年間、朝鮮労働党の内部で突如、ソ連国籍の朝鮮人幹部に対する大批判キャンペーンが繰り広げられた。朴一禹ら延安派幹部の打倒は主に軍の指揮権を奪還するためだったが、許嘉誼に続いてその他のモスクワ派幹部に矛先を向けたのは人事と宣伝、経済などの部門の権力を奪い返すためだった。

一九五五年十二月初めに開かれた労働党中央総会で、会議のテーマは、農業問題の協議と第三次全国代表大会の準備と予定されていたが、金日成は朴一禹と許嘉誼を全面的に批判したのに続き、朴永彬(中央委員会組織部部長を務めた後、宣伝部長在任中)を名指しで批判し、ほかのソ連国籍幹部も合わせて批判し、最後に、中央総会は朴永彬の党中央宣伝部長の職務を解任した。[87] 直後、金日成は南日をソ連大使館に派遣して、これらのソ連国籍幹部の諸問題を羅列して批判の正当性を説明した。[88]

一連の準備を経て、十二月二十七日、朝鮮労働党中央総会拡大会議が招集され、四百人以上が出席した。会議は朴昌玉、朴永彬、奇石福らソ連国籍幹部が文学領域で「反党路線」を執行したと批判し、金日成は発言の中で許嘉誼の十五人の追随者の名前を挙げて批判した。金日成の提案により、朴昌玉は政治委員会から、朴永彬は政治委員会と中央委員会から、奇石福は中央委員会からそれぞれ除名された。[89]

一九五六年一月まで、金日成は、南方派を完全に壊滅させ、延安派とモスクワ派の主要リーダーを打倒したのち、党と政府、軍の全権を手中に収めることに成功した。しかし、彼はセクト主義の批判を理由に相次いで南方と中国、ソ連から来た主要な幹部を排除したが、彼に長年追随したパルチザン派の幹部は一切批判を受けなかった。これは物議と非難を呼ぶ恐れがあるためで、金日成は情勢を安定させ、より多くの支持を勝ち取るため、自らのこの種の行動について合理的で合法的な説明を行う必要があった。

「チュチェ」思想の始まり

金日成が政治闘争で次々と勝利を収めたのは、各個撃破、派閥間の矛盾の利用、分断など巧みな政治手腕を振るうことによる部分が多かった。[90] 彼はまた、政治的知恵のある人間で、朝鮮労働党内の各派閥の勢力が大体均衡を保った中で、最高の権力と全ての権力を取得し、さらに保持していくには、個人の権威の樹立と、全党からの敬服が必要だと分かっていた。

権威の樹立は指導者の生い立ちと歴史的役割を語ることから始まった。[91] 朝鮮戦争が終結してまもなく、一連の宣伝により、金日成は朝鮮の抗日闘争におけるもっとも著名、ないしは唯一の偉大な指導者であるというイメージが確立され、彼の生誕の地万景台と戦闘を行った普天堡では金日成記念館がそれぞれ開設され、朝鮮人民解放闘争博物館も金日成の名を冠した博物館に変わった。[92] 朝鮮の新聞・雑誌と学校では、金日成元帥は「朝中両国人民の優れた代表」「天才的なマルクス・レーニン主義の宣伝家で反日ゲリラ闘争の組織者」「日本帝国主義と軍国主義に反対する闘争を指揮し」「朝鮮は金日成が率いるゲリラ部隊によって解放された」と繰り返し賛美され、一九五〇年から五三年までの祖国解放戦争でも、金日成は「すべての作戦の組織者と指導者」になり、すべての勝利が「金日成元帥の傑出した指導の結果」に帰された。[93] それを受けて、朝鮮の全国で金日成に対する個人崇拝が進められ、党と人民の心における彼の地位は揺るぎないものになり、これで党内の反対派に対する闘争も圧倒的に有利になった。

それだけではない。全党にいささかの疑念も持たせないために、金日成は世論と道徳の主導権を握るだけでなく、理論面における絶対的な指導権と解釈権も確保することに取り掛かった。イデオロギー重視の国際共産主義運動において、この点は極めて重要なのだ。一九五五年十二月二十八日、すなわち労働党中央常務委員会が朴昌玉、朴永彬らソ連国籍幹部の過ちを公表し、処分を行った翌日、金日成は宣伝鼓舞の工作に関する長い演説を行い、演説が正式に公表された時、「思想工作の中で教条主義と形式主義を克服し、主体(チュチェ)を確立することについて」との題がつけられた(94)。一部の学者は、チュチェという用語は金日成の発明ではなく、朝鮮の宣伝用語の中でも長い間、その概念が強調されなかったことを検証した(95)。確かに、金日成が再度、チュチェに(一回のみ)言及したのは一九六一年十一月の労働党四期二中総会だった(96)。一九六二年十二月十九日付『労働新聞』は一九五二年の二期五中全会の歴史的意義を記念する編集部論文を掲載し、その中で重点的に金日成のチュチェ思想を紹介した(97)。「チュチェ」が真に金日成の思想理論と政治路線の中心となる代名詞になり、朝鮮労働党と国家の主導的イデオロギーになったのは一九七〇年代に入ってからだが、金日成は教条主義と形式主義を批判すると同時に、自主性という問題を考え始めたことは間違いない。

スターリンが主導したマルクス・レーニン主義理論の中で、「国際主義」は基本原理として各国の共産党に受け入れられた。その相反する概念は民族主義であり、どこの国の共産党も公の場で自民族と国家の特徴と利益を語るのは禁句で、一九四八年、ユーゴスラビアの指導者チトーが共産主義陣営から除名された時の罪名も「民族主義」だった。中国共産党はスターリン路線への支持を表明するために、「国際主義と民族主義を論ずる」と題する論文を発表した(98)。スターリンの死後、ソ連共産党の新指導者は個人崇拝に関する宣伝の温度を下げ、民主を提唱し、東欧諸国への介入を減らした。シンボリックな出来事はソ連とユーゴとの関係修復と、一九五五年五月から六月にかけて、フルシチョフがチトーに面と向かって謝罪したことだった。金日成はまさにいいタイミングで「チュチェ」と「自主」の思想を打ち出したが、彼は問題の本質をよく弁えていただけでなく、時機の把握も上手だったことが分かる。この問題の本質はすなわち民族主義であり、朝鮮民族の文化的特徴、歴史的伝統と国家利益を突出させることだった。この論点を確立することは、「延安派」や「モスクワ派」の朝鮮人幹部の致命的弱点を突くことも意味した。金日成の長い演説は、「真の愛国主義者はすなわち国際主義者であり、同様に、真の国際主義者はすなわち愛国主義者である」と結論づけた[99]。これによって、民族主義＝愛国主義＝国際主義の論理的関係が形成され、金日成の「チュチェ」概念と自主思想も自ずと、マルクス主義のイデオロギーに帰納されることになった。それに対し、ソ連や中国の経験ばかり口にする教条主義者と形式主義者は当然、反マルクス主義者になり、勝ち目がなくなった。

朝鮮の内政と中ソ

朝鮮労働党が展開したソ連国籍を持つ朝鮮人幹部に対する批判と処分について、モスクワの指導者は内心違和感をもったが、基本的にそれを容認する温和な態度を取った。公文書が示すように、ソ連大使館と外務省は、朝鮮労働党の朴昌玉、朴永彬らが起こした過ちに対する糾弾は「明らかに誇張しており」、彼らの問題を許嘉誼と関連付けるやり方は「疑わしく」、ソ連国籍の朝鮮公民に対する各地の扱い方も「度が過ぎた」とし、「ショービニスム〔極端な愛国主義〕の傾向が現れた」とも評したが、これらの幹部は過ちを犯し、労働党による処分は「基本的に正しい」と認めた[100]。ソ連国籍をもつ朝鮮公民のソ連帰還の問題について、ソ連共産党中央は国際局の意見に基づき、朝鮮駐在大使館に対し、この問題を処理する原則は、「過ちを犯した人はソ連に帰還することを口実に責任を回避してはならない」ということであり、「彼らは朝鮮民主主義人民共和国の現地で自分の行為に対して責任を取り、人民の信頼を取り戻さなければならない」と指示した[101]。

筆者は大量のロシア公文書を調べた後、ランコフ教授の以下の見方に賛同した。すなわち大半のケースにおいて、ソ連の外交官は直訴に来たソ連国籍朝鮮人幹部に対してその話を聞く耳をもつだけで、自分からの意見や提案を可能な限り避け、特に政治的にデリケートな問題に対しては態度表明を絶対にしなかった[102]。その原因はといえば、外交官固有の慎重さとも関連するが、最大の背景はやはりソ連の朝鮮に対する全般的政策と方針にあったと考えられよう。

ソ朝関係に比べれば、ピョンヤン駐在の中国大使館の状況はかなり違った。入手可能な公文書が示すように、朝鮮の指導者はソ連大使館と密接な連絡を取り、時々仕事を報告し意見も聴取していたが、中国大使館にはほとんど行かなかった。ソ連大使館は朝鮮の内部問題について不介入の方針を取ったが、その状況をかなり細かく把握し、自分の見方も持っていた。しかし中国大使館は朝鮮の内部事情についてほとんど関心を示さず、実際の状況もほとんど理解していなかった。ソ連外務省の観察によると、中朝関係に「不正常な現象」が見受けられるという。たとえば「義勇軍司令部はピョンヤンから数十キロも離れたところにあり、居住条件も悪く、朝鮮の指導者はあそこにめったに行かない」。ピョンヤンの戦争展覧館においては、十二の戦争展示ホールのうち、一つだけが中国人民義勇軍に関する展示ホールだが、その他のすべての展示ホールでは、朝鮮人民軍の作戦行動は中国義勇軍と関係がないものと解釈されている。「金日成は中国に滞在したことのある指導幹部の党と政府の職務を次第に解除していく方針のようだ」などと指摘された(103)。

中国外交部の公文書では、大使館メンバーと朝鮮の幹部との間で朝鮮の内部状況を討論したことを示す記録は一つも見当たらない。これに関連する文書がまだ機密解除されていない可能性もあるが、あるとしても極めて少ないだろう。通常の外交活動において、中国の外交官はソ連と同じような「比較的特別な扱い」を受けるが、双方の接触についていえば、一般的な経済と文化交流関連の業務がほとんどで、中国大使館は一九五六年の交流計画を作成する中で、「より多くの閣僚級以上の幹部と知り合うこと」を目標に列挙した程度だった(104)。北京も、朝鮮の内部事情についてあまり気に留めていなかったようだ。たとえば、二年近くの間、中国の朝鮮駐在大使は空席のままだった。倪志亮は一九五二年三月に離任したが、一九五五年一月になって中国政府はようやく潘自力を新しい大使に任命した(105)。大使館メンバーは決められた業務しかやらず、積極性はなく、研究調査は「有名無実」で、朝鮮の全体的状況に対する理解が乏しく、国内の「基本的需要」も満たさず、一部の動きは大使館員が『人民日報』を読んで初めて知った(106)。これは大使館員にすべて責任を求めるより、中国政府が朝鮮の内政に介入しないという基本的立場にこだわったことによる冷たさと距離感だったと考えられる。

ソ連の外務次官に昇格したクルデュコフの観察によると、北京の朝鮮大使館が催したレセプションでは、周恩来は「朝鮮側代表とほとんど会話も交わさなかった」。彼は、「中国の同志は朝鮮人の行動にかなりの不満をもつ(公には一度も言わない)が、かなり抑制的な姿勢を取っている」と分析した(107)。ソ連外交官の観察は正確なもので、実際の状況は確かにその通りだった。

戦争終結後、朝鮮の内部問題についてソ連は介入せず、中国は関心を持たなかった。これこそ金日成が短い数年のうちに政治のライバルを次々と撃破し、党内の各派閥勢力を一掃し、すべての権力を掌握した外部要因だといえよう。

ともかく、南方派に裏切りスパイ集団のレッテルを貼り、延安派の主要幹部の職務を剥奪し、モスクワ派に対する批判キャンペーンを繰り広げたことにより、一九五六年初めになると、金日成は絶対的指導権をほぼ手に入れた。彼はさらに全党に対し「チュチェ」の自覚を提起し、イデオロギーにおける決定権を制した。これにより、彼は政治のライバルを負かす思想的道具を握っただけでなく、のちに自分の思想と路線体系を樹立するのに理論的基礎も打ち立てた。だが、金日成の道は順風満帆ではなかった。ソ連共産党第二十回大会が開かれた後、権力の最高峰へと向かう道において思わぬ新しい波乱が生じた。

八月中央総会の抗争

一九五六年に起きた朝鮮労働党の「八月事件」は長い間、謎に包まれてきた。その原因といえば、一つは、危機が早く収まり、影響が少なかったこと、二つ目は、関係各方面がいずれもこれについて長年沈黙を保ち、語ろうとしなかったこと、三つ目は、関係の公文書が極秘にされ、研究者はその真相を覗くことができなかったことなどが挙げられる。一九八〇年代から九〇年代にかけて、複数のソ連に亡命した元北朝鮮の幹部や脱北者が書いた回想録もしくは受けたインタビューによって多くの関連情報が明るみに出た(108)が、互いに矛盾するところが多く、また、細部に関する証言はあっても全容を示すものではなかった。冷戦の終結後、特に二十一世紀に入ってから、「八月事件」に関するロシアの公文書が相次いで機密解除され、最近の数年間、この隠蔽されてきた事件に関する国際学界の研究成果がようやく現れ始めた(109)。ただ中国では、中朝関係そのものが高度にデリケートな性格を有するため、この事件はつい最近まで、黙殺されてきた。

一九五六年二月に開かれたソ連共産党第二十回大会でフルシチョフがスターリン批判の秘密報告を行った後、ポーランド、ハンガリーなどで相次いで大事件が起きたことはよく知られているが、同じ時期に朝鮮で起きた「八月事件」は、それらの事件と比べても、その国内に対する衝撃の度合いと特に中朝関係に与えた影響は、勝るとも劣らない。当時の成り行きによっては、東アジアの「ハンガリー事件」に発展する可能性もあった。

ソ連共産党第二十回大会はスターリン批判で歴史に名が残る。党の第一書記フルシチョフはまず政治報告で「レーニン主義の集団指導の原則」の再建と強化を提起し、個人崇拝を厳しく批判したが、続いて開かれた秘密会議では自ら「個人崇拝およびその影響について」と題する長い演説を行った。この報告は共産主義陣営で大地震のような衝撃を引き起こし、ソ連のグルジア大衆暴動、ポーランドのストライキ運動および世界を震撼させたハンガリー事件はいずれも、その余波で起きたものだったと言える。この風波は不可避的に朝鮮にも強い影響を与えた。

金日成にとって、フルシチョフの秘密報告の衝撃は大きな災難だった。ソ連で個人崇拝が批判されたニュースは朝鮮国内に瞬く間に広まり、様々な反響が湧き起こった。[110] 金日成はスターリンのように数十年にわたって革命を指導した実績もなければ、スターリンのように万民から「崇拝」されるような威信もない。フルシチョフのスターリン批判はまるで金日成を糾弾する檄文をたたきつけるようなパンチ力を朝鮮国内に与えた。それまでの数年間、金日成は何でもスターリンの物真似をして、自分を吹聴・標榜し、自分を神のような存在に作り上げ、同時に党内の潜在的な挑戦者と派閥をことごとく粛清した。このことが党内で多くの敵を作った。今や、モスクワで個人崇拝の批判が号令されると、金日成は緊張を感じずにはいられなかったのだ。

実は一九五五年、ソ連国籍の朝鮮人幹部に対する批判に踏み切った時点で金日成はすでにモスクワの介入を警戒し、ソ連との間に距離を置き始めた。ある種の嫌な予感により、彼は政治委員会会議でソ連の党大会に自ら行くべきだという朴正愛の提案を、東ドイツ訪問を理由に否決した。[111] ほかのソ連の衛星国はいずれも党の最高首脳が代表団を率いてモスクワを訪問したが、唯一の例外が金日成だった(崔庸健が朝鮮代表団の団長を務めた)。

ソ連の党大会が開かれていた間、金日成は針のむしろに座るようで落ち着かず、それによる国内に与える衝撃をいかに和らげるかに集中した。フルシチョフが二月十二日に行った政治報告とミコヤンが名指しでスターリンの著作を批判した発言は中国共産党機関紙『人民日報』ではそれぞれ二月十八日と二十二日に全文で掲載されたが、朝鮮の『労働新聞』は前者について十六日の紙面で「個人崇拝」と「集団指導」といったキーワードを削除してその抜粋を載せ、全文は二十三日と二十四日になってようやく掲載した。後者はスターリンの著作に対する批判の部分をカットして掲載した。[112] ソ連の党大会の主旨と関連文書を拒否することはできないが、その内容を操作して朝鮮労働党内に伝えることはできた。

一九五六年三月二十日、朝鮮労働党の中央総会拡大会議が開かれ、中央の各機関と各道の党委員会リーダーが全員参加したが、ソ連の党大会に出席した朝鮮労働党代表団団長崔庸健は拡大会議で、ソ連の党大会の内容と主旨について三時間に及ぶ説明の報告を行い、もう一人の参加者李孝淳はフルシチョフの秘密報告の内容を紹介した。二人の報告後、金日成と外相南日、中央宣伝部副部長李一卿の三人だけが発言した。金日成の発言は個人崇拝およびその影響の問題が中心だったが、朝鮮労働党はそもそも集団指導の原則を貫いており、個人崇拝の現象は存在しないと断定した。彼は、長期にわたって党中央委員会委員長、内閣首相、最高司令官の三職を兼任すること、八年にわたって党の代表大会を開いていないこと、全国各地で個人の記念碑を建て肖像画を掲げていることなどには一切触れず、一部の地域と部門で確かに個人崇拝の現象があったが、それは南方における朴憲永に対する強い個人崇拝であり、そのマイナスの影響は彼の反党裏切りの罪を党が迅速に摘発することを妨害したことだと強調した。(113) 拡大会議ではいかなる討論も行われず、崔庸健の報告について、「ソ連共産党二十回大会の文書を深く研究し、その豊富な経験を創造的に朝鮮の活動と生活の中に運用すること」「中央組織部と宣伝部は政治と組織の工作をよくし、ソ連共産党大会の文書に関する学習を広げるべき」という痛くもかゆくもない決議文を採択して閉会した。(114)

一九五六年四月十八日付ソ連の朝鮮駐在大使イワノフ(V. Ivanov)の報告によると、労働党中央は全党の思想を統一するため、党内のすべての機関と組織に秘密書簡を発布し、「ソ連の党大会が暴露したソ連共産党自身の過ちは朝鮮労働党の活動ではいささかも存在する余地がない」と断言し、個人崇拝に関連する現象は朝鮮では朴憲永にのみ関係するとした上で、一部の人間の外国かぶれの奴隷根性を激しく批判した。(115)

この間、朝鮮の党と政府はソ連からの情報を極力封鎖し、スターリン批判による「厄病」の伝播を食い止めようとした。中央の指示により、郡レベルの朝ソ文化協会とその印刷所を閉鎖し、各劇場の公演種目からソ連芸術家の公演を取り消し、ソ連の朝鮮語放送番組の時間を一日四回から二回に減らし、ロシア語の専門を中心とする外国語学院を金日成総合大学に合併させ、すべての大学でのロシア語の授業時間を短縮し、四年生と五年生のロシア語カリキュラムはすべて停止された。(116)

金日成は朴憲永に対する死刑の執行も考えた。朝鮮側のメンバーは二度にわたってソ連の国家安全総顧問に対し、朴憲永の死刑執行の問題に関するソ連側の意見を打診したが、ソ連側の返事は不明瞭だったため、四月十九日、金日成は自らソ連大使館に赴き、イワノフ大使にこの問題を問いただしたが、イワノフは、朴憲永は政治的にすでに敗北し、彼に対する判決も時間が経っており、今突然、死刑を執行するとなると国内外でよくない反応を引き起こしかねないとの理由を挙げて、ソ連の検察機関は、朴憲永に対する死刑の執行はすべ

図 35　朝鮮労働党第 3 回大会における金日成(左)，ブレジネフ(中)，聶栄臻(右)，1956 年 4 月.

きではないという見解であることを伝えた。それを聞いた金日成は「不安と怒りが顔に現れ」、現在の情勢下でこそ朴憲永に対する死刑を執行すべきだと強く主張した[117]。この経緯に関してはほかの歴史資料の裏付けはまだないが、金日成がこのような考えをもったのは、朝鮮社会と党内の思想が動揺する中で朴憲永の勢力が盛りかえすことをかなり懸念していたからだと考えられる。

ブレジネフの不満

一九五六年四月二十三日、朝鮮労働党第三回全国代表大会(第三回党大会)が開かれた。金日成は党中央の活動を総括した長い演説を行ったが、それまでの党の文書同様、成績と成果を繰り返し強調し、問題には軽く触れるだけで、個人崇拝の問題は朴憲永のケースにしか起きておらず、今後の思想戦線の主要任務は教条主義と形式主義の批判だとの趣旨だった[118]。列席したソ連共産党代表団団長ブレジネフ(Leonid Il'ich Brezhnev)のモスクワへの報告によると、金科奉の発言を除いて、ほかの発言者はほとんど「自己宣伝」「いいことしか言わない」内容だった[119]。大会でのすべての発言原稿は中央組織部と宣伝部による事前審査が必要で、本人の意見を聞かずに原稿が書き替えられるケースも多かった。ソ連駐在大使李相朝は会議中に二度にわたって大会主席団に紙を渡し、労働党内部の個人崇拝の問題を討論するよう提案したが、中央副委員長金昌満は彼を呼び、政治的に幼稚であると叱り、崔庸健らは職務解任などの脅しも彼にかけた[120]。その間、『労働新聞』など朝鮮のすべての新聞は『プラウダ』と『人民日報』に掲載されたスターリンの個人崇拝に関する批判論文の転載や紹介を厳しく制限した[121]。

第三回党大会とそれに続いて開かれた中央総会で、朝鮮労働党の新しい中央指導者を選出した。委員長は金日成、副委員長は崔庸健、朴正愛、朴金喆、鄭一龍、金昌満であり、常務委員会(元の政治委員会)委員は金日成、金料奉、崔庸健、朴正愛、金一、朴金喆、林海、崔昌益、鄭一龍、金光俠、南日の十一人からなり、候補委員は金昌満、李鐘玉、李孝淳、朴義琓の四人だった。一九四八年三月に選出された第二回中央最高指導機関の顔触れと比べれば、中央常務委員会は完全に金日成勢力の「独壇場」となった。十一人の常務委員のうち、五人はパルチザン派で、ほかのメンバーのうち、朴正愛と南日はとっくに金日成陣営に入り、鄭一龍も似たような立場だった。延安派の金料奉と崔昌益だけは政治面でやや独立的な存在だった。候補常務委員のうち、李孝淳はパルチザン派で、李鐘玉は新しく抜擢されたテクノクラート、金昌満は中国から来たが、金日成の鼓吹者になっており、ソ連国籍の朴義琓だけが中立的人物だった。新しい中央委員会は前期より四人増えて七十一人から構成された。表面的には各派閥の幹部がいずれも一定の割合で入っているように見えるが、実際は別派閥と目される人の多くも金日成に忠誠を誓ったため生き残るか、もしくは昇格したもので、ほかは元の派閥と関係なく、金日成が近年抜擢した人たちだった[122]。

この新指導部人事について金日成はかなり満足したようだ。代表大会の終了後、金日成は突然態度を変えて、ソ連国籍の幹部を宥め始めた。金日成は自らもしくは朴正愛に依頼して彼らといちいち談話し、意見を聴取し、ソ連国籍の幹部に対する誤ったやり方を修正すると話し、新しい内閣人事でも彼らにいくつかのポストを特別に用意した[123]。人心の安定を図ることが狙いだったが、より重要なのはモスクワに友好を示すメッセージを送り、ソ連の不満をかわす計算があったことだ。金日成の次の目標は経済建設であり、第三回党大会が打ち出した国民経済第一次五カ年計画の準備に着手しようと考えていた。そのためには、ソ連から大規模な経済と技術援助を取り付ける必要があった。実際に大会後の翌日、金日成はさっそく主要幹部を連れてブレジネフを訪ね、五時間に及ぶ会談を行った。会談の中で、金日成は経済建設に対するソ連の援助を再度要請するつもりであることを明確に伝えた[124]。

党大会の総括報告で金日成は自信満々で、戦後経済の復興と発展を目標とする「三カ年計画のすべての任務は必ず繰り上げ、超過して達成する」と宣言し、さらに「もっと輝かしい」野心的な第一次五カ年計画(一九五七―一九六一年)を打ち出した。[125]その実現には社会主義同盟諸国の援助が不可欠で、金日成は自ら各国を歴訪して大規模な援助を取り付ける考えだったが、ソ連と東欧諸国はいずれも朝鮮に対して不満が高まり、風向きは変わっていた。

ブレジネフは金日成の第三回党大会での報告に対して明らかに不満で、ソ連共産党中央への報告で、ソ連やその他諸国による経済援助について、「報告ではその具体的内容について一つも言及しなかった」と指摘した。[126]ソ連大使イワノフも、同報告の「重大な欠陥はソ連、中国、社会主義陣営諸国がその戦後復興と経済発展に与えた支援、およびこれら諸国が朝鮮人民を無償支援するために支払った巨額の資金に一言も触れなかったこと」だと報告した。[127]ブルガリア、東ドイツの大使もそれぞれ同様の不満をあらわにした。[128]

経済援助を求めるための金日成の今回の歴訪は、訪問国が多く(ソ連と東欧、モンゴルの九カ国)、時間が長かった(六月一日から七月十九日まで)が、収穫は予想をはるかに下回り、八カ国による新規無償援助の約束は合わせて四億ルーブル未満だった(ポーランドは援助を供与せず)。[129]前の三カ年計画に対するソ連と東欧諸国の無償援助の総額が二十二億ルーブルだったことに比較すれば差は歴然で、雄大な五カ年計画の目標に比べればなおさら焼け石に水だった。この時ソ連が考えていたのは、朝鮮に対する経済援助ではなく、政治的援助だった。

第三回党大会が開かれる前から、ソ連外務省情報委員会はすでに中央に対し、「個人崇拝問題が朝鮮民主主義人民共和国で依然、相当程度存在していることに鑑み、我々は、朝鮮労働党中央に協力し、レーニン主義の立党原則を運用して党内の雰囲気を改善するようにしなければならないと考える」と提案した。ブレジネフは中央への報告で、労働党が各級の党組織に配布した個人崇拝問題に関する極秘書簡から見て、「朝鮮の同志はソ連共産党二十回大会の決議を理解していない」、彼らのやり方は「マルクス主義政党にとって到底容認されるものではない」「労働党の活動における重大な過ちと一連の欠陥」から見て、「私は、金日成同志がモスクワを訪れた時、彼に対し問題の重視を提起する必要があると考える」と書いた。[130]

ソ連の指導者がモスクワで金日成と会談したことの詳細は、ロシアの関連公文書がいまだに機密解除されていないため、はっきりしない部分が残っている。[131]ただし、一連の間接的史料から見て、会談が行われたのは間違いない。金日成は列車に乗って出かけ、六月四日にモスクワに到着し、その数日後東欧諸国の訪問に向かい、七月六日再びソ連に戻り、十二日、モスクワを離れた。二カ月後の九月十日、李相朝大使はソ連共産党中央書記ポノマリョフ(B.N. Ponomarev)との談話で、ソ連の党中央は七月に金日成、朴正愛、南日と会談を行ったと言及している。

九月十三日、ソ連共産党中央幹部会の会議で、中国共産党の第八回大会に参加するソ連共産党代表団に対する指示案が協議され、協議の中で、金日成、金聖愛、南日の三人がソ連共産党中央の七月の会議に出席した際、朝鮮労働党の党内の状況と経済政策に対する批判を受け、金日成はこれらの意見を受け入れると表明した、といった経緯が紹介された(132)。

九月十八日にミコヤンが北京で毛沢東と会談した際も、金日成がモスクワに来たとき、ソ連の党中央の指導者は彼と会談し、ソ連の党中央連絡部も彼と一部の具体的問題を討論したと説明したが、同席したポノマリョフは、金日成は当時、我々の意見と批判を受け入れ、今後の仕事の中で過ちを是正していくことを約束したと補足した(133)。後の一九六〇年五月二十一日、金日成が訪中して毛沢東と会談した際、彼がかつてモスクワを訪れたとき、フルシチョフから、ソ連共産党第二十回大会(一九五六年二月)の決議を朝鮮の党組織内で周知させなかったこと、党の書記と首相は別々の人間が分担すべきこと、ソ連国籍の朝鮮の幹部との団結を考えるべき、という三つの問題が提起されたと語った、という(134)。

これらの資料は断片的で大ざっぱなところが残るが、それでも、ソ連の指導者(フルシチョフ本人の可能性が高い)が金日成と会談、彼に対して批判的意見を申し入れ、金日成はソ連共産党の意見を受け入れると表明した。この会談は一九五六年七月上旬に行われた、といったイメージを描き出すことは可能であろう。

金日成批判の狼煙

金日成は憂鬱な気持ちで帰国したが、彼を待ち構えていたのはもっと頭を痛めることだった。党内の反対派が彼の指導的地位に矛先を向けて攻撃を準備していたのだ。金日成が一番警戒していたのはソ連派だった(135)。先頭に立って彼に挑戦したのは金日成にとって予想外の人物だった。もともと延安派に属し、ソ連国籍の幹部を批判した際に金日成に積極的に協力した崔昌益である。

崔昌益は延安派の長老で、一九四八年以降、財政相、副首相などを歴任し、第三回党大会で選出された中央常務委員の中で序列第八位を占めた。彼の党内の地位が堅実に上ってきたところから見て、金日成から評価されており、特にソ連国籍の幹部を厳しく批判し、手柄を立てた人物だった[136]。金日成と崔昌益との対立がいつ始まったのかはっきりしないが、ロシアの公文書における唯一の記録は、第三回大会の閉幕後、一九五六年五月二十九日に開かれた中央常務委員会議で金日成がみんなの前で崔昌益に対してあれこれ人物評を行い、彼がこれに強い侮辱を受けたと感じたと記している[137]。現有の資料から判断して、おそらく金日成は最初は彼をソ連国籍幹部への攻撃に利用したが、ソ連訪問に出かける前、ソ連国籍幹部に和解的姿勢を見せるため、彼をスケープゴートにしたと考えられる。

金日成がピョンヤンを離れた直後の一九五六年六月五日、崔昌益はソ連大使館を訪れた。イワノフ大使との会談で、崔は婉曲に、ソ連の指導者が金日成と会談するとき、党と政府の指導に関する政治問題に触れるよう申し入れ、朝鮮の集団的指導体制は果たして十分に機能しているか否かについて異なる見方も存在していると話した。イワノフは、崔昌益がもっと言いたいことがあると感じ、六月八日に再度自分の大使公邸で会うよう提案した[138]。六月七日、彼は金承化を通じてソ連大使に、話をする際、通訳の立ち合いは不要で、金承化だけ同席すればよいと伝えた[139]。

六月八日の単独会見で、崔昌益は彼自身の朝鮮の党と国家の指導部における不健全な状況に関する見解を詳しく述べた。幹部の選抜と任命は指導者の個人的な好き嫌いで決まり、派閥闘争が存在すること、党の指導者(明らかに金日成を指す)は責任を負わず、組織活動のすべての過失を許嘉誼に押し付けたこと、ソ連国籍の幹部許嘉誼と朴昌玉に対する批判と闘争は公正ではないこと、現行中央常務委員会の幹部の大半は素質が低く経験不足でゴマすりであること、党内では批判と自己批判が自由にできず、党の会議で思う存分に発言できないこと、朝鮮の解放におけるソ連の役割について指導者は党内で一切言及せず、教条主義と形式主義を批判する名目でソ連文化の排除をやっていること、などである。談話の最後に、崔昌益は、ソ連共産党中央とソ連政府が金日成に対して必要な申し入れをするよう提案した[140]。

モスクワの態度がまだ確認できていなかったため、反対派は更なる行動を取ることを控え、ピョンヤンは表面上、平穏を保っていた。七月上旬にソ連の指導者が金日成と会い、直接批判をしたことが間違いでなければ、李相朝大使はこの情報を朝鮮国内の古参戦友に極秘に伝えたと合理的に推測できる。そこで反対派幹部は七月中旬、より明確な政治行動をとることに踏み切った。

重要だが論争も残るあるロシアの公文書によると、一九五六年七月十四日、延安派の古参幹部で建築材料局局長李弼奎がソ連大使館を訪れた。イワノフ大使が一時帰国していたため、ピトロフ(A. M. Petrov)臨時代理大使が彼と会ったが、李はまず、十六歳で中国革命に参加し、帰国後、ソ連民政府の安全部門に勤務し、人民軍副総参謀長、内務省第一副相を歴任したが、朴一禹との密接な関係で連座させられ、何度も降格されたと自己紹介し、一時間半の談話で金日成への不満をストレートに語り続けた。彼は歯に衣を着せぬ口調で金日成の個人崇拝に関する「我慢の限界を超えた」数々の現象を列挙して批判し、その上で、一部の幹部とはすでに連携を取り、現在の党中央と政府の指導体制を変える目的で金日成とその子分に対してできるだけ早く行動を取るべきだと考えていること、ないしその具体的な行動方式も伝えた。李弼奎は最後に、この談話の内容について極秘にするよう念を押した(141)。

七月二十日と記されたこのタイプライターで入力した文書について、ランコフ教授は、時間的ずれ(手書き原稿の日付は七月十四日だが、タイプされた文書は七月二十日となっている)、内容の食い違い(手書き原稿にない「反対派組織の存在」に関する内容など)といった問題の存在を指摘した。なお、タイプの文書と手書き記録のいずれにもない内容(李弼奎は、指導層の更迭が平和的に実現できなければ地下闘争に転じ、革命者と中国人民義勇軍の支持が得られると語ったなど)はピトロフのイワノフ大使への報告で言及されている(142)。筆者の手元には、タイプ文書のコピーしかなく、手書き原稿と報告文書の両方とも見ていないが、後者が確かに存在しているのであれば、この会談が行われたことの信憑性が高いと思われる。

以上の考証からいくつかの判断を下すことが可能である。一、ソ連の指導者がモスクワで金日成を批判したという情報は李相朝が国内の戦友に伝えた。二、これらの幹部は金日成とその取り巻きに対して政治闘争を展開するにあたり、まず通常のルールやり方をとるが、ダメな場合はある種の強硬手段(会議で公の批判を行うなど)を取るといった方法を考えた。ただ、彼らがすでに組織を作ったかどうかは確認できない(その可能性は低い)。三、反対派の主要な目的は金日成本人を含む党と政府の指導層の更迭であり、批判内容は個人崇拝の問題に集中する考えだった(金日成のアキレス腱であり、ソ連の支持も得やすい)。四、反対派は、彼らが取る行動にはソ連の一段と踏み込んだ支持が必要であり、また取り付けることが可能と判断したため、再度大使館に報告に来た。ソ連側を説得するため、その説明は率直であり、幾分か誇張も

図 36　2011 年 2 月，金忠植(右)を太原に訪問

あった。五、その時点で「行動を取る」準備に関わった反対派の中心人物について言えば、李弼奎本人はその中の一人であり(ソ連大使館もそのように判断)、金科奉と崔昌益は協力者であり、崔庸健と朴昌玉は説得の対象とされた(崔庸健に対する判断は明らかに間違った)。六、彼らがいったん地下闘争に転じれば義勇軍の支援が得られるという説明は明らかに片思いに過ぎなかった。[143]

この事件について筆者は、かつて労働党ピョンヤン市委員会組織部長だった金忠植にインタビューしたが、彼は建国後に頭角を現した若手幹部で、金日成に対する批判に関わり、八月事件後、中国に逃れた。金忠植は以下の状況を証言してくれた。第一、金日成に対する不満は党内で蔓延しており、金日成が海外訪問に出た後、一部の幹部は、八月に開かれる予定の中央総会で金日成に対する批判を起こす準備を協議していた。その中心人物は職業連盟委員長の徐輝であり、彼は崔庸健の支持と金科奉の賛同を得た。第二、六月二十八日にポーランドで発生した労働者の大規模ストライキのニュースが伝わってくると、ピョンヤンでも党の政策に不満を持つ数万人の労働者がストライキの準備を始めており、その動きはピョンヤン市党委員会副委員長洪淳寛の支持を得、五人の党委員会常務委員のうち四人は労働者に同情的だった。[144]ここから判断すれば、徐輝が反対派の主要な組織者であり、この点はのちに起きたことからも証明された。またソ連大使イワノフの報告によると、ポーランドの不穏は確かに朝鮮労働党の指導者に対する不満の表面化を一段と刺激し強めた。[145]

金日成がいつ、またどのように反対派が「陰謀」を画策中であるかを知ったのかについて、当事者の証言によると、金日成は帰国前、すでに崔庸健もしくはソ連外交官から情報を得たという。[146]ただ金日成自身は回想録の中で、彼の帰国後、補佐役の李乙雪と南日の報告を受けて初めて知らされたと述べている。[147]金日成は七月十三日にモスクワを離れモンゴルに向かい、十九日になってようやく朝鮮に戻ったが、モンゴルの滞在と帰国の旅は長く、六日間かかった。もしその時点で金日成がすでに国内での「党を乗っ取り、最高権力を簒奪する」動きを察知していたら、彼が数万頭の牛や羊の援助を取り付けるためにのんびりとモンゴル側と交渉をしていたとはとても考えられないだろう。ロシアの公文書が示した情報からも、金日成は帰国後、危機の存在に気づいたもので、南日は彼に密告し、またその「火消し」に協力した主要人物の一人だった。

ソ連の豹変が反対派を葬る

南日が七月二十四日にソ連大使館に伝えたところによると、七月二十日、朴昌玉は彼の家を訪れ、いきなり、崔昌益、金承化と彼自身など多くの幹部が、間もなく開かれる中央総会で金日成の指導方法と個人崇拝などの過ちを厳しく糾弾することを知らせ、南日も合流するよう説得した。[148]

その後の数日間、反対派は慌ただしく動き出した。二十一日から二十四日にかけて、朴昌玉、崔昌益、金承化は相次いでソ連大使館の参事官フィラトフ(S. N. Filatov)に会い、金日成批判の準備活動を報告した。[149] ソ連側の動きについて、後に中国に亡命した徐輝らが中国共産党中央に報告したところによると、金日成の帰国直後から、フィラトフ参事官は金承化を通じて崔昌益、李弼奎、徐輝、尹公欽らと相次いで面会し、彼らの見解とやり方に同意すると表明し、「朝鮮労働党内部の個人崇拝および党の活動における重大な欠点を是正するため、闘いをよく組織すべきだ」とも話したとし、ソ連共産党中央がモスクワで金日成と行った談話の内容および金日成が自分の過ちを認めたことを彼らに披露した、という。徐輝らは、「とても勇気づけられた」とし、兄弟国家の支持がなければ、全権を掌握している金日成に挑んでも犠牲を招くだけだが、ソ連の支持があれば、金日成の独裁を止めさせることができると報告の中で述べた。[150]

しかしピトロフ臨時代理大使がモスクワに報告した会談記録の中にこれらの内容は入っていなかった。ソ連外交官の中に反対派に同情する人間がいても、このようにストレートに発言したとは考えられない。徐輝らがこのように説明したのはおそらく、事件後に自分がとった慎重さを欠いた行動を弁明するためであり、中国側に辻褄を合わせた説明をしようとしたためと推察される。

反対派が走り回る間、金日成とその支持者たちも安閑としてはいなかった。彼らは反対派と比べ、ソ連大使館ともっと頻繁なコンタクトを取った。朝鮮側の要請もしくは要求に応じ、ピトロフは七月二十四日は外務省に行って南日と会い、七月二十六日は金日成と会談し七月二十八日は南日と朴正愛を訪ね、八月一日は再度南日と会談を行った。[151] 電報を通じてモスクワに届けられたこれらの特別会談記録は今もなお機密解除されていないが、その内容が朝鮮の政治と関係することは容易に想像される。間もなく、ソ連共産党中央から返事が来た。モスクワの指示に基づき、ピトロフ臨時代理大使は八月二日に金日成と会い、モスクワの電報の内容を伝えた。その趣旨は、「朝鮮労働党中央と政府の活動の過ちを批判するプロセスの中で、金日成は進んで何らかの意思表示をすべきだ」というものだった(152)。

七月三十日、労働党中央幹部会議が開かれ、中央各部門の責任者と一部の閣僚が出席した。朴金喆と朴正愛は相次いで内容が大同小異の発言を行い、彼らはまず、朝鮮労働党の内部で確かに金日成に対する個人崇拝の現象が存在し、幹部の任命と罷免の問題においても一部の過ちを犯したと認めた。しかし彼らは、金日成に対する崇拝はソ連のスターリン崇拝のように危険水域まで発展したものではなく、しかも党はすでに過ちを是正する措置を検討しているため、個人崇拝の問題についてこれ以上討論をする必要がないとも語り、さらに、ソ連国籍の幹部に対する批判は実際は主に延安派の幹部によるもので、ソ連の指導者が朝鮮労働党の行動に介入することはないことを明らかにした(153)。二人の発言は明らかに金日成の意を汲んだもので、窓際に追いやられたソ連派幹部を宥め、反対派の分断を図ったもので、同時に不満を抱く人間に対し、軽率な行動を起こしてもモスクワからの支持は得られないと警告したようなものだった。

モスクワは四月から五月にかけて、ソ連の新路線に対する金日成の面従腹背に極度の不満を示したが、八月初めになると、労働党の内部情勢を安定させる様々な措置に対し明確な支持を表明し、その姿勢に大きな変化が見られた。この種の転換は金日成に対する見方の変化ではなく、ソ連および社会主義陣営内部の新しい動きによる影響だった。四月五日、フルシチョフの秘密報告が引き起こした衝撃に対し、中国共産党中央政治局は「プロレタリア独裁の歴史的経験について」と題する長大な理論的論文を発表し、ソ連共産党第二十回大会の歴史的功績、特に個人崇拝の問題を暴露した勇気を肯定した上で、スターリンについて三割の過ちがあっても七割は肯定すべきだとし、彼はやはり偉大なマルクス主義者であると承認すべきだと明確に主張した。論文の狙いはフルシチョフのやりすぎをカバーし、社会主義陣営の思想の混乱を鎮めるためだった。ソ連共産党中央はこの論文をかなり重視し、わざわざ二十万部の冊子を発行して党員と幹部に学習させた(154)。

六月二十八日、ポーランド西部の町ポズナンで大衆デモと労働者ストライキが発生し、当局は武力弾圧の措置をとった。

事件は平定されたが、社会主義諸国で大きな反響を呼び、混乱はいっそう広まった。[155] 六月三十日、ソ連共産党中央は「個人崇拝およびその影響に関する決議」を採択し、中国共産党の見解をほぼ受け入れ、個人崇拝の過ちを批判すると同時に、社会主義の制度と道を堅持すべきだと強調した。[156]

七月十二日に、ハンガリーの党内の危機を解決するため、ソ連共産党中央は、ハンガリー労働人民党書記長で「小スターリン」と呼ばれたマーチャーシュ・ラーコシ(Rákosi Mátyás)を半ば強引に「引退」させ、党内外の「激高した感情」を和らげようとした。[157] このような不穏な事件が続く中、モスクワはもちろん、社会主義の東方で再度危機と動乱が発生することを望まなかった。それにより、金日成は再び、運命の女神に助けられた。

八月十三日、ピトロフは進んで金日成を訪ね、受け取ったばかりのソ連共産党中央の書簡の内容を伝えた。金日成は書簡の結論およびその関連内容にとても満足した。それには「党内の民主は党を傷つけ、党の規則を弱め破壊する目的達成の道具として使われてはならず、党の指導層およびその機関と主要メンバーに対する不信任の感情と言論を伝播するために利用されるべきではない」と書かれていた。[158] 金日成は直ちに党内でこの書簡の内容を伝達した。[159] これ以後、金日成は党内の政治闘争で完全に主導権を握った。

最後の闘いと中国亡命

八月十八日、金日成は中央常務委員会を招集し、ソ連共産党中央の書簡を説明する中で、個人崇拝の批判に関するソ連の姿勢が変わり始めたことをほのめかした。これに対し崔昌益は強く反発する発言をし、金科奉はやや抑制的に、中央常務委員会が特別会議を招集して党内問題を討論するようにとの要望を述べた。[160]

八月二十一日から二十三日にかけて、党内の状況を討論する労働党中央常務委員会の会議が開かれた。金日成の開幕挨拶後、崔昌益は真っ先に発言し、朝鮮労働党内部に個人崇拝の現象が存在し、集団指導と党内の民主が欠けていると指摘した。これに対し、金日成の支持者たちは我先にと、崔に対する反論と厳しい批判を行った。その間、金日成は反対派の一員である朴義琓と三時間に及ぶ単独の会談を行い、彼が会議で中立を保つよう求めた。会議の最後の日、南日は崔昌益に対して「徹底的批判」を行い、金科奉は態度を変え、崔の職務罷免を提案した。会議は最後に、八月三十日に中央委員会総会を招集することを決定した。

その間、国家安全部門は一部の幹部に対して「警察の手段」を使い、彼らの関係者も相次いで尋問を受けた、と朴義琓はソ連大使館に伝えた。ピトロフ臨時代理大使は、朴と南日の報告をそれぞれ聞いた後、会議で党の指導者に対して行った批判は基本的に正しいもので、発言者に対してどんな過激な手段もとってはならず、批判者を「敵意を持つ反党集団」と決めつけるのも正しくないと話した。[161] これで分かるように、ソ連大使館が当時懸念していたのはもはや反対派が過激な行動を取ることではなく、金日成が反対派に対していっそう厳しい手段を使うことだった。

この間における徐輝、李弼奎ら反対派の中核メンバーの行動について、公文書では何も示されていない。ただはっきりしたのは、金日成とその支持者がソ連大使館と頻繁に接触し、中立的立場の幹部に対する工作を盛んに行い、疑いをもたれた人に対しては監視措置をとったので、反対派は活動の余地を狭められ、仮に何かの行動を取ろうとしても連携と呼応は期待できない状況になっていたことだ。中央委員会総会はこのような背景下で開かれ、反対派は孤立する中で無力な抵抗を行った。会議の経過は簡単で結末も予想されるものだった。

八月三十日、中央総会が開幕し、金日成がまず報告を行った。それまでの党内の文書や演説に比べ、この報告は初めて膨大なスペースを割いて個人崇拝の問題を取り上げたが、ただそれはソ連の個人崇拝と朝鮮の朴憲永に対する崇拝であって、指導者の金日成に対する崇拝の問題は宣伝活動の部分でついでに少し触れただけだった。[162] 金日成の報告後、討論が始まったが、二人目の発言から、会場全体が混乱に陥り、激しく言い争う場面があちこちで見られた。その状況について、公文書には違う立場の人による異なる証言が多く含まれ、当事者たちの回想も矛盾し対立するものだった。公文書には、金日成、朴義琓がそれぞれイワノフ大使と行った談話、徐輝らが中国共産党中央に送った書簡、李相朝が朝鮮労働党中央に送った書簡、高熙万とサムソノフ(G. Ye. Samsonov)ソ連大使館一等書記官との談話、ミコヤンと朝鮮労働党代表団との談話、およびイワノフ大使の八月事件に関する報告などが入っている。[163] 一方、学者がよく引用する口述史料には、林隠(すなわち許真、元党中央委員)、高峰起(元金日成秘書室主任)、姜相鎬(元内務省副相)、李相朝(元ソ連駐在大使)、金楚雄(ソ連大使館の朝鮮語通訳)などによるものがある。[164] 筆者は一連の整理と比較をした上で、朴義琓がソ連大使館に語ったことは比較的完全で、客観的で、信憑性が高いと考える。ゆえに、以下の叙述は主に朴義琓の談話に基づくものだ。

総会で先に発言したのは国家計画委員会委員長李鐘玉と咸鏡北道委員長金泰根で、金日成に対する礼賛以外、実質的内容はなかった。三人目に発言したのは貿易相尹公欽で、彼は党内に存在する個人崇拝など一連の重大で深刻な問題を暴露し、金日成、金昌満、韓相斗、朴金喆、朴正愛、李一卿らを名指しで批判し、金日成の個人崇拝の問題について全党で討論すべきとも提案した。(165) 尹の発言は途中で中断され、金日成は、反党分子と反革命分子に引き続き発言する機会を与える必要はないと提起し、さっそく投票が行われ、七人を除いて大多数はそれに賛成した。休憩後の会議には尹公欽ら反対派は姿を見せず、尹の党籍剝奪が決議された。続いて反対派に対する糾弾一辺倒の局面になり、反対派は名指しで批判され、発言の機会を与えられなかった。金日成は総括発言で、崔昌益と朴昌玉に対する処分措置を提案し、一致した賛同を得た。

大会の休憩の間、徐輝、尹公欽、李弼奎の三人が帰宅すると、電話線がすでに切られていることに気づき、危機的状況だと感じた。彼らは早速、文化省副相を務める金剛(元朝鮮義勇軍鴨緑江支隊政治委員)のところに行って相談し、当日夜、軍用車を運転して中朝国境の鴨緑江大橋に向かった。(166) 翌日の中央委員会総会では、「崔昌益、尹公欽、徐輝、李弼奎、朴昌玉ら同志の分派と陰謀活動」に関する決議が採択され、彼らの罪状が列挙された上、党からの除籍、すべての党内職務の解任、更なる調査が決定された。(167) 朴義琓の表現を借りて言えば、総会後、「国家全体が大規模な捜査と逮捕、厳しい弾圧に入った」。(168)

八月事件と中国

八月事件はこれで一段落したが、その過程を検証することにより、筆者は以下のいくつかの新しい見解をまとめた。

第一、八月事件に関するこれまでの学界の研究は、ほとんど延安派を首謀者と呼んだが、それは正確ではない。まず、朝鮮労働党内においては南方派を除けば、延安派とモスクワ派は真の派閥を形成しておらず、組織的活動もなかった。次に、各派の内部においてたとえ個人的関係があったとしても、何度もの政治の粛清と勢力図の仕切り直しで、一九五六年初めになると、元の図式はすでに崩されていた。第三回党大会で選出された指導メンバーの顔触れはそれを如実に物語っている。また、金日成に反対する中核メンバーのうち、延安派の人数は多かったが、ソ連派と国内派からも朴昌玉、金承化、高峰起ら少なからぬ人が入っていた。さらに言えば、金日成の支持者の中にも、元モスクワ派、国内派ないし延安派に属する幹部が多く含まれた。延安派がこの事件で単独に勢力を成し、行動を起こしたことを証明できない以上、簡単にそれを延安派が組織しもしくは指揮したと結論づけることはできない。実際に、今回の政治闘争は金日成とその支持者に不満を持つすべての幹部が参加したものなので、全体として党内の「反対派」と呼んだ方が適切であろう。

第二、そうは言っても、反対派の中心人物は確かにもともと延安派に属する幹部、徐輝、尹公欽、李弼奎であった。危機に気づくと、先に逃亡したのもこの三人だった(金剛は逃亡の協力者に過ぎない)。崔昌益、朴昌玉、金承化、李相朝もこの闘争に積極的に参加したが、立案者や中心人物ではなかったようだ。金枓奉は「外郭」に位置するような存在で、反対派が積極的に取り込もうとした人物だった。最も理解できないのは崔庸健を、力を入れて取り組もうとした重点的対象と考えたことだった。崔はずっと金日成の追随者だったのだ。当事者が彼も働きかけの対象としたのは、より多くの支持を取り付けるためか、あるいはその失敗に対する言い訳だったと思われる。

第三、八月事件の性格は党内の合法的政治闘争と言うべきである。はっきりしているのは、のちに朝鮮労働党が反対派が軍事クーデターを起こしたと断罪したが、これは事実ではないことだ。反対派は軍権もなければ、警察も握っておらず、どうやって武力による政変を組織し発動するのか。反対派の活動を「反党の陰謀」と決めつけるのも根拠はない。彼らの活動はほとんど秘密がなく、ソ連大使館にしきりに報告してその支持を求める一方、至る所で遊説し、反金日成の勢力の結集を図ったが、「陰謀」というようなものではなかった。彼らは最初、批判と自己批判という各国共産党のもっともオーソドックスな党内闘争の方法を通じて金日成の指導権を奪い、少なくとも金の取り巻きを排除する目標を目指したが、そのうちに、自分の側に十分な力もなく、ソ連の支持も得られないことが分かると、乾坤一擲で、中央委員会総会という公の場で金日成に対する批判を行う賭けに出て、影響の拡大と大半の幹部の支持を図ったのである。

第四、反対派が失敗した最大の原因は、朝鮮の党内問題をめぐるソ連の方針転換にあった。朝鮮労働党の個人崇拝の問題は、金日成の致命的な弱点であり、反対派の武器でもあった。最初の段階では、ソ連の指導者は朝鮮労働党中央がソ連共産党二十回大会の方針に対し陰に陽に反対したことに不満を抱き、朝鮮の党内で金日成の個人崇拝の過ちに対して批判を行うことを支持し、また自ら進んで金日成と会談して改善を申し入れた。まさにこの動きが漏洩した(それはソ連側の責任ではないかもしれない)ことにより、反対派の活動に勢いをつけた。ところが間もなく、モスクワは思想の混乱と情勢の不安定化を恐れ、個人崇拝に対する批判をトーンダウンさせ、また激しい方法で金日成を批判することに明確に反対を示した。これにより、金日成は元気づけられ、反対派は梯子を外されることになり、この政治闘争の天秤は明らかに片方に傾斜した。

最後に、この歴史についてもう一つ重要な問題が残った。それは、中国はその中でどのような役を演じたのか、ということだ。一部の説には筆者は賛同しない。姜相鎬の回想によると、「画策者と中国大使館の間に極秘の連絡パイプがあった」という。ある学者はこれに基づいて、反対派は終始中国大使館と密接な関係を保ち、ひいては「事件そのものが中国によって扇動された可能性もある」との見解を出した[169]。ロシアの公文書から筆者は、より奇想天外な記録を見つけた。イワノフ駐朝大使は九月十四日付のソ連共産党中央への報告書の中で、尹公欽ら四人は「中国の朝鮮駐在大使館の意見に基づいて」中国に亡命したと分析している[170]。数年後、金日成がこれについて行った解釈も明らかに人を欺くものだった。彼は、反対派が「このような騒ぎを起こしたのは、彭徳懐が彼らの後ろ盾だったからだ」と話している[171]。これらの断片的で裏付けのとれない史料はいつの間にか、朝鮮で発生した「反党集団」事件は最初から最後まで中国が画策し、操ったものだ、というストーリーを作り上げている。しかし、この説は近年になって明らかになった大量の公文書資料及び証言史料が示した史実と相反するもので、信憑性が極めて低いと言わざるを得ない。

現在入手可能な資料によると、一九五六年七月、ソ連の指導者が金日成と会談した後、その大まかな内容を中国共産党中央に通報しただけで、詳しく説明されていないため、中国側は何ら反応を見せなかった[172]。ほかのロシア公文書の記録によると、八月三日、中国大使館の参事官曹克強はソ連の臨時代理大使ピトロフを訪れた際、「一部の朝鮮の同志は中国大使館のメンバーと話す中で、中国側が個人崇拝の問題にどのような態度をとるかについてかなり興味を示した」とし、それに対し、大使館の回答はすべて『人民日報』に書かれた方針の通りだったと説明している[173]。この説明は、筆者が当事者を取材した記録と合致する。延安派の幹部が中国大使館と連絡、連携を取ったか否かの質問に対し、金忠植は、中国大使館の態度はとても冷たく、避けて会わないか、もしくは言葉を濁らせて返事をしないか、であったため、その後、我々は中国大使館に行かなくなった、と証言した[174]。八月十七日、イワノフ大使は中国大使館を訪れたが、この時点で中国側と接触したのは、朝鮮の政局に対する中国の立場を確かめたかったからと見られる。それに対し、喬暁光大使は朝鮮に関連して次の一つのことにしか触れなかった。

朝鮮側は五カ年計画に対する中国の援助を望んでいるようだが、いまだに中国大使館に正式に提起しておらず、おそらく金日成が代表団を率いて中国共産党の八全大会に出席する際に提起するだろう、という話だった[175]。金剛が筆者に証言した彼らの亡命過程に関する細部の叙述もこれに符合する。当時、状況はあまりにも危急だったため、彼らはその場で亡命を決めたのであり、しかも一緒に相談し合って下した決断で、中国大使館と一切かかわりがなかった、という[176]。

図 37　2010 年 2 月，著者と金剛（右）

もう一つ重要な点を見逃してはならない。中国は朝鮮戦争の終結以降、朝鮮に対してその内部問題に関与しないという全般的な戦略を貫いていたことだ。これで見れば、中国の指導者はその時点で、朝鮮の党内闘争の詳細についてほとんど知らず、関心もあまり持たなかった、との判断を下してよいだろう[177]。

しかし状況の変化は早くも訪れた。反対派の幹部が中国に亡命した数日後、中国共産党中央が朝鮮労働党の内部問題に関する対処に巻き込まれただけでなく、主役にも躍り出たのである。

第三節　中ソ共同の「内政干渉」

一九五六年二月に開かれたソ連共産党二十回大会は一連の「新方針」を打ち出した。対外政策では「平和共存、平和的競争、平和的移行」を綱領に、西側諸国との緊張緩和を図る路線を取りはじめた。国内政策では人民生活水準の向上と経済管理体制の改善を強調し、そこで打ち出された多くの具体的措置は間もなく試みられる経済改革の思想的、政策的準備となった。この二つの分野において、ソ連共産党の方針と社会主義の発展の道を模索中の中国共産党とは図らずも一致するものだった。フルシチョフが二月二十五日に行った個人崇拝の批判をメインテーマとする秘密報告について、毛沢東は「半分は喜び、半分は憂え」た。ソ連人が自ら、長年中国共産党の頭上にのしかかっていた重石を外してくれて、今後はモスクワに対し絶対的な服従をせずに済むようになったことは当然喜ばしいことだった。しかしスターリン批判が、共産党が長期にわたって築き上げた指導者に関する神話を打破し、社会主義陣営の思想的混乱を引き起こしたことは誠に憂慮すべきことだった。毛沢東本人は個人崇拝に対する批判に内心は釈然としなかったが、当時の大きな流れの中でそれを口にすることはなかった。総じて言えば、ソ連や中国、多くの社会主義国家にとって、一九五六年はその発展の道における十字路だった。

ソ連共産党と中国共産党は政治的二重奏をかなでながら、社会主義の発展の道をめぐる探索をリードした。中国共産党八全大会(一九五六年九月)はソ連共産党二十回大会を時系列的に受け継ぐものだったばかりだけでなく、思想認識、政策と方針、および発展方向など多方面にわたって相通ずるものだった。特に中国共産党中央が『人民日報』に発表した論文は、個人崇拝の現象を思想方法上の問題に帰結し、スターリンに対して七割は肯定するという評価基準を打ち出し、それが各国の共産党に受け入れられ、ソ連が全般的情勢に対するコントロールを取り戻すのに有力な援護射撃となった。スターリンをめぐる評価において一部の相違は残ったものの、ソ連共産党は速やかに中国共産党に歩調を合わせた。したがって、筆者はこれまでの伝統的な見方と違って、この時期における中ソ関係は弱体化したのではなく、強化されたのだったと見る(178)。

まさにソ連の中国駐在大使館の活動報告が指摘したように、一九五六年は、「ソ連と中国の間で形成された相互関係の正しさと生命力が試練に立たされる一年だったが、我々の友好的な相互関係はこの試練を完全に乗り切った(179)」。より重要なのは、ソ連共産党二十回大会がもたらした結果の一つとして、社会主義陣営における中国共産党の地位と影響が高められたことだった。それまでは、ソ連共産党が中国共産党を指導し、また経済面で中国を援助したが、この時から、中国共産党は政治面でソ連共産党を助け始めた。中ソ両党が対等な形で社会主義陣営を共同で指導するという構造は、その直後に起きた朝鮮労働党の八月事件を処理する過程において端的に現れた。

亡命者、中国に報告書提出

労働党中央八月総会が終わった後、北朝鮮全体は囂々《ごうごう》たる「殺気」に包まれていた(180)。九月五日付『労働新聞』は、中央総会による崔昌益、尹公欽、徐輝、李弼奎、朴昌玉らのセクト主義の陰謀に関する決議を掲載し、彼らの党籍除名、党内のすべての職務の剥奪、さらに崔昌益、朴昌玉、尹公欽の政府内の公職解任を発表した[181]。党内の政治粛清が直ちに繰り広げられ、新聞紙面には「我々の中の敵」「分裂分子」「セクト主義者」「反党分子」に対する摘発と批判の記事が現れ始めた[182]。

朴昌玉は解任された後、東海岸のある木材加工場に、崔昌益は養豚場にそれぞれ追放された。検察機関は崔昌益、李弼奎、李相朝らの罪状に関する証拠探しを始めた。すべての反対派幹部は幹部の特権である物品の配給や医療サービスを取り消され、彼らの家族も警察による厳しい監視下に置かれた。労働党ピョンヤン市委員会の二人の副委員長と組織部長が解任され、民族保衛省副相金元松、軍事科学院副院長李雲奎、海軍政治部副主任李英浩はいずれも「反党グループ」の嫌疑で取り調べを受けた。すでにソ連への研修に派遣された建設相の金承化も「反党グループ」リーダーの朴昌玉や崔昌益と密接な関係があるという理由で追及を受け、逓信省副相の金昌欽は「同情者」の嫌疑で巻き込まれた。朝鮮政府はまた、駐ソ大使李相朝に対し、英国諜報機関と関係があるという罪名で召喚命令を出した[183]。党と政府機関だけでなく、大学でも再度、大規模な思想検挙キャンペーンが行われ、金日成総合大学党委員長洪洛雄(洪光)はやむなく(中国へ)亡命し、多くの教授と学者が秘密警察に連行され、行方不明になった[184]。

中国の指導者は朝鮮の八月事件の詳しい実情を一番早くキャッチした。中国に亡命した元朝鮮内閣文化省副相金剛が筆者に証言したところによると、彼と尹公欽、徐輝、李弼奎の四人は八月三十日夜、車を運転してピョンヤンを離れ、途中は順調で、翌日、安東で国境を越えた際、中国の国境検問所に止められた。彼らはストレートに自分の身分を語った。中国側の兵士はびっくり仰天し、直ちに上級機関に報告し、またその指示に従って一行を直接北京に送り届けた。周恩来総理と公安部長羅瑞卿は尹公欽らの到着直後に彼らと会い、報告を聴取した。続いて閣僚級の待遇で亡命者たちを和風の別荘に泊め、彼らに詳しい経過報告書を書くよう求めた[185]。

九月四日、中国の駐朝大使喬暁光はソ連大使イワノフに面会し、彼に以下のことを通報した。朝鮮外務省副相李東根は九月三日、中国大使館に対し、朝鮮貿易相尹公欽ら四人の公民が安東地区で国境を越え、中国国境警備軍に取り押さえられたが、朝鮮政府は中国政府に対し、この四人の朝鮮送還を要請すると伝えた。喬暁光は、その要請を直ちに中国政府に報告すると答えるとともに、中国国境警備軍も彼ら一行の帰国を説得したが、一行は断固として本国送還を拒否したと説明した。続いて喬大使は中国政府による朝鮮政府への回答として「これらの人は普通の越境者ではなく、強制的に彼らを本国送還にすることはできない」旨を伝えた。残りの会見時間では互いにこの事件に関する見方を質問したが、いずれも明確な意思表明を避けた、という。[186]

送還問題に関する中国政府の正式な回答は、中国の指導者がすでに朝鮮に対してずっととってきた寛容と忍耐の方針を変えたことを意味していた。ソ連外務省の観測によると、休戦以来、中朝関係は幾分か「異常」に見え、朝鮮政府は朝鮮駐屯中の義勇軍部隊に対してかなり冷たく、中国は「朝鮮人に対して極めて抑制的な姿勢をとっている」という。[187]米国国務省情報研究所の統計数字もそれを示している。一九五四年十一月から五六年七月まで、朝鮮政府が派遣した訪中代表団はわずか四回で引率者の最高ランクは次官級だった。それに対し、中国側は一九五五年八月から五六年六月までだけで五回も政府代表団を朝鮮に送り、引率した最高幹部は国家副主席だった。[188]

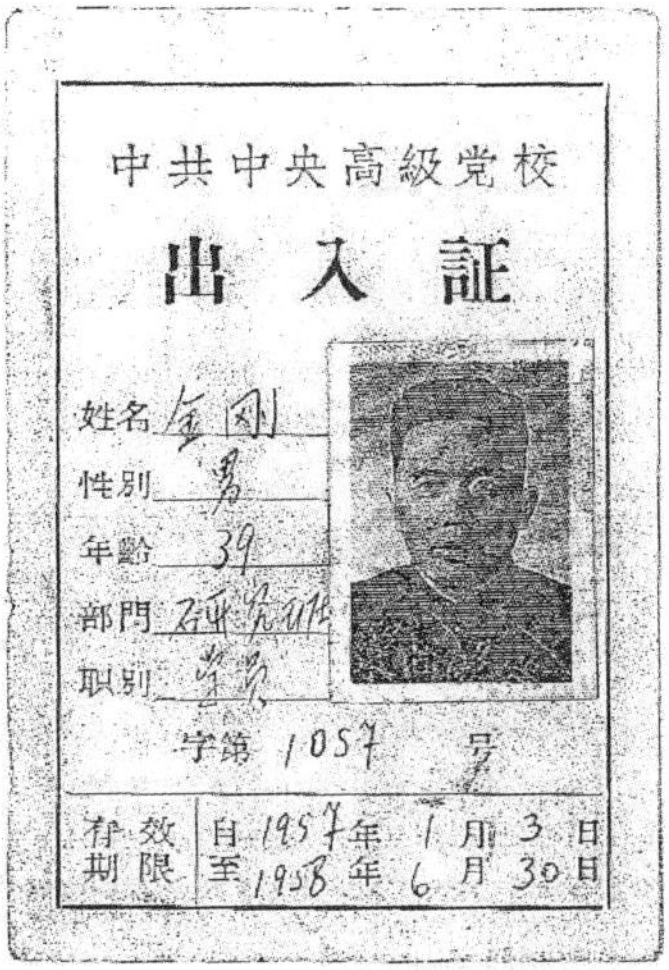

図 38　金剛の中共中央高級党校出入証書(1957 年 1 月)．当時は中央高級党校の研究班学員の身分が与えられていた．

一九五五年三月から四月にかけて、新しく就任した義勇軍司令官楊勇と政治委員李志民は朝鮮への尊重と熱意を示すため、朝鮮到着後真っ先に金日成を表敬し、また多数回にわたって進んで金日成に報告と指示要請を行った。[189]中朝友好を強化するため、国務院は周恩来の指示に基づき、一九五五年八月から十二月の間、朝鮮（とベトナム）に対する援助の実施状況に関する全面的査察をわざわざ行い、国家建設委員会主任薄一波が自らこの検査を担当した。国務院は関係各部門に対し、業務中の欠点を最大限克服し、「賠償すべきもの、補償すべきもの、交換すべきもの、再建すべきものがあればいずれも速やかにやるべき」で、問題の責任も厳しく追及するといった書面の指示を出した。[190]中国は朝鮮に対する大規模な経済援助と中朝関係を改善する種々の努力を行ったのに、その結末は、延安派幹部が追われて亡命したことと朝鮮政府の送還要求だった。毛沢東が怒り心頭にならないはずはなかった。それと同時に、朝鮮労働党の政治状況の内実を知るにつれ、中国の指導者は深刻な危機感を抱くことになった。

九月五日、徐輝、尹公欽、李弼奎と金剛は中国共産党中央に対し、二〇ページの書簡を提出し、朝鮮で発生したこと、および彼らの見解を詳しく報告した。徐輝らはまず、朝鮮労働党の現状に対する基本的見解を述べた。金日成は党と政府、軍隊、司法の権力を一身に集め、党内の民主を無視し、異なる意見を抑え、党と国家、人民を凌駕する絶対的な独裁支配を行った。労働党の重大な誤りは四項目にまとめられる。

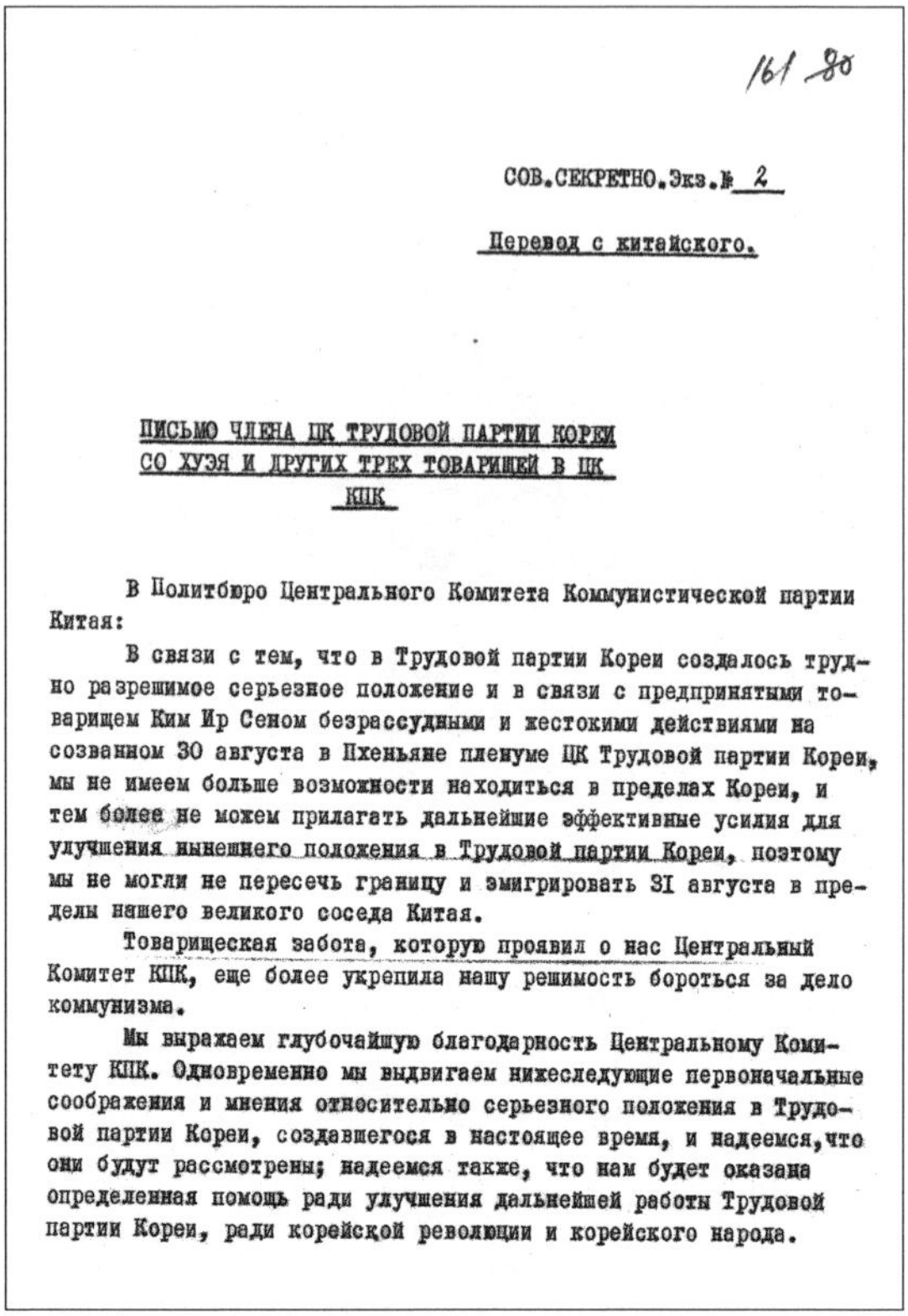
161 80

СОВ.СЕКРЕТНО.Экз.№ 2

Перевод с китайского.

ПИСЬМО ЧЛЕНА ЦК ТРУДОВОЙ ПАРТИИ КОРЕИ СО ХУЭЯ И ДРУГИХ ТРЕХ ТОВАРИЩЕЙ В ЦК КПК

В Политбюро Центрального Комитета Коммунистической партии Китая:

В связи с тем, что в Трудовой партии Кореи создалось трудно разрешимое серьезное положение и в связи с предпринятыми товарищем Ким Ир Сеном безрассудными и жестокими действиями на созванном 30 августа в Пхеньяне пленуме ЦК Трудовой партии Кореи, мы не имеем больше возможности находиться в пределах Кореи, и тем более не можем прилагать дальнейшие эффективные усилия для улучшения нынешнего положения в Трудовой партии Кореи, поэтому мы не могли не пересечь границу и эмигрировать 31 августа в пределы нашего великого соседа Китая.

Товарищеская забота, которую проявил о нас Центральный Комитет КПК, еще более укрепила нашу решимость бороться за дело коммунизма.

Мы выражаем глубочайшую благодарность Центральному Комитету КПК. Одновременно мы выдвигаем нижеследующие первоначальные соображения и мнения относительно серьезного положения в Трудовой партии Кореи, создавшегося в настоящее время, и надеемся, что они будут рассмотрены; надеемся также, что нам будет оказана определенная помощь ради улучшения дальнейшей работы Трудовой партии Кореи, ради корейской революции и корейского народа.

図39　金日成の独裁と粛清に関して徐輝と3人の同志が中共中央に送った書簡(1956年9月5日)．ソ連側公文書の記録原文(ロシア語)．

一、情勢に対する誤った判断で戦争を発動したこと、戦争中、数々の間違った判断と指揮を行ったこと、極端な「左傾」方針により党が人民から大きく乖離したこと。二、党内には民主的雰囲気がないこと、金日成に対する個人崇拝が絶対化されたこと、幹部の任用は派閥路線と好き嫌いの感情により左右されること、官僚主義が極めて深刻なこと、党内の懲罰が乱用され、すでに十二万人が除名されたこと、党内の人間関係は破壊され、真の団結ができないこと。三、セクト主義が蔓延し、党外協力団体や個人との関係が緊張状態にあること、労農連盟を無視し、農民に対する搾取を行っていること、都市部のプチブルジョアに対して略奪を行い、重税を課していること、法制が乱暴に破壊され、無実の者が多数殺され、共和国の十分の一の公民が監禁の経験があること、人民の生活がおろそかにされていること。四、宣伝工作は完全に金日成に対する礼賛に集中したこと、歴史を捏造し、ウソをまき散らし、金日成を神格化したこと、いわゆる「民族精神」を突出させ、ソ連や中国、その他の兄弟国家による支援にほとんど触れないこと。報告書はさらに労働党第三回大会から八月の中央総会まで彼らが経験したことを詳しく伝えた上で、徐輝らはこのように結論した。

金日成はすでに「革命を裏切り始めており」、「金日成の存在は朝鮮の革命の道における障害物になっており、金日成を排除して初めて、朝鮮の革命が迅速に発展し、祖国の統一と社会主義建設が促進されるだろう」(191)。

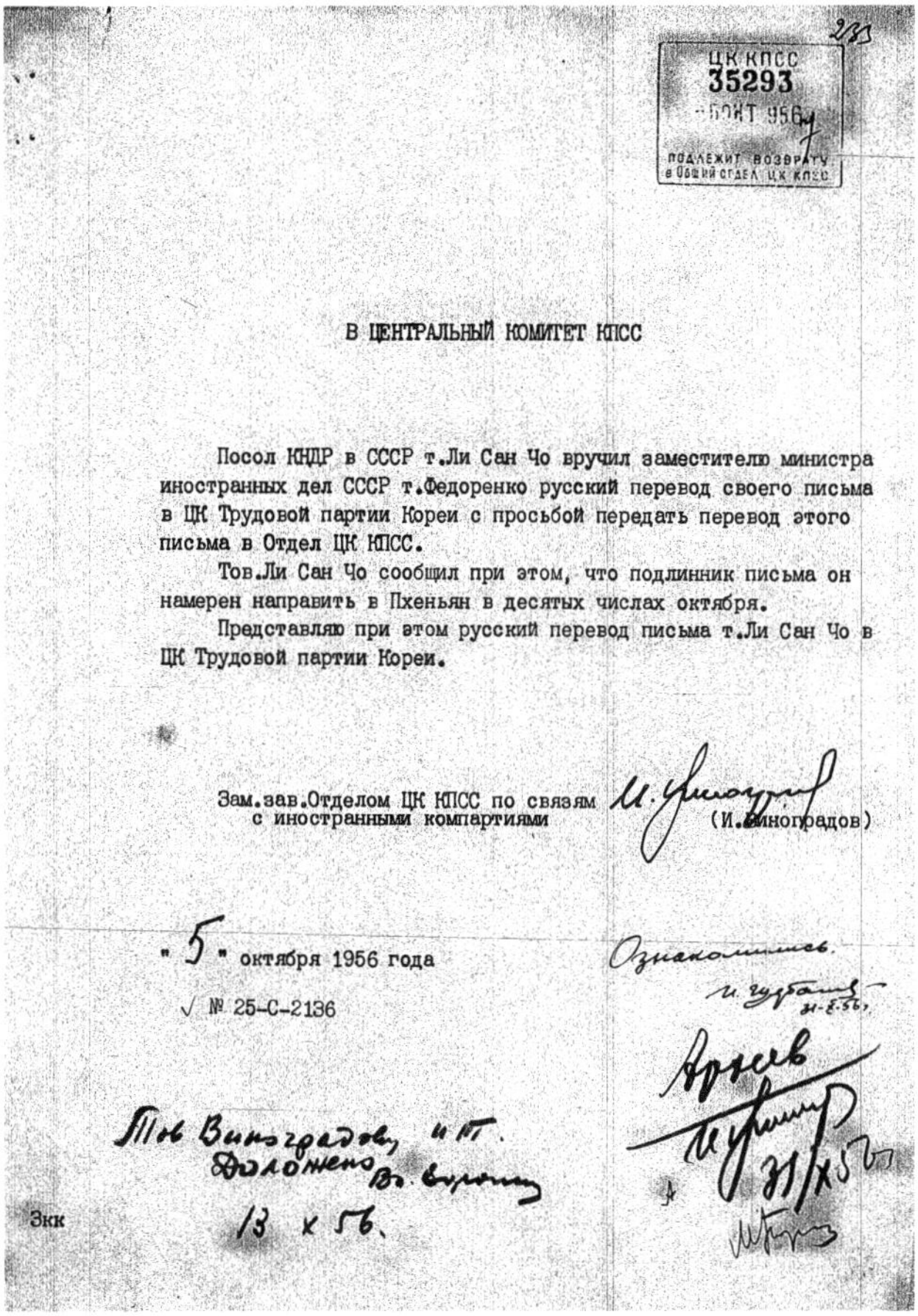
ЦК КПСС
35293
ПОДЛЕЖИТ ВОЗВРАТУ
в Общий отдел ЦК КПСС

В ЦЕНТРАЛЬНЫЙ КОМИТЕТ КПСС

Посол КНДР в СССР т.Ли Сан Чо вручил заместителю министра иностранных дел СССР т.Федоренко русский перевод своего письма в ЦК Трудовой партии Кореи с просьбой передать перевод этого письма в Отдел ЦК КПСС.

Тов.Ли Сан Чо сообщил при этом, что подлинник письма он намерен направить в Пхеньян в десятых числах октября.

Представляю при этом русский перевод письма т.Ли Сан Чо в ЦК Трудовой партии Кореи.

Зам.зав.Отделом ЦК КПСС по связям с иностранными компартиями (И.Виноградов)

"5" октября 1956 года

№ 25-С-2136

Ознакомились.

3кк

図 40　李相朝の朝鮮労働党中央宛の公開書簡に関してソ連党中央外国共産党連絡部が党中央委員会に提出した書簡(1956 年 10 月 5 日)(ロシア語)

ソ連共産党中央の決議

およそ同じ時期に、ソ連の指導者も八月事件の真相に関する報告を受け取った。九月三日、朝鮮の駐ソ大使李相朝はフルシチョフに書簡を送り、八月三十日の会議のことを説明した上で、次のように提言した。より確実に、より全面的に朝鮮労働党が措置を制定し過ちを是正することを援助するため、ソ連共産党中央は高級幹部を朝鮮に派遣し、朝鮮労働党のすべての中央委員(除名された者を含めて)の会議を招集すること、もしくは朝鮮労働党中央の代表と除名された同志を共にモスクワに呼び、ソ連共産党中央幹部会との合同会議を開くこと、あるいはソ連共産党中央の名義で(中国共産党中央との連名ならなおさら良い)労働党中央に対し、実質的問題を説明するよう求める要請文を送ること、というものだった。[192]

九月五日、外務次官フェドレンコは党中央に李相朝の書簡を提出し、同時に以下のことを報告した。李相朝は会談の中で、当面の朝鮮労働党内に出現した弾圧とパニックの状況を説明し、党中央常務委員候補で副首相の朴義琓(ソ連国籍)が批判的意見を発表するなとの脅しを受けた実例も挙げた。彼本人はすでに二度にわたって本国召還を命じられたが、病気治療を理由に留まっている。もし中国が認めるなら、彼は中国行きを希望する。最後に李は、ソ連共産党中央の方針を早く知りたいとの要望も述べた。[193]

九月六日、ソ連共産党中央幹部会は会議を開き、三項目の決議を行った。一、朝鮮労働党中央総会で起きた事件に対しては真剣に重視すべきであり、ソ連共産党中央はこれについて朝鮮労働党指導者および中国共産党と意見を交換する必要があることを認める。二、中国共産党八全大会に出席するソ連共産党代表団に依頼して、朝鮮労働党や中国共産党の指導者と連絡を取り、朝鮮労働党の情勢をめぐる意見交換をすること。三、党中央書記スースロフとポノマリョフ(当時は党中央委員会国際部部長)に依頼して、三日以内に朝鮮問題に関する中国共産党中央に送る声明文の草案を準備し、提出すること。[194] 会議の記録によれば、ソ連共産党中央はさらにポノマリョフに、李相朝との会見を行うこと、また中国のソ連駐在大使に対し、ソ連共産党代表団が中国共産党中央と意見交換したい旨を伝えることを依頼した。[195]

九月十日、ポノマリョフは李相朝と会談を行った。李相朝は、彼の毛沢東宛の書簡はすでに発送しており、ソ連共産党中央による朝鮮問題に関する見解を聞きたいと話した後、次のことを伝えられた。

中国共産党中央はすでにソ連に対し、四人の朝鮮の重要幹部が中国に入ったことを通報し、ソ連のピョンヤン駐在大使からも同じ報告を受けた。ソ連の指導者はこの件について「極めて重視しており」、「起きたすべてのことに対し憂慮している」。依頼を受けて中国共産党八全大会に参加するソ連共産党代表団はそれぞれ朝鮮代表団および中国の同志との間で、朝鮮労働党の内部状況をめぐって意見交換している。

ポノマリョフは、ソ連共産党の立場として提言と意見を出すことは原則的に認められるが、「朝鮮労働党は独立した政党であり、他の兄弟共産党はその内部事情に介入することができない」「ソ連共産党と中国共産党側が一定の段取りと措置をとって朝鮮労働党に提言を行う問題において存在する様々な複雑な状況を理解してほしい」と話した。李相朝が提起した、できれば新聞に、普通の形でもいいから批判的意見を掲載するようにとの要請に関しては、当面この問題を検討すべきではないと答えた[196]。もしかすると、その時点でソ連側はまだ問題を処理する具体的方針を決めていなかったか、李相朝に対して詳しく説明しようとしなかったと考えられる。ただ最終的な処理方法はやはり李が提案した三種類のシナリオの中から採用した。

九月十三日、ソ連共産党中央幹部会の会議で中国共産党の第八回大会に参加するソ連共産党代表団に対する指示が採択された。指示は、代表団が以下の内容を中国共産党中央に通報するよう要求した。「ソ連共産党中央は朝鮮労働党内部の最近の状況を極めて不安な思いで注目している」。それより前に、ソ連側から多くの批判的意見が出され、金日成は問題を是正すると約束したが、状況が改善するどころか、朝鮮労働党の八月総会の直前と期間中では、「党内の状況は急速に悪化している」。批判的意見を封じ込め、一部の中央委員の発言権を剝奪し、多くのメンバーの党員除籍に関する決議を行い、その結果、複数の中央委員と高級幹部が外国に亡命したことは、「ソ連共産党中央の見解として、これは極めて異常なことであり」、「金日成と崔庸健が主要な責任を負うべきである」。今回の事件は「非常に深刻なものであり、ソ連共産党中央と中国共産党中央がともに、朝鮮の指導者と意見交換し、彼らに批判と提案を行わなければならない。ソ連共産党中央は、金日成と労働党中央常務委員会の委員が北京に来るようにと要請することを希望する」[197]。

九月十四日、ミコヤンが代表団を率いて中国共産党八全大会に出席するため北京に到着した。当日に行われた表敬的会見の中で、毛沢東はさっそくミコヤンと朝鮮問題について少し言及した。ミコヤンは、ソ連共産党中央の委託を受け、朝鮮労働党内部の情勢について中国共産党中央政治局と会談を行いたいと話した。これを聞いた毛沢東はとても嬉しそうな表情で、中国に逃亡してきた朝鮮の同志が書いた文書を読んだが、朝鮮の党内の状況は非常にまずいようだと答えた。毛沢東は続いて、我々は彼らに帰国を説得したが、堅く拒絶された、金日成は異なる意見の持ち主を迫害しており、たとえば中国共産党の助言を無視して朴憲永を銃殺刑にしたと語った〔実際に処刑したのは当年十二月以降。中国とソ連ではすでに処刑されたとの噂が早くから流れていた〕。ミコヤンは、金日成が

（七月に）モスクワに来た時、ソ連共産党中央は彼に重要な助言を行い、レーニン主義的な党内生活のルールを採用し、党の指導制度を改善するよう申し入れたと説明した。(198)

九月十五日、ソ連共産党中央幹部会は、朝鮮労働党の問題をめぐって中国共産党八全大会に出席するソ連代表団への指示を批准した。(199) もっとも、この指示の内容は今なお機密解除されておらず、研究者はその後に行われた数回の会談の記録からソ連共産党中央が行った決定の脈絡をたどる以外にない。

九月十六日、ミコヤンがモスクワの指示に基づいて、崔庸健をはじめとする朝鮮代表団のメンバーと会談を行った。ミコヤンはまず、中国の同志から得た情報として、朝鮮の幹部が中国に逃れているが、金日成は八月の総会に関する通報の中でこのことに触れなかったと質した。崔庸健は、朝鮮側はちょうどこの件を通報しようとしており、中国の同志にも会談を申し入れたがまだ返事をもらっていないと答えた。続いて崔庸健らは労働党中央総会のことを簡単に説明し、会談は終わった。(200) ミコヤンはモスクワに対し、会談はソ連側の提案であり、朝鮮側は予想をしていなかった模様で、話し合った内容もかなり簡単なもので、彼らは自分のやり方に対して弁解を行っただけだったと報告した。その上でミコヤンは、我々は党中央の依頼、すなわち金日成とその他の中央常務委員会委員を北京に呼んで会談するという使命を完遂することができない、「金日成は最初から来る考えがなかったためだ」、朝鮮問題を協議するための、唯一の方法は中国共産党中央の代表と一緒にピョンヤンに赴くことで、「中央から他の指示がなければ、我々はこのようにするつもりだ」との考えを伝えた。(201)

ミコヤンと毛沢東の合意

九月十八日十八時から二十二時まで、ソ連代表団と毛沢東ら中国共産党の指導者達との会談が行われた。ソ連側の記録によると、ミコヤンが先に発言し、朝鮮労働党には「不健康な状況が現れている」、彼らは「レーニンの党内活動に関する規則に違反した」と指摘し、ソ連の指導者はモスクワで金日成に助言をし、金も是正を約束したが、帰国後は逆のことをやっており、中央総会では党に批判的意見を提起した中央委員に対し党員の資格すら剝奪したと述べた。毛沢東も中国側の知っている状況を説明し、朝鮮労働党が前に逮捕した朴一禹は優秀な共産党員であると話した。双方が情報を交換したうえで、ミコヤンは、「我々両党は朝鮮労働党の指導者が過ちを是正するのを助けなければならない」とし、「我々は金日成を信用する」が、彼のやり方を容認するわけにはいかず、ソ連共産党と中国共産党が合同代表団を作って朝鮮に行くことを提案した。

毛沢東はこれに同意を示し、こう言った。「金日成は、我々が彼を交代させるのではなく、彼を助けるためだということを知っているはずだ。その上で、金日成に、過ちを是正しなければ、彼は自分の指導者の地位を到底固めることができないことを理解してもらわなければならない」。毛沢東はさらに、「我々は、金日成側が取り得る極端な行動に対して一定の準備をしなければならず、彼は中国義勇軍の朝鮮からの撤退問題を提起する可能性もある。中国軍はもちろん祖国に帰りたいが、アメリカ人が南朝鮮で自分の力を絶えず強化していることを我々は知っている。我々は、中国義勇軍が朝鮮に留まることが必要だと考えている」と付け加えて話した。今後の対応について毛沢東は、ソ中代表団はピョンヤン滞在中、朝鮮労働党との間に文章での合意をかわすことが望ましく、しかもそれを新聞に公表しなければならないこと、代表団が離れた後も朝鮮が合意事項を執行するか否かを監督するため、ソ連と中国の朝鮮駐在大使も代表団に加わるべきだと提案した。会談の中で、中国側はまた、亡命してきた朝鮮の幹部がピョンヤンに戻り、党内の地位に復帰する問題も協議事項に挙げ、朴憲永の問題も提起すべきだと話した。

ソ連側は中国側の主張にほぼ同意したが、朴憲永の問題に関してはこれ以上触れない方がいいとの意見を表明した。会談は最後に、まず崔庸健と会談して彼からピョンヤンに今後の予定を通報させ、その後でソ中代表団が彼と一緒に朝鮮に赴く、ということで一致した。ミコヤンは直後のモスクワへの報告の中で、中国の同志の話から、彼らは朝鮮労働党の内部状況に関する詳しい報告を受けている模様で、また金日成に対して批判的な立場をとっていることが窺えるとの分析を示し、「中国の同志にとって、朝鮮労働党との関係の問題は解決が待たれる喫緊の問題だ」と説明した(202)。毛沢東が提起した要求から見れば、中国と朝鮮の間には基本的な信頼関係すら築かれていないことは明らかで、これはその後に発生する危機の伏線となった。

中国側の会談記録はこれと内容はほぼ同じだが、より詳細にわたるものだった。会談の中で彭徳懐は方虎山の問題にも触れ、方は朝鮮戦争を発動するタイミングがよくないと口にしただけで解任されたと話した。毛沢東は、金日成はソ連共産党第二十回大会以後も「相変わらずスターリンと同じやり方を繰り返している」「反対の声には完全に耳を塞いでおり、反対する人はすべて殺してしまおうとしている」と語った。朝鮮問題の処理に関して毛沢東は、我々は金日成が過ちを是正するようアドバイスし、同時に打撃を受けた人たちにも和解的態度をとるよう助言すべきだと話した。ハンガリーの情勢に触れたとき、ミコヤンは、二十回大会以後、ラーコシ書記長も多くの人から反対されたが、彼は自らブダペストに赴きこの問題を処理し、ソ連のアドバイスを受けてしぶしぶ辞任を受け入れたと語った。毛沢東は、「ラーコシ同志はいい人間だ、マルクス・レーニン主義のレベルが高い。ラーコシ同志は退くことができるが、金日成は難しいだろう」とコメントした。毛沢東はさらにミコヤンに対し、今回は主にあなたたちが頼りだ、彼らは中国人の話に耳を貸そうとしないと話した。ミコヤンは、「彼らは聞くことは聞くが、実際にやることはまた別だ」と答えた。毛沢東は、「彼は、我々両党が彼の支持基盤を崩すことを恐れているのだろう」「率直に言えば、是正しなければ（中ソが）崩さなくても倒れるだろう」と語った。中ソ双方は最後に、この会談後、まず中国側が崔庸健と会談し、続いてソ連側が彼と話し、翌日早朝、三者がともにピョンヤンに出発することを決定した。(203)

九月十八日夜十時半から十二時まで、毛沢東は朝鮮代表団一行と会見した。毛沢東は開始早々、労働党の一連の誤ったやり方に対して批判を行い、また命令する口ぶりで、翌日朝七時にソ連共産党代表団と中国共産党代表団がピョンヤンに行くが、崔庸健も一緒に帰り、一人だけ残して中国の八全大会に引き続き出席するよう伝えた。続いて毛沢東は、「我々はあなたたちが問題を解決するのに協力するもので、あなたたちをぶっ壊すつもりはない」、「過去にもあなたたちの一部のやり方に不満をもったが、今回のようにストレートに批判をしなかった、朝鮮戦争について私は金日成に、『この戦争はすべきではない』と注意したことがある」と率直に話した。それを受けて彭徳懐と李克農（中国共産党中央調査部部長）は歯に衣を着せずに質問した。「朝鮮戦争は一体だれが発動したのか。米帝国主義が起こしたのか、それともあなたがたが起こしたのか」。李周淵（朝鮮代表団メンバー。商業相）は驚いてつぶやいた。「なぜこの問題に触れるのか理解しがたい」。

毛沢東は次のように答えた。（戦争が）朝鮮人民にあれほど悲惨な災難と苦痛をもたらし、「これは非常に悲痛な教訓だ」。ソ連、中国、朝鮮の間の関係はつながっており、「あなたがたの国内で起きた問題は中国とソ連にも影響を及ぼすものだ。そのため、あなたがたのこれらの問題に対して、我々は介入しないわけにはいかない」。崔庸健と李周淵が党内のことについて少し弁解を行ったのに対し、毛沢東は、「あなたがたはまさにこのように党内の問題を反革命の問題と関連付け、自分の同志たちに『反革命分子』『裏切者』などのレッテルを張り付け、逮捕し、殺しているのだ。これは重大な過ちだ」と厳しく責めた。「これは方向性を間違えた大問題だ」と彭徳懐がつけ加えた。

毛沢東は続いて、「あなたがたの党内では恐怖的な雰囲気が満ちている」「反対の意見をもつ同志たちと和解しなければならず」、彼らの党籍と元の職務を回復すべきであり、中国に逃れてきた同志に対しても「彼らの党内と政府の職務を回復し、すべての問題を党の会議にかけて冷静な討論を通じて解決すべきだ」と話した。崔庸健は最後に、弱々しくこう言った。「おっしゃることはみなもっともだ。我々は受け入れないわけにはいかない」[204]。

これまでの研究では、第一次資料にあたる公文書にアクセスできなかったため、一部の学者は個別の回想録や証言の資料に基づいて、次のような見方を示した。すなわち中ソ両国が共同でピョンヤンに代表団を派遣した目的は、金日成がさらに政治的粛清をするのを制止するためだけでなく、受け入れられる人物を物色して金日成に取って代わらせるためであり、しかもこれに関する最初の提案は中国側から来たもので、少なくとも中ソ双方はこの問題をめぐって協議した[205]。このような見解は学界で主流を占めたといえる。

本書はここで、中ソの指導者が朝鮮問題を協議することに関する両国の公文書を披露した。これらの文書に基づいて見れば、ソ連側にせよ中国側にせよ、当時、朝鮮の指導者を交代させるいかなる意図ももっていなかったことを断言できよう。彼らは会談の中で何度も、金日成に対してはやはり支持すべきで、彼が過ちを是正することを助けなければならないが、その目的は朝鮮の情勢を安定させるためだと言及した。中国の指導者の発言の表現は幾分か厳しいものだったが、そこから彼らの胸中に溜まった朝鮮の指導者に対する不満ないし憤懣を見出すことができる。ただそれと同時に、毛沢東の主な狙いは中朝関係を改善することで、彼が伝えようとしたのは、金日成が批判を受け入れ、過ちを認識し是正することさえできれば、だれも彼を倒そうとしていない、という考えであった。

ソ中代表団、ピョンヤンに乗り込む

九月十九日朝七時に北京を発った特別機に乗ったミコヤン、彭徳懐、崔庸健の三人がピョンヤンに到着した時、金日成はいつもの対応と違って、今回はこれらの「招かれざる客」に対し、出迎えをしなかった[206]。

ミコヤンと彭徳懐は到着して直ちに金日成との単独会談に入り、南日がロシア語の通訳を、師哲が中国語の通訳をそれぞれ担当し、会談は四時間に及んだ。ミコヤンと彭徳懐は事前に次のように申し合わせていた。今回の会談の目的は金日成を説得し、彼に、中ソ両党の共通目標ははっきりしており、「金日成同志の朝鮮労働党における今の指導的地位を弱めるのではなく強固にするためだ」、という点を理解してもらわなければならない。中ソ両国の指導者は金日成のことをよく知っており、高い評価も与えているが、彼が朝鮮でとった指導方法には賛成できない。「我々は助言を与える形で朝鮮の指導者を助け、党の指導に対する大衆の信頼と指導者同士の団結を取り戻すため、彼は一部の政策の問題において異なる見解を持つ中央委員に対し、弾圧の方法ではなく、党内の民主的方法をとるよう期待する。そのため、朝鮮側の同意を得る前提のもとで、「中央総会を招集し、前回の総会の過ちを是正するよう提案する予定」だ。これによって労働党中央の八月総会が行った複数の中央委員を党から除名するという誤った決定を取り消し、同時に朝鮮労働党の誤った指導方法に対しても批判を行うことになる。

長時間の討論を経て金日成と南日は、原則的に中ソ両党の意見を受け入れるとしつつ、すべての中央委員が中央総会の決議の取り消しに同意するかどうかは予断を許さないと表明した。金日成は、一部の中央委員を解任する決議の取り消しに同意するが、すでに中国に逃亡した人びとはこれに含まれるべきではなく、彼らの党籍を回復してもよいが、引き続き中央に留まるべきではないと話した。これについてミコヤンと彭徳懐は同意を示した。金日成はまた、朴昌玉の内閣副首相の職務は復活すべきではなく、崔昌益も引き続き中央常務委員会に残ってはならないと求めた。これに関し、ミコヤンと彭徳懐は、それらの判断に関する利害関係をよく検討すべきだと婉曲な意思表明にとどまった。中央委員会総会をいつ招集するかについて、金日成は、中央常務委員会を招集して協議する必要があると話した。翌日、朝鮮側から、当日夜に中央常務委員会を招集する知らせがきた。ミコヤンは、一連の動きと兆候から見て、常務委員会の前に、朝鮮労働党は中ソの代表を抜きに単独の会議を開く模様だとモスクワに報告した。(207)

九月二十日夜、ソ中代表団は朝鮮労働党中央常務委員会の会議に出席した。金日成がまず発言し、代表団が来た意図を説明し、「自分個人としては兄弟党代表団が提起したすべての助言を受け入れる考えだ」と表明する一方、次のように付け加えた。朝鮮労働党が崔昌益らに対して組織的処分を行ったのは、彼らが反党活動に従事したためだ。中央総会の前、常務委員会は彼らに対しずっと我慢と教育の姿勢をとり、彼らに対して組織的決定を行わなかったが、彼らの中央総会での発言が中央委員たちを怒らせ、その憤りの気持から中央は彼らを党から除名する決定を行った。今になって振り返れば、「我々は一時的な義憤に左右され、いくらか感情的なことをした」。「兄弟党の助言と当面の情勢を考慮して」、今回の会議は八月総会の決議を再度審議し、過ちを犯した同志に対して「広い気持ち」をもち、「寛容な態度」をとるよう提案する。

続いて金日成は常務委員に発言を促したが、数分間たっても、誰も発言しなかった。ミコヤンは南日を指名して発言を求め、南日は、金日成の意見に同意すると一言だけ話した。そこで金日成は再度発言し、除名された人びとが過ちを犯したことは事実だが、「我々は寛大さを示さなければならない」と言った。それを受けて崔庸健、南日、金昌満が相次いで発言し、金日成の発言のトーンに合わせて、兄弟党の提案に同意を示す一方、発言の重点は党から除名された人が犯した過ちに対する批判に置いた。金昌満はさらに崔昌益らの活動をブルガリア、ハンガリーの指導者交代の状況と比較して発言したが、ミコヤンはこの話題を遮って、朝鮮の状況は東ヨーロッパと違って、決してソ連共産党第二十回大会が各国共産党の指導層の危機をもたらしたと考えてはならないと話した。

その後、朴義琓が発言し、彼は八月総会の決議の過ちについて次のように語った。尹公欽の総会での発言は激しく鋭いものだったが、彼は最後まで話をするチャンスを与えられなかった。その他の中国に逃亡した人びとはもともと発言していなかった。彼らは攻撃を受けたため、逮捕されるのを恐れて亡命したのだ。総会は彼らが何を発言するか分からない状況のもとで彼らを党から除名したが、間違いである。朴昌玉に関しては、常務委員会から会議で発言するように手配されておらず、彼は質問を受けて発言し、自分のために弁解しただけで除名された。今の根本的問題は、異なる意見を言う人は全て反党と見なされることだ。今回の会議では、除名された同志たちの過ちを追及するのではなく、中央総会の決議が果たして正しいかどうかを判断すべきで、もし正しくなければ当然撤回されるべきだと朴義琓は態度を表明した。

朴金喆は引き続き八月総会の決議について弁解したが、その後、ミコヤンは長時間の発言を行った。彼はまずピョンヤンに来た目的について、それは国際主義の義務を履行し、労働党の中ですでに現れた「危機的兆候」を消去し、社会主義陣営の「前線陣地」を安定するためだと説明した。朝鮮労働党の過ちを批判した上で、ミコヤンは次のように指摘した。金昌満は発言の中で、除名された中央委員の活動は反党の性格を持つと決めつけたが、その言い方は「完全に間違っている」。いかなる人も、自分の観点を表明すればすなわち反党であり、セクト主義であると決めつけるこの状況こそ極めて異常である。「あなたがたは巨大な権力を握っている」。反対者に対して「党からの除名、逮捕、ひいては銃殺をすることができる」。しかし、中央総会で自分の意見を発表することは「すべての党員が持つ争えない権利である」。ミコヤンはさらに、ソ連共産党中央と中国共産党中央はみな金日成の指導を信頼し支持するが、その指導方法は変えられなければならず、労働党は近いうちに中央総会を開き、八月総会の間違いを是正し、決議を採択し、長い文面でなくても新聞に掲載すべきだと表明した。

続いて彭徳懐が発言し、まず中国共産党が過ちを犯した同志に対処した歴史の経験を説明した。彭徳懐は、八月総会の決議の過ちは決して軽率という程度のものではなく、その実質的問題は中央が批判を恐れ、党の規約に違反して異なる意見を持つ同志を処分したことにあると指摘し、発言の最後の部分では、「中国共産党中央は、金日成同志に取って代わる人はいないし、誰もそうしようと望んでいない」と強調した。

そこで崔庸健が再度発言し、中央総会ではまず除名された一人の反党の過ちを明確にした上で、党の団結を図るため、一段と寛容な決議をするべきだと提案した。金日成は、論争を招かないため、八月の総会と関連づけるべきではないが、彼らの反党活動の証拠がほかにあればさらに詳しく説明してもよいとし、「中央総会は除名された人びとに対して行った間違った決議を是正しなければならない」こと、総会の招集前、常務委員たちは党内で広く説明と説得をするべきだと話した。会議は最後に、二日後に中央総会を招集すること、その前に中央常務委員会が決議文を起草して総会の審議に提出すること、総会の決議は新聞に公表されること、といった内容の決議を採択した。[208]

常務委員会会議における各方面の発言の内容から見て、朴義琓を除けば、金日成と大半の朝鮮の指導者は八月総会の決議の取り消しに関するソ連と中国代表団の意見に同意を示したものの、大半の発言はやはり除名された人びとが反党という重大な過ちを犯したことに力点を置き、彼らに対して行った組織処分の問題はただ少し急ぎすぎで軽率だったとの評価だった。実はその論理は自己矛盾するものだ。仮にこれらの人が本当に反党をしたならば、除名は正しい判断になる。仮に総会決議が間違っていれば、これらの人は反党をしたことにならない。明らかに、金日成は内心、間違ったと考えていないし認めようともしたくない。ただソ連と中国の圧力を受けて、しぶしぶと彼らの提案を受け入れたに過ぎない。ミコヤン、彭徳懐および朴義琓の発言はいずれも明確に、これらの除名された人びとは反党ではなく、彼らに対して処分を行った決議は間違っているため、中央総会を再度招集して再度審議を行う必要性が出てきたのだと指摘している。

もっとも、不可解なことに、ミコヤンはソ連共産党中央に出した報告の中では、この問題の本質に触れず、「全体的に言えば、金日成の発言は悪くない」とし、すべての発言者とも、再度中央総会を招集して前回総会の決議を再審議することに関する金日成の提案に同意したと書いている。確かに報告の中で、朴義琓は八月総会の過ちを「急ぎすぎ」に帰結することに同意せず、労働党が「高圧的で恐喝を行う方法をとった」と強調したことに言及したが、報告全体のトーンは、今回の常務委員会が順調に開かれ、大きな問題は起きなかったという評価に置かれた(209)。そのような評価を行った原因はいまだにはっきりしないが、ミコヤンのその後の行動と結び付けて判断すれば、彼は一日も早くこの使命を終えたいため、これ以上の問題発生を望まず、急いで収束に向かいたかったのかもしれない。

異例の中央総会再招集

九月二十二日、ソ連と中国の代表団は金日成、金科奉、崔庸健、南日、金昌満と一緒に、朝鮮側が起草した決議の草案を協議した。ミコヤンと彭徳懐は、決議案は基本的に受け入れられるが、その中にある「八月総会は過ちを犯した同志を救う面において十分な辛抱強さを示さなかった」、という一文にある「救う」という表現を削除すべきだと指摘し、さらに、党内民主を実施し、批判と自己批判を展開し、過ちを犯した同志に辛抱強く対処するという内容を補足した方がいいと提案した。ミコヤンはまた、常務委員会は政府の職務を解任された幹部の復帰や新しい任命に関する決定を起草すべきだと提起した。金日成らはこれらの意見についてすべて同意した。彭徳懐は、八月総会より前に一部の幹部に対して行った懲罰的な決議(朴一禹らの問題を示唆したと思われる)について再度審議を行う必要があると話した。金科奉と金日成は、一部の中央委員は新しい決議について抵抗があるため、さらに説明を行う必要があると答えた。協議の中で、総会の開始時間は二十三日の早朝に決定された。ミコヤンは、もし総会が順調に行けば、彼らは当日中に北京に引き返したいと話した(210)。

二十二日夜、金日成の要請で、ソ連代表団と金日成、南日との単独会見が行われ、夜九時から深夜の二時まで話し合いが続いた。一部の経済問題について意見交換した後、金日成は修正を行った決議案を取り出した。ミコヤンは再度、ソ連共産党と中国共産党はみな金日成を支持しており、彼が進んで自己批判をし、過ちの是正を約束することを期待していると表明した。この少人数の場では、金日成はソ連側に対し、全面的で真摯な口調で自分の過ちを認め、「全力を尽くして過ちを是正し、レーニンの党内活動に関する規則を徹底し、朝鮮労働党のすべての活動において集団指導原則を確保する」ことを約束した。ミコヤンは、金日成が翌日に開かれる総会でこれらの話をみんなの前で表明するよう要請し、金日成は必ずそのようにすると答え、さらに、「ソ連共産党中央のすべての助言を彼は自分の仕事のガイドラインと考えており、ソ連共産党は彼の心の中で疑いの余地のない権威を持っている」「朝鮮労働党は最近犯した過ちを二度と繰り返すことはない」と、しかと誓った。話し合いの最後に、ミコヤンは、できるだけ早く朴一禹を釈放するよう要請し、金日成は直ちにこれを処理すると答えた(211)。このやり取りから、金日成は明らかにミコヤンの機嫌を取っていることが見える。彼はこれによって中国とソ連の間ではモスクワをより信頼し、頼りにしていることを表明しようとしたと見られる。その後、ミコヤンは中国側に対して金日成を褒め、かばったが、この話し合いと関係があると考えられる。

九月二十三日、朝鮮労働党中央総会が開幕した。金日成がまず発言し、八月の総会が崔昌益らを処分する問題について「急ぎすぎ、いくらか軽率だった」とし、中国に逃れた人びとが「敵のために活動していない」ことも認めた。金日成は中央常務委員会の決定を読み上げ、崔昌益と朴昌玉の中央委員の資格、尹公欽、徐輝、李弼奎の党籍をそれぞれ回復するとし、彼らが朝鮮に戻るようにとの期待も述べた。金日成は、全党が団結し、民主集中制を貫徹し、より慎重で辛抱強い態度で過ちを犯した同志を教育するよう呼びかけた。

しかしそれに続いて行われた一連の発言はまたきな臭さが漂った。労働党中央組織部長韓相斗、労働党咸鏡南道委員長玄正民、平安北道人民委員会委員長韓泰全、科学院通信院士李清源、咸鏡南道人民委員会委員長李維民、労働党ピョンヤン市委員長李松雲、労働党開城市委員長李昌鈺らは、事前にリハーサルを行ったかのように、崔昌益、朴昌玉、尹公欽、徐輝、李弼奎らを集中的に批判し、彼らは個人崇拝を批判する口実で党に反対し、党の分裂を企み、「古株のセクト主義者」「李承晩と唱和している」と決めつけ、また、生活が乱れ、女性を暴行し、党の財産を勝手に無駄遣いしたなどと糾弾したが、ただ最後の結論は異口同音に、これらの人の党籍回復に関する中央の決定に賛成すると表明した。彼らの発言に対し、金日成と朴正愛は時折口をはさみ、彼らの発言が脱線しないようにと注意したが、その発言を中断させなかった。

それに対し、労働党農業部長朴勲一(元延安派の幹部)だけは率直に八月総会のやり方を批判し、朴金喆、金昌満、韓相斗らを名指しで糾弾し、さらに「国家指導者にも正しくないところがあった」と明言した。朴勲一はまた自らの体験を例に、八月総会後、党内情勢は極めて緊張し、一部の党員幹部は尋問、追及と起訴を受けたと暴露した。金日成は彼に対し、興奮しすぎないよう注意した。しかし朴勲一は一段と先鋭な問題を取り上げ、朴金喆、金昌満、韓相斗らは党の幹部の中に憎しみ合う雰囲気をもたらしたとして彼らの党内職務を解除すべきだと要求した。そこで朴正愛は大会での口論を停止するよう提案したが、会場では朴勲一をセクト主義グループの一員と見なし、彼の問題を大会で討論すべきだとの声があがった。金日成は立ち上がって、朴勲一の問題は今後個別に議論することにしようと言い、すぐ閉幕の挨拶を行った。続いて金昌満が決議案を読み上げ、全員一致で採択された。中央総会はこれで幕を下ろした[212]。

中央総会の決議は崔昌益らに対して行った党内処分の決定を見直したことについて次のように説明した。「疑いもなく、これらの同志は重大な過ちを犯した。ただし本総会は、八月総会がこれらの同志に関係する問題を検討する過程で必要な慎重さを欠き、問題を解決する態度も簡単すぎた。総じていえば、教育の方法でこれらの同志が過ちを是正するのを助けることにおいて十分な辛抱強さを示さなかった。党内の思想的統一を一段と強化し、我が党のすべての力を結集して当面の緊迫した革命の任務を果たすよう真摯に期待する、という見地から、今次の総会は、これらの同志が犯した過ちは極めて重大なものだが、我々はやはり彼らに対して寛容さを示し、彼らが自分の間違いを反省し取り除くチャンスを与えるべきだと考える」。決議はさらに、「各クラスの党組織とも、党内の民主を一段と拡大・発揚すること、党内の批判と自己批判、特に下から上への批判を強化すること、すべての党組織はより高いレベルで団結と党の戦闘力を強めること、広範な党員の積極性と主動的精神を全面的に高めることなど各方面における闘争を断固と展開せよ」と要求した[213]。

今回のピョンヤン訪問に関し、ソ連代表団の一員だった外交官コヴィゼンコ(V. V. Kovyzhenko)は一九九一年に受けたインタビューでは次のように証言した。総会の決議案はミコヤンとポノマリョフ〔国際部部長〕が起草したもので、ミコヤンは最初、少し前にブダペストで演じた役を再度ピョンヤンで演じようとしたが、中国人（彭徳懐）が金日成の辞任要求にこだわったため、最初の文書案では金日成の辞任を求める意見が書かれていた。最後はコヴィゼンコ自身の再三の説得を経て、ソ連代表団はようやくこの考え方を諦めた。ソ連代表団の態度が変わったため、中国人もその主張を放棄した、という。[214]この証言については、ここで紹介した公文書と照合すれば、明らかに信憑性がないと言わざるを得ない。おそらくこの説の影響を受けて、ある米国の朝鮮半島問題研究者も著書の中で、彭徳懐は金日成の失脚を企てていたと論じている。[215]しかし実際には、ソ連側が九月の中央総会の決議案を起草したのでもなければ、彭徳懐は金日成の解任要求を一度も提起したことはなかった。

もっとも、今回の訪問を通じて、ミコヤンは金日成に対する印象を確かに変えた模様だ。九月二十三日、ソ中代表団の一行が北京に戻ると、毛沢東は当日夜、ソ連代表団と会見した。会談の中で、毛沢東は今回の訪問の結果について不満の表情を見せたが、ミコヤンは何度も金日成のために弁護した。

毛沢東はまず、決議の中にある「これらの同志は重大な過ちを犯した」という一文に疑問を提起したが、ミコヤンは、これらの人は中央委員会総会で党の指導者の交代を提起したためだと釈明した。毛沢東は、朝鮮労働党に対する批判は不十分で、政治問題に言及していないし、戦争発動の問題にも触れていないと話したが、ミコヤンは、現時点で彼らにあれこれ言い過ぎても聞き入れることはできないだろうと弁明した。

毛沢東は、金日成が戦争を発動したことは大きな間違いだったのに、まだ認めようとしないと言った。これに対し、ミコヤンは、スターリンも責任を負うべきで、金日成はやはり若いし経験がなかったとかばった。毛沢東は、金日成はあなたがたが持ち上げたもので、一本の小さい木のように、あなたがたはそれを植えたが、アメリカ人はそれを抜き出し、我々は再度この木を元の場所に植え直したが、彼は今、威張っていると言った。ミコヤンは、金日成は現在進歩を見せており、今回起草した決議はかなり真剣に考えたようだと答えた。最後に、ミコヤンは満足げに、「我々は使命を達成した」と話した。これには毛沢東は与せず、意味深長に、「問題はまだ収束していない、いや、始まったばかりだ」と言った。[216]問題は確かに収束まで程遠いものだった。だが、朝鮮問題をめぐる中国とソ連の姿勢と立場には相違が現れはじめた。

金日成の引き延ばし策

ミコヤンが帰国して行った報告を受けて九月二十九日、ソ連共産党中央幹部会は、ソ連代表団が朝鮮労働党中央、中国共産党中央と行った会談とその成果に評価を与えるとの決議を行った[217]。ソ連の指導者から見れば、朝鮮の波風はほぼ収まった。だが、たとえ表面上の平穏も朝鮮ではごくわずかな時間しか続かなかった。金日成の立場からは、ソ連と中国の両党による介入に押されて、朝鮮労働党は一カ月もたたないうちに二つの自己矛盾する決議を採択せざるを得なかった。これはこの上にない屈辱であり、彼が打ち出したばかりのチュチェ(主体)思想にとっても辛辣な風刺だった。金日成がこのような状況を素直に受け入れるはずはなかった。そこで彼は中ソ代表団の要請および自分の約束に関する履行を引き延ばしつつ、新しい総会決議を密かにないがしろにしようとした。彼は巻き返しを図るチャンスを窺っていた。

中ソ代表団がピョンヤンを離れた後、中国はずっと、朝鮮労働党が九月の総会決議を公表することを見守っていた。九月二十六日、彭徳懐は師哲に託してポノマリョフに対し、朝鮮はいまだに総会の決議を発表しておらず、この前両国の代表団はピョンヤンでこの問題について朝鮮労働党と合意したはずで、明日になっても新聞に掲載されなければ、中ソ両国の代表団のリーダーは再度朝鮮に行き、この問題を解決する必要があるとし、そのためには再度中央総会、ないし代表大会の招集を要求することも辞すべきではないと伝えた。

師哲はまた、中国共産党中央が得た情報によると、両国代表団がピョンヤン滞在中、金日成はすでに側近に対し、「二人の兄貴」の今回の来訪は「朝鮮労働党の内部事情に介入するためだ」と不満をこぼしていたとソ連側に話した[218]。モスクワの指示に従ってイワノフ大使は翌日、朴金喆を訪れ、確認を求めたが、朴は、朝鮮労働党中央が、新聞にこれらの決議を公表することは適切ではないと考え、八月総会と九月総会の文書資料をパンフレットに印刷して各クラスの党組織に配って討論することを検討していると答えた。

ソ連の外交官は、朝鮮労働党はミコヤンと彭徳懐との間で、中央総会の決議を新聞に掲載することを合意しているはずで、公表は朝鮮労働党にとって有利であり、兄弟国家の各党もこれで朝鮮労働党の努力を理解することになるし、その上、これは「原則的問題」でもあり、その意義は「金日成とミコヤン、彭徳懐の間に交わされた合意の履行」にあると注意を促した。朴金喆はこの話し合いの内容を労働党中央常務委員会に報告するとの答えにとどまった[219]。

九月二十八日、中国の朝鮮駐在臨時代理大使曹克強がイワノフを訪れ、中国共産党中央対外連絡部と国務院弁公庁はここ数日、大使館に対して毎日のように、朝鮮の新聞をチェックし、朝鮮の同志が九月総会の決議を公表するよう督促していると知らせた。曹克強はまた、彭徳懐が帰国する前、決議を公表することについて金日成と合意をかわしていることを特別に説明したことを伝えた。イワノフは、これに関する朴金喆の回答を伝えたが、それに対し、曹克強は、北京からの特別指示を受けており、決議公表の問題についてソ連大使館とコミュニケーションを保ち、必要な場合、相応の措置を取って朝鮮の友人たちにこの問題に関する解釈を求めるべきだと通報した。[220]ここから、中国共産党中央はこの件を極めて重視し、しかもいくらかもどかしく思っていることが窺える。

このような形勢に対し、朝鮮労働党は中ソ両党と協議することなく、独断で九月二十九日付『労働新聞』の紙面に以下の短い記事を載せることにした。

「朝鮮労働党中央委員会は一九五六年九月二十三日に全体会議を行った。会議は中央の八月総会で行った崔昌益、尹公欽、徐輝、李弼奎、朴昌玉らの同志の規律問題に関する決議を再度審議した。これらの同志が犯した過ちは重大である。しかし九月の中央総会は党内の思想と意思の統一を一段と強化し、党が団結すべきすべての力を当面の革命任務の完遂に集中するという真摯な願望から出発して、彼らの過ちは重大だが、やはり寛大に彼らに対処し、彼らに自らの過ちを反省する機会を与えることとし、彼らに対して引き続き教育を与え、彼らが過ちを是正し、正しい道に戻ることを期待して、崔昌益、朴昌玉両同志の中央委員の職務を回復し、尹公欽、徐輝、李弼奎諸同志の党組織活動を復活することを決定した。九月総会は、各クラスの党組織とも中央の八月総会が採択した「政府代表団が兄弟諸国を歴訪した活動の総括と党の当面における各任務」の決議が提起した諸任務を徹底して執行し、特に過ちを犯した党員に対して辛抱強く教育し、説得すべきで、彼らが過ちを改めるのを助けることに大きな関心を寄せるべきだと強調した」。

同日の『労働新聞』には、「説明、説得、教育は我が党の基本的指導方法」と題する社説も掲載され、その中で数回にわたって、「党内の民主」と「批判と自己批判の精神」に言及した。[221]

やはりその日、曹克強は朴金喆を訪ね、長時間にわたって決議の公表が遅延したことに関する北京の関心を伝えたが、朴金喆は、当日の『労働新聞』の一面に、関連の通報を掲載しており、八月総会の組織問題に関する決議と九月総会の決議についてはおそらく新聞に掲載することはもはやないとし、その理由として労働党は冊子を発行して各クラスの党組織に配布する予定だと答えた。[222]

捲土重来と再度の逃亡劇

毛沢東が特に容認できなかったのは、中国共産党指導者が決議の公表に最も関心を寄せ、一番早くこの問題を提起し、その後もこれについて再三確認を求めたのに、朝鮮労働党がわざと中国共産党を無視して、事前に相談せず、事後も通報しなかったことだ。『労働新聞』の記事が発表された後も、朝鮮側はソ連と中国に一向、説明を行わなかった。

十月五日、ソ連外務次官グロムイコはピョンヤン駐在の大使館に指示してこの件を打診させたが、十月八日になって金日成はようやくイワノフ大使と会見した。金日成はまず、新聞にこれらの記事を掲載した時、彼本人はピョンヤンにおらず、公表した資料は常務委員会の他のメンバーが用意したものだと釈明した。そして金日成は続いてこう話した。これらの決議の原文を全文公表することについて彼はミコヤン、彭徳懐と特別な合意をかわしておらず、この問題を検討してもいいと答えただけだった。その後、常務委員会は問題を検討し、決議の全文公表はすべきではないと考えた。八月総会の誤った決定に関する内容が公になれば、南朝鮮に大げさに利用されるのが必至だからである。

また、ソ連共産党と中国共産党の代表団が提案した内容、すなわち全党にレーニン主義の党内活動に関する原則と規則を遵守せよと呼びかけたことについて、金日成は、この内容を削除したのは、党員に兄弟党が朝鮮の内部問題に干渉するとの印象を与えないためで、労働党が八月総会の決議を再審したことは外部の圧力を受けたためだと解釈されると、敵に利用されかねないと釈明した。金日成はさらに、決議はすでに冊子に印刷して党内に伝達しており、労働党中央は九月総会の決議の貫徹を組織する予定だと伝え、その話の中でわざと、末端組織で討論が行われた際、党員たちは相次いで党内の派閥活動を非難し、彼らに対して一段と厳しい処罰を与えるべきだとの意見が多かったと「披露」した。イワノフは最後に、中国に逃れた幹部たちは彼らと直接に関係する九月総会の決議を知っているかと質問したが、金日成は、中央は彼らとの連絡方法はなく、彼らがどこに住んでいるかも知らないと冷たく答え、中国の同志はその内容を彼らに伝えるだろうとも語った[223]。

金日成が決議の公表の約束を果たそうとしなかったのは、主に彼の「主体」的なイメージに傷がつくことを恐れたためであろう。党内の伝達となれば、彼は自分の都合でいくらでも解釈、説明できるからだ[224]。金日成が食言し、特に中国側と直接に連絡するのを避けたことはモスクワにとってもどうしようもなかった。ソ連共産党中央連絡部副部長ヴィノグラドフ(I. Vinogradov)は上層部への報告で、金日成のこのやり方は「実質的に朝鮮労働党中央総会の決議を全文で公表することに関する提案を拒否したものだ」と指摘した。しかし既成事実に対して、ソ連共産党中央はピョンヤンのソ連大使館を通じて中国大使館に金日成の回答を伝える以外なかった。中国側の不快感を募らせないため、モスクワからの電報は特に大使館に対し、「この通報はモスクワからの依頼だということには触れるな」と指示した。(225)

現在アクセスできる公文書から見て、中国共産党中央は『労働新聞』の記事が出て一カ月近く経ってから初めて朝鮮側による説明を知り、しかもそれはソ連側から伝えられたものだった。十月二十六日、イワノフ大使は中国大使館を訪れ、曹克強に対して、金日成が十月八日に行った中央総会決議の公表問題に関する弁明を詳しく通報した。曹克強は何も質問せず、何ら反応も見せなかった。(226) 明らかにこの種の沈黙をもって中国側の不満を示そうとした。中国側を一段と不満にさせたのは、朝鮮労働党がほかの一連の約束についてもあれこれ口実をもうけて実施しようとしなかったことだ。

崔昌益と朴昌玉の二人は、新しい決議によれば、中央委員の資格が回復されたはずだが、相応する職務は与えられなかった。十一月中旬になって朴昌玉は左遷された木材加工場から建設中の馬洞セメント工場の総責任者に異動になったが、金日成の表現によれば、それは彼に反省と自らを正すための一年間の時間的猶予を与えたものだ。崔昌益は実質的権限をもたない物質文化および歴史文物保護局長に任命されたが、彼本人はこの任命を拒否し、院士という学者の地位で科学研究に携わるよう要求した。(227) 尹公欽、徐輝、李弼奎と金剛に関しては、金昌満は九月二十八日、中国大使館に対して「朝鮮はすでに彼らを必要としない」と伝えた。実際は、金日成がわざとソ連大使館に漏らした情報によれば、彼らの経歴上の問題に対する調査がすでに着手され、その罪名を作り上げるために証拠収集を始めており、九月総会で批判的意見を述べた朴勲一も調査の対象に上げられた。彼らの家族については、中央総会以後、元の幹部住居から追い出され、通常の食糧の供給も止められた。尹公欽らは九月総会の状況を知らされた後も、本国帰還を拒否し、彼らの家族が中国に来ることを朝鮮政府に求めた。(228)

十一月十九日、南日はソ連大使に、朝鮮政府は彼らの家族の中国行きに反対しないと伝えた。(229) しかしこの約束は実行されなかった。中国に亡命した朝鮮の幹部はその後、一度も彼らの家族と対面せず、いかなる音信も受けたことはなかった。(230)

中国の指導者が一番関心を寄せたのは朴一禹だった。彭徳懐は自ら金日成に対し、朴一禹を釈放し、彼が中国に来ることを認めるよう申し入れた[231]。金日成はその場で彭徳懐の要求を受け入れ、労働党中央常務委員会も十月の会議で朴一禹を釈放し、彼を自宅軟禁にするか、もしくは中国に送還することに関する決定が行われたが、その後の情勢変化により、この決定は実施されることはなかった[232]。

金日成の引き延ばし戦術は間もなく功を奏し、歴史の女神は再度彼に微笑んだ。十月中旬から下旬にかけて、ポーランドとハンガリーで相次いで危機が発生し、フルシチョフは毛沢東に、東欧諸国の問題処理に協力するよう要請し、中ソ両党の注意はヨーロッパに引きつけられた[233]。金日成は、天から与えられたこの機会を見逃さず、この隙をついて直ちに「内部整理」を始めた。九月総会が終わった後、金日成は、朴金喆が党内の学習と総会決議の伝達および諸問題の処理の担当になるよう指名した[234]。朴金喆は党内の反対派が最も反発し、集中砲火を浴びせた相手であり、彼がこれらの善後策の担当になったことが何を意味し、どのような結果に導くかは言わずもがなのことだった。労働党ピョンヤン市委員会組織部長だった金忠植の証言によれば、九月の中央総会以後のしばらくの間、金日成の態度は確かに少し変わり、労働党は一部の政策見直しに着手し、組織の処分を受けた幹部の名誉回復も一部行われた。しかしポーランド事件とハンガリー事件の発生後、金日成の態度は「急転直下」、再びセクト主義の批判に気勢を上げ、反革命分子に対する断固たる鎮圧を求めた。金忠植は朝鮮本土派で戦後に頭角を現した幹部だが、金日成に対する不満を口にしたため連座、ある工場の工場長に左遷された。険悪な雰囲気を感じた彼は出張証明書を改竄し、かろうじて安全部門の監視を振り切って中国に逃れた[235]。

内部粛清の対象のうち、金日成総合大学は重点の一つだった。知識人が集中するこの大学は「反体制派」と「政治の自由化思想」の温床と警戒され、崔昌益の「本拠地」とも目された。九月総会の決議に関する学習と討論が始まって間もなく、その重点は思想闘争に急転し、校長兪成勲、歴史学部主任金正道ら多くの教員が批判そして解任、除名の対象になった[236]。ピョンヤン市党委員会、建設省、貿易省、職業連盟の多くの指導幹部も職務を解かれた。労働党ピョンヤン市委員会宣伝部副部長は党内の民主を呼びかける発言をしたため、党籍を剝奪され、副委員長洪淳寛は「過ちを悔い改める」ことをしなかったとして再度党から除名された。それと対照的に、金日成の側近たちはにわかに活発になった。ある会議で李松雲は、ミコヤンと彭徳懐がピョンヤンに来たのは朝鮮労働党に対するあら探しのためだと公然と発言し、金昌満は反対派の活動について、彼らに勝手に暴れさせよ、我々は内務省と軍隊を握っているのだ、と吐き捨てるように話した。(237)

このような張り詰めた雰囲気の中で、再度、大量の幹部の逃亡劇が始まった。すでに職務を解かれた駐ソ大使李相朝は本国帰還を拒否したが、ほかに中国に亡命した局長級以上の幹部だけで十六人か十七人に上った。尹公欽らに続いて、洪淳寛(洪全に改名)、金日成総合大学党委員長洪洛雄(洪光に改名)、人民軍総病院党委員長金正龍(楊一平に改名)、駐ソ大使館党委員長李熙尚、職業連盟党委員長金志紅(韓京に改名)、ピョンヤン市党委員会組織部長金忠植などが亡命者リストに含まれた。(238) これと同時に、ソ連で研修中の労働党中央委員金承化はピョンヤンにいる家族が迫害を受けたため、三人の子供がモスクワに転校できるようソ連政府に嘆願した。(239)

ずっと中間派と目されていた副首相の朴義琓も、「党内の殺気に満ちた雰囲気」に身の危険を感じ、ソ連大使館に対して、金日成は表面的に中ソ代表団の助言を受け入れたが、その一行が去った後「引き続き過ちを犯しており」、多くの異なる意見を持つ幹部が解任、異動させられ、ないしは党から除名されたと不満をあらわにし、このような状況のもとで彼本人はソ連の国籍とソ連共産党の党員籍の回復およびソ連帰還を要求すると訴えた。(240)

朝鮮の国連提案に中国は強く反発

中国共産党にとってついに堪忍袋の緒が切れたきっかけは、ハンガリーの危機がピークに達した矢先に、朝鮮政府が、朝鮮の統一と休戦などの問題を解決するため、国連総会に出席したいとの主張を打ち出したことだった。その背景を言うと、一九五四年のジュネーブ会議で朝鮮問題は解決されず、その後の国連軍との休戦交渉では中国側代表が軍事休戦委員会の活動を実際主宰していたが、休戦交渉が長期化する可能性を見越して、朝鮮の主権に対する配慮で、一九五四年十一月二十四日、中国側は進んで、今後の休戦交渉の担当責任は朝鮮側に引きわたすと提案した。朝鮮側の同意を得た上で十二月六日、中国側は休戦交渉における朝鮮と中国の代表団の相互関係を調整する案を発布し、「軍事休戦委員会のすべての活動は今後、朝鮮人民軍代表団が主宰、担当し、ピョンヤンの直接指導下に置かれる」とし、義勇軍代表団の機関縮小も発表された。ただ、重大な問題が発生した場合はピョンヤンと北京が協議して解決する内容も盛り込まれた。(241)

一九五五年十一月二十九日、第十回の国連総会は、翌年の第十一回総会でも引き続き国連の提起した目標に沿って朝鮮問題を協議するとの決議を採択した。一九五六年四月九日、中国政府は朝鮮民主主義人民共和国の委託を受けて、関係諸国の会議を招集し、朝鮮問題の解決に取り組むよう呼びかけた。五月八日、国連軍側はイギリス政府を通じて声明を発表し、中国側が提案する会議への参加に対する拒否を表明、その理由として、朝鮮と中国側は「国連の目標」を前提条件として受け入れなければならないことを挙げた(242)。「一九五六年において米国と李承晩集団は中立国委員会と朝鮮休戦協定の解消を加速度的に企んでいる」として、朝鮮の情勢を安定化し、米国の陰謀を粉砕するため、中国政府は再び、休戦に関する一連の方針と措置を制定する責任を受け持った。ただ、ソ連の北京駐在大使館の観察によれば、その段階において中朝両国政府の間では多くの外交問題をめぐって食い違いが現れており、中国側はそれに対して不満げだった、という(243)。

朝鮮労働党の八月総会以降、中朝関係は緊張の度合いを増し、金日成は明らかに朝鮮問題の解決に関する主導権が再度中国側に握られることを見たくなかった。ハンガリー事件が勃発した当日の一九五六年十月二十三日、南日は突然ソ連大使館に対し、朝鮮労働党中央常務委員会は、朝鮮が代表を派遣して第十一回国連総会に参加し、朝鮮問題の解決に関する新しい提案を行うという外務省の建議を検討する予定だと伝えた(244)。この構想は事前に中国側に通報していないし、協議も行われていなかった。十一月五日、すなわちソ連が再度出兵してブダペストを占領した翌日、朝鮮政府は国連総会の参加に関する備忘録をソ連と中国政府に送付した。中国政府は回答の備忘録の中で朝鮮側の構想に疑問を提起し、国連は朝鮮戦争の交戦相手であるため、朝鮮と中国に有利な決議を行うはずはないとの見解を表明した。しかし朝鮮側は、国連のメンバー国のうち十四カ国だけが戦争に参加したが、ほかの参戦していない国々は朝鮮の提案を支持する可能性があるとして譲らなかった。中国政府は一部の「対抗措置」を提案したうえで、朝鮮側が提示した方針に一応、同意を示した(245)。

金日成は、備忘録を中ソ両国に手渡すタイミングについてよく考えたようだ。ソ連と中国の両方とも東欧危機の解決に全力を尽くす中で、朝鮮問題を深く考慮する余裕がなかった。金日成は、これを自らイニシアチブを取る好機と捉えた。中国は婉曲な方法で不満を表現した。十一月十六日、周恩来はすべての社会主義国家の大使を集め、中国の経済状況を通報したが、その中で、第二次五カ年計画が終わるまで、他の社会主義国家にいかなる新しい援助も供与する考えがないことに言及した。この発言は朝鮮人に言い聞かせたものだった。なぜなら、八月二十一日、金日成は中国大使喬暁光に対し、中国が一九五七年度に引き続き朝鮮に新しい援助を提供するよう要請した。続いて一九五七年の貿易計画を確定する中で、朝鮮側は五千万元の新しい無償援助を含め、中国からの援助金額について一億八千五百万元を希望すると一方的に提示した。中国政府はこれについてずっと返事をしなかった。朝鮮政府はすでに一九五七年の貿易協定に調印するため、副首相金一の訪中を準備したが、中国駐在大使の報告を受けとると、朝鮮側は金一の訪中を中止し、一九五七年の経済計画を再度編成し、建設資金の予算を削減することを余儀なくされた。[246]

中国の指導者から見れば、金日成の国連総会参加に関する提案は由々しき問題だった。それは朝鮮問題の協議における中国の影響力を排除するだけでなく、より深刻なのは、国連に助けを求めるこの種の外交行動は、ハンガリーのナジ政権〔1〕が中立を宣言し、国連に援助を呼び掛けた行動と瓜二つのように受け止められたことだった。そのため、ハンガリー危機が過ぎ去った直後、毛沢東は早速朝鮮問題の対応に取り掛かった。十一月二十八日、毛沢東は党中央政治局常務委員会拡大会議を招集し、特別に朝鮮問題を協議した。[247]この会議の内容はいまだに明らかにされていないが、二日後に毛沢東がソ連大使ユージンとの間に行った長時間の会談からその手掛りを読み取ることができ、中国共産党中央の朝鮮問題の対応および中朝関係に関する基本的姿勢と立場はここで決定されたと思われる。

一九五六年十一月三十日夜十一時から、毛沢東は中南海頤年堂でユージンと会った。会談が始まるや、毛沢東は早速こう切り出した。ハンガリーの情勢はいくらか好転したが、現在東方でまた問題が現れた。ハンガリー事件に似たようなことに発展するかどうかはもう少し見守る必要があるが、これはすなわち北朝鮮の問題だ。最近、北朝鮮は国連に対し、交戦双方が平和的に朝鮮問題を解決するよう仲介し、勧告を送ることを要請しようとしている。片方は米国をはじめとする十六カ国で、もう一方は金日成だ。「では我々は何であろう。我々中国は半分の存在でしかなく、交戦双方における非正式の一部分であるようだ」。この言い回しから、毛沢東は金日成が中国を差し置いて国連に直接にコンタクトをとり、秋波を送ろうとしたことに強烈な不満を持っていたことが読み取れる。毛沢東はさらに、国連は参戦する片方の当事者であり、国連軍側は南北双方が国連の監督のもとで自由選挙を行うよう求める声明も発表しているが、結果はどのようになるかと質問した。ユージンは、張聞天〔当時、外交部第一副部長〕から伝えられた中国側の見解をすでに電話でフルシチョフに報告したと断り、彼個人の見解として、朝鮮のやり方は社会主義陣営の利益に反するものであり、ソ連政府も中国政府の見解に同意するだろうと信じていると話した。

金日成が「裏切り者」呼ばわりされた

毛沢東はこれまでにない率直な口調で次のように語った。朝鮮がこの構想を打ち出した狙いにはかなり疑わしいものがある。彼らの思想はとても危険だ。「金日成はナジになる可能性がある」。金日成から見れば、「我々という菩薩は神通力をもたなくなった。別の菩薩が神通力をもっていると考えている。それはすなわち国連だ」。朝鮮の情勢は極めて不安定な状況にあり、内部闘争はかなり激しい。少し前、ミコヤンと彭徳懐はピョンヤンに行って友好的な勧告を行ったが、金日成はこれを彼に対する干渉だと受け止めている。現在彼は朝鮮内部で粛清を行い、また国連による手助けを頼もうとしている。

朝鮮問題の行方について毛沢東は次のような展望を行った。「朝鮮国内の政治状況が改善される見通しは立たない。国内ではゴムウカ[2]のような、金日成に取って代わる人物がいない。彼ら国内のあらゆるゴムウカはすでに殺されてしまった。金日成本人はゴムウカ、ロコソフスキー[3]ではないし、カーダール[4]にもなれない。彼はナジに似ているのだ」。朝鮮はこれから三つの選択肢がある。ゴムウカとカーダールの道、チトーの道、あるいはナジの道だ。帝国主義は社会主義国家が社会主義陣営から離脱することを期待しているだろう。「ナジは離脱しようとして失敗したが、金日成は成功するかもしれない」。もしそうなれば、金日成は中国軍の朝鮮からの撤退を要求するだろう。ソ連軍はワルシャワ条約によってポーランドに留まる法的根拠をもつが、我々は義勇軍だ。金日成はそれを内心歓迎せず、客を送り返そうとすればどう対応するか。「引き上げなければ、〔社会主義陣営に〕残る理由はない。引き上げれば、朝鮮は社会主義陣営から離脱し、西側に傾くかチトーになる」。

毛沢東はここまで話すと、ソ連と一緒に朝鮮が一番目の道にいくように助ける可能性について協議したいと持ち掛けた。ユージンはこれに対し、自分も朝鮮の情勢を非常に懸念していると話し、朝鮮はわざと中国とソ連の間にくさびを打ち、離間させようとしている、二股膏薬の手法をとり、口で言うことと実際にやることが違うと言った。

毛沢東はさらに次のように語った。朝鮮はソ連に対して比較的にいい顔を見せるので、ソ連の同志が彼らにより多く助言するよう希望する。中国についていえば、前から中朝関係に存在する問題を感じた。金日成は、中国がこれらの中国から帰国した幹部をそそのかして彼に反対していると疑っている。現在彼はこれらの幹部を一掃した。地位が強固になり、中国はこれ以上彼に干渉することができないと思っているようだ。「現在、私たちには二つの選択肢がある。一つは、義勇軍を引き上げ、朝鮮の同志たちに好き勝手にやらせること、もう一つは義勇軍を撤収せず、積極的な措置をとって情勢を挽回し、金日成と会談を行い、相互の関係を改善することだ」。

最後に毛沢東は、中国の見解を直ちにフルシチョフとソ連共産党中央に報告し、彼らの見解を聞きたいとユージンに依頼した。毛沢東は、中ソ両国が手を組めば、解決できない問題は存在しないとも付け加えて言った(248)。

毛沢東の談話をよく吟味し、この段階における中朝関係を再度考察して、筆者は次のような判断をもつようになった。毛沢東は最後に朝鮮問題を解決する二つの選択肢に言及したが、実際には談話全体の文脈の中で自分の態度をすでに表明した。中国側の朝鮮問題を解決することに関する目的は明確で揺れ動くものではない。第一、朝鮮は社会主義陣営に留まらなければならない。第二、中国と朝鮮の関係は正常化しなければならない。

しかし一方、朝鮮の現状に対する毛沢東の判断は、金日成は東方のナジになる可能性が高く、社会主義陣営から離脱し、国連に身を寄せようと試みていること、金日成は中国のことを完全に信用しておらず、党内の延安派幹部を排除してから両国関係はすでにどうにもならない状態に陥った、というものである。この前提のもとで毛沢東は、朝鮮人に「好き勝手にやらせよ」と話したのは、朝鮮が中国の軍隊の撤退を求めることに対する憤慨を示す表現であり、実際にこの選択肢を取ることは全然考えていない。そうすると、残された選択肢は一つしかない。

すなわち、朝鮮に駐在する数十万人の中国義勇軍を頼りに、金日成に方針転換を迫り、中ソ両党の指導を受け入れさせ、社会主義陣営に留まらせることだ。さもなければ、朝鮮の指導者を交代させることもやむを得ない。これはすなわち毛沢東が話した第一の道と「積極的な措置」であり、ゴムウカとカーダールの道である。ここから、中国共産党がソ連共産党に朝鮮問題の解決に関する提案をもちかけた主導的発想は、金日成が社会主義陣営からの離脱を企んでいる以上、極端な手段を取るのもやむなし、というもので、達成しようとする目的は、両国関係を改善し、朝鮮が中国共産党の革命路線に従うよう図ることだった。

毛沢東が触れた、金日成が「客〔中国義勇軍のこと〕を送り返そうとしている」問題について、朝鮮はストレートに中国にこのような要求を出していなかったが、毛沢東の予感は当たっていた。

一九五五年八月、南日は中国大使館に対し、朝鮮と中国の両国は、外国軍隊が南朝鮮から撤収し、中国軍が北朝鮮から撤収することに関する共同提案を出すよう申し入れた。中国政府が遅々として返事をしなかったため、十月に入って、南日はこの件でソ連大使館を訪れ、ソ連が「中国人民義勇軍の撤退問題」の早期解決に協力するよう要請し、朝鮮は早くからこの要請を出したが、いまだに中国から返事がないと不満を顕わにした。ソ連大使プザノフ(A. M. Puzanov)はさっそく中国大使潘自力にこの件の確認を求めたが、朝鮮が中国に提案したのは双方の軍隊撤退の問題であって、しかも中朝両国が共同提案を出すというシナリオだったことが伝えられた(249)。外国軍隊が朝鮮の南北双方から同時に撤退する問題は早くから提起されており、中国は休戦後すでに軍隊の撤収を相次いでやっており、当時も停止していなかったことである(次章で詳しく論述)。朝鮮がこの時点であいまいな表現でソ連にこの問題を再度提起した狙いは、ソ連の力を借りて中国軍の撤退を促すためだったに違いない。そして一九五七年六月四日、南日がソ連大使と会談した際も、(朝鮮が)国連総会で中国が単独で軍隊を撤収することに関する提案を打ち出していいかと婉曲に打診したのに対し、プザノフ大使はこの考えに対してきっぱりと否定したため、南日はすぐ言い直し、彼の言わんとすることは撤退した一部の軍隊は中朝国境に配備していという意味で、しかもこれは完全に彼個人の考え方に過ぎないと釈明した(250)。

ソ連大使ユージンとの会談が終わると、毛沢東はモスクワからの回答を待たず、朝鮮に対し自らの強硬な立場を表明することにした。十二月八日、中国政府は朝鮮政府に二番目の備忘録を送った。前回の内容と完全に違って今回は、実際の状況と法律のいずれにおいても、国連は朝鮮戦争の交戦当事者であり、しかも長期にわたって米国に操られ、朝鮮問題に介入してきたため、国連が朝鮮問題の調停に参加することに関する朝鮮政府の提案を受け入れることができないと、曖昧な解釈ができない明確な方針を伝えた(251)。十二月十六日、ソ連の中国駐在大使館臨時代理大使がモスクワの命を受けて陳雲(副総理、当時は総理代理を務める)を訪れ、次のように伝えた。モスクワは毛沢東がユージンとの談話で取り上げた朝鮮問題について「極めて注目している」とし、ソ連政府は、「目下の段階で、朝鮮が国連に朝鮮の統一問題の解決に協力することを要請するのは適切ではない」という中国政府の意見に同意し、また「ソ連のピョンヤン駐在大使から朝鮮政府に対し、この問題について適切な勧告を行うよう指示する予定だ」と伝えた。談話の中で触れた他の問題については、ソ連政府は、周恩来がモスクワを訪れたときに直接協議するよう提案した。[252]

当時の中朝関係とソ朝関係を比較すれば、朝鮮は確かに中国よりソ連にもっと近く、ソ連を頼りに中国の影響を打ち消そうとも狙っていた。そのため、毛沢東は、朝鮮問題を解決し、中朝関係を改善するには、ソ連の協力を取り付けなければならないと考えた。毛沢東はフルシチョフの支持を取り付けるのに一定の手応えを感じていた。ちょうどその頃、中国はソ連共産党に協力してポーランドとハンガリーの問題を片づけた。その見返りとして、ソ連も中国が朝鮮問題を解決することをサポートするだろうと期待した。しかし、毛沢東の目論見は外れた。

上巻終

沈 志 華(しん・しか／Shěn Zhìhuá)
1950年北京生まれ．68年に解放軍入隊(71年まで)．北京石景山発電所，北京電力管理局勤務を経て，79年に中国社会科学院世界史系大学院入学．82年，深圳でビジネスに従事．1992年，民間学術団体の中国史学会東方歴史研究センター(後に北京東方歴史学会に改名)を設立，続いて「東方歴史研究出版基金」を創設．中国人民大学，北京大学，香港中文大学，米国ウィルソンセンターなどで客員教授もしくは研究員を歴任した後，2005年，華東師範大学歴史学部の終身教授，同大学冷戦国際史研究センター主任に就任．2016年6月，新設の同大学周辺国家研究院の院長に任命される．専門は冷戦史，ソ連史，中朝関係史，朝鮮戦争など．主要著作は本書下巻巻末の「参考文献」参照．

朱 建 栄(しゅ・けんえい／Zhū Jiànróng)
1957年上海生まれ．81年華東師範大学外国語学部卒業．84年上海国際問題研究所付属大学院修士課程修了．86年来日．92年学習院大学で博士号(政治学)取得．総合研究開発機構，学習院大学の客員研究員などを経て，現在東洋学園大学グローバル・コミュニケーション学部教授．著書に『毛沢東の朝鮮戦争』(岩波現代文庫)，『毛沢東のベトナム戦争』(東京大学出版会)などがある．

最後の「天朝」
毛沢東・金日成時代の中国と北朝鮮　上　　沈 志 華

2016年9月9日　第1刷発行
2018年3月15日　第4刷発行

訳 者　朱《しゅ》建《けん》栄《えい》

発行者　岡本 厚

発行所　株式会社 岩波書店
〒101-8002 東京都千代田区一ツ橋2-5-5
電話案内 03-5210-4000
http://www.iwanami.co.jp/

印刷・精興社　製本・松岳社

ISBN 978-4-00-023066-7　　Printed in Japan

原　注

プロローグ

(1)　本書の中で使う「朝鮮」という概念については，1948 年に朝鮮半島が二つの政権に分裂する前までは半島全体を指し，その後に関しては「朝鮮民主主義人民共和国」を意味する．ただ，地域的ニュアンスを強調する場合は「北朝鮮」という表現を使う．大韓民国については中国と国交を樹立する前まで，中国で「南朝鮮」と呼ばれたが，本書は歴史資料の引用や史実の叙述において，そのまま当時の表現を使用する．

(2)　『人民日報』をよく観察すると，60 年以上にわたって，朝鮮を批判した記事は一度も掲載されることはなかった．ただ，ある時期の新聞で，朝鮮に関する報道が突然消えたことがあった．大体，それは中朝関係が悪化した時だった，という特徴を見出すことができる．朝鮮の新聞は時々，中国を間接的で，曲がりくねった表現で批判するものはあったが，中国の朝鮮に関する記事とほとんど同じような報道ぶりだった．

(3)　少なくとも公開の出版物はそうだった．たとえば吉林省社会科学院が編纂した『中朝関係通史』(吉林人民出版社，1996 年)．筆者は「中国知網」サイトの「中国学術期刊」データバンクで「朝鮮」と「中朝」という二つのキーワードを使って 1990 年以来の研究成果(2011 年 8 月まで)を検索したが，合わせて 2 万 1649 項目がヒットした．その大半の内容は朝鮮の現状と朝鮮戦争に関する研究で，中朝関係を取り上げた論文の大半は明，清時代もしくは中華人民共和国樹立以前の歴史に関するもので，朝鮮の休戦から冷戦終結までの時期における中朝関係に関する研究成果はほとんど見られなかった．中国の朝鮮半島問題研究の中心的雑誌『東北亜論壇』(吉林大学)の 2001 年初めから 02 年末までの各号に掲載された朝鮮半島関係の文章は合わせて 81 あったが，中朝関係を取り上げたものは一本もなかった．2003 年から 05 年までの 158 の論文のうち，現代の中朝関係に関係したのは 5 本しかなく，しかもその内容は『人民日報』の記事と大差はなかった．このテーマがいかにタブーになっているかが窺える．朴鍵一編『中国対朝鮮半島的研究』，北京：民族出版社，2006 年．

(4)　楊昭全「建国 60 年来我国的朝鮮･韓国史和中朝，中韓関係史研究総述」，中国朝鮮史研究会(吉林省)『朝鮮･韓国歴史研究』第 12 巻(2012 年)，470 頁．

(5)　たとえば Yiu Mike Myung-Kun, "The Factors of North Korean Neutral Behavior in the Sino-Soviet Conflict", *International Behavioral Scientist*, Vol. 4, No. 1, March 1972, pp. 1–10; Synn Seung-kwon, "Kim Il-sung between Moscow and Peking", *The Korean Journal of International Studies*, Vol. 5, No. 2–3, Spring-Summer 1974, pp. 7–16; Kim Deok, "Sino-Soviet Dispute and North Korea", *Korea Observer*, Vol. 10, Spring 1979, pp. 3–30, など．

(6)　以下を参照．**Шин В. А**(V. A. Shin). **Китай и корейские государства во второй половине XX столетия**(20 世紀後半の中国と朝鮮)，モスクワ：**Изд-во МГУ**, 1998, c. 6–7, 11–12.

(7)　Chin O. Chung, *Pyongyang between Peking and Moscow: North Korea's Involvement in the Sino-Soviet Dispute, 1958–1975*, Alabama: The University of Alabama Press, 1978.

(8)　Kim Ha-kjoon, *The Sino-North Korean Relations: 1945–1985*, Seoul: Korean Research Center, 1985.

(9)　Shin Myung-soon, "China's Foreign Relations with North Korea, 1949–1975", *Korea Observer*, Vol. 10, No. 4, Winter 1979, pp. 390–404; Donald S. Zagoria, "North Korea: Between Moscow and Beijing", in Robert A. Scalapino and Jun-Yop Kim(eds.), *North Korea Today: Strategic and Domestic Issues*, Berkeley: Institute for East Asian Studies, 1983, pp. 351–371;

Park Jae-kyu, "North Korea's Political and Economic Relations with China and the Soviet Union: from 1954 to 1980", *Comparative Strategy*, Vol. 4, No. 3, 1984, pp. 273–305.

(10) これに関する重要な研究書は以下のものがある. Andrew Scobell, *China and North Korea: From Comrades-in-Arms to Allies at Arm's Length*, Strategic Studies Institute, U.S. Army War College, March 2004; Chung Jae-ho, *Between Ally and Partner: Korea-China Relations and the United States*, 2008; Scott Snyder, *China's Rise and the Two Koreas: Politics, Economics, Security*, Boulder: Lynn Rienner Publishers, 2009, など.

(11) Chae-Jin Lee, *China and Korea: Dynamic Relations*, Stanford: Hoover Press Publication, 1996.

(12) 李元燁『中美両国的朝鮮半島政策演進歴程研究——従対抗走向協調(1945-2000)』, 香港:社会科学出版社有限公司, 2003 年. 引用文は 41 頁, 294-295 頁.

(13) 崔明海『중국・북한 동맹관계—불편한 동거의 역사』(『中朝連盟関係——居心地の悪い同居の歴史』, 以下,『中朝連盟関係』と略称), ソウル:Oreum 出版社, 2009 年.

(14) 平岩俊司『朝鮮民主主義人民共和国と中華人民共和国——「唇歯の関係」の構造と変容』, 横浜:世織書房, 2010 年.

(15) 朝鮮戦争の研究状況については, 以下のものを参照. 鄧峰『朝鮮戦争研究在中国:十年総述』,『中共党史研究』2010 年 第 9 号, 116-125 頁;James I. Matray, "Korea's War at 60: A Survey of the Literature", *Cold War History*, Vol. 11, No. 1, February 2011, pp. 99–129.

(16) 金光雲(Kim Kwang-un)『북한정치사연구Ⅰ:건당・건국・건군의 역사』(『北韓政治史研究:建党, 建国, 建軍の歴史』, 以下,『北韓政治史研究』と略称), ソウル:Sunin 出版社. 和田春樹『北朝鮮現代史』, 岩波新書, 2012 年(中国語版:『北韓:従遊撃革命的金日成到迷霧籠罩的金正恩』, 許乃雲訳, 台北:聯経出版事業股份有限公司, 2015 年).

(17) Andrei Lankov, *Crisis in North Korea: The Failure of De-Stalinization, 1956*, Honolulu: University of Hawaii Press, 2004; **Син Се Ра Политическая борьба в руководстве КНДР в** 1953–1956 **гг.: причины и динамика**(1953-1956 年における朝鮮指導部の政治闘争:原因と過程), (『極東の諸問題』誌)**Проблемы дальнего востока**, 2009, No. 3.

(18) Balazs Szalontai, "'You Have No Political Line of Your Own': Kim Il-sung and the Soviets, 1963–1964", *CWIHP Bulletin*, Issues 14/15, Winter 2003–Spring 2004; Charles Armstrong, "'Fraternal Socialism': The International Reconstruction of Korea, 1953–62", *Cold War History*, Vol. 5, No. 2, May 2005; James Person, "We Need Help from Outside: The North Korean Opposition Movement of 1956", *CWIHP Working Paper*, No. 52, August 2006; Balazs Szalontai and Sergey Radchenko, "North Korean's Efforts to Acquire Nuclear Technology and Nuclear Weapons: Evidence from Russian and Hungarian", *CWIHP Working Paper*, No. 53, August 2006; Avram Agov, "North Korea in the Socialist World: Integration and Divergence, 1945–1970", Ph.D. Dissertation, The University of British Columbia, Vancouver, 2010, Unpublished.

(19) Andrei Lankov, *From Stalin to Kim Il Sung: The Formation of North Korea 1945–1960*, London: Hurst & Company, 2002; Balázs Szalontai, "'You Have No Political Line of Your Own': Kim Il Sung and the Soviets, 1963–1964", *CWIHP Bulletin*, Issues 14/15, pp. 93–103; Balázs Szalontai, *Kim Il Sung in the Khrushchev Era, Soviet-DPRK Relations and the Roots of North Korean Despotism, 1953–1964*, Washington, D.C.: Woodrow Wilson Center Press, Stanford: Stanford University Press, 2005; 下斗米伸夫『モスクワと金日成——冷戦の中の北朝鮮 1945-1961 年』東京:岩波書店, 2006 年.

(20) James Person, "From Anti-Foreignism to Self-Reliance: The Evolution of North Korea's *Juche* Ideology", The Paper for The International Symposium "Northeast Asia in the Cold

War: New Evidence and Perspectives", Hokkaido University, Summer 2008; Charles K. Armstrong, "*Juche* and North Korea's Global Aspirations", *NKIDP Working Paper*, No. 1, December 2010; Mitchell Lerner, "'Mostly Propaganda in Nature': Kim Il Sung, the *Juche* Ideology, and the Second Korean War", *NKIDP Working Paper*, No. 3, December 2010.

(21) Bernd Schaefer, "Overconfidence Shattered: North Korean Unification Policy, 1971-1975", *NKIDP Working Paper*, No. 2, December 2010.

(22) Charles K. Armstrong, *Tyranny of the Weak: North Korea and the World, 1950-1992*, Ithaca and London: Cornell University, 2013.

(23) 各国の法律が規定した公文書の秘密解除の期間はおよそ25年から30年となっているため，学界では一般的に，いわゆる"歴史"は今日より30年前までのことを指すとされる．

(24) 本節注(6)を参照．

(25) 李鐘奭(Lee Jong-seok)『북한－중국관계(1945-2000)』(『北韓－中国関係(1945-2000)』，以下はこれで略称)，ソウル，図書出版中心，2000年．同書はこれらの文書をすべて公開した．詳しくは後述．

(26) Bernd Schaefer, "Weathering the Sino-Soviet Conflict: The GDR and North Korea, 1949-1989", *CWIHP Bulletin*, Issues 14/15, pp. 25-71; "North Korean 'Adventurism' and China's Long Shadow, 1966-1972", *CWIHP Working Paper*, No. 44, October 2004.

(27) 余偉民「"延安派"在朝鮮革命中的沈浮——解読中朝関係史的一条歴史線索」，(北京)『中国社会科学内部文稿』2009年第1期，171-186頁；「蘇聯的選択与中朝関係的形成」，『朝鮮・韓国歴史研究』第15巻(2014年9月)，347-363頁．

(28) 成曉河「"主義"与"安全"之争：六十年代朝鮮与中蘇関係的演変」，(北京)『外交評論』2009年第2号，21-35頁；Cheng Xiaohe, "The Evolution of Sino-North Korean Relations in the 1960s", *Asian Perspective*, Vol. 34, No. 2, 2010, pp. 173-199.

(29) Adam Cathcart, "Nationalism and Ethnic Identity in the Sino-Korean Border Region of Yanbian, 1945-1950", *Korean Studies*, Vol. 34, 2010, pp. 25-53; "The Bonds of Brotherhood: New Evidence of Sino-North Korean Exchanges, 1950-1954", *Journal of Cold War Studies*, Vol. 13, No. 3, Summer 2011, pp. 27-51.

(30) Carla P. Freeman, *China and North Korea: Strategic and Policy Perspectives from a Changing China*, New York: Palgrave Macmillan, 2015.

(31) 沈志華『毛沢東，斯大林与朝鮮戦争』第三版，広東人民出版社，2013年．

(32) 沈志華「試論朝鮮戦争期間的中朝同盟関係」，(上海)『歴史教学問題』2012年第1期，4-16頁．

(33) Shen Zhihua, "Alliance of 'Tooth and Lips'or Marriage of Convenience?——The Origins and Development of the Sino-North Korean Alliance, 1946-1958", *Working Paper Series* 08-09, The U.S.-Korea Institute at SAIS, December 2008；沈志華「"唇歯相依"還是"政治聯姻"？——中朝同盟的建立及其延続(1946-1961)」，(台北)『中央研究院近代史研究所集刊』第63期(2009年3月)，147-194頁；「左右逢源：朝鮮戦後経済重建与外来援助(1954-1960)」，(北京)『参閲文稿』No. 2011-6，2011年2月10日；「中朝辺界争議的解決」，(香港)『二十一世紀』2011年4月号，34-51頁；「東北朝鮮族居民跨境流動：新中国政府的対策及其結果(1950-1962)」，(河南大学)『史学月刊』2011年第11期，69-84頁；Shen Zhihua/Yafeng Xia, "China and the Post-War Reconstruction of North Korea, 1953-1960", *North Korea International Documentation Project Working Paper*, No. 4, May 2012; "A Contested Border: A Historical Investigation into the Sino-Korean Border Issue, 1950-1964", *Asian Perspective*, Vol. 37, No. 1, 2013, pp. 1-30；「面対歴史機遇：中美関係和解与中朝関係(1971-74)」，(上海)『華東師範学報』2014年第1期，1-14頁．

(34) おことわりすべきことは，近年になって中国の公文書管理が厳しくなっており，制限が多く設けられている，ということである．これまで機密解除された公文書の多くも外部からのアクセスができなくなった．そのため，筆者が使っている公文書の多くは現在，中国各地の檔案館で閲覧ができなくなった可能性が高い．

(35) 朱維錚は彼が文化大革命中に『文匯報』の内部版『文匯情況』を編集した経歴を証言し，毛沢東，周恩来と「中央文革小組」のメンバーがいかに内部刊行物に注目し，そこから情報を取ったかについて多くの実例を挙げている．朱維錚口述，金光耀整理「在〈文匯報〉北弁的経歴」，(北京)『炎黄春秋』誌 2013 年第 4 号，21-27 頁．

(36) 韓国人学者金学俊は北朝鮮の文献と新聞雑誌で歴史を塗り替え，歪曲した多くの現象を検証した．金学俊『朝鮮五十七年史』〔原著『北朝鮮 50 年史——「金日成王朝」の夢と現実』を著者が書き足したもの〕，張英訳『中国東北辺疆研究訳叢』内部資料，2005 年，未刊，26-29 頁．以下において「未刊」と表示したものは，公開出版・発行されていない書籍や資料を指すが，筆者本人もしくは華東師範大学冷戦国際史研究中心資料室が収録，保管している．

(37) Andrei Lankov, *Crisis in North Korea: The Failure of De-Stalinization, 1956*, Honolulu: University of Hawaii Press, 2004, p. ix.

(38) 以下を参照．Csaba Békés and Vojtech Mastny, "Inside North Korea: Selected Documents from Hungarian and Polish Archives", *CWIHP Bulletin*, Issues 14/15; Sergey Radchenko, "The Soviet Union and the North Korean Seizure of the USS Pueblo: Evidence from the Russian Archvies", *CWIHP Working Paper*, No. 47, April 2005; James F. Person (ed.), "New Evidence on North Korean in 1956", *CWIHP Bulletin*, Issue 16, Fall 2007/Winter 2008; James F. Person (ed.), "Limits of the Lips and Teeth Alliance--New Evidence on Sino-DPRK Relations 1955-1984", *NKIDP Document Reader*, No. 2, March 2009; James Person (ed.), "New Evidence on Inter-Korean Relations, 1971-1972", *NKIDP Document Reader*, No. 3. このほか，ウィルソンセンターの HP に公表されている公文書の英訳がある．http://digitalarchive.wilsoncenter.org/collection.

(39) 筆者がこれらの公文書にアクセスできた最初のきっかけは NIC(米国国家情報委員会)が 2004 年に開いた国際会議だった．主催側は会議参加者に，機密解除されたばかりの，中国に関する米国情報機関の情報評価報告書を配布した．続いて筆者は米国国家安全保障公文書館(National Security Archive)でも多くの収穫を得た．この関連で米国機密解除文書データベース(DDRS)，アメリカ外交政策極秘文書シリーズ(DNSA)などのデータベースは研究者にこれまでにない便利さをもたらした．

(40) 筆者が主に利用したのは以下の，近年出版された米国の外交文書資料集である．*FRUS, 1969-1976, Richard M. Nixon/ Gerald R. Ford, Vol.17, China, 1969-1972*, Washington D.C.: Government Printing Office, 2006; *FRUS, 1969-1976, Richard M. Nixon/ Gerald R. Ford, Vol.18, China, 1973-1976*, Washington D.C.: Government Printing Office, 2007, および米中接近の交渉における朝鮮問題に関する補足文書資料集：*FRUS*, 1969-1976, *Vol. E-13*, Documents on China, 1969-1972, http://history.state.gov/historicaldocuments/frus1969-76ve13/comp1.

(41) 筆者は 2010 年 2 月 16 日と 17 日，太原で金剛と金忠植にそれぞれ取材した．当時，金剛は 94 歳だったが，頭ははっきりしており，口述もよどみないものだった．ただやや難聴だった．彼の健康を配慮し，取材は 1 時間だけ行った．別れる際，金剛は一部のプライベートの資料を寄贈してくれた．金忠植は当時 87 歳で，とても元気で，おしゃべりで，酒好きだった．翌年春節，筆者は再度太原に行って彼に取材し，毎回の取材時間は 2 時間から 3 時間に及んだ．

序　章

(1)　楊昭全『中朝関係史論文集』，北京：世界知識出版社，1988 年；楊昭全，何彤梅『中国—朝鮮・韓国関係史』(下)，天津人民出版社，2001 年．この十数年間，中朝関係の論文が多く発表された．たとえば，石源華「論中国共産党与朝鮮義勇軍的関係」，(北京)『軍事歴史研究』2000 年第 3 号，51-58 頁；金雄鶴「抗日戦争時期中国共産党与朝鮮反日民族解放運動——以関内地区為中心」，『朝鮮・韓国歴史研究』第 12 巻(2012 年)，347-358 頁；金春善「試論東北地区朝共党人転入中共組織及其影響」，(吉林)『延辺大学学報』2003 年第 1 号，41-45 頁；金成鎬「試論朝鮮民族早期共産主義運動和共産党的建立」，(上海)『韓国研究論叢』第 24 巻(2010 年)，49-73 頁；権赫秀「関於朝鮮共産主義者支持中国共産党創建工作的若干実事」(以下，「若干実事」と略称)，『朝鮮・韓国歴史研究』第 14 巻(2012 年)，258-276 頁；崔鳳春「中共上海韓人支部」，『朝鮮・韓国歴史研究』第 13 巻(2013 年)，268-289 頁；許永吉「論東北地区朝鮮共産党人加入中共問題」，『朝鮮・韓国歴史研究』第 13 巻(2013 年)，290-306 頁；楊昭全「中国共産党与朝鮮・韓国独立運動(1921-1945)」，『朝鮮・韓国歴史研究』第 13 巻(2013 年)，338-365 頁．

(2)　この歴史の研究において最も注目すべき中国側の文献は中央檔案館と東北三省檔案館が共同編集した『東北地区革命歴史文件匯集』(68 巻，1988-1991 年)である．ただこの文献資料集は東北抗日連軍時代のものしか収録していない．

(3)　B. D. 朴，CCCP, Коминтерн и корейское освободительное движение; 1918-1925(ソ連，コミンテルンと朝鮮の解放運動：1918-1925．以下同)，モスクワ：ИВ РАН, 2006; 和田春樹編，ВКП(б)，Коминтерн и Корея 1918-1941(全連邦共産党，コミンテルンと朝鮮，1918-1941．以下，『和田資料集』と略称)，モスクワ：РОССПЭН, 2007.

(4)　Robert Scalapino and Chong-Sik Lee, *Communism in Korea*, Berkeley: University of California Press, 1972, p. 112.

(5)　1928 年から 1933 年の間，逮捕された日本共産党の党員と幹部は 4 万人に上ったが，逆境の中で，再建がめげずに行われ，1931 年 1 月，新しい中央委員会が発足した．それ以後，党組織とその影響力は絶えず拡大し，コミンテルン第 7 回大会で執行委員会から高い評価が与えられた．『共産国際第七次代表大会文件』I，中国人民大学出版社，1991 年，97-98 頁，235 頁；王学東編『国際共産主義運動歴史文献』(中央翻訳出版社，2014 年)第 56 巻，479 頁．

(6)　ロシアの公文書ファイルの中に，数多くの朝鮮人が互いに摘発・糾弾する密告書簡が保管されている．たとえば РГАСПИ(Российский Государственный Архив Социально-политической Истории, ロシア国家社会政治史公文書館，以下同)，ф. 495，оп. 228，д. 440，л. 38-39; д. 439, л. 90-90об; д. 481, л. 58;『和田資料集』，c. 732-737.

(7)　楊昭全，何彤梅『中国—朝鮮・韓国関係史』(下)，802-803 頁．

(8)　陳独秀「朝鮮運動之感想」，(北京)『毎週評論』第 14 号(1919 年 3 月 23 日)．任建樹，張統模，呉信忠編『陳独秀著作選』第 1 巻(上海人民出版社，1993 年，509-510 頁)から引用．

(9)　崔奉春，玄千秋「"中韓互助社"的活動」，叢書編集委員会編『火種・中国朝鮮族歴史足跡叢書(2)』(朝鮮語)，北京：民族出版社，1995 年，647-654 頁．

(10)　中共中央文献研究室編『毛沢東年譜(1893-1949 年)』(上)，北京：人民出版社・中央文献出版社，1993 年，82 頁．

(11)　権赫秀「若干実事」，同 273，274 頁．

(12)　金泰国「猶如雪花般飛到朝鮮族地区的馬克思主義書籍和刊物」，中国朝鮮族歴史足跡叢書編集委員会編『火種・中国朝鮮族歴史足跡叢書』(北京：民族出版社，朝鮮語)，408-413 頁(以下は叢書『火種』と略称)．

(13)　梁泳泫「解放別録」，(香港)『自由人』第 76 号(1951 年)．権赫秀「若干実事」(271-272 頁)から引用．

(14) 「清算陳独秀」,『現代史資料』第4 集(1935年). 崔志鷹「在旧上海的朝鮮共産党人」(上海『檔案与史学』1996年第2期, 62-63頁)から引用.

(15) 権赫秀「若干実事」, 268-272頁.

(16) 王若飛「関於大革命時期的中国共産党」(1943年12月20日と21日, 延安での講演記録), (北京)『近代史研究』1981年第1号, 41頁.

(17) 李丹陽「朝鮮人“巴克京春”来華組党述論」,『近代史研究』1992年第4号, 164-166頁. 巴克京春はすなわち朴鎮淳(Park Jin-sun)の音訳.

(18) 張国燾『我的回憶』第1巻, 現代史料編刊社, 1980年, 82頁;李丹陽「朝鮮人“巴克京春”来華組党述論」, 167-168頁.

(19) АВПРФ(Архив Внешней Политики Российской Федерации, ロシア連邦対外政策公文書館, 以下同), ф. 0146, оп. 8, д. 36, л. 29-30, Пак Б. Д. СССР, Коминтерн и корейское освободительное движение, с. 211-213. 考証によると, 当時の1日本円はおよそ1金ルーブルまたは0.5米ドル相当. Scalapino and Lee, *Communism in Korea*, p. 19.

(20) РГАСПИ, ф. 495, оп. 135, д. 59, л. 3-10, Харуки Вада ВКП(б), Коминтерн и Корея, 1918-1941 гг., Москва: РОССПЭН, 2007, с. 147-151. 朝鮮共産党に経費を提供した以外, ソビエトロシア政府は1920年から1921年の間, 韓国臨時政府のモスクワ駐在全権代表韓馨権にも60万元の銀貨を支援した. 詳しくは以下の資料を参照. 前出,『ソ連, コミンテルンと朝鮮の解放運動:1918-1925』, с. 83-84, 173-174; Scalapino and Lee, Communism in Korea, pp. 19-20.

(21) 朝鮮の共産主義者の間, および民族主義者の間でソビエトロシアからの資金援助をめぐって喧嘩し, 互いに非難し合ったことについて, 詳しくは以下の資料を参照. РГАСПИ, ф. 495, оп. 135, д. 63, л. 22-25,『ソ連, コミンテルンと朝鮮の解放運動:1918-1925』, с. 361-368; Scalapino and Lee, *Communism in Korea*, p. 21.

(22) 張国燾『我的回憶』第1巻, 113-114頁, 152頁.

(23) 崔龍洙「人民芸術家韓楽然」, 叢書編集委員会編『決戦・中国朝鮮族歴史足跡叢書(4)』(朝鮮語)(以下, 叢書『決戦』と略称), 民族出版社, 1991年, 469-480頁;盛成等編著『緬懐韓楽然』, 民族出版社, 1998年.

(24) 韓今玉「富有名望的政治活動家周文彬」, 叢書編集委員会編『烽火・中国朝鮮族歴史足跡叢書(3)』(朝鮮語)(以下, 叢書『烽火』と略称), 民族出版社, 1989年, 503-509頁;韓俊光編『中国朝鮮族人物伝』, 延辺人民出版社, 1990年, 273-286頁.

(25) 李政文「傑出的軍事家楊林」,『烽火』, 464-473頁;韓俊光編『中国朝鮮族人物伝』, 103-114頁;中共党史人物研究会編『中共党史人物伝』第16巻, 陝西人民出版社, 1984年, 165-176頁.

(26) 金淳基「朝鮮義勇軍司令員」, 叢書『決戦』, 337-357頁;朱芹「朝鮮義勇軍司令武亭将軍」, (上海)『軍事歴史研究』2009年第2号, 132-138頁.

(27) 崔龍水, 金徳泉「朝鮮族傑出的革命家——張志楽」,『烽火』, 479-493頁;ニム・ウェールズ, 金山『在中国革命隊伍里』, 香港:南粤出版社, 1977年, 26-27頁, 76-191頁, 201頁〔日本語版:松平いを子訳『アリランの歌——ある朝鮮人革命家の生涯』, 岩波文庫, 1987年〕. ウェールズは本書(〔中国語版〕11-23頁)で金山と交流した過程を語り, 金山は彼女が東方で出会った「最も魅力的な人物の一人」と讃え, 追随者ではなく,「一人のリーダーとして」物事を考えていると評した. 1983年1月, 中国共産党中央組織部は「金山の名誉回復, 党籍回復に関する決定」を行った. 韓俊光編『中国朝鮮族人物伝』, 239頁.

(28) 金亨直「誓死反対“左”傾路線的李鉄夫」, 叢書『烽火』, 494-502頁;中共中央党史研究室『中国共産党歴史』第1巻, 中共党史出版社, 2011年, 439-440頁;中共党史人物研究会編『中共党史人物伝』第30巻, 陝西人民出版社, 1986年, 168-195頁.

(29) 韓国国防部戦史編纂研究所編『소련군사고문단장 라주바예프 6.25 전쟁보고서』(『ソ連軍事顧問団団長ラズワエフの6・25戦争報告書』，以下，この訳名を使う)』第一編(ロシア語公文書写真文書)，ソウル，国防部，2001年6月，第35-37頁；中国外交部檔案館，204-01496-05；姜万吉『韓国現代史』，陳文寿訳，北京，社会科学文献出版社，1997年，85-86頁.

(30) РГАСПИ, ф. 495, оп. 135, д. 124, л. 103-103 об,『和田資料集』c. 368-370. 崔鳳春「中共上海韓人支部述論」,『朝鮮・韓国歴史研究』第13巻(2013年)，29-30頁.

(31) 楊昭全，何彤梅『中国―朝鮮・韓国関係史』，824-825頁.

(32) 珍妮・徳格拉斯〔ジェーン・デグラス〕編『共産国際文件』第2巻，北京編訳社訳，世界知識出版社，1964年，165，171頁〔日本語版：荒畑寒村，対馬忠行等訳『コミンテルン・ドキュメント(1919-1943)』，全3巻，現代思潮社，1969・70・72年〕.

(33) РГАСПИ, ф. 495, оп. 135, д. 104, л. 60-62,『和田資料集』c. 338-340.

(34) РГАСПИ, ф. 495, оп. 135, д. 106, л. 40-44,『和田資料集』c. 344-346.

(35) РГАСПИ, ф. 495, оп. 1, д. 27, л. 131-134; оп. 135, д. 156, л. 33-58а,『和田資料集』c. 502-504, 477-493; Scalapino and Lee, *Communism in Korea*, p. 87.

(36) これまでの研究は，中共韓人支部はコミンテルンの規約に従って設立されたことを強調するが，一理あるものの，朝鮮共産党の国外局(もしくは海外部)の設立要求が認められなかったためやむなく行った選択であったことも見る必要がある．一方，中国共産党側がそれを受け入れたのは，言語が不通でコミュニケーションができないため，個人として中国の党組織の活動に参加できないとの判断によるものだった．以下の資料を参照．中央檔案館，遼寧省檔案館，吉林省檔案館，黒竜江省檔案館編『東北地区革命歴史文件匯集』乙2，1991年，未刊，29-30頁.

(37) 崔鳳春『中共上海韓人支部』，268-289頁．その考察は主に日本の公文書にある尋問記録に基づくものだった．中共法南区委員会のことについては，中共中央組織部等編『中国共産党組織史資料(1921-1997)』第2巻，中共党史出版社，2000年，1243頁を参照.

(38) 『東北地区革命歴史文件匯集』乙1，7-14頁.

(39) 石源華『韓国独立運動与中国的関係論集』(上)，北京：民族出版社，2009年，57-58頁．同書は二件の上海市檔案館にある韓人支部の資料だけを引用したので，筆者は再度檔案館に行って，より多くの史料を探そうとしたが，朝鮮に関係するすべての公文書は，すでに機密解除されたものを含めて，アクセスができなくなったことが分かった.

(40) 崔鳳春『中共上海韓人支部』，272-273頁から引用.

(41) ニム・ウェールズ，金山『在中国革命隊伍里』，86頁．広東にいた朝鮮人革命家の活動については以下の資料を参照．1982年12月8日付『羊城晩報』2面；金揚「広州起義和朝鮮族勇士們」，叢書『火種』，678-690頁．広州蜂起で犠牲になった朝鮮の革命青年は150人以上に上ったと言われる．韓俊光編『中国朝鮮族人物伝』(17頁)による.

(42) 中国共産党満州省委員会の見解によると，1921年の時点で在満州の朝鮮人は100万人を超え，そのうち15%は「共産主義者およびその他の革命分子に属する」，という．「中共満州省委関於在満州高麗人問題的提案(1930年6月)」，中共延辺州委党史研究所編『東満地区革命歴史文献匯編』(1999年，未刊，925-929頁)による．日本当局側(当時)の評価はこれに近く，「満州では15万人の朝鮮人が共産主義の宣伝の影響を受けていた」という．Scalapino and Lee, *Communism in Korea*, p. 142. 本章が使った中国語と英文の研究論著の中の史料はその多くは日本の公文書もしくは韓国語，日本語の著作から引用したもので，スペース節約の観点で原文の引用を省略する.

(43) 楊昭全等『中国朝鮮族革命闘争史』，205-206頁；許永吉「論朝鮮共産党満州総局的反日民族運動」，『朝鮮・韓国歴史研究』第12巻(2012年)，310頁；『ソ連，コミンテルンと朝

鮮の解放運動：1918-1925』，c. 238-243. そのうち，楊著が引用した数字は間違っているようだ.

(44) 朴昌昱『中国朝鮮族歴史研究』，227-228頁；許永吉「論朝鮮共産党満州総局的反日民族運動」，310-311頁.

(45) 『東北地区革命歴史文件匯集』甲5，305-334頁；『東満地区革命歴史文献匯編』，925-929，1064-1068頁. 満州総局内部の派閥抗争の詳細については以下の資料を参照. 朴昌昱『中国朝鮮族歴史研究』，238-246頁；黒竜江省社科院地方党史研究所編印『訪問録選編：周保中専輯』(1980年10月)，未刊，10-11頁.

(46) РГАСПИ, ф. 495, оп. 135, д. 175, л. 43-46,『和田資料集』c. 600-603.

(47) РГАСПИ, ф. 495, оп. 135, д. 104, л. 60-62,『和田資料集』c. 338-340.

(48) РГАСПИ, ф. 495, оп. 135, д. 123, л. 45-48,『和田資料集』c. 397-400.

(49) РГАСПИ, ф. 495, оп. 135, д. 147, л. 72-78,『和田資料集』c. 473-477. 間島局は朝鮮共産青年会満州総局の前身であり，ソビエトロシアの共産主義青年会の沿海州幹部局朝鮮部の直接的指導を受けていた.『東満地区革命歴史文献匯編』，1394頁を参照.

(50) 以下の資料を参照.『東北地区革命歴史文件匯集』乙1，65-72頁；『東北地区革命歴史文件匯集』乙2，29-40頁；РГАСПИ, ф. 495, оп. 135, д. 175, л. 43-46,『和田資料集』c. 600-603.

(51) 孫日春，沈英淑「論我国朝鮮族加入中華民族大家庭的歴史過程」，(吉林)『東疆学刊』2006年第4号，54-60頁による. また，日本領事館の統計によると，1929年まで中国東北にいた朝鮮族が帰化し中国国籍を取得した者は1万0979世帯の5万5823人であり，そのうち間島地区は3168世帯，1万9367人だった. 孫春日『中国朝鮮族移民史』，北京：中華書局，2009年，350頁.

(52) 『東北地区革命歴史文件匯集』甲4，1988年，391-395頁；延辺朝鮮人自治州檔案局(館)編『中共延辺吉東吉敦地委延辺専署重要文件匯編』第1集，1985年，未刊，334頁.

(53) 『中国共産党組織史資料(1921-1997)』第1巻，248-256頁；『中国共産党組織史資料』第2巻，2094頁.

(54) 『中国共産党組織史資料』第2巻，2060-2063，2122頁.

(55) 『東北地区革命歴史文件匯集』甲1，203-216頁.

(56) 『東北地区革命歴史文件匯集』甲1，219頁.

(57) 『東満地区革命歴史文献匯編』，894頁.

(58) 『東北地区革命歴史文件匯集』甲2，194，207-211頁.

(59) 『東北地区革命歴史文件匯集』甲2，201-206頁；甲3，429-434，435-437頁.

(60) 『東北地区革命歴史文件匯集』甲1，247頁.

(61) 『東満地区革命歴史文献匯編』，895頁；許万錫「早期樺甸県共産党組織中的朝鮮族」，叢書『火種』，532-534頁.

(62) 楊昭全等『中国朝鮮族革命闘争史』，218頁；許永吉「論東北地区朝鮮共産党人加入中共問題」，295-296頁.

(63) 遼寧社会科学院地方党史研究所編『中共満州省委時期回憶録選編』第2冊，1985年3月，未刊，2，167頁.

(64) 『中共満州省委時期回憶録選編』第3冊，88-89頁.

(65) 『東北地区革命歴史文件匯集』乙2，17-18頁.

(66) 『東北地区革命歴史文件匯集』乙1，32頁.

(67) ニム・ウェールズ，金山『在中国革命隊伍里』，137-143頁.

(68) 譚訳『譚訳史論選』，香港：盛世中華国際出版有限公司，2004年，28頁.

(69) 『東北地区革命歴史文件匯集』乙2，35-36頁.

(70)　朴昌昱『中国朝鮮族歴史研究』, 249-250 頁；金俊燁，金昌順『韓国共産主義運動史』第 5 巻，399 頁.
(71)　『東北地区革命歴史文件匯集』甲 3，236 頁.『匯集』の中で表記した廖如願の文書の期日は 1929 年 7 月となっているが，譚訳氏が考証した結果，同文書ができたのは 1930 年 3 月の中下旬だとの見解を出している．譚訳『譚訳史論選』，27-29 頁．ただ，譚訳の著書の中に印字ミスがあり，28 頁にある「1933 年」は「1930 年」の間違いである.
(72)　『東北地区革命歴史文件匯集』乙 1，65-72 頁.
(73)　『東北地区革命歴史文件匯集』甲 3，308-310 頁.
(74)　中共穆棱市委組織部，党史研究室編『中国共産党穆棱歴史第 1 巻(1919-1946)』，ハルピン，黒竜江人民出版社，2009 年，954 頁；Scalapino and Lee, *Communism in Korea*, p. 152; Усова Л. А. Корейское коммунистическое движение, 1918-1945, американсая историография и документы Коминтерна(1918-1945 年の朝鮮の共産主義運動，米国の史料とコミンテルンの文献．以下同)，モスクワ：Издательская фирма Восточная литература РАН, 1997, с. 91.
(75)　『東北地区革命歴史文件匯集』甲 4，379-399 頁.
(76)　『東北地区革命歴史文件匯編』甲 5，141-147 頁；『東満地区革命歴史文献匯編』，7-13 頁.
(77)　朴昌昱『中国朝鮮族歴史研究』，254-256，301-303 頁.
(78)　楊昭全，李鉄環編『東北地区朝鮮人革命闘争資料匯編』，674-677 頁；РЦХИДНИ (Российский Центр Хранения и Изучения Документов Новейшей Истории，ロシア現代史文書保管と研究センター，РГАСПИ の前身，以下同)，ф. 495, оп. 135, д. 174, л. 30, 前出，『1918-1945 年の朝鮮の共産主義運動，米国の史料とコミンテルンの文献』с. 92．言及しておきたいのは，中国共産党満州省委員会巡視員陳徳森が後の活動報告で，ML 派の中の少なからぬ人が中国共産党への積極的加入を主張したのは投機的心理があり，これによって中国共産党内部における彼らの地位を強化したいと考えているためだと分析したことだ.『東北地区革命歴史文件匯編』甲 5，141 頁.
(79)　梁煥俊「二十年代後期在満朝共党人的活動」，『延辺文史資料』第 4 巻(1985 年)，14 頁.
(80)　崔聖春主編『中国共産党延辺歴史大事記』，北京：民族出版社，2002 年，33 頁.
(81)　『東満地区革命歴史文献匯編』，4-6 頁.
(82)　РГАСПИ, ф. 495, оп. 135, д. 175, л. 43-46,『和田資料集』с. 600-603.
(83)　朴昌昱「風浪中的“在満朝鮮人共産主義者同盟”」，叢書『火種』，470-477 頁；『和田資料集』с. 30.
(84)　РГАСПИ., ф. 495, оп. 154, д. 425, л. 5,『和田資料集』с. 603-604.
(85)　『東満地区革命歴史文献匯編』，919-924 頁.
(86)　『東北地区革命歴史文件匯集』甲 5，1988 年，58-62 頁；РЦХИДНИ, ф. 495, оп. 135, д. 174, л. 39, 前出，『1918-1945 年の朝鮮の共産主義運動，米国の史料とコミンテルンの文献』с. 105.
(87)　その後の行方の一つとして，李宗洛らは反日独立勢力の元国民府の朝鮮革命軍を「朝鮮革命軍吉江指揮部」(後に「朝鮮革命軍司令部」に改名)に改組し，最後まで中国共産党への加入を拒否した．1931 年初め以降，一切の消息が途絶えた．朴一初「“朝鮮革命軍吉江指揮部”的活動」，叢書『火種』，478-481 頁.
(88)　『中国共産党組織史資料』第 2 巻，2122 頁.
(89)　『東満地区革命歴史文献匯編』，1131-1132 頁；『中国共産党延辺歴史大事記』，99 頁.
(90)　『中国共産党組織史資料』第 2 巻，2090-2096 頁．ほかの資料によると，李朴泰の本名は朴根秀だった．『磐石党史資料』第 2 巻(1992 年)，405 頁，「朴根秀」の項目．張貴(元吉

林省新聞研究所所員)が朴の家族に対して行った取材と調査によると,『磐石党史資料』の説明は正しい,という.

(91) 『訪問録選編:周保中専輯』,11-12 頁.

(92) 『東北地区革命歴史文件匯集』甲 5,233-234 頁.

(93) 『東満地区革命歴史文献匯編』,42-44 頁.

(94) **РЦХИДНИ**, ф. 534, оп. 3, д. 908, л. 1-19,『1918-1945 年の朝鮮の共産主義運動,米国の史料とコミンテルンの文献』c. 92; 金俊燁,金昌順『韓国共産主義運動史』第 5 巻,400-401 頁.

(95) 『東北地区革命歴史文件匯集』甲 7,183-196 頁.

(96) 『東北地区朝鮮人革命闘争資料匯編』,723-724 頁;『東北地区革命歴史文件匯集』甲 7,221-222 頁.後者の文書は同文献集の中で二回も出て,ここでは 1931 年 4 月 15 日の日付だが,もう一カ所では 1930 年 4 月 15 日になっている(『東北地区革命歴史文件匯集』甲 4,357-358 頁).筆者は考証を経て,同文書の日付は 1931 年であると判断した.

(97) 中央檔案館編『中共中央文件選集』第 7 冊,中共中央党校出版社,1991 年,416-424 頁;『中共中央文件選集』第 8 冊,5-6,14-17 頁.

(98) 『中国共産党組織史資料』第 2 巻,2066,2097-2098 頁.

(99) 『東北地区革命歴史文件匯集』甲 17,274-275 頁.同甲 12,295-296 頁.

(100) 『中国共産党組織史資料』第 2 巻,2100-2105 頁.

(101) 『東北地区革命歴史文件匯集』甲 20,310 頁.

(102) 『中国共産党組織史資料』第 2 巻,2105-2106 頁.

(103) 『東北地区革命歴史文件匯集』甲 12,8 頁.

(104) 民生団の状況については以下の資料を参照.『関於東北抗日聯軍的資料』第 1 分冊,李鋳等訳,北京:中華書局,1982 年,92-103 頁;李昌役,白成靖「"民生団"事件」,叢書『烽火』,163-176 頁;崔聖春編『中国共産党延辺歴史大事記』,73-75 頁.

(105) 『東満地区革命歴史文献匯編』,114-118,414-429 頁;姜万吉『韓国現代史』,86-87 頁.日本の公文書が示した状況もほぼ同じだった.『関於東北抗日聯軍的資料』第 1 分冊,95-98 頁.

(106) 『東北地区革命歴史文件匯集』甲 20,314,323 頁.

(107) Dae-sook Suh, *The Korean Communist Movement, 1918-1948*, Princeton: Princeton University Press, 1967, pp. 245-246〔日本語版:徐大粛,金進訳『朝鮮共産主義運動史 1918-1948』,コリア評論社,1970 年』〕;『1918-1945 年の朝鮮の共産主義運動,米国の史料とコミンテルンの文献』c. 148-149.

(108) ニム・ウェールズ,金山『在中国革命隊伍里』,199-200 頁.これまで収集した史料から見れば,朝鮮民族解放同盟は活動を展開しないまま消息を絶ったようだ.

(109) 『東満地区革命歴史文献匯編』,1235-1237 頁.1936 年第 1,2 号の『コミンテルン』誌では楊松の文章が掲載された.

(110) 『訪問録選編:周保中専輯』,13 頁.すでに公表されたコミンテルンの公文書の中では関連の文書は見つかっていない.

(111) 『東北地区革命歴史文件匯集』甲 28,10-11 頁;『東満地区革命歴史文献匯編』,1453 頁.

(112) 『訪問録選編:周保中専輯』,102-103 頁;『東北地区革命歴史文件匯集』甲 28,259-261 頁;姜万吉『韓国現代史』,89-91 頁;『1918-1945 年の朝鮮の共産主義運動,米国の史料とコミンテルンの文献』c. 139;『和田資料集』c. 34.北朝鮮の公式の説明によると,金日成は 1934 年,東満と南満の抗日ゲリラを結集し,朝鮮人民革命軍を創設し,また,1935 年 5 月 5 日,抗日統一戦線—祖国光復会を結成した(『労働新聞』編集部『金日成伝略』,冰蔚

等訳，北京：世界知識出版社，1952 年，9-10 頁；『朝鮮概況』，ピョンヤン：外国文出版社，1961 年，28-30 頁）．前者の真実について中国人学者の専門研究によると，有名無実，という結論が出された．金成鎬，張玉紅「四論“朝鮮人民革命軍”説」，『朝鮮・韓国歴史研究』第 10 巻（2009 年），324-354 頁．光復会の発起人については，韓国の学者姜万吉は，呉成侖（全光），李相俊（李東光）らであり，金日成ではないと見ている．なお，前に引用した中国の公文書によると，1938 年 8 月，中国共産党吉東省委員会は崔希享に「集中して在満州の『朝鮮人祖国光復会』の大衆運動に取り組み」，「朝鮮居留民」に対して組織化を進めるよう指示した（260 頁）．これで中国共産党は確かに光復会の復活を図ったことが分かるが，それ以後，光復会の活動に関する史料は一切出ていない．

（113） Dae-sook Suh, *The Korean Communist Movement*, p. 235.

（114） 1943 年 3 月 1 日付中国共産党中央機関紙『解放日報』に掲載された党の東北工作委員会副主任李延禄の署名文書は，東北の抗日闘争で活躍した多くの中核的存在だった朝鮮人幹部に言及し，その中に李紅光，金日成，金策，李学福らが含まれた．劉金質等編『中朝中韓関係文件資料匯編』，北京，中国社会科学出版社，2000 年，830-834 頁．

（115） 『東北地区革命歴史文件匯集』乙 2，180 頁；**ЦАМОРФ**, **ф**. 33, оп. 687572, ед. **хранения** 2317, **записи** No. 46172033．金日成が中国共産党に加入した年についてはほかにも複数の説がある，たとえば，1930 年説（**ЦАМОРФ**, **ф. Устаск**, оп. 614631, д. 43, л. 68-77），1931 年説（『ソ連軍事顧問団団長ラズワエフの 6・25 戦争報告書』第一編，21-24 頁；『人民日報』1950 年 7 月 19 日 4 面）と 1933 年説（『東満地区革命歴史文献匯編』，353 頁）．筆者は，党の正式な人事資料が基準になるべきだと考える．

（116） 『中国共産党組織史資料』第 2 巻，2060-2140 頁．ここで統計した人数は文書の中で「朝鮮族」と表記されたものである．

（117） 中国人民解放軍歴史資料叢書編審委員会編『東北抗日聯軍・総述，表冊，図片』，瀋陽：白山出版社，2011 年，453-499 頁．

（118） 当時の中国共産党の組織系列で，金策は東北地区の朝鮮人の中で地位が一番高い者だった．抗日連軍がソ連に撤退した後，金日成は次第に朝鮮人の中心的存在になった．金策の経歴に関する詳細な考証は以下の資料を参照．金成鎬，姜聖天「朝鮮共産主義者金策在中国東北的抗日革命歴程」，『延辺大学学報』第 48 巻第 3 号（2015 年 5 月），38-47 頁．

（119） 『ソ連軍事顧問団団長ラズワエフの 6・25 戦争報告書』第一編，72-74 頁．他に以下の資料を参照．楊昭全等編『関内地区朝鮮人反日独立運動資料匯編』，遼寧民族出版社，1987 年，1338-1339 頁．

（120） 『ソ連軍事顧問団団長ラズワエフの 6・25 戦争報告書』第一編，46-47 頁；楊昭全等編『関内地区朝鮮人反日独立運動資料匯編』，1438-1345 頁．

（121） 『ソ連軍事顧問団団長ラズワエフの 6・25 戦争報告書』第一編，38-39 頁；『解放日報』1942 年 8 月 29 日，劉金質等編『中朝中韓関係文件資料匯編』，727 頁．

（122） 中国共産党江蘇省委員会党史工作弁公室他編『新四軍統戦紀実』，北京，中共党史出版社，2007 年，367 頁．

（123） 金淳基「朝鮮義勇軍司令員」，叢書『決戦』，337-357 頁；ニム・ウェールズ，金山『在中国革命隊伍里』，202 頁；韓昌熙，李政文，李斗万「人民音楽家鄭律成」，叢書『決戦』，449-468 頁；黄龍国「朝鮮義勇軍的活動与中国朝鮮族歴史的聯系」，『東疆学刊』第 23 巻第 2 号（2006 年 4 月），65 頁；崔剛『朝鮮義勇軍史』（朝鮮語），延辺人民出版社，2006 年，162-163 頁；『中国共産党組織史資料（1921-1997）』第 4 巻，北京：中共党史出版社，2000 年，2023-2024 頁．

（124） 楊昭全等『中国朝鮮族革命闘争史』，429-431 頁．

（125） 文正一「戦闘在我国戦場上的朝鮮義勇軍」，『黒竜江民族叢刊』1985 年第 3 号，49 頁；

石源華『韓国独立運動与中国』，上海人民出版社，1995 年，218，246 頁；森川展昭「朝鮮独立同盟の成立と活動について」，『朝鮮民族運動史研究』1984 年第 1 号，155-157 頁.

(126) 文正一「戦闘在我国戦場上的朝鮮義勇軍」，49-50 頁；石源華『韓国独立運動与中国』，246 頁.

(127) 文正一「戦闘在我国戦場上的朝鮮義勇軍」，50-51 頁；権立「朝鮮義勇隊的創建及早期闘争」，叢書『決戦』，308-310 頁；郭沫若「朝鮮義勇隊」，『郭沫若全集』第 14 巻，北京：人民出版社，1992 年，205-207 頁．朝鮮義勇隊に関する研究成果は多く，詳しくは楊昭全等編『関内地区朝鮮人反日独立運動資料匯編』831-997 頁を参照.

(128) 文正一「戦闘在我国戦場上的朝鮮義勇軍」，52 頁；文正一・池寛容「抗日戦争中的朝鮮義勇軍」，『民族団結』1995 年第 7 号，20-24 頁.

(129) 『朝鮮義勇隊通訊』第 37 号，1940 年 10 月 10 日；第 41 号，1941 年 9 月 29 日．楊昭全等編『関内地区朝鮮人反日独立運動資料匯編』971-982，986-993 頁から引用.

(130) 『中央日報』1940 年 10 月 4 日；『新華日報』1940 年 10 月 9 日．劉金質等編『中朝中韓関係文件資料匯編』543-544，548-549 頁から引用.

(131) 楊昭全「朝鮮独立同盟与朝鮮義勇軍」，10-13 頁；文正一「戦闘在我国戦場上的朝鮮義勇軍」，52-53 頁；崔采「前往太行山根拠地」，叢書『決戦』，314-315 頁；楊昭全，何彤梅『中国—朝鮮・韓国関係史』，923-924 頁．義勇隊隊員の自供に基づく日本の資料も，中国共産党が義勇隊内部の分裂状況と激高した感情をよく利用したことを示している．森川展昭「朝鮮独立同盟の成立と活動について」，166-171 頁.

(132) 毛沢東の周恩来宛電報(1942 年 2 月 27 日)，未刊.

(133) 『晋察冀日報』1941 年 1 月 26 日，劉金質等編『中朝中韓関係文件資料匯編』，564-566 頁.

(134) 『新華日報』1941 年 7 月 9 日，『晋察冀日報』1941 年 12 月 11 日，1942 年 5 月 21 日；劉金質等編『中朝中韓関係文件資料匯編』，575-576，618，696 頁.

(135) 森川展昭「朝鮮独立同盟の成立と活動について」166-171 頁；崔剛『朝鮮義勇軍史』79 頁．金剛の証言によると，彼は八路軍の野戦政治部の指導の下で敵軍の占領区で離反工作と情報活動に携わっていた．筆者の金剛取材記録.

(136) 興味深いことに，1942 年 2 月のソ連赤軍の建軍記念日に，重慶にある朝鮮義勇隊本部はスターリンに祝賀の書簡を送った(АВПРФ, ф. 0100, оп. 30, п. 225, д. 9, л. 12-13)．しかし実際は，その時点で義勇隊の主要部隊はすでに重慶本部の指揮から離脱し，中国共産党と八路軍の指揮下に入った.

(137) 『解放日報』1942 年 5 月 22 日，劉金質等編『中朝中韓関係文件資料匯編』，697 頁.

(138) 金枓奉はどのようにして陝甘寧辺区に到着したのか．ロシア公文書によると，「国民党の捕捉から逃れるため」，という．『ソ連軍事顧問団団長ラズワエフの 6・25 戦争報告書』第一編，72-74 頁．ただ李相朝ら朝鮮「延安派」幹部の証言によると，中国共産党は金枓奉の北上を要請するため，中央社会部〔中国共産党中央が 1939 年に延安で設立した情報機関〕の責任者李克農に指示して重慶で彼と面談し，手配した，という．楊昭全「朝鮮独立同盟与朝鮮義勇軍」，15-16 頁.

(139) 『晋察冀日報』1942 年 8 月 29 日，劉金質等編『中朝中韓関係文件資料匯編』，727-729 頁；文正一「戦闘在我国戦場上的朝鮮義勇軍」，52-53 頁；中共延辺州委党史工作委員会，党史研究所編『延辺歴史事件党史人物録(新民主主義革命時期)』，内部資料，1988 年，252-253 頁.

(140) 朝鮮義勇隊が北上し始めた頃の 1940 年 9 月 17 日，韓国独立党委員長金九の要請を受けて，蔣介石は韓国光復軍の設立，李青天が総司令官になることを許可した．1942 年 5 月になると，また金九の要求で，残り僅かの義勇隊は国民軍事委員会により，光復軍第一支隊

に改編され，李青天の統括に属され，金若山は光復軍副司令官になった.『中央日報』1940年9月16，28日；1942年5月21日，劉金質等編『中朝中韓関係文件資料匯編』，534，539，696-697頁．その時，モスクワと直接の連絡を保ったのはやはり重慶にいる朝鮮人だった．1942年9月6日，李青天と金若山は連名でスターリンに書簡を送り，ソ連が韓国臨時政府を承認し，光復軍に物資援助を提供するよう申し入れた．АВПРФ, ф. 0100, оп. 30, п. 225, д. 9, л. 31-32.

(141)　朝鮮独立同盟と義勇軍の詳細に関しては以下の資料を参照．王巍(朴一禹)の中国共産党七全大会での発言，1945年5月21日；武亭「華北朝鮮独立同盟1944年1月至1945年5月工作経過報告」(1945年5月9日)，楊昭全等編『関内地区朝鮮人反日独立運動資料匯編』，1438-1445，1129-1162頁．

(142)　中共中央党史研究室第一研究部訳『聯共(布)，共産国際与抗日戦争時期的中国共産党(1937—1943.5)』，共産国際，聯共(布)与中国革命檔案資料叢書第19巻，北京：中共党史出版社，2012年，19頁．

(143)　『晋察冀日報』1941年11月13日，1942年9月29日，1943年4月30日，劉金質等編『中朝中韓関係文件資料匯編』，610-611，770-771，861-862頁；中国科学院歴史研究所第三所編『陝甘寧辺区参議会文献匯輯』，北京：科学出版社，1958年，168-170頁．

(144)　『中国共産党組織史資料』第2巻，16頁，2061頁．

(145)　『中共満州省委時期回憶録選編』第2冊，1頁，117-121頁．

(146)　『中共満州省委時期回憶録選編』第2冊，224-229頁；第3冊，8-10頁．

(147)　РЦХИДНИ, ф. 495, оп. 19, д. 575, л. 8-9.

(148)　王新生「紅軍長征前後中共中央与共産国際的電訊聯係考述」，『党的文献』2010年第2号，79-82頁．『中国共産党組織史資料』第2巻，2061頁；『中共満州省委時期回憶録選編』第3冊，217頁．1935年7月から8月に，上海中央局は壊滅的打撃を受けて活動をすべて停止した．『中国共産党組織史資料』第2巻，22頁；『中国共産党歴史』第1巻，440頁．

(149)　『中国共産党組織史資料』第3巻，1288頁．

(150)　『東北地区革命歴史文件匯集』甲60，107-136頁；『中国共産党組織史資料』第3巻，238，1288，1292頁；彭施魯「東北抗日聯軍和蘇聯遠東軍関係回顧」，『中共党史資料』総第56巻，32頁．

(151)　「聯共(布)，共産国際与抗日戦争時期的中国共産党(1937-1943. 5)」，前出叢書第18巻，169頁．中国共産党のコミンテルン駐在代表団の最後の団長任弼時は1940年3月に帰国した．『中共満州省委時期回憶録選編』第2冊，185-186頁．この時期における東北の党組織の変遷について周保中と張寿籛は詳しい報告書を書いている．『東北地区革命歴史文件匯集』甲63，319-332頁を参照．

(152)　周保中『東北的抗日遊撃戦争和抗日聯軍』(初稿)，『東北抗日聯軍歴史資料』付録1，1-21頁；『中国共産党組織史資料』第3巻，1291-1292，1313-1314頁；『東北地区革命歴史文件匯集』甲63，331-332頁．

(153)　吉林省檔案館，中共吉林省委党史研究室編『周保中抗日救国文集』(下)，長春：吉林大学出版社，1996年，58-60頁．

(154)　『中国共産党組織史資料』第3巻，48頁；『毛沢東年譜(1893-1949年)』(下)，120頁．

(155)　『東北地区革命歴史文件匯集』甲63，327頁；金日成『김일성 회고록：세기와 더불어(계승본)』8，평양：백두산편집부(本著はその中国語版『金日成回憶録：与世紀同行』から引用，以下同．第8巻，ピョンヤン：外国文出版社，1998年，355頁)．王鵬の詳しい状況については，彭施魯「在蘇聯北野営的五年」(未定稿)，1981年，個人保管，19頁；王連捷，譚訳『隠蔵在深層次的歴史真相』，瀋陽：遼寧人民出版社，2012年，297-305頁．

(156)　孫継英等『東北抗日聯軍第一軍』，黒竜江人民出版社，1986年，139-146頁．

(157)　詳しくは羅志剛『中蘇外交関係研究(1931-1945)』，武漢大学出版社，1999年，19-32，68-86，121-151頁を参照.

(158)　周保中は日本軍の追撃を振り切って越境したある戦闘の後，「小舟で渡ることができなかったら，ウスリー川(烏蘇里江)は自分の烏江(絶境)になっていた」(若無小舟渡過，則烏蘇里江成為我之烏江矣)と嘆いた．周保中『東北抗日遊撃日記』，北京：人民出版社，1991年，529頁.

(159)　РЦХИДНИ, ф. 17, оп. 162, д. 12, л. 152.

(160)　呉佩環『蘇聯収留中国東北救国軍』，(上海)『檔案春秋』2012年第4号，34-36頁．この部隊のソ連や新疆における体験とその最後の運命については当事者による証言がある．以下の資料を参照．李砥平「東北抗日義勇軍在新疆」，余駿昇主編『新疆文史資料精選』第2巻，新疆人民出版社，1998年，134-143頁.

(161)　РЦХИДНИ, ф. 17, оп. 162, д. 14, л. 93.

(162)　張鳳儀「東北抗日義勇軍進入新疆十年中的遭遇」，(新疆)『新疆文史資料精選』第2巻，125頁.

(163)　以下はソ連が中国との友好関係を配慮した事例である．安全を確保する理由で，ソ連は1936年から1937年にかけて極東地区に住んでいた朝鮮人を全部中央アジア地区に移住させた．同様の考慮により，内務人民委員会は1938年6月3日，ソ連のパスポートも中国のパスポートも持たないすべての中国人を新疆に，ソ連のパスポートをもつ中国人をカザフスタンにそれぞれ移住させる命令を出した．しかしわずか10日後，ソ連共産党中央政治局の決議に従い，極東辺疆区領内の中国人の強制移住を停止し，本人が希望する者のみ新疆に移住すること，中国人をカザフスタンに強制移住させる行動を全面的に停止すること，という新しい命令が出された．ЦАФСБ, ф. 3, оп. 5, д. 60, л. 62; д. 87, л. 206-210, Поболь Н. Л., Полян П. М.(*сост.*) Сталинские депортации, 1928-1953(『スターリンによる海外追放，1928-1953年』．以下同)，モスクワ：МФД, 2005, с. 102, 103-104.

(164)　葉忠輝等『東北抗日聯軍第八～十一軍』，ハルピン：黒竜江人民出版社，2005年，265-266頁；本書編写組『東北抗日聯軍史料』(上)，北京：中共党史資料出版社，1987年，316-317頁；彭施魯『我在抗日聯軍十年』，長春：吉林教育出版社，1992年，270頁.

(165)　ЦАФСБ, ф. 3, оп. 4, д. 152, л. 227; ф. 3, оп. 4, д. 10, л. 232; ф. 3, оп. 5, д. 60, л. 62, 前出『スターリンによる海外追放，1928-1953年』, с. 101-102.

(166)　Тужилин С.『Провкаторы』：тайная война на Дальнем Востоке(конец 1930-х—начало 1940-х гг.)(“スパイ”：極東の秘密戦争――1930年代後半から1940年代初頭まで．以下同)，論文，Проблемы дальнего востока, 2011, No. 3, с. 134-138; Alvin D. Coox, “L' Affaire Lyushkov: Anthomy of a Defector”, *Soviet Studies*, Vol. 19, No. 3, January 1968, pp. 405-416；林三郎著『関東軍和蘇聯遠東軍』〔原著名『関東軍と極東ソ連軍――ある対ソ情報参謀の覚書』，芙容書房，1974年〕，吉林省哲学社会科学研究所日本問題研究室訳，長春：吉林人民出版社，1979年，73頁.

(167)　リュシコフ『リュシコフ大将手記』(1938年7月2日)，日露通信社『日露年鑑・昭和十四年版(1939年)』，東京：日露通信社，1939年，779-784頁；赤松祐之『昭和十三年の国際情勢(1938年)』，東京：日本国際協会，1939年，332-340頁．ソ連極東地区の情報機関の報告書はこれに関する状況を詳しく叙述したが，以下の資料を参照．沈志華執行総主編『蘇聯歴史檔案選編』第16巻，北京：社会科学文献出版社，2002年，4-10頁；第17巻，38-39，284-290頁.

(168)　『東北地区革命歴史文件匯集』甲4，133-135頁；『中共満州省委時期回憶録選編』第1冊，20-21頁．詳しくは朴宣泠「東北義勇軍与蘇聯」，(南京)『民国研究』総第4巻(1998年)，103-112頁を参照.

(169)　『蘇聯歴史檔案選編』第 17 巻，34-36 頁.

(170)　Горбунов Е. Наши партизаны в Маньчжурии/(我々の満州パルチザン)，論文，Независимая газета, 20 январь 2006；李在徳『松山風雪情――李在徳回憶録』，140-141 頁.

(171)　周保中『東北抗日遊撃日記』，446-447，456 頁；『中国共産党組織史資料』第 3 巻，1289 頁；『東北抗日聯軍史料』(上)，185-198 頁.

(172)　『東北地区革命歴史文件匯集』甲 59，287-290 頁；周保中『東北抗日遊撃日記』，536-539，563 頁.

(173)　彭施魯「誕生在蘇聯的東北抗日聯軍教導旅」，(河南)『党史博覧』2011 年第 12 号，27-28 頁；周保中『東北抗日遊撃日記』，572 頁；『東北地区革命歴史文件匯集』甲 61，103-110 頁；『譚訳史論選』，226-227 頁；黒竜江省社科院地方党史研究所編印『訪問録選編：馮仲雲専輯』，1979 年 12 月，未刊，43 頁．事後，周保中と張寿籛は党中央に詳しい報告書を出していた．『東北地区革命歴史文件匯集』甲 63，319-332 頁を参照.

(174)　Кошкин А. А. Вступление СССР в войну с Японией в 1945 году. Политический аспект(1945 年，ソ連の対日戦争参戦：政治の観点から)，論文，//Новая новейшая история, 2011, No. 1, с. 32-33.

(175)　彭施魯「東北抗日聯軍和蘇聯遠東軍関係回顧」，45-46 頁；周保中『東北抗日遊撃日記』，600-601，603-604 頁.

(176)　『季米特洛夫日記選編』，馬細譜等訳，広西師範大学出版社，2002 年，148，150，154，156 頁；『聯共(布)，共産国際与抗日戦争時期的中国共産党(1937-1943. 5)』，叢書第 19 巻，204，217，222-223，231，235-236 頁.

(177)　『聯共(布)，共産国際与抗日戦争時期的中国共産党(1937-1943. 5)』，叢書第 19 巻，248-249，256，257-258，265，295 頁.

(178)　独ソ戦争の勃発後，毛沢東は周恩来への電報で，我々と敵との力の格差は大きいため，日本がソ連に進攻した場合，中国共産党は軍事面でソ連に協力できる余地は大きくなく，しゃにむに日本に攻撃をかけたら，壊滅的な打撃を受ける可能性が高く，(中ソ)双方にとって不利だと述べた．毛沢東の周恩来宛電報，1941 年 7 月 15 日，未刊.

(179)　『中国共産党組織史資料』第 3 巻，48 頁；中共吉林省委党史研究室，吉林省東北抗日聯軍研究基金会『韓光党史工作文集』，中央文献出版社，1997 年，9-10，19-27 頁.

(180)　周保中『東北抗日遊撃日記』，635 頁.

(181)　『東北地区革命歴史文件匯集』甲 25，145-150 頁；甲 61，3-6 頁；乙 2，225-252 頁；『周保中抗日救国文集』(下)，58-60 頁；周保中『東北抗日遊撃日記』，553 頁.

(182)　王連捷，譚訳『隠蔵在深層次的歴史真相』，305-310 頁.

(183)　周保中『東北抗日遊撃日記』，620-621 頁.

(184)　彭施魯『在蘇聯北野営的五年』，19-21 頁.

(185)　彭施魯『在蘇聯北野営的五年』，14 頁．1942 年 7 月になると，ソ連は一時期，中国との国境線を閉鎖し，派遣工作をすべて停止した．周保中『東北抗日遊撃日記』，657 頁.

(186)　周保中『東北抗日遊撃日記』，645 頁.

(187)　彭施魯「誕生在蘇聯的東北抗日聯軍教導旅」，27-28 頁；周保中『東北抗日遊撃日記』，658-662 頁；『中国共産党組織史資料』第 3 巻，1325 頁；ЦАМОРФ(Центральный Архив Министерства Обороны Российской Федерации, ロシア国防省中央公文書館，以下同)，ф. 1896, оп. 1, д. 1, л. 1, Почтарев А. Н. Из истории советско-корейских отношений, в 20-50-е годы(20 年代—50 年代のソ朝関係史。以下同)，論文，Новая и новейшая история, 1999, №5, с. 140-141. 88 旅団の人員構成についてほかに以下の資料を参照．彭施魯の回憶によると，設立初期，元抗日連軍のメンバー 700 人がいた，という(彭施魯「東北

抗日聯軍教導旅組建始末」,(北京)『中共党史資料』2006年第2号, 125頁). ロシア公文書の記録によると, 1945年8月25日まで, 全旅団の総計1354人のうち, 中国人373名, 朝鮮人103名, 那乃(ナナイ)人(極東地域に生活する赫哲〈ホジェン〉人)416名, ロシア人462名がいた, という(ЦАМОРФ, ф. 2, оп. 19121, д. 2, л. 3-5).

(188) 1942年9月, 教導旅団の中で中共東北特別支部局が設立され, 後に中共東北委員会に改名され, 統一的に教導旅団及び東北領内の中国共産党員を指導することになり, 吉東北満省委員会はそれに合わせて撤廃された. 『中国共産党組織史資料』第3巻, 1289頁. 周保中に対する正式任命の前, ソ連国防省幹部管理総局は彼の経歴に対する詳しい調査を行い, 1942年10月22日, 以下の政治評定の結論を行った. 周保中は「性格が忍耐強く, 創造的精神をもち, 軍事経験が豊富な指導者であり, ゲリラ部隊の中で威信がある」. РГАСПИ, ф. 495, оп. 225, д. 138, л. 16об.

(189) 周保中『東北抗日遊撃日記』, 663-671頁.

(190) ニム・ウェールズ, 金山『在中国革命隊伍里』, 141頁.

(191) 『東満地区革命歴史文献匯編』, 1508-1510頁;『東北地区革命歴史文件匯集』甲63, 324-325頁.

(192) 『東満地区革命歴史文献匯編』, 823-846頁.

(193) 『中国共産党組織史資料』第3巻, 1293-1296, 1306-1308, 1311-1315, 1317-1318頁;周保中『東北抗日遊撃日記』, 456-458, 571, 577頁;『周保中抗日救国文集』(下), 356頁.

(194) 『東北地区革命歴史文件匯集』甲30, 247頁;『東満地区革命歴史文献匯編』, 397頁.

(195) 劉金質等編『中朝中韓関係文件資料匯編』, 486頁から引用.

(196) 『ソ連軍事顧問団団長ラズワエフの6・25戦争報告書』第一編, 第21-24頁.

(197) 霍遼原等『東北抗日聯軍第二軍』, 黒竜江人民出版社, 1987年, 195-204頁;崔聖春編『中国共産党延辺歴史大事記』, 191頁.

(198) 『東北地区革命歴史文件匯集』甲65, 115-137頁.

(199) 『金日成回憶録:与世紀同行』第8巻, 72頁;金学俊『朝鮮五十七年史』, 73-75頁. 当事者の回想資料にも似たような記録がある. 以下の資料を参照. 韓国日報社『증언:金日成을 말한다』(『金日成に関する証言』, 以下同), ソウル:韓国日報社出版局, 1991年, 26-27頁;林隠(Lim Un)『북조선 창설주역이 쓴 김일성정전』(『金日成正伝』, 以下同)ソウル, 沃村文化社(옥촌문화사), 1989年, 138-139頁〔日本語版:『北朝鮮王朝成立秘史——金日成正伝』自由社, 1982年〕.

(200) 『東北地区革命歴史文件匯集』甲61, 103-110頁.

(201) 『東北地区革命歴史文件匯集』甲60, 95-105頁;РГАСПИ, ф. 514, оп. 1, д. 1041, л. 2-8,『和田資料集』c. 739-744. 周保中『東北抗日遊撃日記』, 567, 572頁. 金日成は回想録の中で, 彼はコミンテルンの会議通知を受けて魏拯民に報告したが, 魏は病気で, 彼にソ連への会議参加を委託したため, ソ連に入った, と述べている. 『金日成回憶録:与世紀同行』第8巻, 47-48頁. これは事実ではないだろう. ロシアの公文書を整理した人によると, 金日成がソ連に撤退した時, ハバロフスク会議のことを「全然知らされていなかった」.『和田資料集』c. 744.

(202) 『東北地区革命歴史文件匯集』甲61, 295-296頁.

(203) 『東北地区革命歴史文件匯集』甲61, 337-344頁.

(204) 『中国共産党延辺歴史大事記』, 205頁. 『中国共産党組織史資料』第3巻, 1321-1324頁;『訪問録選編:周保中専輯』, 6頁.

(205) 李在徳『松山風雪情』, 293頁;金宇鐘「在北満堅持遊撃戦的抗聯部隊」, 叢書『決戦』, 259-265頁. 1941年1月, 金策は個人の履歴書に,「上級機関は自分の欠点と過ちをよく知

っており，自分の能力は弱い」と書いた．『東北地区革命歴史文件匯集』甲 60，192 頁．

(206) ЦАМОРФ, ф. 238, оп. 1620, д. 197, л3；周保中『東北抗日遊撃日記』，699 頁．

(207) ЦАМОРФ, ф 896, оп. 1, д. 4, л. 29; д. 10, л. 2–3об; 前出「20 年代-50 年代のソ朝関係史」，с. 141–142.

(208) グルホフ(C. A. Glukhov)の取材記録，1991 年，24 頁．筆者は 2014 年 7 月，ハバロフスクで現地の新聞『快速』編集長 C. A. グルホフと会った際，彼が行った取材記録の全部をもらった．

(209) 筆者がハバロフスクで取材した中で以下のことを知った．鐘少清(Chzhun Shao Chin)は 1936 年，故郷の密山から越境してソ連に入り，間もなくソ連極東軍情報部にスカウトされた．1942 年，第 88 旅団が発足した時，彼は第一営(大隊)に派遣され，金日成の通信員を担当した．筆者の鐘少清の娘に対する取材，2014 年 7 月 25 日，ハバロフスク．

(210) 彭施魯「東北抗日聯軍教導旅組建始末」，『中共党史資料』2006 年第 2 号，125 頁．ЦАМОРФ, ф. 2, оп. 19121, д. 2, л. 3–5.

(211) 金光雲『北韓政治史研究』，116–120 頁．ただし，著者が金策をその中に入れたのはおそらく間違いであろう．金策は当時，第三営(大隊)政治副営長を務めた．ロシア公文書の記録によると，朝鮮に派遣されたパルチザンは合わせて 98 人だった(ЦАМОРФ, ф. 2, оп. 19121, д. 2, л. 3–4)．

(212) 金日成「朝鮮人民軍是抗日武装闘争的後継人」，1958 年 2 月 8 日，『金日成著作集』(ピョンヤン：外国文出版社，中国語版，1983 年)第 12 巻，59 頁．

(213) 周保中『東北抗日遊撃日記』，811–812 頁；『訪問録選編：周保中専輯』，157 頁；彭施魯「東北抗日聯軍和蘇聯遠東軍関係回顧」，46–47 頁；本書編集執筆組『東北抗日聯軍闘争史』，人民出版社，1991 年，478 頁．

(214) 『東北抗日聯軍闘争史』，479 頁；『訪問録選編：周保中専輯』，18 頁．金日成は回想録の中で，1945 年 7 月，彼は周保中とともにモスクワに行ってソ連軍総参謀部が招集した極東の軍事作戦に関する会議に出席し，ジダーノフ(Andrei Aleksandrovich Zhdanov，ソ連共産党中央政治局員)の接見も受けた，となっている(『金日成回憶録：与世紀同行』第 8 巻，第 384 頁)．筆者はこれについて大きな疑問を持っている．スターリンはどうして一介の大隊長クラスの人(しかも外国人)をこの重要会議に出席させたのか．本当にそうだとすれば，周保中の日記に記録があるはずだが，今見られるその日記は，周保中が確かにソ連の将軍とモスクワに行くことについて協議した(2 月 26 日)こと，その旅にある程度の準備を行ったこと(6 月 11 日)を示しているが，周が後に本当にモスクワに行ったかどうかについて裏付けるものはない．まして，この関連でその日記は金日成について一切言及していない．周保中『東北抗日遊撃日記』，808–809，813 頁．

(215) 王一知『"八一五" 前後的東北抗日聯軍』，中共中央党史資料徴集委員会編『遼瀋決戦』(上)，人民出版社，1988 年，160 頁；前出「20 年代-50 年代のソ朝関係史」，с. 141–142. 先遣隊の活動については以下の資料を参照．周保中『東北抗日遊撃日記』，816 頁；『東北抗日聯軍闘争史』，481–483 頁；彭施魯『在蘇聯北野営的五年』，37–38 頁；『松山風雪情』，197 頁．

(216) ソ連が対日宣戦布告をした当日の 8 月 9 日，先遣隊として 340 人の教導旅団の将兵がソ連軍とともに中国東北に入ったと周保中は証言(『東北抗日遊撃日記』，816 頁)．ほかの資料によれば，ソ連軍の中国での作戦に参加して東北に入った教導旅団の将兵は 600 人以上だった，という(『遼瀋決戦』(下)，589 頁)．ただ，後者は，ソ連軍情報部が直接にスカウトした中国人も統計に入れた可能性がある．

(217) これに関する筆者の詳しい検証は，沈志華『無奈的選択』第一章第一，二節を参照．

(218) ЦАМОРФ, ф. 1856, оп. 1, д. 4, л. 43, Иванов В. И. В тылах Квантунской армии:

Правда о 88-й китайско-корейской бригаде Дальневосточного фронта(関東軍の背後で：極東方面軍第88中朝旅団の真実の歴史)，モスクワ：ИДВ РАН, 2009, с. 115-117；彭施魯『在蘇聯北野営的五年』，39頁.

(219) 周保中『東北抗日遊撃日記』，817-818頁.

(220) 王一知『"八一五" 前後的東北抗日聯軍』，161頁.

(221) ЦАМОРФ, ф. 66, оп. 3139, д. 1, л. 15,「20年代-50年代のソ朝関係史」，с. 142-143.

(222) ЦАМОРФ, ф. 2, оп. 19121, д. 2, л. 3-5.

(223) 周保中が中国共産党東北局に提出した報告書(1949年3月19日)による．以下の資料から引用．高樹橋『東北抗日聯軍後期闘争史』，瀋陽：白山出版社，1993年，294-295頁；『東北抗日聯軍闘争史』，484頁.

(224) 周保中『東北抗日遊撃日記』，819-822頁．ЦАМОРФ, ф. 2, оп. 12378, д. 1, л. 68-69.

(225) 金日成の帰国の期日については複数の説があり，次章で検証する.

(226) ЦАМОРФ, ф. 379, оп. 11019, д. 8а, л. 12-13,「20年代-50年代のソ朝関係史」，с. 150.

(227) 周保中「"八·一五" 東北光復時期前東北抗日聯軍人員分布概況」，中共吉林省委党史研究室編『周保中将軍和他的抗聯戦友』，吉林教育出版社，1993年，29頁.

(228) 詳しい資料と検証は沈志華『毛沢東，斯大林与朝鮮戦争』第一章第二節を参照.

(229) 中央檔案館編『中共中央文件選集』第15冊，223頁.

(230) 楊昭全等編『関内地区朝鮮人反日独立運動資料匯編』，1171頁.

(231)『解放日報』1945年8月15日，『晋察冀日報』1945年8月17日，劉金質等編『中朝中韓関係文件資料匯編』，1041-1042頁.

(232) 楊昭全等編『関内地区朝鮮人反日独立運動資料匯編』，1179-1180頁；文正一『戦闘在我国戦場上朝鮮義勇軍』，54-55頁；韓青，李楓「朝鮮義勇軍先遣縦隊和独立大隊」，中国朝鮮族歴史足跡叢書編集委員会編『勝利』(朝鮮語)(以下，叢書『勝利』と略称)，民族出版社，1991年，38-43頁；鄭吉雲「従中原到東北」，叢書『勝利』，29-30頁；鄭吉雲「朝鮮義勇軍華中支隊与冀魯豫支隊」，叢書『決戦』，376-380頁．長城以南の朝鮮義勇軍が瀋陽に入った人数について多くの説があり，「700余人」説(崔海岩『朝鮮義勇軍第一支隊史』(朝鮮語)，遼寧民族出版社，1992年，18頁)，「3000余人」説(文正一，池寛容『抗日戦争中的朝鮮義勇軍』，22頁)以外，瀋陽に入ったほかの朝鮮人部隊と合わせて「2万余人」との説もある(楊昭全「朝鮮独立同盟与朝鮮義勇軍」，31頁)．その正確な数字について，文献史料による裏付けはまだ見つからない.

(233) ЦАМОРФ, ф. 379, оп. 11034, д. 22, л. 96-97, Ки Кван Со Из истории формирования вооруженных сил северной Кореи——1945-1950の北朝鮮の武装力の樹立の歴史(1945-1950年)以下同)，論文，Проблемы дальнего востока, 2005, No. 6, с. 134.

(234) 以下の資料を参照．金東吉「1945年10月朝鮮義勇軍先遣縦隊回国及其受挫」，『韓国研究論叢』第20巻(2009年7月)，256-267頁；韓青，李楓「朝鮮義勇軍先遣縦隊和独立大隊」，叢書『勝利』，38-39頁．ポツダム会議の文書を調べると，このような規定は見当たらない．もっとも，スターリンは確かにルーズベルトやチャーチルと，「信託統治制度を実施する場合，外国軍は朝鮮に入ってはならない」と申し合わせていた．スターリンと宋子文との1945年7月2日会談記録(АПРФ, ф. 45, оп. 1, д. 322, л. 3-17)．米国駐屯軍も確かに韓国光復軍が南朝鮮に入るのを拒否しており，後に韓国臨時政府のメンバーは一般国民の身分で帰国するほかなかった．石源華『韓国独立運動与中国』，574頁；石源華『論帰国前後的大韓民国臨時政府及駐華機構』，『民国檔案』2004年第3号，122-123頁.

(235) 朴一禹の毛沢東，朱徳宛書簡(1946年3月29日)，楊昭全「朝鮮独立同盟与朝鮮義勇軍」，金健人編『韓国独立運動研究』(北京：学苑出版社，1999年，32-33頁)から引用．以下の資料も参照．Ванин Ю. Из истории становления Трудовой партии Кореи(По

материалам российских архивов)(朝鮮労働党の形成の歴史から), 論文, Проблемы дальнего востока, 2013, No. 1, c. 133-134；中央日報特別取材班『(秘録)조선민주주의인민공화국(상)』(『朝鮮民主主義人民共和国秘録』上巻, 以下同), ソウル：中央日報社, 1992年, 143頁, 155-156頁.

(236) 楊昭全「朝鮮独立同盟与朝鮮義勇軍」, 32-33頁；『朝鮮民主主義人民共和国秘録』上巻, 149-150頁.

第一章

(1) United States Department of State, *Foreign Relations of the United States(FRUS), the Conferences at Malta and Yalta, 1945*, Washington, D.C.: GPO, 1955, pp. 770, 977.

(2) *FRUS, the Conference of Berlin(the Potsdam Conference), 1945, Vol. 2*, Washington, D.C.: GPO, 1960, p. 631.

(3) *FRUS, 1945, Vol. 7, The Far East,China*, Washington D.C.: GPO, 1969, pp. 950-952, 967; James F. Schnabel, *United States Army in the Korean War: Policy and Direction,the First Year*, Washington, D.C.: Office of the Chief of Military History,United States Army, 1972, pp. 6-7.

(4) Harry S. Truman, *Memoirs by Harry S. Truman, Volume Two,Year of Trial and Hope, 1946-1953*, New York: Doubleday & Company, Inc., 1956, pp. 316-317〔日本語版：加瀬俊一監修, 堀江芳孝訳『トルーマン回顧録』1, 2, 恒文社, 1966年〕. ソ連側の記録によると, 1945年8月5日, ソ米両国海軍の活動区域について合意が行われ, 境界線は日本海では大陸から90-120カイリで, 太平洋とベーリング海区域ではソ連の海岸線から15-25カイリとされた. ザハロフ(S. E. Zakharov)等『紅旗太平洋艦隊』, 廉正海訳, 北京：三聯書店, 1977年, 206頁.

(5) 38度線の線引き過程に関する詳しい検証は, 沈志華『毛沢東, 斯大林与朝鮮戦争』(69-70頁)を参照.

(6) 戦後のソ連外交政策の変遷について以下の資料を参照. 沈志華「斯大林与1943年共産国際的解散」, (上海)『探索与争鳴』2008年第2号, 31-40頁；沈志華, 張盛発「従大国合作到集団対抗 —— 戦後斯大林対外政策的転変」, (北京)『東欧中亜研究』1996年第6号, 55-66頁；沈志華「共産党情報局的建立及其目標 —— 兼論冷戦形成的概念界定」, (北京)『中国社会科学』2002年第3号, 172-187頁.

(7) 金学俊『朝鮮五十七年史』, 101, 104頁；『朝鮮民主主義人民共和国秘録』上巻, 49-50頁；ЦАМОРФ, ф. Устаск, оп. 433847, д. 1, л. 38-41, 42-45; ф. 32, оп. 11306, д. 692, л. 49-52.

(8) 「20年代-50年代のソ朝関係史」, c. 143.

(9) ЦАМОРФ, ф. Устаск, оп. 614631, д. 37, л. 42.「20年代-50年代のソ朝関係史」, c. 150. なお, 韓国研究者によると, 曺晩植は1946年1月5日, ソ連警備部隊によって秘密裏に拉致され, ピョンヤンの高麗賓館に軟禁されていたが, 後に寺洞に移送された. 1950年10月, 北朝鮮が危急な状況に陥った時, 曺晩植は極秘に殺害された, という. 康仁徳(Gang In-Deok)『북한전서(상)』(以下,『北韓全書』と略称), ソウル：極東問題研究所, 1974年, 255頁；金学俊『朝鮮五十七年史』, 125頁.

(10) ソ連当局による朝鮮の各政治勢力の状況に関する分析は以下の資料を参照. ЦАМОРФ, ф. Устаск, оп. 614631, д. 38, л. 17-27. ここに列挙したリストは楊昭全『金日成伝』(香港亜州出版社, 2010年, 996頁)も参考にし, 自ら多くの当事者と韓国学者に確認を求めて整理したものである.

(11) АПРФ(Архив Президента Российской Федерации, ロシア連邦大統領公文書館, 以

下同), ф. 3, оп. 65, д. 840, л. 2,「20年代-50年代のソ朝関係史」, с. 149から引用.

(12) 周保中『東北抗日遊撃日記』, 821頁. 吉在俊(길재준)・李相全(리상전)『중국동북 해방전쟁을 도와』(『中国東北解放戦争への支援』), ピョンヤン:科学百科辞典出版社, 2008年, 29-30頁.

(13) ЦАМОРФ, ф. 32, оп. 11306, д. 604, л. 283; ф. 2, оп. 12378, д. 1, л. 47;『ソ連軍事顧問団団長ラズワエフの6・25戦争報告書』第一編, 21-24頁.

(14) ЦАМОРФ, ф. 32, оп. 11306, д. 604, л. 283.

(15)『朝鮮民主主義人民共和国秘録』上巻, 105頁;金学俊『朝鮮五十七年史』, 112-113頁.

(16) ЦАМОРФ, ф. Устаск, оп. 614631, д. 38, л. 20; ф. Устаск, оп. 614631, д. 2, л. 21-26. 前出「朝鮮労働党の形成歴史から」, с. 132を参照.

(17) АВПРФ, ф. Упр. сов. гр-ской Адм. в Сев.Корее, оп. 2, д. 2, п. 1, л. 6, 前出「朝鮮労働党の形成歴史から」, с. 132; ЦАМОРФ, ф. Устаск, оп. 614631, д. 43, л. 129-130から引用.

(18) РГАСПИ, ф. 575, оп. 1, д. 29, л. 21, 前出「朝鮮労働党の形成歴史から」, с. 130-131から引用.

(19) ЦАМОРФ, ф. Устаск, оп. 614631, д. 43, л. 129-130; ф. Устаск, оп. 614631, д. 2, л. 21-26; РЦХИДНИ, ф. 17, оп. 128, д. 1013, л. 41. АВПРФ, ф. 0480, оп. 4, п. 14, д. 46, л. 40-52.

(20) ЦАМОРФ, ф. Устаск, оп. 614631, д. 43, л. 129-130.

(21) ЦАМОРФ, ф. Устаск, оп. 614631, д. 43, л. 120-121; д. 24, л. 2; АВПРФ, ф. 0480, оп. 4, п. 14, д. 46, л. 74-75. 崔昌益は共産党から新人民党に移ったもので, 前に1945年12月, 北朝鮮共産党中央組織委員会委員に選ばれていた.『ソ連軍事顧問団団長ラズワエフの6・25戦争報告書』第一編, 38-39頁. しかし同じ延安派の武亭は共産党に留まった.

(22) ЦАМОРФ, ф. Устаск, оп. 614631, д. 43, л. 68-77.

(23) РГАСПИ, ф. 575, оп. 1, д. 29, л. 26-27, 前出「朝鮮労働党の形成歴史から」, с. 136; АВПРФ, ф. 0480, оп. 4, п. 14, д. 46, л. 74-75から引用;中連部編『朝鮮革命資料』第2巻(1951年11月18日), 未刊, 46-48頁. 中連部編『朝鮮労働党歴届中央全会概況』(1981年), 未刊, 4頁.

(24) РЦХИДНИ, ф. 17, оп. 162, д. 39, л. 38, 55.

(25) 中連部編『朝鮮労働党歴届中央全会概況』, 10-11頁.

(26) *Lankov*, *Crisis in North Korea*, p. 20.

(27)『ソ連軍事顧問団団長ラズワエフの6・25戦争報告書』第一編, 21-102頁.

(28) АПРФ, ф. 3, оп. 65, д. 828, л. 28; д. 817, л. 140-155; ЦАМОРФ, ф. 487, оп. 179343, д. 58, л. 98-101,「20年代-50年代のソ朝関係史」, с. 153から引用.

(29) Ланьков А. Н. Возникновение и деятельность “советской группировки”, 1945-1960(“ソ連派”の誕生と活動(1945-1960年)), Восток, 2003, № 1, с. 113.

(30) Шин В. А. Китай и корейские государства во второй половине XX столетия, (20世紀後半の中国と朝鮮), モスクワ:Изд-во МГУ, 1998, с. 26.

(31) Тихвинский С. Л.(отв. ред.) Отношения советского союза с народной Кореей, с. 48-49, 53-54. 1945-1980, Документы и материалы(1945-1980年のソ連と朝鮮との関係:文献と資料), モスクワ:Наука, 1981

(32) Ткаченко В. П. Корейский полуостров и интересы России, (朝鮮半島とロシアの権益), モスクワ:Восточная литература РАН, 2000, с. 17.

(33) 楊昭全「建国60年来我国的朝鮮・韓国史和中朝, 中韓関係史研究綜述」,『朝鮮・韓国歴史研究』第12巻(2012年), 468-474頁.

(34) たとえば李鐘奭『北韓-中国関係』, 59-70頁;趙素芬『周保中将軍伝』, 解放軍出版社, 1988年, 516-522頁;趙俊清『周保中伝』, 黒竜江人民出版社, 2009年, 493, 590-591頁;

姚光「解放戦争時期朝鮮人民対我国的支持」，韓俊光，金元石編『中国朝鮮族歴史研究論叢』II，黒竜江朝鮮民族出版社，1992 年，53-57 頁.

(35) 1950 年代初めまで，中国に移住した大半の朝鮮人は国籍を確定しておらず，彼らに対する称呼も，史料の中で「朝鮮人」「朝鮮族」「韓人」「朝僑」「韓僑」などがあり，混乱していた．筆者がこれらの概念を使ったときは，史料に沿うとともに，叙述しやすいことのみを考えたもので，その国民的属性に対する認定の意味は一切ない．1953 年以降，これに関する概念は比較的明晰になり，通常，朝鮮民族の中で中国国籍に入っていない者は「朝鮮人」，中国国籍を取得した者は「朝鮮族」，中国に居住していても国籍をまだ取得していない者は「朝僑」と呼ばれるようになった．

(36) 『김일성전집(金日成全集)』(ピョンヤン，朝鮮労働党出版社)，第 2 巻(1992 年)19-24 頁，第 6 巻(1993 年)260-262 頁，第 8 巻(1994 年)384-389 頁；『金日成回憶録：与世紀同行』第 8 巻，223-225，261-265 頁．興味深いことに，ピョンヤンで出版された中国語版『金日成著作集』には，これらの文章は収録されていない．

(37) 吉在俊・李尚典『金日成与中国東北解放戦争』，2011 年，62，139，168 頁.

(38) Bruce Cumings, *Korea's Place in the Sun: A Modern History*, New York: W. W. Norton & Company, 2005, pp. 238-239.

(39) 中共中央文献研究室編『毛沢東文集』第 3 巻，人民出版社，1996 年，410-411 頁.

(40) 中共中央文献研究室編『劉少奇年譜(1898-1969)』上巻，中央文献出版社，1996 年，502 頁.

(41) 中央檔案館編『中共中央文件選集』第 15 冊，中共中央党校出版社，1991 年，300 頁.

(42) 『劉少奇年譜』上巻，530-531，534-535 頁.

(43) 『遼瀋決戦』(下)，600-601 頁.

(44) 『黄克誠自述』，人民出版社，1994 年，196-197 頁.

(45) 趙俊清『周保中伝』，493 頁.

(46) 金日成はその回想録の多くの箇所で，革命の勝利後における彼と中国の戦友との友情を述べた(『金日成回憶録：与世紀同行』第 8 巻，215-234 頁)．周保中が 1954 年 12 月，北京で病気療養していた時，訪中した金日成はわざわざ頤和園の療養地へ見舞いに行った(中共吉林省委党史研究室編『周保中将軍和他的抗聯戦友』，吉林教育出版社，1993 年，86 頁)．1964 年 2 月に周保中が病気で死去した時，金日成と崔庸健は特別に弔電を送った(中連部二局『中朝賀唁電匯集(1949-1979)』，1980 年 12 月，未刊，183 頁)．筆者は多くの抗日連軍の子女に取材したが，彼らは異口同音に以下のようなことを証言した．金日成と朝鮮政府は後に，これらの抗連戦友とその家族の朝鮮訪問を何度も招待しており，国賓級の接待を行った．1994 年，金日成が辞世した時，朝鮮政府は外国代表団の弔問を一切受け付けないと発表したが，金正日の指示に従い，「金日成主席とともに戦った戦友とその子女たち」をわざわざピョンヤンに招き，追悼活動に参加させた．筆者は 2014 年，周保中の娘周煒，馮仲雲の娘馮憶羅，彭施魯の息子彭越関，王効明の息子王民および于保合と李在徳の息子于明らに対する取材でこの説明を受けた．

(47) 周保中『東北抗日遊撃日記』，828 頁.

(48) 『金日成回憶録：与世紀同行』第 8 巻，224 頁；吉在俊，李尚典『金日成与中国東北解放戦争』，117-119 頁.

(49) 趙素芬『周保中将軍伝』，517-522 頁；『金日成回憶録：与世紀同行』第 8 巻，224-227 頁；中共吉林省委党史研究室編『周保中将軍和他的抗聯戦友』，81 頁.

(50) 中共中央文献研究室編『陳雲文集』第 1 巻，中央文献出版社，2005 年，554-555 頁；蔣沢民「解放戦争時期的図們弁事処」，姚作起編『硝煙千里——解放戦争時期的朝鮮族人民』，遼寧人民出版社，1997 年，102 頁(編注)．

(51) 丁雪松等「回憶東北解放戦争期間東北局駐朝鮮弁事処」(以下,「駐朝鮮弁事処」と略称),『中共党史資料』第17巻(1986年),197-200頁.
(52) 中共河南省委党史研究室編『紀念朱理治文集』,中共党史出版社,2007年,240頁;丁雪松等「駐朝鮮弁事処」,204-205頁.
(53) 呉殿尭,宋霖『朱理治伝』,中共党史出版社,2007年,468-470頁.
(54) 丁雪松等「駐朝鮮弁事処」,204-205頁;『陳雲年譜(1905-1995)』上巻,中央文献出版社,2000年,468頁.
(55) 『陳雲年譜』上巻,472頁.
(56) 丁雪松等「駐朝鮮弁事処」,207頁.
(57) 詳しくは以下の資料を参照. Institute of Asian Culture Studies, Hallym University (ed.), *HQ, USAFIK, Intelligence Summary Northern Korea*, 1989, Vol. 1, No. 30, pp. 489-490; Vol. 2, No. 35, pp. 32-33; Vol. 4, No. 152, pp. 98-102. 朝鮮側の資料もその情報の信憑性をある側面から裏付けている.吉在俊・李尚典『金日成与中国東北解放戦争』,74-75頁.
(58) 趙素芬『周保中将軍伝』,518-520頁.金日成の回想録はその時間を1947年初めとした(『金日成回憶録:与世紀同行』第8巻,225頁)が,間違っていると思われる.
(59) 吉在俊,李尚典『金日成与中国東北解放戦争』,109-110頁.韓国学者の著作もこの件に触れた.李鐘奭『北韓-中国関係』,65頁.
(60) 遼寧省党委党史研究室,丹東市委党史研究室編『解放戦争時期的安東根拠地』,中共党史出版社,1993年,10頁.
(61) 『紀念朱理治文集』,240頁.ほかの資料では,朝鮮領内に移送した負傷者と病人などは合わせて18000人に上り,戦略物資の85%も鴨緑江の東側に移転したと紹介されている.丁雪松等「駐朝鮮弁事処」,201頁.
(62) 『解放戦争時期的安東根拠地』,12頁.
(63) 趙素芬『周保中将軍伝』,516-518頁;趙俊清『周保中伝』,590-591頁.
(64) 閔石麟「韓国現況報告(1947年1月17日),中国国民党党史会,特檔016-4.石源華「戦後韓国駐華代表団与中国政府関係述考」(『韓国研究論叢』第20巻(2009年)269-271頁)から引用.
(65) *HQ, USAFIK, ISNK*, Vol. 1, No. 25, pp. 386-391.
(66) 『紀念朱理治文集』,242頁.
(67) 丁雪松等「駐朝鮮弁事処」,203頁.
(68) 張維権「琿春軍工生産基地」,『延辺歴史研究』第3巻(1988年),193-194頁.
(69) 『紀念朱理治文集』,240頁.
(70) 丁雪松等「駐朝鮮弁事処」,202頁.
(71) *HQ, USAFIK, ISNK*, Vol. 1, No. 30, pp. 485-489.
(72) 『紀念朱理治文集』,240頁;丁雪松等「駐朝鮮弁事処」,203頁.
(73) 『紀念朱理治文集』,242頁.
(74) 劉統「解放戦争中東北野戦軍武器来源探討」,(北京)『党的文献』2000年第4号,78頁.
(75) АВПРФ, ф. 0100, оп. 34, п. 253, д. 20, л. 7, 16-17, Самохин А. В. Советская военная помощь КПК, 1945-1946 гг.(ソ連による中国共産党への軍事支援:1945-1946年),論文, Россия и АТР, 2007, No. 3, с. 62, 63-64.
(76) 楊奎松「関於解放戦争中的蘇聯軍事援助問題」,『近代史研究』2001年第1号,304頁.
(77) 本書編写組『彭真年譜』第1巻,中央文献出版社,2012年,315頁.
(78) 中央軍事委員会の蕭(華)曽(克林)宛電報(1946年7月4日);中央東北局宛電報(1946年8月24日),未刊.
(79) 劉統「解放戦争中東北野戦軍武器来源探討」,『党的文献』2000年第4号,80頁.

(80) АВПРФ, ф. 0100, оп. 34, п. 254, д. 30, л. 27,(ソ連による中国共産党への軍事支援：1945-1946年)，論文，c. 64-65.

(81) 『紀念朱理治文集』，239-240頁.

(82) 吉在俊，李尚典『金日成与中国東北解放戦争』，59-61頁.

(83) 「第25集団軍が鹵獲した戦利品について」(1945年9月3日)．ЦАМОРФ, ф. 379, оп. 11019, д. 27, л. 20.

(84) 1946年末，陳雲が南満に赴き指揮を取ったが，南満根拠地を放棄すべきか否かをめぐる論争で，陳雲は「堅守」の方針を打ち出したが，その有利な条件の一つとしてこの地域は「背もたれがある」(ソ連と朝鮮の援助があるとの意味)と挙げた．蕭勁光『四保臨江的戦闘歳月』，『遼瀋決戦』(上)，255-256頁．蕭勁光も討論の中で，「朝鮮が後背地だからこそ，我々は後顧の憂いはなく，逆に反撃の拠り所がある」と語り，南満作戦を貫く根拠の一つとして挙げた．『吉林党史資料』1985年第1巻，4-5頁.

(85) 『紀念朱理治文集』，239頁.

(86) 詳しくは沈志華『無奈的選択——冷戦与中蘇同盟的命運』第一章を参照.

(87) 東北局の中央宛電報(1946年3月18日)，未刊；本書編写組『彭真伝』第1巻，中央文献出版社，2012年，421頁.

(88) АВПРФ, ф. 0480, оп. 4, п. 14, д. 46, c. 255.

(89) *HQ, USAFIK, ISNK*, Vol. 1, No. 30, pp. 488-489.

(90) 楊昭全，孫玉梅『朝鮮華僑史』，北京：中国華僑出版公司，1991年，302，321頁.

(91) 詳しくは以下の資料を参照．Charles Kraus, "Bridging East Asia's Revolutions: The Overseas Chinese in North Korea, 1945-1950", *The Journal of Northeast Asian History*, Vol. 11, No. 2, Winter 2014, pp. 37-70；楊昭全・孫玉梅『朝鮮華僑史』，323-325頁.

(92) 李鐘奭『北韓－中国関係』，69-70頁.

(93) 実は人民解放軍の数百万人の大軍の中で，1949年になっても朝鮮族の将兵は合わせて約6万5000人しかなく(河北省檔案館，700-1-13，7頁)，後者を全部朝鮮籍と見なしてもごく一部であろう.

(94) 延辺朝鮮族自治州檔案館編『中共延辺地委延辺専署重要文件匯編』第2集(1986年)，未刊，14-15頁.

(95) 孫日春，沈英淑「論我国朝鮮族加入中華民族大家庭的歴史過程」，『東疆学刊』2006年第4号，54-60頁．20から30年代の東北朝鮮人の国籍問題に関するもっと詳しい検証は以下の資料を参照．玄千秋『日帝的“第一次領事会議”及対朝鮮族不公平的“二重国籍”問題』，『火種』，13-25頁．いわゆる「無国籍」は何の国籍か明言できないとの意味でもある．日本が韓国を併合後，理屈の上で朝鮮人は日本人に分類されるが，これについて朝鮮人自身の大半が認めないだけでなく，日本の中でも違う意見があった．まして中国に移民した朝鮮人についての定義はなおさら下しにくい.

(96) 『東北韓僑概況』，遼寧省檔案館収録，東北行轅，全巻号JEI，孫春日『中国朝鮮族移民史』(635頁)から引用．周保中はこの数字に誇張があるとし，彼が基づく信憑性の高い資料は170万人余りとしている．延辺朝鮮族自治州檔案局(館)編『中共延辺吉東吉敦地委延辺専署重要文件匯編』第1集(1985年)，未刊，332頁．ソ連軍総政治部が把握した数字はもっと低く，150万人余りだった．ЦАМОРФ, ф. 32, оп. 11306, д. 692, л. 35-39.

(97) 長城以南の朝鮮韓国系居留民の人数についていくつかの説がある．『申報』に掲載された中国当局が披露した数字は65363人(1945年8月)だが，韓国人学者が提供した数字は7から8万人(1945年10月)だった．いずれにせよ，中国政府が戦後送還政策を取ったため，1946年末の時点で，上海『大公報』の報道によると，長城以南の朝鮮韓国系居留民は「全部，中国から引き上げた」とし，総計58000人だった，という．馬軍，単冠初「戦後国民政

府遣返韓人政策的演変及在上海地区的実践」,(上海)『史林』2006年第2号, 61, 63頁;金正仁(Kim Jeong-in)「임정 주화대표단의 조직과활동(臨時政府駐華代表団の組織と活動)」,(韓国)『역사와 현실(歴史と現実)』誌1997年第24号, 133頁.

(98) 閔石麟の呉鉄城宛書簡, 中国国民党党史会, 特檔016-26, 石源華「戦後韓国駐華代表団与中国政府関係述考」(271-272頁)から引用. また,『東北韓僑概況』にも同様な叙述がある. 遼寧省檔案館保管, 東北行轅, 全巻号JEI. 孫春日『中国朝鮮族移民史』(636頁)から引用.

(99) 以下の資料を参照. 趙鳳彬『我的人生自述:一個朝鮮家族変遷史録』, 北京:民族出版社, 2013年, 86-87頁;韓沢洙「慶賀解放之日」,『勝利・中国朝鮮族歴史足跡叢書(5)』(朝鮮語)(以下, 叢書『勝利』と略称), 民族出版社, 1992年, 4-7頁;周保中「延辺朝鮮民族問題」(1946年12月),『中共延辺吉東吉敦地委延辺専署重要文件匯編』第1巻, 332-333頁;劉俊秀「在朝鮮族人民中間」,『延辺党史資料通訊』1987年第1号, 3頁, 孫春日『中国朝鮮族移民史』(722-724頁)から引用.

(100) 中央設計局東北調査委員会「東北復員計劃(下)」(1945年8月), 未刊, 175頁.

(101) 東北韓僑処理通則(1946年4月), 国民大学校韓国学研究所編『중국지역 한인 귀환과 정책(中国地区韓人帰還与政策)』第3巻, ソウル, 歴史空間(역사공간)出版社, 2004年, 250-255頁.

(102) 「処理韓僑臨時弁法」,「東北韓僑産業処理計劃」, 遼寧省檔案館保管, 東北行轅, 全巻号JE1, 姜豊裕「抗日戦争勝利後中国共産党解決東北朝鮮族国籍問題的過程」,『延辺大学学報』第45巻第2号(2012年4月)120頁から引用.

(103) 『中共延辺吉東吉敦地委延辺専署重要文件匯編』第1巻, 356, 384頁. 東北の国民党支配地域で朝鮮人が迫害を受けたことに関する詳細は以下の資料を参照. 金春善「日本投降後国共両党対東北地区朝鮮人的政策及其影響」,『延辺大学学報』第47巻第5号(2014年9月), 49頁.

(104) 中国共産党統一戦線部編『民族問題文献匯編』, 中共中央党校出版社, 1991年, 87, 94-95, 109頁.

(105) 延辺州委党史研究所編『東満地区革命歴史文献匯編』(1999年), 未刊, 925-929, 1119頁;『中共中央文件選集』第15冊, 223頁.

(106) 『民族問題文献匯編』, 11-19, 21-22, 86頁.

(107) 『東満地区革命歴史文献匯編』, 925-929, 1119頁.

(108) 『民族問題文献匯編』, 595, 678, 964-965頁.

(109) 姜東柱「従“八・一五”到十一月間的延辺工作」(1945年12月), 周保中「延辺朝鮮民族問題」(1946年12月),『中共延辺吉東吉敦地委延辺専署重要文件匯編』第1巻, 3, 327-360頁. 雍文濤「創建延辺根拠地往事」,『延辺文史資料』第9巻(1999年), 54-55頁. 周保中は報告の中で, 東北局は1945年9月末の時点で「華北の抗日戦争に参加した朝鮮義勇軍を除き, 在東北の朝鮮居住民は通常, 中国領内の少数民族と見なされるべき」と述べた(327頁). 一部の学者も同様な見解を示している. 姜豊裕『抗日戦争勝利後中国共産党解決東北朝鮮族国籍問題的過程』,『延辺大学学報』第45巻第2号(2012年4月), 121頁. もっとも, この説は現在閲覧可能な史料による裏付けはまだとれていない. 関係の文書を読むと, 当時において朝鮮の民族問題について東北局ではまだ混乱が続き, もしくはコンセンサスが得られない中で, 周保中だけはこの問題を早くから認識していた, との印象を受ける.

(110) 『民族問題文献匯編』, 978頁.

(111) 吉林省檔案館編『中国共産党吉林省委員会重要文件匯編』第1冊(1984年5月), 未刊, 15-17頁.

(112) 『解放戦争時期的安東根拠地』, 34, 39頁.

(113)　『通化地委檔案』第1巻，34頁，王麗媛，呂明輝「東北解放戦争期間朝鮮居民的国籍問題研究」，（吉林）『社会科学戦線』2014年第8号，126頁から引用．
(114)　『中共延辺吉東吉敦地委延辺専署重要文件匯編』第1巻，8，9-11，24-25，321頁．
(115)　『解放戦争時期的安東根拠地』，76頁．
(116)　雍文濤「創建延辺根拠地往事」，57-58頁．
(117)　『中共延辺吉東吉敦地委延辺専署重要文件匯編』第1巻，99-129，132-136頁．
(118)　『中共延辺吉東吉敦地委延辺専署重要文件匯編』第1巻，144頁．
(119)　『陳雲文集』第1巻，485頁．
(120)　『中共延辺吉東吉敦地委延辺専署重要文件匯編』第1巻，131頁．
(121)　同上，101頁．
(122)　徐基述主編『黒竜江朝鮮民族』，牡丹江，黒竜江朝鮮民族出版社，1988年，99-100頁．
(123)　遼寧省檔案館編『中共中央東北局西満分局遼東省委檔案文件匯集(1946-1947)』，1986年，未刊，246頁．
(124)　『中共延辺吉東吉敦地委延辺専署重要文件匯編』第1巻，358-359頁．
(125)　吉林省党委党史研究室編『東満根拠地』(1994年)，未刊，50，52-53，312頁．
(126)　同上，203-205頁．
(127)　『中国的土地改革』編集部，中国社会科学院経済研究所現代経済史組編『中国土地改革史料選編』，北京：国防大学出版社，1988年，439頁．
(128)　『東満根拠地』，201，65頁(引用順序による)；『中共延辺吉東吉敦地委延辺専署重要文件匯編』第1巻，77頁．
(129)　河北省檔案館，700-1-13，2-12頁；延辺州党委組織部，延辺州党委党史工作委員会，延辺朝鮮自治州檔案館編『中国共産党吉林省延辺朝鮮族自治州組織史資料(1928-1987)』，未刊，101頁；『中共延辺吉東吉敦地委延辺専署重要文件匯編』第1巻，86頁．ただ資料の中では通貨の名称が記されていない．
(130)　『中国地区韓人帰還与政策』第3巻，317頁；「外交部核復中央党部秘書処対東北韓僑処理意見」，遼寧省檔案館保管，東北行轅，全巻号JEI，孫春日『中国朝鮮族移民史』，688-689頁から引用．
(131)　梁煥俊「中共吉林特別支部朝鮮人分支部」，叢書『勝利』，147-152頁；吉林省党委党史工作委員会『永吉的黎明』(1989年)，未刊，14頁．
(132)　詳しくは以下の資料を参照．河北省檔案館，700-1-13，2-12頁；『中共延辺吉東吉敦地委延辺専署重要文件匯編』第1巻，1-4，22-23，350-354頁；徐基述編『黒竜江朝鮮民族』，102-105頁；池喜謙「光復初期延辺人民民主大同盟及其活動」，北京『文史資料選輯』第1巻1982年)，1-12頁；「関於延辺根拠地的建設」，（吉林）『吉林党史資料』1985年第1巻，138頁；崔支洙「朝鮮民主聯盟瑣憶」，（ハルピン）『哈爾浜文史資料』第10巻(1986年12月)，102-106頁；韓武吉，梁在華「解放初期牡丹江市朝鮮人民民主同盟的活動」，（吉林）『延辺歴史研究』第1巻(1986年3月)，107-123頁；崔剛・張礼信「南満地区東北朝鮮人民主聯盟」；趙京亨，徐明勲「朝鮮独立同盟北満特委」；徐明勲，権寧河，梁在華「北満地区朝鮮人民主聯盟」，叢書『勝利』，115-120，131-132，133-142頁．これらの朝鮮人の組織，もしくは団体の名称について，現在の多くの著作では「朝鮮」「朝鮮人」「朝鮮族」「朝鮮人民」などと併用されているが，当時の名称の使い方について筆者は東北師範大学の張民軍，詹欣に依頼してかつての『東北日報』，『吉林日報』，『合江日報』などを調べたが，一番多く使用されていたのは「朝鮮人」と「朝鮮」で，「朝鮮族」や特に「朝鮮人民」の表現は当時，使われていなかったことが分かった．
(133)　崔剛『朝鮮義勇軍史』(朝鮮語)，延辺人民出版社，2006年，188頁．
(134)　崔海岩『朝鮮義勇軍第一支隊史』(朝鮮語)，遼寧民族出版社，1992年，23，26，134-

135頁；崔剛「朝鮮義勇軍第一支隊」，叢書『勝利』，49-56頁．

(135) 徐明勲「朝鮮義勇軍第三支隊」，『哈爾浜文史資料』第10巻(1986年12月)，3-5頁；趙京亨，徐明勲「朝鮮独立同盟北満特委」，叢書『勝利』，126-130頁．

(136) 金応三，金煥「朝鮮義勇軍第五支隊」，叢書『勝利』，77-82頁；李昌役「朝鮮義勇軍及其第五支隊」，『延辺文史資料』第9巻(1999年)，25-29頁．

(137) 韓青，李楓「朝鮮義勇軍先遣縦隊和独立大隊」，叢書『勝利』，38-43頁；崔海岩『朝鮮義勇軍第一支隊史』，29-30頁．

(138) 宋武燮「朝鮮義勇軍第七支隊」，叢書『勝利』，94-99頁．

(139) 「朝鮮義勇軍第五支隊」，叢書『勝利』，78-79頁；李鐘奭『北韓-中国関係』，102頁．

(140) 韓光，安華春「解放戦争時期延辺重要事件選輯」，『延辺歴史研究』1988年第3号，66頁．

(141) Bruce Cumings, *The Origins of The Korean War, Vol. 2, The Roaring of the Cataract, 1947-1950*, Princeton: Princeton University Press, 1990〔日本語版：鄭敬謨，林哲，加地永都子，山岡由美訳『朝鮮戦争の起源』，全3冊，明石書店，2012年〕, p. 362.

(142) 詳しくは以下の研究を参照．牛軍『従赫爾利到馬歇爾：美国調処国共矛盾始末』，北京：東方出版社，2009年，221-231頁．

(143) 『彭真年譜』第1巻，371頁．

(144) 『中国共産党組織史資料』第4巻，884-885頁；唐洪森「略談東北人民解放軍中的朝鮮官兵」，邢安臣・白俊成編『東北解放戦争中的少数民族』，民族出版社，1995年，144頁．

(145) 韓青，李楓「朝鮮義勇軍先遣縦隊和独立大隊」，叢書『勝利』，38-43頁；崔海岩『朝鮮義勇軍第一支隊史』，29-30頁．

(146) 「朝鮮義勇軍第一支隊」，叢書『勝利』，49-56頁；中国人民解放軍東北軍区司令部編『東北三年解放戦争軍事資料』(1949年10月)，未刊，76頁．

(147) 「朝鮮義勇軍第五支隊」，叢書『勝利』，82-83頁；軍事科学院軍事図書館編著『中国人民解放軍組織沿革和各級領導成員名録』，北京：軍事科学出版社，2000年，757，786頁．

(148) 『永吉的黎明』，17頁；趙京亨，徐明勲「朝鮮義勇軍第三支隊」，叢書『勝利』，65-66頁；『東北三年解放戦争軍事資料』，76頁．

(149) 韓光，安華春「解放戦争時期延辺重要事件選輯」，『延辺歴史研究』1988年第3号，78頁．

(150) 中共中央東北局関於朝鮮義勇軍暫編方案(1946年3月25日)．楊昭全「朝鮮独立同盟与朝鮮義勇軍」，金健人編『韓国独立運動研究』，北京：学苑出版社，1999年，34頁から引用．

(151) その後も多くの兵士が朝鮮に戻った．第三支隊だけで相次いで帰国したのも2000人以上だったと言われる．紅衛兵延吉市紅色造反大軍等『延辺頭号党内走資本主義道路的当権派朱徳海売国罪状』(第四回発布資料)，1967年7月24日，9頁．

(152) 以下の資料による．崔海岩『朝鮮義勇軍第一支隊史』，55頁；「朝鮮義勇軍第一支隊」，叢書『勝利』，51頁，65-66頁；「朝鮮義勇軍第三支隊」，叢書『勝利』，65-65頁；文正一「戦闘在我国戦場上的朝鮮義勇軍」，『黒竜江民族叢刊』1985年第3号，54-55頁；「全心全意為人民，創建延辺根拠地」，韓俊光，姚作起編著『解放戦争時期的東満根拠地』，延辺人民出版社，1991年，10-11頁；黄鳳錫「樺甸軍政学校成立前後」，姚作起編『東北軍政大学吉林分校』，遼寧民族出版社，1994年，163頁．

(153) 『金剛簡歴』(写本)，筆者個人が保存．

(154) 延辺州党委党史工作委員会，党史研究所編『延辺歴史事件党史人物録(新民主主義革命時期)』(1988年)，未刊，248-249頁；資料編集室「抗聯配合蘇軍解放東北」，『吉林党史資料』1985年第1巻，185-186頁；崔聖春編『中国共産党延辺歴史大事記』，220頁．

(155)　徐基述編『黒竜江朝鮮民族』, 85-87頁；徐明勲「解放戦争時期黒竜江省剿匪闘争中的朝鮮族」,『中国朝鮮族歴史研究論叢』II, 258-259頁；『抗聯配合蘇軍解放東北』, 187頁.

(156)　『中国共産党組織史資料(1921-1997)』第3巻, 1323-1325頁. 中共東北抗聯教導旅団委員会が設立した時, 書記は崔石泉(崔庸健)で, 17人の委員と候補委員のうち6人は朝鮮人だった. 1945年8月24日に新たに設置された中共東北委員会では, 書記は周保中で, 委員の中, 朝鮮人は姜信泰と金光侠だった.

(157)　「解放戦争時期延辺重要事件選輯」, 66頁.

(158)　梁在華「牡丹江軍区的朝鮮族官兵」, 叢書『勝利』, 24-25頁.

(159)　『中国共産党組織史資料(1921-1997)』第3巻, 1289頁；『彭真年譜』第1巻, 301頁.

(160)　毛沢東が11月12日の政治局会議で話したのは12万丁の銃と一部の大砲だった. 中共中央文献研究室編『毛沢東文集』第4巻, 人民出版社, 1996年, 74頁. 陳雲が11月29日付で東北局と中央に出した報告では銃10万丁, 大砲300門と列挙した. 陳雲の東北局, 中央宛報告, 1945年11月29日, 未刊. 抗日連軍幹部が武器を受け取った状況について, 以下の資料を参照.『周保中文選』, 雲南人民出版社, 1985年, 130頁；趙素芬『周保中将軍伝』, 477-478頁.

(161)　『東北三年解放戦争軍事資料』, 20頁；周保中『東北抗日遊撃日記』, 829-830頁. 周保中は後に別の回想文章の中で, 当時, 抗日連軍はすでに十数個の連隊をもち, 人数は4万人以上に達したと述べている.『周保中文選』, 30頁.

(162)　『彭真年譜』第1巻, 325頁；『中国人民解放軍組織沿革和各級領導成員名録』, 749頁. ただ, 周保中は第四副司令官に任命されたとの説もある.『毛沢東年譜(1893-1949年)』(下), 48頁；『彭真伝』第1巻, 361頁. 筆者は確認のしようがないので, とりあえず解放軍科学院の説を取った.

(163)　『彭真年譜』第1巻, 359-360頁.

(164)　雍文濤「創建延辺根拠地往事」,『延辺文史資料』第9巻(1999年), 52頁；『中共延辺吉東吉敦地委延辺専署重要文件匯編』第1集, 11頁. 雍文濤は次のような史実を証言した. 国民党軍が攻勢をかけた危急の時, 中国共産党の傘下に入っていた多くの部隊が相次いで離反した. 敦化県の8つの武装大隊のうちの7つが反旗を挙げたが, 朝鮮族大隊だけは裏切らなかった.

(165)　『中国共産党吉林省延辺朝鮮族自治州組織史資料(1928-1987)』, 139-146頁.『中国共産党組織史資料』第4巻, 925頁.

(166)　金日成は姜信泰と関係が密接で, 個人的往来が多く, その能力を高く評価していた.『金日成回憶録：与世紀同行』第8巻, 242-245, 第249頁.

(167)　周保中「東北抗日聯軍人員分布概況」, 中共吉林省委党史研究室編『周保中将軍和他的抗聯戦友』, 吉林教育出版社, 1993年, 29頁.

(168)　『金日成回憶録：与世紀同行』第8巻, 249頁. 中国共産党系列の党と軍の中の職務について, 姜信泰は1946年7月に離れ, 金光侠は1947年5月に離れた.『中国共産党組織史資料』第4巻, 925, 941頁.

(169)　徐龍男「延辺籍朝鮮人民軍退伍軍人采訪録」,『冷戦国際史研究』第7巻(2008年冬季号), 267-268, 283頁.

(170)　「吉林軍区司令部三年工作報告」(1948年12月). 邢安臣, 白俊成編『東北解放戦争中的少数民族』150頁から引用.

(171)　姜根模「他的高尚的人格与情操」,『風浪・中国朝鮮族歴史足跡叢書(7)』(朝鮮語)(以下, 叢書『風浪』と略称), 民族出版社, 2013年, 348-353頁.

(172)　ЦАМОРФ, ф. 379, оп. 166654, д. 1, л. 12, 59-60, 72; АВПРФ, ф. 06, оп. 8, п. 39, д. 638, л. 93-94. 前出「北朝鮮の武装力の樹立歴史(1945-1950年)」c. 136-139から引用.

(173) 「20 年代-50 年代のソ朝関係史」, c. 135-160 ; 前出徐龍男「延辺籍朝鮮人民軍退伍軍人采訪録」, 267-268 頁. 朝鮮人幹部の帰国後の職務に関する詳しい紹介は, 吉在俊, 李尚典『金日成与中国東北解放戦争』, 11, 16, 23-28, 31-38, 70, 84, 89, 101 頁を参照. 朝鮮人民軍の発足当時, 姜健(姜信泰)は総参謀長, 金光侠は作戦部長を務めた.

(174) 『彭真年譜』第 1 巻, 392, 399 頁.

(175) 『彭真年譜』第 1 巻, 362 頁.

(176) 朱士煥「在東満根拠地創弁軍政大学」, 姚作起編『東北軍政大学吉林分校』, 遼寧民族出版社, 1994 年, 55-73 頁 ; 金址雲「朝鮮族軍政幹部的揺籃——東北軍政大学東満分校史略」,『延辺大学学報』1986 年第 4 号, 115-125 頁.

(177) 崔聖春編『中国共産党延辺歴史大事記』, 244, 276 頁.

(178) 河北省檔案館, 700-1-13, 7-8 頁.

(179) 前出金址雲「朝鮮族軍政幹部的揺籃」, 118 頁 ; 前出徐龍男「延辺籍朝鮮人民軍退伍軍人采訪録」, 268-269 頁.

(180) 朱士煥「在東満根拠地創弁軍政大学」; 周佑「我在東北軍政大学吉林分校的歳月」, 姚作起編『東北軍政大学吉林分校』, 64, 80 頁. 1948 年 5 月になると, 吉林省党委員会は朝鮮族幹部の帰国に関する制限を強化し, 地区党委員会の審査と許可が必要だと規定し,「確実に必要なケースを除き, 簡単に許可してはならず, 人数もできるだけ限定する」と要求した. 国民大学校韓国学研究所編『중국지역 한인 귀환과 정책』(『中国地区の韓人帰還と政策』, 以下同)第 6 巻, ソウル : 歴史空間(역사공간)出版社, 2004 年, 441 頁.

(181) 『中国共産党吉林省延辺朝鮮族自治州組織史資料(1928-1987)』, 99 頁 ; 崔聖春編『中国共産党延辺歴史』, 257-258 頁 ; 金亨植編『激情歳月 : 文正一同志回憶録』(朝鮮語), 北京 : 民族出版社, 2004 年, 214-216 頁. ほかに以下の資料を参照. 白棟材「対東満根拠地党的組織建設的回顧」,『東満根拠地』, 355-356 頁 ; 池喜謙「光復初期延辺人民民主大同盟及其活動」,『文史資料選輯』第 1 巻(1982 年), 9 頁. 1985 年, 中国共産党延辺州委組織部はこの幹部審査をやり直し, その中の誤った決定を取り消した.

(182) 『中共延辺吉東吉敦地委延辺専署重要文件匯編』第 1 集, 59-62 頁.

(183) 『中国共産党吉林省延辺朝鮮族自治州組織史資料(1928-1987)』, 156, 101-102 頁.

(184) 「関於延辺根拠地的建設——延辺州委党史弁総合材料」,『吉林党史資料』1985 年第 1 巻, 142-143 頁.

(185) 『中国地区の韓人帰還と政策』第 6 巻, 137 頁.

(186) 『中共延辺吉東吉敦地委延辺専署重要文件匯編』第 1 集, 384-385 頁 ;『中国地区の韓人帰還と政策』第 6 巻, 523-536 頁. この時期における東北の朝鮮人の帰国人数について, ソ連の駐朝鮮民政局が国境通過時の記録に基づいて行った統計報告によると, 1946 年 6 月から 1948 年 12 月まで 378,296 人だった, という. АВПРФ, ф. 0480, оп. 4, п. 14, д. 46, с. 255. ただ中国地方政府の統計によれば, 1949 年初めまで, 東北在住の朝鮮人は合わせて 120 万人余りだった(河北省檔案館, 700-1-13-2, 2-12 頁). この前に引用した 1947 年時点の数字(東北にいた朝鮮人は 140 万人)から引くと, 帰国したのは 20 万人しかいなかったことになる. 両者の大きな差は, ソ連側が統計したのは国境を通過した人数で, そのうち, 相当の部分は頻繁に行き来し, もしくはほかの国境出入口経由で中国に帰っていたことに由来すると考えられる(たとえば前述の北朝鮮領内に避退した中国共産党の軍隊など).

(187) 『中国地区の韓人帰還と政策』第 6 巻, 71-72 頁.

(188) 同上, 454-455 頁.

(189) 『中共延辺吉東吉敦地委延辺専署重要文件匯編』第 1 集, 387-391 頁.

(190) 同上, 392 頁.

(191) 延辺地委書記劉俊秀の回想によると, 当時の朝鮮族人民は「心底では依然と朝鮮を祖

国と考えており」,「いきなり彼らに中国国籍に加入させると，その気持ちを傷つけかねない」ため，現実的，便宜的方法として二重国籍を一時的に認める以外になかった，という．劉俊秀「在朝鮮族人民中間」，叢書『勝利』，709-711 頁.

(192)　中共中央統一戦線部編『民族問題文献匯編』，991 頁.

(193)　同上，1128 頁.

(194)　同上，1133 頁.

(195)　同上，1332 頁.

(196)　『中共延辺吉東吉敦地委延辺専署重要文件匯編』第 1 集，393-395 頁.

(197)　『中国共産党吉林省延辺朝鮮族自治州組織史資料(1928-1987)』，104-136 頁.

(198)　河北省檔案館，700-1-13，7 頁.

(199)　崔国哲『朱徳海評伝』，陳雪鴻訳，延辺人民出版社，2012 年，14-16 頁，172-175 頁；本書執筆組『朱徳海一生』，民族出版社，1987 年，135 頁；廉仁鎬(염인호)『또 하나의 한국전쟁—만주 조선인의 '조국'과 전쟁』(『もう一つの韓国戦争』，以下，この訳名を使う)，ソウル，역사비평사(歴史批評社)，2010 年，201-203 頁；中国人 A 氏の証言(1996 年 9 月，延吉)は李鐘奭『北韓 - 中国関係』，51-52 頁から引用．民族工作座談会に関して，1949 年 1 月 29 日付『延辺日報』(第 1 版)には「1 月 21 日，会議が開かれ，朱徳海は民族活動報告を行い，また会議参加者に『思ったまま率直に発言し，積極的に提案せよ』と呼びかけた」，という内容の短い記事が掲載された.

(200)　筆者と李鐘奭との談話記録，2015 年 5 月 22 日，ソウル.

(201)　*HQ, USAFIK,ISNK*, Vol. 3, No. 129, pp. 148-162; No. 133, pp. 234-252; No. 146, p. 517.

(202)　廉仁鎬『もう一つの韓国戦争』，192-193 頁，198-200 頁.

(203)　РГАСПИ, ф. 514, оп. 1, д. 1041, л. 2-8,『和田資料集』c. 739-744；『金日成回憶録：与世紀同行』第 8 巻，258-260 頁.

(204)　韓俊光，姚作起編著『解放戦争時期的東満根拠地』，303-304 頁；金光雲『北韓政治史研究』，38 頁；吉在俊，李尚典『金日成与中国東北解放戦争』，139-144 頁；金亨植編『激情歳月』，141 頁，214-215 頁；金日成と林春秋との談話(1948 年 10 月 23 日)，『金日成全集』第 8 巻，386-387 頁．中国語版の『金日成著作集』にはこの談話は収録されていない.

(205)　王一知『八・一五前後的東北抗日聯軍』(内部討論稿)(1984 年 6 月)，未刊.

(206)　吉林省党委党史研究室編『東満根拠地』，104 頁.

(207)　国民大学校韓国学研究所編『中国地区の韓人帰還と政策』第 6 巻，401-404 頁.

(208)　『延辺文史資料』第 2 巻(1984 年)，194 頁；『中国共産党組織史資料』第 4 巻，936 頁，931 頁.

(209)　『延辺文史資料』第 2 巻(1984 年)，198 頁；吉在俊，李尚典『金日成与中国東北解放戦争』，144 頁．1949 年 6 月，林春秋は朝鮮労働党江原道委員会委員長の肩書で姿を現した．金光雲『北韓政治史研究』，38-39 頁.

(210)　『中国共産党組織史資料』第 4 巻，921，924，936 頁．周保中の仕事の異動に関する詳しい考察は，趙俊清『周保中伝』，628-638 頁を参照.

(211)　РГАСПИ, ф. 495, оп. 225, д. 138, л. 11.

(212)　この経緯について鍵となるのは林春秋が民族工作座談会で示した言動である．もし李鐘奭が引用した「証言」が事実であれば，この分析は論理的に成立するだろう．実際にこの点を確認することはそんなに難しいことではなく，吉林省檔案館がこの会議の関係資料を機密解除すれば真相はすぐ明らかになる.

(213)　この点を裏付けるものとして，1952 年 9 月に延辺朝鮮民族自治区が設立した時になっても，多くの朝鮮人は自治はすなわち独立と思い込み，一部は朝鮮との合併要求を出したことに関する資料が残っている．河北省檔案館，694-3-76，5-8 頁.

(214) 李敦白口述，徐秀麗執筆『我是一個中国的美国人——李敦白口述歴史』，北京：九州出版社，2014年，63頁.
(215) 『中国地区韓人帰還与政策』第6巻，522頁.
(216) この件の詳しい過程について，学界ではすでに研究が行われている．以下の資料を参照．金東吉「中国人民解放軍中的朝鮮師回朝鮮問題新探」，(北京)『歴史研究』2006年第6号，103-114頁；金景一「関於中国軍隊中朝鮮官兵返回朝鮮的歴史考察」，(吉林)『史学集刊』2007年第3号，52-61頁；沈志華『毛沢東，斯大林与朝鮮戦争』，196-199，211-213頁．ここでは朝鮮族将兵の帰国をめぐる中国共産党の姿勢と処理方法のみを検討した.
(217) АПРФ, ф. 3, оп. 65, д. 9, л. 51-55.
(218) АПРФ, ф. 45, оп. 1, д. 331, л. 59-61.
(219) 『東北三年解放戦争軍事資料』，76-77頁．1949年6月，東北局は吉林省に，164師団のために緊急に朝鮮族の新兵士15000人を拡張し，7月18日まで引き渡しを完了せよと指示した(『中国地区の韓人帰還と政策』第6巻，487-488頁)．この数字は同師団の帰国総人数の中に含まれていると思われる.
(220) АПРФ, ф. 3, оп. 65, д. 5, л. 25-27.
(221) АПРФ, ф. 45, оп. 1, д. 334, л. 8-9, Ледовский А. М. Сталин, Мао Цзэдун и корейская война, 1950-1953 годов(スターリン，毛沢東と朝鮮戦争(1950-1953年))，論文，Новая и новейшая история, 2005, No. 5, с. 89-90.
(222) 中共中央文献研究室，中央檔案館編『建国以来劉少奇文稿』第1冊，中央文献出版社，2005年，320-321頁；АПРФ, ф. 45, оп. 1, д. 334, л. 22.
(223) 鄧子恢，譚政の中央軍事委員会，総政治部および林彪宛の報告(1950年5月11日)，未刊．文書の中で「朝鮮籍」との表現が使われた(以下同)が，正確とは言えない．当時，在中国の朝鮮人の大多数の国籍はまだ確定していなかった.
(224) 中国人民解放軍総参謀部『中国人民解放軍軍事工作大事記』(上冊)(1988年12月)，未刊，4頁.
(225) 『中国人民解放軍組織沿革和各級領導成員名録』，882頁.
(226) 徐龍男「延辺籍朝鮮人民軍退伍軍人采訪録」，『冷戦国際史研究』第7巻(2008年冬季号)，280-281頁.
(227) 『中国人民解放軍軍事工作大事記』(上)，4頁.
(228) 1956年の時点でも，朝鮮人民軍の中にまだ5000人以上の中国籍朝鮮人がいた．一方，中国人民解放軍に勤務する朝鮮籍人員は100人余りで，その多くは帰国を希望していた．国務院弁公庁大事記執筆組『中華人民共和国中央人民政府大事記』第4巻(1991年)，未刊，61頁，153-154頁.
(229) РЦХИДНИ, ф. 17, оп. 128, д. 51132, л. 171. Адибеков Г. М. Коминформ и послевоенная Европа, 1947-1956гг.,(コミンフォルムと戦後の欧州，1947-1956年)，モスクワ：Россия молодая, 1994, с. 80-81から引用.
(230) РЦХИДНИ, ф. 17, оп. 128, д. 1173, л. 9-10. コミンテルンの解散について，沈志華「斯大林与1943年共産国際的解散」，『探索与争鳴』2008年第2号，31-40頁を参照.
(231) *HQ, USAFIK, ISNK*, Vol. 3, No. 137, pp. 334-337.
(232) 詳しい検証は，沈志華「共産党情報局的建立及其目標——兼論冷戦形成的概念界定」，『中国社会科学』2002年第3号，172-187頁を参照.
(233) РЦХИДНИ, ф. 17, оп. 128, д. 1173, л. 4-8, 37. 報告が注目したのは毛沢東の演説の中の次の箇所だ．「東方各国のすべての反帝国主義の勢力は団結して，帝国主義と各国反動派の抑圧に反対し，東方の10億人以上の被抑圧人民が解放されるのを奮闘の目標としなければならない」．『毛沢東選集』，人民出版社，1967年，1155-1156頁．1948年1月6日付『プ

ラウダ』の第3，4面にこの演説が掲載された．

(234) 中共中央文献研究室編『毛沢東文集』第5巻，人民出版社，1996年，143頁．

(235) 1947年から1948年のソ連の対中国政策に関する筆者の研究は，「求之不易的会面：中蘇両党領導人之間的試探与溝通」，『華東師範大学学報』2009年第1号，1-13頁を参照．

(236) АПРФ, ф. 39, оп. 1, д. 39, л. 47-53.

(237) АПРФ, ф. 3, оп. 65, д. 9, л. 51-55. スターリンと金日成の3月5日会談の状況について以下の資料を参照．C. F. Ostermann et al.(eds.), *Stalin and the Cold War, 1945-1953: A Cold War International History Project Document Reader*, For the Conference “Stalin and the Cold War, 1945-1953”, Yale University, 23-26 September 1999, pp. 434-439. この記録から見ると，情報局の問題は言及されなかったようだ．もっともほかの秘密会談で意見交換したかどうかは明らかではない．

(238) АПРФ, ф. 45, оп. 1, д. 331, л. 59-61.

(239) 毛沢東はその後，数度にわたってスターリンの自分に対する懐疑に言及したが，スターリンがそのような懸念をもっていたことはほぼ間違いない．1948年12月，スターリンは中国からコワリョフを呼び戻し，話し合いの中で，中国共産党の「ユーゴスラビア事件」に関する立場について直接質問し，中国人はどちら側に立つか，と確認を求めた．Ковалев И. В. Диалог Сталина с Мао Цзэдуном(スターリンと毛沢東との対話．以下同)，論文，Проблемы дальнего востока, 1992, No. 1-3, с. 86.

(240) АПРФ, ф. 45, оп. 1, д. 331, л. 73-75.

(241) 劉少奇の中共中央書記処宛電報(1949年7月27日)，未刊；『建国以来劉少奇文稿』第1冊，40-41頁；金冲及編『劉少奇伝』，中央文献出版社，1998年，651-652頁；師哲口述，李海文整理『在歴史巨人身辺――師哲回憶録』，中央文献出版社，1991年〔日本語版：劉俊南・横沢泰夫訳『毛沢東側近回想録』，新潮社，1995年〕，411-414頁；前出「スターリンと毛沢東との対話」с. 78-79. コワリョフの回想は，情報局の問題は劉少奇が先に提起したと述べているが，記憶の間違いと思われる．

(242) 1957年5月25日，毛沢東は訪中したソ連最高会議幹部会議長ヴォロシーロフ(Kliment Yefremovich Voroshilov)に対して次のように語った．中国はアジアの大国であり，まず関心を持つのはアジアだ．我々は1949年にすでにスターリンと，中国は主要な注意力をアジア問題に集中することで意見が一致した．閻明復「1957年形勢与伏羅希洛夫訪華」，(北京)『百年潮』2009年第2号，13-17頁．

(243) 阿成(単汝洪)『我肩負的使命――馬共中央政治局委員阿成回憶録之四』(中国語)，クアラルンプール，21世紀出版社，2007年，11-37頁．

(244) 『人民日報』1949年10月9日第3面．

(245) 『人民日報』1949年11月17日第1面，11月22日第1面．

(246) АВПРФ, ф. 0100, оп. 43, п. 302, д. 10, л. 18-30；沈志華編『俄羅斯解密檔案選編：中蘇関係』，上海：東方出版中心，2015年，第1巻，206-207頁；『人民日報』1949年11月19日第3面，11月22日第1-2面，12月2日第1-2面；プラウダ，1950年1月4日3面，劉寧一『歴史回憶』，人民日報出版社，1996年，140-144，374-376頁を参照．アジア連絡局は1952年初めに活動を開始し，以下の主要な任務が規定された．アジアとオセアニア各国の状況に関する資料を収集すること，アジア，オセアニア各国の労働運動と世界労働組合連合会との関係を強化すること，アジア，オセアニア各国の労働者階級に可能で切実に必要な援助を与えること．1958年3月，世界労連執行委員会第17回会議でアジア連絡局の解散が決定された．『劉少奇文稿』第2冊，138-139頁．

(247) この見方に関する詳しい分析は，沈志華『毛沢東，斯大林与朝鮮戦争』，243-247頁を参照．

(248) 『劉少奇文稿』第 3 冊, 27 頁.
(249) 中共中央文献研究室編『建国以来毛沢東文稿』第 1 冊, 中央文献出版社, 1987 年, 556 頁.
(250) Nanking(Stuart)to Secretary of State, June 6, 1949, Office of Chinese Affairs, Decimal Files, Document 893.00B/6-649, Microfiche LM69, Reel 19, National Archives. Thomas J. Christensen, “Worse Than a Monolith: Disorganization and Rivalry within Asian Communist Alliances and U.S. Containment Challenges, 1949-69”, *Asian Security*, Vol. 1, No. 1, 2005, p. 80 から引用.
(251) АРАН(Архив Российской Академии Наук, ロシア科学アカデミー公文書館, 以下同), ф. 1636, оп. 1., д. 194, л. 9-13, Бухерт В. Г. П. Ф. Юдин о беседах с Мао Цзэдуном: докладные записки И. В. Сталину и Н. С. Хрущеву, 1951-1957(ユージンと毛沢東との会談:スターリンとフルシチョフ宛の報告, 1951-1957), Исторический архив, 2006, No. 4, с. 15-18 から引用. ほかに『劉少奇文稿』第 3 冊, 25-27 頁を参照.
(252) 徐則浩編著『王稼祥年譜(1906-1974)』, 中央文献出版社, 2001 年, 400 頁.
(253) 『劉少奇文稿』第 3 冊, 25-27 頁.
(254) 『劉少奇文稿』第 1 冊, 294-295 頁;第 2 冊, 266-268 頁.
(255) 前出阿成(単汝洪)『我肩負的使命』, 43-49 頁, 213-214 頁.
(256) РГАНИ(Российский Государственный Архив Новейшей Истории, ロシア国家当代史公文書館, 以下同), ф. 5, оп. 28, д. 3, л. 94-95.
(257) 李丹慧と筆者の阿成及びその子女に対する取材記録, 2011 年 2 月 24 日から 3 月 6 日, タイのハートヤイ(Hat Yai), ベートン(Betong)にて.
(258) 『王稼祥年譜』, 402 頁.
(259) 同新聞が最初に掲載した中国共産党関連の記事は, 中国共産党中央の土地改革に関する文書だった. 『労働新聞』1947 年 10 月 18 日第 4 面.
(260) 周恩来は重慶に常駐するため, 言うまでもないが, 毛沢東も重慶に蔣介石との談判に行った時, 時間をとって韓国臨時政府の責任者と会った. 『毛沢東年譜(1893-1949 年)』(下), 22 頁.
(261) 劉金質等編『中朝中韓関係文件資料匯編』, 特に以下の各頁を参照. 1078, 1104, 1118, 1144, 1148, 1200, 1202, 1217, 1247-1250, 1391-1392, 1419, 1553, 1559, 1576-1578 頁.
(262) АПРФ, ф. 3, оп. 65, д. 9, л. 51-55.
(263) 『蘇聯歴史檔案選編』第 20 巻, 755 頁;沈志華編『朝鮮戦争:俄国檔案館的解密文件』, 台北:中央研究院近代史研究所, 2003 年, 334 頁.
(264) АПРФ, ф. 3, оп. 65, д. 363, л. 20-23.
(265) Петухов В. И. У истоков борьбы за единства и независимость Кореи,(朝鮮の統一と独立を目指す闘いの源流), モスクワ:Наука, 1987, с. 155;劉金質等編『中朝中韓関係文件資料匯編』, 1276-1279 頁;『朝鮮戦争:俄国檔案館的解密文件』, 189-190, 228-229 頁;外交部の東北人民政府宛電報(1950 年 6 月 16 日), 中国外交部檔案館, 106-00021-04, 5 頁;中国社会科学院, 中央檔案館編『1949-1952 年中華人民共和国経済檔案資料選編』対外貿易巻, 北京:経済管理出版社, 1994 年, 534-535 頁.
(266) АПРФ, ф. 3, оп. 65, д. 9, л. 51-55.
(267) 中共中央対外連絡部二局『中朝賀唁電匯集(1949-1979)』(1980 年 12 月), 未刊, 129-131 頁.
(268) АПРФ, ф. 45, оп. 1, д. 346, л. 58.
(269) 廉正保等編著『解密外交文献——中華人民共和国建交檔案(1949-1955)』, 北京:中国画報出版社, 2006 年, 87 頁.

(270)　АПРФ, ф. 45, оп. 1, д. 334, л. 8-9, Ледовский А. М. Сталин, Мао Цзэдун и корейская война 1950-1953 годов(スターリン，毛沢東と朝鮮戦争(1950-1953年)．以下同)，Новая и новейшая история, 2005, No. 5, с. 89-90.
(271)　АПРФ, ф. 45, оп. 1, д. 346, л. 110-111.
(272)　АПРФ, ф. 45, оп. 1, д. 346, л. 114-115.
(273)　АВПРФ, ф. 059а, оп. 5а, п. 11, д. 4, л. 98-99.
(274)　АПРФ, ф. 45, оп. 1, д. 346, л. 90-94.

第二章

(1)　日本人学者中嶋嶺雄はかつてこの種の見解を集中的に紹介した．Mineo Nakajima, The Sino-Soviet Confrontation: Its Roots in the International Background of the Korean War, *The Australian Journal of Chinese Affairs*, No. 1, 1979, pp. 19-47. ほかに以下の資料を参照．Sergei N. Goncharov, John W. Lewis, and Xue Litai, *Uncertain Partner: Stalin, Mao, and the Korean War*, Stanford: Stanford University Press, 1993, pp. 130-154; Chen Jian, *Mao's China and the Cold War*, Chapel Hill & London: The University of North Carolina Press, 2001, pp. 106-121.
(2)　朝鮮人民軍がソウルを攻略した時，確かに李承晩が北方への進攻を画策した秘密文書を発見した．モスクワに報告し，その許可を得て，朝鮮はこれらの文書を公表した．АПРФ, ф. 3, оп. 65, д. 827, л. 43-48; АПРФ, ф. 3, оп. 65, д. 827, л. 42. 公表された内容は『人民日報』1950年9月22日，24日第4面にも見られる．
(3)　スターリンと朝鮮政府代表団との会談記録(1949年3月5日)，『朝鮮戦争：俄国檔案館的解密文件』，156-162頁．
(4)　АПРФ, ф. 3, оп. 65, д. 775, л. 102-106, Торкунов А. В. Загадочная война: корейский конфликт 1950-1953 годов(神秘的な戦争：1950-1953年の朝鮮衝突．以下同)，モスクワ：Российская политическая энциклопедия, 2000, с. 30-31から引用〔日本語版：A・V・トルクノフ，下斗米伸夫，金成浩訳『朝鮮戦争の謎と真実――金日成，スターリン，毛沢東の機密電報による』，草思社，2001年〕．
(5)　朝鮮政府代表団が訪ソする際に協議する予定の問題リスト(1949年3月14日)，『朝鮮戦争：俄国檔案館的解密文件』，165頁．
(6)　АПРФ, ф. 3, оп. 65, д. 775, л. 102-106, 前出「神秘的な戦争：1950-1953年の朝鮮衝突」с. 30-31.
(7)　АПРФ, ф. 3, оп. 65, д. 775, л. 108-111,「神秘的な戦争：1950-1953年の朝鮮衝突」с. 31-32.
(8)　АПРФ, ф. 3, оп. 65, д. 775, л. 116-119.
(9)　АПРФ, ф. 3, оп. 65, д. 775, л. 122.
(10)　АПРФ, ф. 3, оп. 65, д. 837, л. 94-99.
(11)　АПРФ, ф. 3, оп. 65, д. 776, л. 1-21.
(12)　АПРФ, ф. 3, оп. 65, д. 776, л. 30-32.
(13)　АПРФ, ф. 43, оп. 1, д. 346, л. 59.
(14)　АПРФ, ф. 3, оп. 65, д. 9, л.51-55; АПРФ, ф.45, оп. 1, д. 331, л. 59-61.
(15)　筆者のレドフスキー(A. M. Ledovskii)取材記録，1996年7月31日，モスクワ．レドフスキー研究員はロシア連邦大統領公文書館に頻繁に出入りする少数のロシア学者の一人だ．
(16)　АПРФ, ф. 45, оп. 1, д. 332, л. 47-48, 前出「スターリン，毛沢東と朝鮮戦争(1950-1953年)」с. 92-93. レドフスキーは公文書の原本を見ており，筆者に，「まだ実施に移してはならず」という一文の中の「まだ」という言葉はスターリンが自ら書き入れたものだと語って

くれた．これで，スターリンは毛沢東が軍事行動を取ることに原則的に反対しないが，進攻の時期については中国自身の考えがあるのを知っていることが窺える．

(17)　グロムイコのコワリョフ宛電報(1949年11月5日)，『朝鮮戦争：俄国檔案館的解密文件』，276頁．

(18)　АПРФ, ф. 3, оп. 65, д.5, л. 103.

(19)　АПРФ, ф. 3, оп. 65, д. 5, л. 104-106.

(20)　АПРФ, ф. 3, оп. 65, д. 9, л. 26.

(21)　АПРФ, ф. 45, оп. 1, д. 329, л. 9-17.

(22)　АПРФ, ф. 45, оп. 1, д. 346, л. 62-65. また以下を参照. *Волкогонов Д.* Следует ли этого бояться?(これを恐れるべきか)，論文，Огонёк, 1993, No. 26, с. 28-29.

(23)　АПРФ, ф. 45, оп. 1, д. 346, л. 70.

(24)　АПРФ, ф. 45, оп. 1, д. 346, л. 71-72.

(25)　АПРФ, ф. 45, оп. 1, д. 347, л. 12,「神秘的な戦争：1950-1953年の朝鮮衝突」，c. 56.

(26)　この問題に関する詳しい論述は，沈志華『毛沢東，斯大林与朝鮮戦争』の第三章第三節を参照．

(27)　АПРФ, ф. 45, оп. 1, д. 346, л. 74-75.

(28)　АПРФ, ф. 45, оп. 1, д. 346, л. 76.

(29)　АПРФ, ф. 45, оп. 1, д. 346, л. 77.

(30)　АВПРФ, ф. 059а, оп. 5а, п. 11, д. 4, л. 148.

(31)　(北朝鮮の武装力の樹立歴史(1945-1950年))с. 140.

(32)　АВПРФ, ф. 059а, оп. 5а, п. 11, д. 4, л. 149-150.

(33)　АВПРФ, ф. 059а, оп. 5а, п.11, д.4, л.142.

(34)　АПРФ, ф. 45, оп. 1, д. 346, л. 90-91.

(35)　АПРФ, ф. 45, оп. 1, д. 346, л. 92-93.

(36)　АПРФ, ф. 45, оп. 1, д. 346, л. 94-95.

(37)　以下を参照．Kathryn Weathersby, "The Soviet Role in the Early Phase of the Korean War: New Documentary Evidence", *The Journal of American-East Relations*, 1993, Vol. 2, No. 4, p. 441.

(38)　『蘇聯歴史檔案選編』第20巻，755頁．

(39)　АПРФ, ф. 45, оп. 1, д. 346, л. 150.

(40)　スターリンと金日成，朴憲永との会談記録(写本)(1950年4月10日)，『朝鮮戦争：俄国檔案館的解密文件』，332-335頁．

(41)　ここで引用した回想と史料は以下を参照．Kim Chull-baum(ed.)，*The Truth About the Korean War: Testimony 40 Years Later*, Seoul: Eulyoo Publishing Co., Lrd., 1991, pp. 77, 105-106, 152; Goncharov, Lewis and Xue, *Uncertain Partner*, pp. 141-145, 151-152; Weathersby, "The Soviet Role", p. 433.

(42)　陸戦史研究普及会編『朝鮮戦争』(原書房，1966年)．ここでは中国語版上巻(高培等訳，国防大学出版社，1990年)，4頁を参照．ソ連もこの状況についてすべて把握していたようだ．АВПРФ, ф. 0102, оп. 6, п. 21, д. 48, л. 84-108. を参照．

(43)　РГАНИ, ф. 5, оп. 58, д. 266, л. 122-131, *CWIHP Bulletin*, Issue 3, Fall 1993, pp. 15-17.

(44)　Goncharov, Lewis and Xue, *Uncertain Partner*, p. 146.

(45)　Goncharov, Lewis and Xue, *Uncertain Partner*, p. 153.

(46)　Goncharov, Lewis and Xue, *Uncertain Partner*, p. 150; Vladimir Petrov, "Soviet Role in the Korean War Confirmed: Secret Documents Declassified", *Journal of Northeast Asian Studies*, Vol. 13, No. 3, 1994, pp. 63-67; Yu Songchol, "I Made the 'Plan for the First Strike'",

Kim Chull-baum (ed.), *The Truth About the Korean War,* pp. 153-154.

(47) АПРФ, ф. 45, оп. 1, д. 331, л. 54.

(48) АПРФ, ф. 45, оп. 1, д. 346, л. 90-94.

(49) ロシチンのモスクワ宛電報(1950年5月13日),『朝鮮戦争：俄国檔案館的解密文件』, 383頁.

(50) АПРФ, ф. 45, оп. 1, д. 331, л. 55.

(51) РГАСПИ, ф. 558, оп. 11, д. 334, л. 56.

(52) 詳しくは沈志華「中共進攻台湾戦役的決策変化及其制約因素(1949-1950)」,(四川)『社会科学研究』2009年第3号, 34-53頁を参照.

(53) 毛沢東と崔庸健との会談記録(1956年9月18日), 未刊. 第3章第3節を参照.

(54) АВПРФ, **Хронология основных событий кануна и начального периода корейской войны, январь 1949-октябрь 1950 гг.(не публикована)**(朝鮮戦争の前夜と初期(1949年1月—1950年10月)の主要事件の年表. 以下同), 未刊, c. 30-31. また以下を参照. Goncharov, Lewis and Xue, *Uncertain Partner*, p. 145.

(55) Goncharov, Lewis and Xue, *Uncertain Partner*, pp. 153, 163.

(56) 李海文「中共中央究竟何時決定義勇軍出国作戦？」,(北京)『党的文献』1993年第5号, 85頁.

(57) この問題について比較的に全面的研究を行った論著は以下の通りである.「神秘的な戦争：1950-1953年の朝鮮衝突」; Chen Jian, *Mao's China and the Cold War,* Chapel Hill & London: The University of North Carolina Press, 2001; 沈志華『毛沢東, 斯大林与朝鮮戦争』.

(58) NSC68文書に関する全面的検証は以下のものを参照. 周桂銀「美国全球遏制戦略：NSC68決策分析」, 沈宗美編『理解与溝通：中美文化研究論文集』, 南京大学出版社, 1992年, 74-102頁; Ernest R. May (ed.), *American Cold War Strategy: Interpreting NSC 68,* Boston, New York: Bedford Books of St. Martin's Press, 1993; 張曙光『美国遏制戦略与冷戦起源再探』, 上海外語教育出版社, 2007年, 83-247頁.

(59)『周恩来年譜(1949-1976)』(上), 54頁; АВПРФ,「朝鮮戦争の前夜と初期(1949年1月-1950年10月)の主要事件の年表」, c. 38.

(60) 中国外交部檔案館, 118-00080-03, 67-68頁.

(61) 中共中央文献研究室, 中央檔案館編『建国以来周恩来文稿』第3冊, 中央文献出版社, 2008年, 31-32, 60頁.

(62) ロシチンと鄒大鵬との談話備忘録(1950年7月4日), O. A. Westad, "The Sino-Soviet Alliance and the United States: Wars, Policies, and Perceptions, 1950-1961", The Paper for the International Conference "The Cold War in Asia", January 1996, Hong Kongから引用.

(63) 中央軍事委員会は7月13日, 台湾攻略作戦の総責任者だった粟裕が東北辺防軍司令官兼政治委員に異動することを決定. これは, 台湾攻略の構想を少なくとも一時的に棚上げしたことの現れだ.『周恩来年譜(1949-1976)』(上), 52-53頁.

(64) АВПРФ,「朝鮮戦争の前夜と初期(1949年1月—1950年10月)の主要事件の年表」, c. 35-37. 実際に, 東北辺防軍を設立する正式な決定は7月13日に行われた. 8月上旬に集结したのは合わせて4個軍団と3個の砲兵師団で, 総計25万5000人だった(逄先知, 金冲及編『毛沢東伝(1949-1976)』, 中央文献出版社, 2003年, 108-109頁). しかし周恩来は決定が行われる十数日前にソ連側にその意思を伝えたが, 中国指導者の焦りと切羽詰まった気持ちが窺える.

(65) АПРФ, ф. 45, оп. 1, д. 331,л. 79.

(66) АПРФ, ф. 45, оп. 1, д. 331, л. 82.

(67)　『周恩来年譜(1949-1976)』(上)，51頁.
(68)　シトゥイコフのヴィシンスキー宛電報，1949年5月15日.『朝鮮戦争：俄国檔案館的解密文件』，187-188頁.
(69)　ЦАМОРФ，ф. 5, оп. 918795, д. 122, л. 303-305.
(70)　ЦАМОРФ, ф. 5, оп. 918795, д. 122, л. 352-355.
(71)　筆者の柴成文取材記録，2000年9月12日，北京．中国の朝鮮駐在副武官だった王大綱も回想の中で，彼らが情報を入手するのに華僑もしくは中国から戻った朝鮮族幹部を頼りにするほかなかったと述べている．Tsui David, "Did the DPRK and the PRC Sign a Mutual Security Pact?" The Paper for the International Conference "The Cold War in Asia", January 1996, Hong Kong.
(72)　参謀チームが速やかに派遣できなかった原因について，周恩来は8月26日の軍事会議で，中国側自身の判断によるものだったと語っている(中共中央文献研究室，中国人民解放軍軍事科学院編『周恩来軍事文選』第4巻，人民出版社，1997年，45-46頁)．しかしその後，周恩来はソ連大使に対し，朝鮮側が同意しなかったためと説明している(АВПРФ, Хронология основных событий кануна，c. 52-54)．ある当事者も後者の説が正しいと述べている(Goncharov, Lewis and Xue, *Uncertain Partner*，p. 163).
(73)　高崗の瀋陽軍事会議での講話(1950年8月13日)，軍事科学院軍事歴史研究部『抗美援朝戦争史』第1巻，軍事科学出版社，2000年，91-92頁から引用.
(74)　АВПРФ,「朝鮮戦争の前夜と初期(1949年1月-1950年10月)の主要事件の年表」，c. 45, 47.
(75)　АВПРФ,「朝鮮戦争の前夜と初期(1949年1月-1950年10月)の主要事件の年表」，c. 48-49; Chen Jian，*China's Road to the Korean War*, p. 273. 李相朝の回想もこの点を裏付けた．李相朝(聞き手　櫻井良子)「今初めて明かす朝鮮戦争の真実」,『文藝春秋』1990年4月号(以下，李相朝『文藝春秋』証言と略称)，168-178頁.
(76)　『建国以来周恩来文稿』第3冊，247-251頁.
(77)　ЦАМОРФ, ф. 5, оп. 918795, д. 127, л. 666-669.
(78)　АПРФ，ф. 45, оп. 1, д. 347, л. 5-6, 10-11.
(79)　АПРФ，ф. 45, оп. 1, д. 347, л. 12-13.
(80)　筆者の柴成文取材記録．李相朝の回想も金日成は当時，撤退を拒否したことを証言している．李相朝『文藝春秋』証言，171-172頁.
(81)　РГАНИ，ф. 5, оп. 28, д. 410, л. 233-295.
(82)　АПРФ, ф. 45, оп. 1, д. 331, л. 123-126,「神秘的な戦争：1950-1953年の朝鮮衝突」，c. 106-108.
(83)　グロムイコのロシチン宛電報，1950年9月20日.『朝鮮戦争：俄国檔案館的解密文件』，542-545頁.
(84)　『建国以来周恩来文稿』第3冊，311-312頁.
(85)　АПРФ，ф. 45, оп. 1, д. 331, л. 133-135,「神秘的な戦争：1950-1953年の朝鮮衝突」，c. 109-111.
(86)　АПРФ，ф. 45, оп. 1, д. 331, л. 131,「神秘的な戦争：1950-1953年の朝鮮衝突」，c. 109.
(87)　ЦАМОРФ，ф. 5, оп. 918795, д. 125, л. 86-88.
(88)　ЦАМОРФ，ф. 5,о п. 918795, д. 125, л. 89-91.
(89)　АПРФ，ф. 3, оп. 65, д. 827, л. 103-106.
(90)　АПРФ，ф. 3, оп. 65, д. 827, л. 90-93.
(91)　スターリンのシトゥイコフとマトヴィエフ(М. М. Матвеев)宛電報(1950年10月1日).『朝鮮戦争：俄国檔案館的解密文件』，573-574頁.

(92) АПРФ, ф. 45, оп. 1, д. 347, л. 46-49, л. 41-45.

(93) АПРФ, ф. 45, оп. 1, д. 347, л. 41-45.

(94) スターリンのシトゥイコフとマトヴィエフ宛電報(1950年10月1日). 『朝鮮戦争：俄国檔案館的解密文件』, 第573-574頁；АПРФ, ф. 45, оп. 1, д. 334, л. 97-98.

(95) JCS message 92801 sent to MacArthur, 27 September 1950, Harry S. Truman Papers, Staff Member and Korean War Files, Box 13, Truman Library.

(96) トルーマンとマッカーサーが1950年10月15日, ウェーク島で行った会談の内容については, Papers of DA, Memoranda of Conversation, Box 67, Truman Library を参照.

(97) 『建国以来毛沢東文稿』第1冊, 539-540頁. 『文稿』の編集者が筆者に伝えたところによると, 原文は電報の後にソ連宛の武器提供希望リストがついているが, 長すぎるため, 『文稿』に収録されなかった.

(98) Chen Jian, *China's Road to the Korean War*, p. 173. 陳兼は同書の執筆過程で中国側の当事者と関係者に大量のインタビューを行った. ここで述べたことはその一環で軍側関係者に対する取材で教えられた, という. 筆者は別のルートを通じて調査した結果も陳兼の分析を裏付けている.

(99) 『建国以来毛沢東文稿』第1冊, 538頁.

(100) 以下の資料を参照. 王焰等編『彭徳懐伝』, 北京：当代中国出版社, 1993年, 400頁；蘇維民「楊尚昆談抗美援朝戦争」,『百年潮』2009年第4号, 11頁；雷英夫『在最高統帥部当参謀——雷英夫将軍回憶録』, 南昌, 百花州文芸出版社, 1997年, 156-157頁.

(101) АПРФ, ф. 45, оп. 1, д. 334, л. 105-106.

(102) 『建国以来周恩来文稿』第3冊, 380頁.

(103) ЦАМОРФ, ф. 5, оп. 918795, д. 121, л. 705-706; ЦАМОРФ, ф. 5, оп. 918795, д. 124, л. 89-90.

(104) 中共中央文献研究室編『周恩来外交文選』, 中央文献出版社, 1990年, 25-27頁.

(105) 師哲回想録『在歴史巨人身辺』, 494-495頁；『彭徳懐伝』, 401-402頁；聶栄臻『聶栄臻回憶録』, 解放軍出版社, 1982年, 585-586頁. ほかに彭徳懐が10月14日, 抗米援朝動員大会で行った演説を参照. 彭徳懐伝記執筆組『彭徳懐軍事文選』, 中央文献出版社, 1988年, 320-321頁.

(106) 『彭徳懐伝』, 401-403頁.

(107) 蘇維民「楊尚昆談抗美援朝戦争」,『百年潮』2009年第4号, 12頁；『楊尚昆談新中国若干歴史問題』, 四川人民出版社, 2010年, 28頁.

(108) 彭徳懐『彭徳懐自述』, 人民出版社, 1981年, 258頁；『彭徳懐伝』, 403頁.

(109) スターリンの毛沢東宛電報(1950年10月5日). 『朝鮮戦争：俄国檔案館的解密文件』, 581-584頁. 筆者はほかに, スターリンが10月4日に起草した同電報の原稿を見たが, 内容はほぼ同じだが, 修正を加えて実際に送った電文の口調は原稿よりもっと強硬なものだったとの印象を受けた. 『俄国檔案原文復印件匯編：朝鮮戦争』第7巻, 909-916頁.

(110) ロシチンのスターリン宛電報(1950年10月7日). 『朝鮮戦争：俄国檔案館的解密文件』, 588-590頁.

(111) АПРФ, ф. 45, оп. 1, д. 347, л. 65-67.

(112) ЦАМОРФ, ф. 5, оп. 918795, д. 121, л. 711, 712-713；『建国以来毛沢東軍事文稿』(上), 237頁.

(113) ЦАМОРФ, ф. 5, оп. 918795, д. 121, л. 720.

(114) 『建国以来毛沢東文稿』第1冊, 543-545頁.

(115) РГАСПИ, ф. 558, оп. 11, д. 334, л. 132,「スターリン, 毛沢東と朝鮮戦争(1950-1953年)」, с. 107-108.

(116) 鄧洪解「関於辺防軍作戦準備情況問題給林彪的報告」(1950年8月31日), 執筆組編『義勇軍第一任参謀長解方将軍(1908-1984)』, 軍事科学出版社, 1997年, 89-98頁. 杜平も回想録の中でこの報告に言及した(杜平『在義勇軍総部』, 解放軍出版社, 1989年, 22頁)が, 朱徳宛に報告したと書いたのは記憶違いであろう.
(117) 『建国以来毛沢東軍事文稿』(上), 242-243, 246頁.
(118) ЦАМОРФ, ф. 5, оп. 918795, д. 121, л. 735-736.
(119) РГАСПИ, ф. 558, оп. 11, д. 334, л. 134-135, 詳しくは沈志華『毛沢東, 斯大林与朝鮮戦争』304-311頁を参照.
(120) РГАСПИ, ф. 558, оп. 11, д. 334, л. 140, 141,「スターリン, 毛沢東と朝鮮戦争(1950-1953年)」, с. 109.
(121) РГАСПИ, ф. 558, оп. 11, д. 334, л. 142-144,「スターリン, 毛沢東と朝鮮戦争(1950-1953年)」, с. 110.
(122) АПРФ, ф. 45, оп. 1, д. 335, л. 3. 金日成が撤退を組織したことに関する詳しい状況は以下の資料を参照. Alexandre Y. Mansourov, "Stalin, Mao, Kim, and China's Decision to Enter the Korean War, Sept. 16-Oct. 15, 1950: New Evidence from the Russian Archives", *CWIHP Bulletin*, Issues 6-7, Winter 1995/1996, p. 104.
(123) 『建国以来毛沢東軍事文稿』(上), 247, 248頁.
(124) 10月9日, 彭徳懐は瀋陽で第13兵団の高級幹部会に出席した時, 多くの将校は出兵に対し「内心, 抵抗があった」ことに気づいた, という. 彭徳懐の高崗問題に関する談話(1955年2月8日), 彭徳懐弁公室主任王焰のオリジナル記録による写本.
(125) 『彭徳懐伝』, 405-406頁;Chen Jian, *China's Road to the Korean War*, pp. 201-202. 陳兼が引用した資料によると, 彭徳懐はソ連が空軍支援を行わないことを聞いて激怒し, 義勇軍司令官を辞任するとまで話した, という. ただ, この説について傍証はまだ見つからない. 会議の記録が残っていないので, 討論の詳細は明らかにされていない.
(126) АПРФ, ф. 45, оп. 1, д. 335, л. 1-2; РГАСПИ, ф. 558, оп. 11, д. 334, л. 145,「スターリン, 毛沢東と朝鮮戦争(1950-1953年)」, с. 110-111.
(127) АПРФ, ф. 45, оп. 1, д. 347, л. 75.
(128) АПРФ, ф. 45, оп. 1, д. 347, л. 77.
(129) 『建国以来毛沢東軍事文稿』(上), 252-253頁.
(130) 『建国以来毛沢東軍事文稿』(上), 255頁.
(131) 『建国以来毛沢東軍事文稿』(上), 256-257頁.
(132) 『建国以来毛沢東軍事文稿』(上), 258-259頁.
(133) 『建国以来毛沢東軍事文稿』(上), 263頁.
(134) 『建国以来毛沢東軍事文稿』(上), 264頁. 1950年2-3月に中国に進駐し, 上海地域の防空に当たっていたバジツキー(Batitskii)空軍師団は同年10月中旬, 帰国したが, その装備は両国政府の協議を経て中国に売却された. 王定烈編『当代中国空軍』, 中国社会科学出版社, 1989年, 78頁.
(135) 『周恩来年譜(1949-1976)』(上), 86頁;『在歴史巨人身辺』, 501-502頁.
(136) 『建国以来周恩来文稿』第3冊, 404-405頁.
(137) 『周恩来年譜(1949-1976)』(上), 87頁;『建国以来毛沢東軍事文稿』(下), 372-374頁.
(138) АПРФ, ф. 3, оп. 65, д. 827, л. 139.
(139) 『建国以来毛沢東軍事文稿』(上), 265頁.
(140) この会議について, 今のところみられる唯一の史料は高崗の談話である. 1950年10月25日付のロシチンのモスクワ宛電報によると, 高崗は瀋陽に引き返した後, ソ連総領事レドフスキー(A. M. Ledovskii)と会った際, 党中央政治局の内部で起きた参戦をめぐる論

争を話した．高崗は周恩来が会議で出兵に反対したが，「一番肝心な時に，自分は彭徳懐を説得して，毛沢東に迅速な出兵を提案した」と伝えた(АПРФ，ф. 45, оп. 1, д. 335, л. 80-81,「神秘的な戦争：1950-1953年の朝鮮衝突」, с. 119)．高崗と周恩来は前から対立があったため，この説は信憑性が低いと見られ，少なくともほかの傍証は得られていない．

(141)『彭徳懐伝』，407頁．

(142) 前出，彭徳懐の高崗問題に関する談話(1955年2月8日)．「たとえ米国に勝てないとしても」の意味について，1970年10月10日，毛沢東は金日成との会談でも似たような表現を使っており，その理解の参考になる．毛沢東は金に，中国の朝鮮参戦は最悪な結果でも「出兵したがアメリカ人に追い出されてしまうことだ．とにかくアメリカと一回は戦った(今後につながる)」と語った．『建国以来毛沢東軍事文稿』(下)，372頁．

(143)『建国以来毛沢東軍事文稿』(上)，266頁．

(144) 毛沢東の朝鮮戦争参戦の動機に関する詳しい分析は，沈志華『毛沢東，斯大林与朝鮮戦争』317-328頁を参照．

(145) 筆者の白兆林，栄海豊に対する取材記録(2011年2月18日)，太原．白と栄の二人はいずれも参戦した義勇軍兵士だった．

(146) 毛沢東の金日成宛電報(1950年10月8日)，未刊；彭徳懐の毛沢東宛電報(1950年10月10日)，未刊；筆者の柴成文取材記録．

(147) АПРФ，ф. 45, оп. 1, д. 334, л. 97-98. 注意すべきなのは，この電報は北京にのみ送られたもので，ピョンヤンは知らされていなかったことだ．

(148) 彭徳懐の毛沢東宛電報(1950年10月25日)，未刊；筆者の柴成文取材記録．

(149) 10月30日まで，両国間の合意に基づき，朝鮮人民軍の9個の歩兵師団と特殊兵種の計11万7000人余りの将兵は中国の東北領内に避退し，再編と訓練が行われた．АПРФ，ф. 45, оп. 1, д. 347, л. 81-83. この件の担当責任者李相朝の回想によると，戦争期間中，中国領内で訓練を受けた朝鮮軍は総計35万から36万人だった．李相朝『文藝春秋』証言，173頁．

(150) 筆者の柴成文に対する取材記録；王焰編『彭徳懐年譜』，人民出版社，1998年，445頁；『建国以来毛沢東軍事文稿』(上)，291頁．

(151) 彭徳懐の毛沢東宛電報(1950年10月25日，11月2日)，未刊．

(152) 彭徳懐の毛沢東宛電報(1950年11月11日)，未刊；『抗美援朝戦争史』第2巻，167頁．

(153) 筆者の柴成文に対する取材記録；『抗美援朝戦争史』第2巻，167頁；彭徳懐の毛沢東宛電報(1950年11月11日)，未刊；『彭徳懐年譜』，449頁．

(154) 彭徳懐の中央軍事委宛で金日成転送電報(1950年11月9日)，未刊；彭徳懐の毛沢東宛電報(1950年11月18日)，未刊．

(155) 李富春の毛沢東，周恩来宛報告書(1950年11月13日)，未刊．

(156) 彭徳懐の毛沢東宛電報(1950年11月3日)未刊；毛沢東の彭徳懐宛電報(1950年11月5日)，『建国以来毛沢東軍事文稿』(上)，337頁．

(157)『建国以来周恩来文稿』第3冊，473-474，491頁．

(158)『建国以来周恩来文稿』第3冊，475-476頁．

(159)『抗美援朝戦争史』第2巻，167-168頁；本書執筆組『周恩来軍事活動紀事(1918-1975)』(下)，中央文献出版社，2000年，162-163頁．

(160) ЦАМОРФ，ф. 5, оп. 918795, д. 118, л. 50-59, Вартанов В. Н. Войиа в Корее 1950-1953 гг.: Документы и материалы, (1950-1953年の朝鮮戦争：文献と史料．以下同)，未刊，モスクワ, 1997, с. 270；『抗美援朝戦争史』第2巻，167頁；彭徳懐の毛沢東宛電報(1950年11月18日)，未刊．シトゥイコフは電報の中で，個人的見解として「各部隊の作戦行動は統一した指揮機関があってしかるべきだ」と述べた．

(161)『建国以来周恩来文稿』第3冊，515頁；『周恩来軍事活動紀事』(下)，164頁．

(162) ЦАМОРФ, ф. 5, оп. 918795, д. 124, л. 499-501,『1950-1953 年の朝鮮戦争:文献と史料』, с. 293-295.
(163) ЦАМОРФ, ф. 5, оп. 918795, д. 124, л. 308-310,『1950-1953 年の朝鮮戦争:文献と史料』, с. 282. 1950 年 7 月 4 日, 金日成は朝鮮人民軍最高司令官に就任(『김일성 략전(金日成略伝)』, ピョンヤン:外国文出版社, 2001 年, 第 157 頁). それ以後, 彼はこの職務をやめたことはなく, 時々最高司令官の名義で朝鮮人民軍に発令したが, 外向けでは主に戦闘結果の広報に使われた.
(164) ЦАМОРФ, ф. 5, оп. 918795, д. 124, л. 326-329,『1950-1953 年の朝鮮戦争:文献と史料』, с. 285.
(165) ЦАМОРФ, ф. 5, оп. 918795, д. 124, л. 429,『1950-1953 年の朝鮮戦争:文献と史料』, с. 289;『建国以来周恩来文稿』第 3 冊, 565-566 頁.
(166) ЦАМОРФ, ф. 5, оп. 918795, д. 124, л. 480-481, 499-501,『1950-1953 年の朝鮮戦争:文献と史料』, с. 291, 293-295.
(167) 中共中央文献研究室編『毛沢東年譜(1949-1976)』第 1 巻, 中央文献出版社, 2013 年, 254-255 頁;『周恩来軍事活動紀事』(下), 168-169 頁;『周恩来軍事文選』第 4 巻, 122-123 頁.
(168) ЦАМОРФ, ф. 5, оп. 918795, д. 124, л. 553,『1950-1953 年の朝鮮戦争:文献と史料』, с. 299.
(169)『毛沢東年譜(1949-1976)』第 1 巻, 258-259 頁;『建国以来毛沢東軍事文稿』(上), 399-400 頁.
(170) 筆者の柴成文取材記録;彭徳懐の毛沢東宛電報(1950 年 12 月 7 日), 未刊;『彭徳懐年譜』, 453 頁.
(171) 彭徳懐の第 9 兵団宛電報(1950 年 12 月 13 日, 16 日, 19 日), 未刊;『彭徳懐年譜』, 465 頁.
(172) 毛沢東の義勇軍総司令部宛電報(1950 年 12 月 8 日), 未刊.
(173)『周恩来軍事活動紀事』(下), 169-171 頁.
(174) ソ連空軍の参戦に関する新しい研究は, 沈志華「対朝戦初期蘇聯出動空軍問題的再考察」,『社会科学研究』2008 年第 2 号, 31-43 頁を参照.
(175)『建国以来周恩来文稿』第 3 冊, 427 頁.
(176) АПРФ, ф. 45, оп. 1, д. 335, л. 71-72.
(177)『周恩来軍事活動紀事』(下), 178-179 頁;沈志華『毛沢東, 斯大林与朝鮮戦争』, 331-340 頁.
(178)『ソ連軍事顧問団団長ラズワエフの 6・25 戦争報告書』第二編, 48-53 頁.
(179)『抗美援朝戦争史』第 3 巻, 269, 394 頁.
(180) РГАНИ, ф. 5, оп. 28, д. 410, л. 233-295.
(181) 彭徳懐の毛沢東宛電報(1950 年 12 月 19 日), 未刊;『彭徳懐年譜』, 456 頁.
(182)『建国以来周恩来文稿』第 3 冊, 625-626 頁.
(183)『毛沢東軍事文集』第 6 巻, 軍事科学出版社, 中央文献出版社, 1993 年, 245-246, 249-250 頁.『建国以来毛沢東軍事文稿』(上), 420-422, 423-424 頁.
(184)『彭徳懐軍事文選』, 383 頁;彭徳懐の金日成宛電報(1951 年 1 月 3 日), 未刊;『彭徳懐年譜』, 464 頁.
(185) АПРФ, ф. 3, оп. 1, д. 336, л. 81-82.
(186) 義勇軍党委員会は, 現時点で各部隊は「兵員が不足し, 補給が追い付かず, 体力が消耗しきっており, 一時休養して補充を受け, 輸送と供給を改善しなければ, 持続的作戦は難しい」と報告した.「義勇軍党委致中共中央電(1951 年 1 月 8 日), 未刊;楊鳳安・王天成

『駕馭朝鮮戦争的人』，中共中央党校出版社，1993 年，222 頁．
(187)　彭徳懐『彭徳懐自述』(内部タイプ印刷本)，未刊，350 頁．
(188)　ЦАМОРФ，ф. 5, оп. 918795, д. 124, л. 667-668,『1950-1953 年の朝鮮戦争：文献と史料』，с. 300.
(189)　ЦАМОРФ，ф. 5, оп. 918795, д. 124, л. 750-752,『1950-1953 年の朝鮮戦争：文献と史料』，с. 303-305.
(190)　『彭徳懐年譜』，463 頁．
(191)　『内部参考』1951 年 2 月 12 日第 21 号，21-61 頁．
(192)　筆者の柴成文に対する取材記録；彭徳懐の毛沢東宛電報(1951 年 1 月 1 日)，未刊；柴成文の彭徳懐宛電報(1951 年 1 月 8 日)，未刊；『彭徳懐年譜』，465-466 頁．
(193)　王亜志「抗美援朝戦争中的彭徳懐，聶栄臻」，『軍事史林』1994 年第 1 号，11 頁．
(194)　『彭徳懐年譜』，465 頁．
(195)　筆者の柴成文に対する取材記録；彭徳懐と金日成との会談記録(1951 年 1 月 10-11 日)，未刊．
(196)　筆者の柴成文に対する取材記録；『彭徳懐年譜』，466 頁．
(197)　『彭徳懐年譜』，461 頁；洪学智『抗美援朝戦争回憶』，北京：解放軍文芸出版社，1990 年，111-112 頁；『抗美援朝戦争中的彭徳懐，聶栄臻』，11 頁．
(198)　АПРФ，ф. 45, оп. 1, д. 337, л. 1-3.
(199)　АПРФ，ф. 45, оп. 1, п. 337, л. 37-40.
(200)　ラズワエフのモスクワ宛電報(1951 年 9 月 10 日)．『朝鮮戦争：俄国檔案館的解密文件』，1022-1026 頁．
(201)　РГАНИ，ф. 5, оп. 28, д. 314, л. 48.
(202)　沈志華「試論 1951 年初中国拒絶聯合国停火議案的決策」，(北京)『外交評論』2010 年第 4 号，125-146 頁．
(203)　ラズワエフがゾーリン(V. A. Zorin)に提出した調査報告(1951 年 5 月 1 日)．『俄国檔案原文復印件匯編：朝鮮戦争』第 9 巻，1178-1195 頁．
(204)　『周恩来軍事文選』第 4 巻，131-134 頁．『建国以来周恩来文稿』第 3 冊，694-697 頁．
(205)　1951 年，義勇軍の輸送車両の損失率は 84.6% に達した．『抗美援朝戦争後勤経験総括・専業勤務』(下)，北京：金盾出版社，1987 年，140 頁．
(206)　『建国以来周恩来文稿』第 3 冊，452 頁．
(207)　張明遠「風雪戦勤——憶抗美援朝戦争的後勤保障」，『当代中国史研究』2000 年第 6 号，34 頁；『抗美援朝戦争後勤経験総括・専業勤務』(下)，6 頁．
(208)　『彭徳懐年譜』，449 頁；張明遠『風雪戦勤』，29 頁．
(209)　筆者の柴成文に対する取材記録．
(210)　筆者の柴成文に対する取材記録；彭徳懐の毛沢東宛電報(1950 年 12 月 7 日)，未刊．
(211)　『建国以来周恩来文稿』第 3 冊，618 頁．
(212)　『周恩来年譜(1949-1976)』(上)，108 頁；『建国以来周恩来文稿』第 3 冊，675-676 頁．
(213)　『抗美援朝戦争後勤経験総括・専業勤務』(下)，6 頁．
(214)　朝鮮交通省命令(1951 年 1 月 15 日)，未刊．
(215)　『抗美援朝戦争後勤経験総括・基本経験』，金盾出版社，1987 年，41-42 頁；張明遠『風雪戦勤』，34 頁．
(216)　『抗美援朝戦争後勤経験総括・資料選編(鉄路運輸類)』(下)，解放軍出版社，1988 年，273，282，285 頁．
(217)　張明遠『我的回憶』，中共党史出版社，2004 年，370 頁．
(218)　『抗美援朝戦争後勤経験総括・資料選編(鉄路運輸類)』(下)，283-284 頁；張明遠『風雪

戦勤』，33頁.
(219) 局長黄鐸，政治委員呉冶山の劉居英への報告書(1951年2月11日，3月17日)，未刊.
(220) 『抗美援朝戦争後勤経験総括・専業勤務』(下)，3-4頁，6頁.
(221) 筆者の柴成文に対する取材記録.
(222) 葉，張，彭の高崗宛電報(1951年2月19日)，未刊.
(223) 葉，張，彭の高崗宛電報(1951年3月15日)，未刊；彭徳懐の高崗宛で周恩来転送電報(1951年3月22日)，未刊.
(224) 周恩来の高崗，彭徳懐宛電報(1951年3月25日)，未刊.
(225) スターリンの毛沢東宛電報(1951年3月25日).『朝鮮戦争：俄国檔案館的解密文件』，724-725頁.
(226) 周恩来の高崗，彭徳懐宛電報(1951年3月25日)，未刊.
(227) 『周恩来年譜(1949-1976)』(上)，148頁；『周恩来軍事活動紀事』(下)，204頁.
(228) 「中朝両国関於鉄路戦時実行軍事管制的協議」(1951年5月4日)，未刊.
(229) 『抗美援朝戦争後勤経験総括・専業勤務』(下)，6-7頁；『抗美援朝戦争後勤経験総括・基本経験』，66-67頁.
(230) 劉居英「1952年第一季度対敵闘争総結報告」(1952年4月)，未刊.
(231) 前方鉄道司令部「1952年上半年度朝鮮鉄路対敵闘争及運輸工作総結」(1952年7月20日)，未刊.
(232) 「関於保証戦時中朝聯合軍事管制的朝鮮鉄路所需運用車両問題的協議」，「関於在朝鮮境内修築鉄路的協定」(1952年11月)，未刊.
(233) 劉居英「朝鮮停戦後有関鉄路管理和修建問題的意見」(1953年6月22日)，未刊.
(234) 周恩来の金日成宛電報(1953年6月28日)，未刊.
(235) 『彭徳懐自述』，352頁. 朝鮮の鉄道修復を助ける必要上，鉄道軍事管理総局の朝鮮側が正職，中国側が副職という指導体制はまたしばらく続いた. 1954年3月1日，中朝連合軍運輸司令部は正式に撤廃された.「軍管総局党委拡大会議記録」(1953年8月18日)，未刊；『抗美援朝戦争史』第3巻，515頁.
(236) 『聶栄臻回憶録』，591頁.
(237) 金日成の彭徳懐宛電報(1951年5月30日)，未刊；毛沢東の彭徳懐宛電報(1951年6月11日)，未刊.
(238) АПРФ，ф. 45, оп. 1, д. 339, л. 23, 28-29.
(239) АПРФ，ф. 45, оп. 1, д. 339, л. 31-32.
(240) 停戦交渉の過程について詳しくは，柴成文，趙勇田『板門店談判』，解放軍出版社，1992年を参照. 中米双方の対応策について，牛軍「抗美援朝戦争中的停戦談判決策研究」，(上海)『上海行政学院学報』2005年第1号，35-47頁；鄧峰「追求覇権：杜魯門政府対朝鮮停戦談判的政策」，『中共党史研究』2009年第4号，34-45頁.
(241) ラズワエフのモスクワ宛電報(1951年9月10日).『朝鮮戦争：俄国檔案館的解密文件』，1022-1026頁. 公文書のコピーには受取人が表記されていない.
(242) 少なくとも1951年11月中旬まで，毛沢東はまだ，捕虜問題に関して合意することは難しくないと信じていた. АПРФ，ф. 45, оп. 1, д. 342, л. 16-19.
(243) АПРФ，ф. 45, оп. 1, д. 342, л. 81-83.
(244) ラズワエフの1952年第1四半期活動報告，Волохова А. Переговоры о перемирии в Корее，1951-1953(朝鮮の休戦交渉について(1951-1953年). 以下同)，論文，Проблемы дальнего востока，2000, No. 2, c. 104から引用.
(245) ラズワエフの1952年第2四半期活動報告，「朝鮮の休戦交渉について(1951-1953年)」，c. 104から引用.

(246)　ヴィシンスキーのモロトフ宛電報(1952 年 7 月 7 日).『朝鮮戦争：俄国檔案館的解密文件』, 1182-1183 頁.
(247)　『周恩来年譜(1949-1976)』(上), 249-250 頁. 米国の停戦交渉に関する戦術の転換およびその原因について, 沈志華「対日和約与朝鮮停戦談判」,『史学集刊』2006 年第 1 号, 66-75 頁.
(248)　『周恩来軍事文選』第 4 巻, 289-290 頁. 電報のロシア公文書は以下のファイルに. АПРФ, ф. 45, оп. 1, п. 343, л. 72-75.
(249)　『周恩来軍事活動紀事』(下), 280 頁.
(250)　毛沢東のスターリン宛電報(1952 年 7 月 18 日).『朝鮮戦争：俄国檔案館的解密文件』, 1187-1189 頁. 毛沢東はこの電報の中に金日成からの 7 月 16 日付返電も添付した.
(251)　ラズワエフのスターリン宛電報(1952 年 7 月 17 日).『朝鮮戦争：俄国檔案館的解密文件』, 1184-1185 頁.
(252)　『彭徳懐年譜』, 449 頁.
(253)　『周恩来軍事活動紀事』(下), 242 頁.
(254)　「朝鮮の休戦交渉について(1951-1953 年)」, c. 106, 108.
(255)　『周恩来年譜(1949-1976)』(上), 250 頁；スターリンの毛沢東宛電報(1952 年 7 月 16 日).『朝鮮戦争：俄国檔案館的解密文件』, 1186 頁.
(256)　スターリンと周恩来との会談記録(1952 年 8 月 20 日, 9 月 19 日).『朝鮮戦争：俄国檔案館的解密文件』, 1195-1204, 1227-1232 頁. これに対し, 和田春樹は, 1952 年に周恩来が訪ソした際, 朝鮮は休戦を要求し, ソ連も休戦を望んだが, 中国だけは休戦したくなかったため, スターリンは最後に, 周恩来の意見に同意せざるを得なかったとの見方を示している. Haruki Wada, "Stalin and the Japanese Communist Party, 1945-1953", The Paper for the International Conference "The Cold War in Asia", January 1996, Hong Kong. ただし, 著者はこの見解に公文書の根拠を提示していない. 米国の学者マストニーはさらに別の見方を提示し, 周恩来がソ連に行った目的は中国と朝鮮が休戦を期待する願望を伝えるためで, スターリンはこれに強く反対したとし, さらにはその 2 カ月後に劉少奇がモスクワのソ連共産党第十九回大会に出席したのも休戦の実現をめぐってスターリンを説得するためだったと主張するが, 筆者はこの分析に同意できない. Vojtech Mastny, *The Cold War and Soviet Insecurity: The Stalin Years*, New York and Oxford: Oxford University Press, 1996, pp. 147-148. 筆者から見れば, 日本や米国の学者を誤解させたのは周恩来の含蓄ある婉曲な表現方法だった.
(257)　洪学智が伝達したスターリンの宴会での演説(1952 年 11 月 18 日), 未刊.
(258)　スターリンと金日成, 彭徳懐との会談記録(1952 年 9 月 4 日).『朝鮮戦争：俄国檔案館的解密文件』, 1214-1221 頁.
(259)　中国外交部檔案館, 113-00118-01, 3-5 頁.
(260)　『彭徳懐自述』, 352 頁.
(261)　一番典型的な実例は 1951 年 6 月末から 7 月初めにかけて行われた休戦交渉の問題をめぐる三者間の話し合いに示された. スターリンは毛沢東に対し, 中国が交渉に関する指導的な責任を引き受けるべきだと明確に語り, ソ連は朝鮮と直接的な連絡をしないとも表明した. 同時にスターリンは金日成に対し, 関連の諸問題について「朝鮮政府は中国政府と協議した上で共同の案を作成すべきだ」と伝えた. АПРФ, ф. 45, оп. 1, д. 339, л. 95-96; д. 340, л. 5.

第三章

(1)　『建国以来毛沢東軍事文稿』(上), 235-236 頁.
(2)　『毛沢東年譜(1949-1976)』第 1 巻, 254-255 頁.

(3) 『建国以来毛沢東軍事文稿』(上), 348頁.
(4) 『建国以来毛沢東軍事文稿』(上), 420-422頁.
(5) 『毛沢東年譜(1949-1976)』第1巻, 284-285頁.
(6) 翰林大学亜細亜文化研究所編『한국전쟁기 중공군문서: 1949-1953. 3』(『韓国戦争期間の中共軍文書』)第2巻, 資料叢書第30号(中国語写真版), 翰林大学出版部, 2000年, 13-34, 291-294頁. 義勇軍の各部隊が制定した中朝友好の準則や規定は守則, 規定は271, 315-317, 362-363頁を参照. 発布された軍紀違反に関する判決書は255, 265-266頁を参照. 李寿軒が輸送と修復に関する幹部連絡会議で行った発言の要旨(1951年9月27日), 未刊.
(7) 山西省檔案館, C54-1005-17, 163頁.
(8) 『周恩来年譜(1949-1976)』(上), 330頁.
(9) 中朝聯合鉄道運輸司令部「援朝鉄路経費預決算執行情況報告」(1954年4月19日), 未刊. 原文は旧通貨のレートで計算したものだが, 1955年3月, 中国人民銀行は新通貨(1元は旧通貨1万元相当)を発行した. ここでは新通貨に換算している. 以下同.
(10) 石林編『当代中国的対外経済合作』, 中国社会科学出版社, 1989年, 24頁. 1952年10月27日, 周恩来は金日成宛の書簡で, 朝鮮人民の越冬を援助するため, 商業部副部長沙千里を派遣して, 50万セットの綿入れ服, 150万足のゴム靴を朝鮮に寄贈すると伝えた. 中国外交部檔案館, 117-00208-03, 47-49頁.
(11) 河北省檔案館, 694-7-10, 103-105頁.
(12) 河北省檔案館, 855-1-73, 1頁; 699-1-6, 3頁; 山西省檔案館, C49-4-55, 1頁; C42-1-107, 1頁.
(13) 金英玉「無私的援助, 神聖的責任」, 『延辺文史資料』第10巻(2003年), 212-219頁.
(14) 『ソ連軍事顧問団団長ラズワエフの6・25戦争報告書』第三編, 12-13, 14頁. ソ連はこれについて計算高いように感じられる. 上述の報告が届くまで, ソ連赤十字と紅新月連合会と閣僚会議, 外務省の間ではまだ100名の朝鮮孤児を受け入れるかどうかをめぐって論争していた. 休戦後, ポーランドは1000名を, チェコスロバキアは700名の朝鮮孤児をそれぞれ受け入れると表明していた. カロリュウカ(L. M. Karoliuka)と李東根との談話記録(1953年6月5日). 沈志華・崔海智の収集と整理による『俄国檔案原文復印件匯編: 中朝関係』, 華東師範大学冷戦国際史研究中心所蔵, 2015年, 第1巻, 214-215頁.
(15) 河北省檔案館, 700-3-775, 10-15頁.
(16) 詳しくは以下の資料を参照. 中国外交部檔案館, 106-00031, 106-00036, 109-00161, 109-00330, 109-00360の各巻, 各ファイル.
(17) たとえば1952年8月22日, 洪学智から, 朝鮮政府は越冬の綿入れ服問題を解決するため, 少なくとも30万着の援助を申し入れているとの電報報告を受けとると, 毛沢東はすぐ翌日,「30万着の冬服は寄贈するとせよ」と電文の上に指示を書いた. 28日, さらに外交部の朝鮮側への返電原稿に, この30万着の綿入れ服は寄贈するもので, 返済は不要であり, 帳簿記入も要らないと書き足した. 顧龍生編著『毛沢東経済年譜』, 308頁.
(18) ジュネーブ会議に関する機密解除された最新の公文書については, 中華人民共和国外交部檔案館編『中華人民共和国外交檔案選編(第1集): 1954年日内瓦会議』, 世界知識出版社, 2006年を参照.
(19) 『朝鮮戦争: 俄国檔案館的解密文件』, 1341-1344頁. ほかに以下の資料を参照. РГАНИ, ф. 5, оп. 28, д. 314, л. 33-63;『人民日報』1954年4月24日第3面.
(20) 『朝鮮戦争: 俄国檔案館的解密文件』, 1327-1328頁; АВПРФ, ф. 0102, оп. 09, п. 44, д. 4, Charles K. Armstrong, "'Fraternal Socialism': The International Reconstruction of Korea, 1953-62", *Cold War History*, Vol. 5, No. 2, May 2005, p. 163から引用.
(21) 『朝鮮戦争: 俄国檔案館的解密文件』, 1326頁.

(22) 『金日成著作集』第8巻，ピョンヤン：外国文出版社，1981年，16，35頁．実際には，この時点で朝鮮に10億ルーブルを援助する決定について，ソ連はまだ政府文書を作成しておらず，ピョンヤンに正式に通知もしていなかった．

(23) 以下の史料はソ連側が朝鮮の援助要請を冷静に受け止め，慎重に対応したことを示している．『朝鮮戦争：俄国檔案館的解密文件』，1329-1330頁．АПРФ，ф. 3, оп. 65, д. 779, л. 2; АПРФ，ф. 3, оп. 65, д. 779, л. 11-12.

(24) АПРФ，ф. 3, оп. 65, д. 779, л. 26, 28-29.; スズダレフ(Suzdalev)日記(1953年8月12日)，『俄国檔案原文復印件匯編：中朝関係』第1巻，246-249頁．

(25) АВПРФ，ф. 0102, оп. 7, п. 27, д. 47, л. 115-120; РГАНИ，ф. 5, оп. 28, д. 412, л. 307-327；『人民日報』1957年10月27日第6面．ソ連の10億ルーブルは二回にわたって供与され，それぞれ1954年は6.5億，1955年は3.5億だった．АВПРФ，ф. 0102, оп. 11, п. 61, д. 12, л. 4,「1953-1956年における朝鮮指導部の政治闘争：原因と過程」，с. 122.

(26) 仮に金日成がソ連の対外援助の全容を知っていれば，満足すべきだったのかもしれない．ソ連が最初に新中国政府に正式に供与した経済援助は12億ルーブルの低金利借款(無償援助ではない)で，途上国に対する最初の援助は1954年，アフガニスタンへの700万ドル(2700万ルーブル)だった．『蘇聯対外貿易基本統計(1954-1975)』，北京：人民出版社，1976年，155頁．

(27) РГАНИ，ф. 5, оп. 28, д. 412, л. 170-172；『人民日報』1954年1月24日第6面；『人民日報』1956年7月9日第5面．ほかに以下の資料を参照．Bernd Schafer, "Weathering the Sino-Soviet Conflict: The GDR and North Korea, 1949-1989", *CWIHP Bulletin*, Issues 14/15, p. 25; Armstrong, "'Fraternal Socialism': The International Reconstruction of Korea", pp. 168-169, 174-175. ただ，別の資料によると，東欧諸国が1954年，朝鮮に供与した無償援助の総金額は1億4400万ルーブルだった，という．ソ連対外貿易研究所編『各人民民主国家経済的発展：蒙古人民共和国，朝鮮民主主義人民共和国，越南人民共和国(1954年概況)』，北京，財政経済出版社，1956年，第34頁．

(28) ビヤコフと朴永彬との談話記録(1953年10月15日)，『俄国檔案原文復印件匯編：中朝関係』第1巻，291-296頁．

(29) АПРФ，ф. 3, оп. 65, д. 363, л. 20-23.

(30) 彭徳懐の毛沢東宛電報(1950年10月10日)，未刊；筆者の柴成文に対する取材記録．

(31) 『周恩来年譜(1949-1976)』(上)，334-335頁．

(32) АВПРФ，ф. 0102, оп. 7, д. 47, п. 27, л. 115-120；『人民日報』1953年11月24日第1面．1955年3月，中国は新通貨を発行し，中国人民銀行が発表した為替レートにより，1人民元は2ルーブル，0.3821ドル相当と決められた．対外貿易部編印『対外貿易有関資料匯編(第一分冊)：我国対外貿易基本情況』(1956年5月)，未刊，45頁．ほかに，中国の関係資料によると，朝鮮戦争期間，中国の朝鮮との貿易黒字は8053万米ドルだったが，1953年，それはすべて朝鮮に贈与した．沈覚人編『当代中国的対外貿易』(上)，北京：当代中国出版社，1992年，300頁．ただ，この金額は対朝鮮援助総額の7.29億元(約2.785億ドル)に含まれたかどうかは不明である．

(33) 「民主徳国駐朝使館的報告：関於兄弟国家的経済援助」(1956年9月8日)，PA MfAA (Political Archive of Ministry of Foreign Affairs of the German Democratic Republic，ドイツ民主共和国外務省政治公文書館，以下同)，A7013, Bl. 17.

(34) 「民主徳国駐朝使館的報告：関於兄弟国家援助朝鮮国民経済重建的総合材料」(1956年1月4日)，PA MfAA, A7013, Bl. 50.

(35) 中国人民解放軍総後勤部財務部，軍事経済科学院編『中国人民解放軍財務工作大事記(1927-1994)』(1997年10月)，未刊，235頁．

(36) АВПРФ, ф. 0102, оп. 7, д. 47, п. 27, л. 115-120. 朝鮮研修人員と中国専門家の条件に関する協定は，上海市檔案館，A38-2-352，第50-52頁を参照.

(37) ソ連の朝鮮に対する援助について，アゴフ博士の計算結果は18億ルーブルだった．延期して返済した借款の2.98億と免除された非貿易の支払い債務の0.75億ルーブルのほか，1.4億ルーブルの借款と5億ルーブルの軍事援助も加えられている．Avram Agov, "North Korea in the Socialist World: Integration and Divergence, 1945-1970", Ph. D. Dissertation, The University of British Columbia, Vancouver, 2010, Unpublished, p. 255-256.

(38) 二年後，ソ連の中国に対する援助の金額換算方法が変わった．ソ連対外貿易部の資料によると，中国の朝鮮に供与した商品の価格はソ連の輸出した商品の価格を大きく上回り，この計算方法に従えば，中国が朝鮮に援助した8億元(人民元)は8.5億ルーブルにしか相当しないことになる(РГАНИ，ф. 5, оп. 28, д. 314, л. 45-48)．その後，ソ連の援助金額に関する統計はすべてこの方法を使った．ルーブルと人民元のレートは，1955年3月以前は1ルーブル＝5000元であり，中国で新通貨が発行されてからは1ルーブル＝0.5元だった．その後，ソ連がルーブルのレートを上げたため，1958年，中朝両国の貿易はルーブルを決算通貨にした際，中国国務院の認可で，1ルーブル＝0.95元(暫定)というレートが使われることになった．湖北省檔案館，SZ73-02-0351, 16-19頁.

(39) 1956年，ソ連は朝鮮に対する5.6億ルーブルの借款の返済を免除し，1960年も7.6億ルーブルの借款を免除し，後に朝鮮はさらにソ連への負債額1.4億ルーブルを踏み倒し，返済しなかった(Agov, "North Korea in the Socialist World", p. 208)．この14.6億ルーブルはソ連による朝鮮への無償援助と見なされていい.

(40) 1953年の中国の国家予算の収入は233.5億元だった．中国社会科学院，中央檔案館編『1953-1957中華人民共和国経済檔案資料選編』財政巻，中国物価出版社，2000年，140頁．これで計算すると，中国の朝鮮に供与した無償援助は年間国家予算収入の3.4%相当になる.

(41) Kim Deok, "Sino-Soviet Dispute and North Korea", *Korea Observer*, 1979, Vol. 10, No. 1, p. 12.

(42) 山西省檔案館，C54-1005-15，第85-89頁.

(43) 『周恩来年譜(1949-1976)』(上)，335頁.

(44) РГАНИ，ф. 5, оп. 28, д. 314, л. 45-48. ほかの統計によると，社会主義諸国による援助は1954年の朝鮮の財政収入の35%を占めた．РГАНИ，ф. 5, оп. 28, д. 412, л. 164-167.

(45) 上海市檔案館，A38-2-352，第1-4頁；石林編『当代中国的対外経済合作』，26頁.

(46) 『人民日報』1956年8月25日第2面.

(47) 「民主徳国駐朝使館的報告：関於兄弟国家援助朝鮮国民経済重建的総合材料」(1956年1月4日)，PA MfAA, A7013, Bl. 51.

(48) 『人民日報』1954年3月31日第1面，6月25日第3面，5月9日第1面，5月28日第1面，6月6日第1面.

(49) 『人民日報』1957年10月25日第5面，1958年10月31日第3面．義勇軍の朝鮮に対する支援は，『抗美援朝戦争史』第3巻，511-518頁を参照.

(50) 『人民日報』1954年3月23日第4面.

(51) 『人民日報』1954年4月24日第3面，4月27日第4面.

(52) 詳しくは南炫旭(남현욱)編『중. 소의 대북한원조 및 무역현황(1946-1978)』(『中ソの対朝鮮援助及び貿易状況(1946-1978)』)，韓国国土統一院調査研究室，1979年2月，未刊，第10頁を参照.

(53) 李富春の中朝貿易交渉に関する指示伺いの報告(1957年9月30日)，中国国家計委檔案科，未刊.

(54) 対外貿易部弁公庁編印『対外貿易部重要文件匯編(1949-1955)』(1957年3月)，未刊，

第28頁．ロシア公文書の資料によると，1956年の時点で，中朝貿易は極端な不均衡にあり，中国の物資供給量は朝鮮の供給量をおよそ11倍上回った．1956年の前9カ月，中国の朝鮮への輸出は全年計画の90% 以上を実現したが，同じ時期，朝鮮は予定の58.4% しか達成しなかった．АВПРФ，ф. 05, оп. 28, п. 103, д. 409, л. 139–163.

(55)　Armstrong, "'Fraternal Socialism': The International Reconstruction of Korea", p. 164.

(56)　Agov, "North Korea in the Socialist World" pp. 256–257.

(57)　РГАНИ，ф. 5, оп. 28, д. 412, л. 136–151. ほかに「1953–1956年における朝鮮指導部の政治闘争：原因と過程」，c. 127を参照.

(58)　РГАНИ，ф. 5, оп. 28, д. 314, л. 33–63; РГАНИ，ф. 5, оп. 28, д. 412, л. 6–20. ほかに Balazs, "You Have No Political Line of Your Own", p. 90を参照.

(59)　イワノフ(V. I. Ivanov，ソ連大使)日記，1955年8月1, 6日，『俄国檔案原文復印件匯編：中朝関係』第3巻，794–796頁，802–803頁.

(60)　Chen Jian, "Reorienting the Cold War: The Implications of China's Early Cold War Experience,Taking Korea as a Central Test Case", Tsuyoshi Hasegawa(ed.), *The Cold War in East Asia(1945–1991)*，Washington D.C. and Stanford: Woodrow Wilson Center Press & Stanford University Press, 2011, p. 88.

(61)　Dae-sook Suh, *Kim Il Sung: The North Korean Leader*, New York: Columbia University Press, 1988, pp. 130–134.

(62)　中国共産党中央対外連絡部(中連部)編『朝鮮労働党歴届中央全会概況』，12–14頁.

(63)　ラザレフ(S. P. Lazarev)日記，1953年9月26日，『俄国檔案原文復印件匯編：中朝関係』第1巻，278–280頁.

(64)　毛沢東とソ連共産党中央代表団との会談記録(1956年9月18日)，未刊.

(65)　Dae-sook Suh, *Kim Il Sung*, pp. 134–136. 朴憲永の裁判に関する詳しい検証とその関連資料は，金南植(김남식)・沈之淵(심지연)編著『박헌영노선 비판』(『朴憲永路線批判』)，ソウル：世界出版社，1986年，459–535頁を参照.

(66)　ГАРФ(Государственный Архив Российской Федерации，ロシア連邦国家公文書館，以下同)，ф. 5446, оп. 98, д. 721, л. 203–204.

(67)　毛沢東とソ連共産党中央代表団との会談記録(1956年9月18日)，未刊.

(68)　『金日成著作集』第6巻，169–171頁；中連部編『朝鮮革命資料』第2巻，46–48頁；中国語版の金日成の著作集の中では，武亭を名指しで批判した内容は削除された．これらの内容は早期に出版した朝鮮語の原著に見られる．『金日成選集』第3巻，ピョンヤン：朝鮮労働党出版社，1954年，139–140頁.

(69)　中連部編『朝鮮革命資料』第2巻，46–48頁；Dae-sook Suh, *Kim Il Sung*, pp. 122–123；金学俊『朝鮮五十七年史』，201頁.

(70)　『朝鮮民主主義人民共和国秘録』(上)，147頁；金日成『与世紀同行』第8巻，353頁．筆者の金忠植取材記録.

(71)　義勇軍が朝鮮に進出した後，金日成は朝鮮の幹部は個人的に中国人と接触してはならないと規定した．朴一禹は時々義勇軍側に状況を通報し，徐輝は休戦交渉担当の中国外交部副部長李克農と密接な交流があったことに対し，金日成は激怒し怒鳴りつけた，という．筆者の柴成文，金忠植に対する取材記録.

(72)　筆者の金忠植に対する取材記録；「1953–1956年における朝鮮指導部の政治闘争：原因と過程」，c. 124；徐龍男「延辺籍朝鮮人民軍退伍軍人采訪録」，『冷戦国際史研究』第7巻(2008年冬季号)，第268頁；『抗美援朝戦争史』第3巻，269頁.

(73)　金学俊『朝鮮五十七年史』，213頁；李鐘奭『北韓－中国関係』，200頁.

(74)　РГАНИ，ф. 5, оп. 28, д. 314, л. 192.

(75)　『金日成著作集』第7巻，355-356頁．後に金日成が朴一禹を名指しで批判した際，「個人英雄主義」といった罪名を使った．『金日成著作集』第9巻，251-253頁．
(76)　筆者の金忠植に対する取材記録．後に朴一禹に課せられた罪名の一つは「外国に密通する」ことだった．
(77)　サムソノフ(G. Ye. Samsonov)と金明燮との談話記録(1955年1月14日)，『俄国檔案原文復印件匯編：中朝関係』第4巻，963-964頁．
(78)　『金日成著作集』第9巻，247-254頁；РГАНИ，ф. 5, оп. 28, д. 314, л. 197.
(79)　РГАНИ，ф. 5, оп. 28, д. 314, л. 202-203；筆者の金忠植に対する取材記録；Andrei Lankov, *Crisis in North Korea: The Failure of De-Stalinization, 1956*, Honolulu: University of Hawaii Press, 2004, pp. 35-36.
(80)　クルジュコフ(I. F. Kurdiukov, 外務省第1極東局副局長)のモロトフ宛報告書(1955年5月10日)，『俄国檔案原文復印件匯編：中朝関係』第5巻，1263-1266頁．
(81)　ГАРФ，ф. 5446, оп. 98, д. 721, л. 205-210; РГАНИ，ф. 5, оп. 28, д. 411, л. 22-42.
(82)　ГАРФ，ф. 5446, оп. 98, д. 721, л. 203-204.
(83)　РГАНИ，ф. 5, оп. 28, д. 410, л. 173-175.
(84)　『金日成著作集』第6巻，415-421頁；金学俊『朝鮮五十七年史』，212-213頁；李鐘奭『北韓-中国関係』，200頁；北韓年鑑刊行委員会編『北韓総鑑(1945-1968)』，ソウル：共産圏問題研究所，1968年，173-174頁；Dae-sook Suh, *Kim Il Sung*, pp. 124-125.
(85)　スズダレフ(Suzdalev)日記(1953年6月30日，7月2日)，『俄国檔案原文復印件匯編：中朝関係』第1巻，204-208頁．
(86)　中連部編『朝鮮労働党歴届中央全会概況』，12-14頁．許嘉誼の死因について複数の説がある．多くの人は許が暗殺されたと信じている．以下の資料を参照．Lankov, *Crisis in North Korea*, p. 17；李鐘奭『北韓-中国関係』，200頁；金学俊『朝鮮五十七年史』，213頁．ただ筆者自身は，許嘉誼はすでに職務を剝奪され，グループ活動もなかったため，彼を暗殺する必然性は存在せず，許の性格や当時の激しい感情から見て，自殺の可能性は比較的に大きいと見る．
(87)　РГАНИ，ф. 5, оп. 28, д. 411, л. 22-42; РГАНИ，ф. 5, оп. 28, д. 411, л. 14-19；中連部編『朝鮮労働党歴届中央全会概況』，18-19頁；РГАНИ，ф. 5, оп. 28, д. 412, л. 3-6.
(88)　РГАНИ，ф. 5, оп. 28, д. 412, л. 94-99.
(89)　РГАНИ，ф. 5, оп. 28, д. 412, л. 102-103; РГАНИ，ф. 5, оп. 28, д. 410, л. 73-85; РГАНИ，ф. 5, оп. 28, д. 412, л. 75-83; РГАНИ，ф. 5, оп. 28, д. 411, л. 18-19.
(90)　РГАНИ，ф. 5, оп. 28, д. 412, л. 75-83, 128-132; РГАНИ，ф. 5, оп. 28, д. 410, л. 73-85.
(91)　РГАНИ，ф. 5, оп. 28, д. 410, л. 126-128. 中国外交部檔案館，117-00312-01, 117-00312-03, 117-00312-04などの巻，ファイル．
(92)　金学俊『朝鮮五十七年史』，215-216頁；РГАНИ，ф. 5, оп. 28, д. 410, л. 126-128.
(93)　РГАНИ，ф. 5, оп. 28, д. 410, л. 57-67, 199-223.
(94)　同文の副題は「党の宣伝鼓動工作関係者に対する講話」となっているため，少なからぬ研究者はこれをある宣伝工作会議での講話と見た(たとえば「1953-1956年における朝鮮指導部の政治闘争：原因と過程」，c. 128-129)．しかし原文を細かく読むと，金日成は彼の講話を聴く対象はみな「昨日の会議」に参加したと言及しており，朴昌玉はソ連大使館に，中央総会拡大会議は27日から29日に開かれ，参加者は400人以上だったとも話している(РГАНИ，ф. 5, оп. 28, д. 410, л. 73-85)．これによって，この講話は中央総会拡大会議で行われたと判断することができる．
(95)　Lankov, Crisis in North Korea, pp. 40-41.
(96)　『人民日報』1961年12月1日第3面．『人民日報』1963年1月3日第4面．

(97) 黄長燁(Hwang Jang-yeop)は，彼が1961年，金日成と「チュチェ」思想を話し合った経緯を証言している．黄長燁『나는 역사의 진리를 보았다－황장엽 회고록』，서울：한울，1999〔日本語版：『金正日への宣戦布告 黄長燁回顧録』，文藝春秋，1999年，文春文庫，2001年〕．ここは韓国語原著133-140頁から引用．以下同．

(98) 詳しくは以下の資料を参照．沈志華『斯大林与鉄托——蘇南衝突的起因及其結果』，広西師範大学出版社，2002年；Волокитина Т. В. и др. Москва и Восточная Европа, Становление политических режимов советского типа(1949-1953): Очерки истории, (モスクワと東欧：ソ連モデルの政治体制の形成(1949-1953))，モスクワ：РОССПЭН, 2002, с. 248-300；劉少奇「論国際主義与民族主義」，『東北日報』1948年11月8日第1面．

(99) 『金日成著作集』第9巻，397-421頁．

(100) РГАНИ，Ф. 5, оп. 28, д. 411, л. 14-21; РГАНИ，ф. 5, оп. 28, д. 410, л. 57-67.

(101) РГАНИ，ф. 5, оп. 28, д. 412, л. 63-65.

(102) Lankov, *Crisis in North Korea*, pp. 20-21.

(103) РГАНИ，ф. 5, оп. 28, д. 314, л. 48-50. ほかにРГАНИ，ф. 5, оп. 28, д. 412, л. 126-127を参照．筆者は2006年，ピョンヤンに行った際も戦争記念館を見学したが，展示方式などは昔のままになっている．一方，在義勇軍司令部が1954年に行った「中国人民義勇軍抗米援朝戦争展」の六つの展示ホールのうち，一つだけ，中朝両軍の共同作戦を紹介したが，見学者には，「中国軍が敵軍の朝鮮に対する進攻を粉砕し，北朝鮮を解放した」という印象を与えていると，ソ連側は見た．ソ連大使館員マルコフのスズダレフへの報告(1954年8月21日)，『俄国檔案原文復印件匯編：中朝関係』第3巻，667-669頁．

(104) 中国外交部檔案館，118-00524-05，第62-68頁；117-00479-03，第10-12頁．

(105) 韓念龍編『当代中国外交』，中国社会科学出版社，1988年，第497頁．

(106) 中国外交部檔案館，118-00524-05，第62-68頁；117-00372-01，第3-5頁．

(107) РГАНИ，ф. 5, оп. 28, д. 314, л. 48-50.

(108) 以下の資料を参照．林隠『金日成正伝』；高峰起(고봉기)『김일성의 비서실장 고봉기의 유서』(『金日成秘書室主任高峰起の遺書』)，서울：천마, 1989；韓国日報社『金日成に関する証言』；『朝鮮民主主義人民共和国秘録』(上)；『朝鮮民主主義人民共和国秘録』(下)．ほかに，韓国系米学者徐大粛の著書の一節も8月事件を取り上げた．Dae-sook Suh, *Kim Il Sung: The North Korean Leader*, New York: Columbia University Press, 1988, pp. 137-158〔日本語版：徐大粛，林茂訳『金日成』，講談社学術文庫，2013年〕．

(109) この歴史を比較的，重点的に研究した著作は以下の通りである．Andrei Lankov, *Crisis in North Korea: The Failure of De-Stalinization, 1956*, Honolulu: University of Hawaii Press, 2004；金学俊『朝鮮五十七年史』；「1953-1956年における朝鮮指導部の政治闘争：原因と過程」，c. 119-135; 下斗米伸夫『モスクワと金日成——冷戦の中の北朝鮮1945-1961年』，岩波書店，2006年．

(110) 朝鮮労働党内の各派の幹部や，金日成総合大学の学者および社会，知識人の反応について，大量のロシア公文書と当事者の回想録が見られる．黄長燁回想録105-111頁；*М. С. Капица*(カピッツァ). На разных параллелях, записки дипломата(様々な類似点で：外交官ノート)，モスクワ：Книга и бизнес, 1996, с. 236.

(111) РГАНИ，ф. 5, оп. 28, д. 412, л. 66-69.

(112) 『労働新聞』1956年2月16日第3面，2月23日第2-7面，2月24日第3-4面，2月25日第3面．ソ連大使館も間もなく関係する報告を受け，伝えられたことは事実であることを確認した．РГАНИ，ф. 5, оп. 28, д. 412, л. 128-132.

(113) РГАНИ，ф. 5, оп. 28, д. 410, л. 57-67; РГАНИ，ф. 5, оп. 28, д. 411, л. 165-168.

(114) РГАНИ，ф. 5, оп. 28, д. 411, л. 181-182.

(115) РГАНИ, ф. 5, оп. 28, д. 410, л. 140-162.
(116) РГАНИ, ф. 5, оп. 28, д. 412, л. 207-211; РГАНИ, ф. 5, оп. 28, д. 410, л. 191-193.
(117) РГАНИ, ф. 5, оп. 28, д. 412, л. 214-216.
(118) 『金日成著作集』第10巻, 1982年, 147-256頁.
(119) РГАНИ, ф. 5, оп. 28, д. 411, л. 143-159. ГАРФ, ф. 5446, оп. 98, д. 721, л. 212-219.
(120) ГАРФ, ф. 5446, оп. 98, д. 721, л. 161-181; РГАНИ, ф. 5, оп. 28, д. 410, л. 173-175, 199-223, 233-295.
(121) РГАНИ, ф. 5, оп. 28, д. 411, л. 143-159.
(122) 『朝鮮労働党第三次代表大会文件匯編』, 世界知識出版社, 1957年, 197-199頁; Lankov, *Crisis in North Korea*, pp. 68-72. 興味深いことに, ブレジネフはソ連共産党中央への報告で, 朝鮮労働党中央常務委員会の中でソ連国籍の朝鮮人は減り, 中国から来た朝鮮人の比率は大幅に拡大したとし, 15人の常務委員と候補常務委員のうち, ソ連から来たのは3人だが, 中国から来たのは10人もいると伝えた. ГАРФ, ф. 5446, оп. 98, д. 721, л. 218. しかしブレジネフはこれらの朝鮮人のもっと詳しい経歴と状況を明らかに把握しておらず, この結論は後にソ連共産党中央が朝鮮問題に対処した時の心理にも一定の影響を与えたと思われる.
(123) РГАНИ, ф. 5, оп. 28, д. 412, л. 222-229, д. 410, л. 173-179, 193-194, 203-206; РГАНИ, ф.5, оп. 28, д. 412, л. 207-211, 204-206.
(124) ГАРФ, ф. 5446, оп. 98, д. 721, л. 212-219.
(125) 『金日成著作集』第10巻, 179-191頁.
(126) ГАРФ, ф. 5446, оп. 98, д. 721, л. 212-219.
(127) РГАНИ, ф. 5, оп. 28, д. 411, л. 143-159.
(128) РГАНИ, ф. 5, оп. 28, д. 410, л. 186-187, 189-191.
(129) 「民主徳国駐朝使館的報告:関於兄弟国家的経済援助」(1956年9月8日), PA MfAA, A7013, Bl. 3-11. 金日成は帰国後に行った報告で触れた数字もこれとほぼ同じだが, ほかにソ連が5.7億ルーブルの借款を免除したことに言及した. ГАРФ, ф. 5446, оп. 98, д. 721, л. 69-103. なお, 協議を重ねた結果, 東ドイツは以前に援助した資金の余剰額から1800万ルーブルを新たな無償援助とすることに同意した. РГАНИ, ф. 5, оп. 28, д. 410, л. 352-354.
(130) ГАРФ, ф. 5446, оп. 98, д. 721, л. 212-219.
(131) ソ連と朝鮮の共同コミュニケからは, 双方が党内と政治の問題を話し合ったことに関するいかなる手掛かりも見えてこない. プラウダ, 1956年7月13日, 1面.
(132) РГАНИ, ф. 5, оп. 28, д. 410, л. 228-232.; РГАНИ, ф. 3, оп. 12, д. 109, л. 6-10.
(133) 毛沢東とソ連共産党中央代表団との会談記録(1956年9月18日), 未刊.
(134) 毛沢東と金日成との会談記録(1960年5月21日), 未刊.
(135) 第3回党大会が開かれる前, 金日成と崔庸健はそれぞれ, ソ連国籍の朝鮮人幹部が朝鮮国籍を受け入れる一方, ソ連国籍も放棄しない, というような「二股をかける」人間がどうして中央委員に選ばれるのかと発言した. しかし延安派の幹部に対してはかなり寛容で, 金日成は進んで朴一禹の釈放の問題に言及し, 李相朝が大会で個人崇拝の問題を議論せよと発言したことについても深く追及しなかった. РГАНИ, ф. 5, оп. 28, д. 412, л. 227-229; РГАНИ, ф. 5, оп. 28, д. 410, л. 174-177, 222-223.
(136) 崔昌益がモスクワ派に対する批判に参加したことについて, 多くのソ連国籍の朝鮮幹部はソ連大使館に報告しており, ソ連外務省もこの見方に賛同した. РГАНИ, ф. 5, оп. 28, д. 412, л. 66-69, 75-83, 128-132; РГАНИ, ф. 5, оп. 28, д. 410, л. 57-67.
(137) РГАНИ, ф. 5, оп. 28, д. 410, л. 203-206.
(138) РГАНИ, ф. 5, оп. 28, д. 410, л. 203-206.

(139) РГАНИ, ф. 5, оп. 28, д. 410, л. 210.
(140) РГАНИ, ф. 5, оп. 28, д. 410, л. 210–214.
(141) ピトロフと李弼奎との談話紀要(1956年7月20日と表示されたが，実際は14日)，РГАНИ, ф. 5, оп. 28, д. 410, л. 304–308, *CWIHP Bulletin*, Issue 16, Fall 2007/Winter 2008, pp. 478–480.
(142) Lankov, *Crisis in North Korea*, pp. 79–83.
(143) Lankov, *Crisis in North Korea*, pp. 108–110.
(144) 筆者の金忠植に対する取材記録.
(145) РГАНИ, ф. 5, оп. 28, д. 486, л. 1–17.
(146) Lankov, *Crisis in North Korea*, pp. 87–88, 105–106.
(147) 金日成『与世紀同行』第8巻，269頁.
(148) РГАНИ, ф. 5, оп. 28, д. 410, л. 301–303, *CWIHP Bulletin*, Issue 16, pp. 480–481.
(149) フィラトフ(S. N. Filatov)と朴昌玉との談話紀要(1956年7月21日)，崔昌益との談話紀要(7月23日)，金承化との談話紀要(7月24日)，АВПРФ, ф. 0102, оп. 12, п. 68, д. 6.
(150) РГАНИ, ф. 5, оп. 28, д. 412, л. 238–241.
(151) РГАНИ, Ф. 5, оп. 28, д. 410, л. 309–314.
(152) РГАНИ, Ф. 5, оп. 28, д. 410, л. 313, 335–337.
(153) フィラトフと尹公欽との談話紀要(1956年8月2日)，АВПРФ, ф. 0102, оп. 12, п. 68, д. 6.
(154) 『人民日報』1956年7月6日第6面.
(155) 詳しくは以下を参照. Орехов А. М. События 1956 года в Польше и кризис польско-советских отношений(1956年のポーランド事件とポーランド・ソ連関係の危機)，論文，Институт Российской Истории РАН Советская внешная политика в годы “холодной войны”(1945–1985): новое прочтение(『冷戦期のソ連の外交政策(1945–1985)：新しい解読』に収録)，モスクワ：Международные отношения, 1995, с. 217–240.
(156) РГАНИ, ф. 3, оп. 14, д. 39, л1, 30–34, Аймермахер К.(гла. ред.) Доклад Н. С. Хрущева о культе личности Сталина на XX съезде КПСС, документы,(ソ連共産党第20回党大会におけるスターリンの個人崇拝に関するフルシチョフの報告)，モスクワ：РОССПЭН, 2002, с. 352–368. 中国では『人民日報』1956年7月6日第1面に掲載. 詳しい分析は沈志華「蘇共二十大，非斯大林化及其対中蘇関係的影響」，(上海)『国際冷戦史研究』第1巻(2004年冬季号)28-70頁を参照.
(157) Волков В. К. и т. д. Советский Союз и венгерский кризис 1956 года, Документы(ソ連と1956年のハンガリー危機：文献集)，モスクワ：РОССПЭН, 1998, с. 28–30, 35–40, 85–87; Мусатов В. Л. СССР и венгерские события 1956г.: Новые архивные материалы(ソ連と1956年のハンガリー事件：新しい公文書資料)，論文，Новая и новейшая история, 1993, No. 1, с. 4–6.
(158) РГАНИ, ф. 5, оп. 28, д. 410, л. 341–344.
(159) РГАНИ, ф. 5, оп. 28, д. 410, л. 228–232.
(160) РГАНИ, ф. 5, оп. 28, д. 410, л. 347–348.
(161) РГАНИ, ф. 5, оп. 28, д.410, л. 354–356, 356–359.
(162) ГАРФ, ф. 5446, оп. 98, д. 721, л.69–103.
(163) РГАНИ, ф. 5, оп. 28, д. 410, л. 319–321, 326–332; ГАРФ, ф. 5446, оп. 98, д. 721, л. 161–181; РГАНИ, ф. 5, оп. 28, д. 410, л. 233–295；サムソノフと高熙万との談話紀要(1956年8月31日)，АВПРФ, ф. 0102, оп. 12, п. 68, д. 6; 1956年9月16日，ГАРФ, ф. 5446, оп. 98с, д. 718, л. 48–57; РГАНИ, ф. 5, оп. 28, д. 486, л. 1–17.

(164) 林隠『金日成正伝』, 276-277頁；高峰起『金日成秘書室主任高峰起の遺書』, 86頁, 92-93, 97-98頁；韓国日報社『金日成に関する証言』, 118-119, 183頁；Lankov, *Crisis in North Korea*, pp. 124, 128-130.

(165) ГАРФ, ф. 5446, оп. 98, д. 721, л. 182-202. 尹公欽がこのような激しい批判的発言をしたのは, 彼らが後に中国共産党中央に対して行った説明によると, 事前に金日成が総会で自己批判をすると聞いていたが, 実際は全くそうではないことに憤慨して立ち上がったからだ, という. ГАРФ, ф. 5446, оп. 98, д. 721, л. 176-177. しかし実際には, 尹の表現が極めて厳しいこの発言は会議前に準備したものだったことが明らかになっている. おそらく, もし金日成が確かに真剣な自己批判をすればその発言原稿を使わずに済んだが, 金日成が約束を果たさなければ, これをもって金日成に対する批判を行うケースと, もしくはどんな場合でも公の場で金日成を暴露し批判することを決めていたケース, という二つの可能性があると考えられる.

(166) ГАРФ, ф. 5446, оп. 98, д. 721, л. 161-181; ГАРФ, ф. 5446, оп. 98с, д. 718, л. 48-57；筆者の金剛に対する取材記録.

(167) ГАРФ, ф. 5446, оп. 98, д. 721, л. 14-25.

(168) РГАНИ, ф. 5, оп. 28, д. 410, л. 326-332.

(169) Lankov, Crisis in North Korea, p. 111.

(170) ГАРФ, ф. 5446, оп. 98, д. 721, л. 153.

(171) 毛沢東と金日成との会談記録(1960年5月21日), 未刊.

(172) 毛沢東とソ連共産党中央代表団との会談記録(1956年9月18日), 未刊.

(173) РГАНИ, ф. 5, оп. 28, д. 410, л. 313-314.

(174) 筆者の金忠植に対する取材記録.

(175) РГАНИ, ф. 5, оп. 28, д. 410, л. 346-347.

(176) 筆者の金剛に対する取材記録.

(177) 1956年4月に開かれた朝鮮労働党の3回大会には, 中国からは党内の地位は中央委員だった聶栄臻が率いる代表団の出席だった. このことも, 中国共産党の当時の議事日程における朝鮮問題のウェートを示していた.

(178) 筆者のソ連共産党第20回大会およびそれによる中ソ関係への影響に関する詳しい検証は, 沈志華『無奈的選択』第六, 七章を参照.

(179) АВПРФ, ф. 05, оп. 28, п. 103, д. 409, л. 4-6.

(180) 黄長燁回想録, 111-112頁.

(181)『労働新聞』1956年9月5日第1面, 第2面.

(182)『労働新聞』1956年9月15日第2面.

(183) ГАРФ, ф. 5446, оп. 98, д. 721, л. 153-155; РГАНИ, ф. 5, оп. 28, д. 412, л. 302-303, 304-306.

(184) 黄長燁回想録, 111-112頁.

(185) 筆者の金剛に対する取材記録.

(186) РГАНИ, ф. 5, оп. 28, д. 410, л. 322-325.

(187) РГАНИ, ф. 5, оп. 28, д. 314, л. 48-50.

(188) 沈志華, 楊奎松編『美国対華情報解密檔案(1948-1976年)』第3巻, 東方出版中心, 2009年, 402-405頁.

(189) 姜鋒等『楊勇将軍伝』, 解放軍出版社, 1991年, 328-331頁；李志民『李志民回憶録』, 解放軍出版社, 1993年, 690頁.

(190) 河北省檔案館, 694-7-188, 1-46頁；湖北省檔案館, SZ34-03-0244, 5-23頁.

(191) ГАРФ, ф. 5446, оп. 98, д. 721, л. 161-181. その後の状況から見て, この文書は中国共

産党がソ連共産党に渡したものと見られる．当時の中ソ間のコミュニケーションは迅速で密接だったことが窺える．

(192) ГАРФ, ф. 5446, оп. 98, д. 721, л. 159-160.

(193) ГАРФ, ф. 5446, оп. 98, д. 721, л. 156-1158.

(194) РГАНИ, ф. 3, оп. 14, д. 56, л. 3.

(195) РГАНИ, ф. 3, оп. 12, д. 1005, л. 30.

(196) РГАНИ, ф. 5, оп. 28, д. 410, л. 228-232.

(197) РГАНИ, ф. 3, оп. 12, д. 109, л. 6-10.

(198) ГАРФ, ф. 5446, оп. 98с, д. 717, л. 2-4.

(199) ГАРФ, ф. 5446, оп. 98, д. 721, л. 1.

(200) ГАРФ, ф. 5446, оп. 98с, д. 718, л. 48-57.

(201) ГАРФ, ф. 5446, оп. 98с, д. 718, л. 47.

(202) ГАРФ, ф. 5446, оп. 98с, д. 718, л. 35-46.

(203) 毛沢東とソ連共産党中央代表団との会談記録(1956年9月18日)，未刊.

(204) 毛沢東と朝鮮代表団との会談記録(1956年9月18日)，未刊.

(205) Lankov, *Crisis in North Korea*, p. 138.

(206) ГАРФ, ф. 5446, оп. 98с, д. 718, л. 35-38; Lankov, *Crisis in North Korea*, pp. 140-141.

(207) ГАРФ, ф. 5446, оп. 98с, д. 718, л. 12-16.

(208) ГАРФ, ф. 5446, оп. 98с, д. 718, л. 17-34.

(209) ГАРФ, ф. 5446, оп. 98с, д. 718, л.12-16.

(210) ГАРФ, ф. 5446, оп. 98с, д. 718, л. 9-11; ГАРФ, ф. 5446, оп. 98, д. 721, л. 27-30.

(211) ГАРФ, ф. 5446, оп. 98с, д. 718, л.3-6.

(212) ГАРФ, ф. 5446, оп. 98, д. 721, л. 31-43.

(213) ГАРФ, ф. 5446, оп. 98, д. 721, л. 44-45.

(214) Lankov, *Crisis in North Korea*, pp. 140-142.

(215) Victor Cha, *The Impossible State: North Korea, Past and Future*, New York: Harper Collins, 2013, p. 76.

(216) 毛沢東とソ連共産党中央代表団との会談記録(1956年9月23日)，未刊.

(217) ГАРФ, ф. 5446, оп. 98, д. 721, л. 1.

(218) ГАРФ, ф. 5446, оп. 98с, д. 718, л. 2.

(219) РГАНИ, ф. 5, оп. 28, д. 486, л. 20-23.

(220) РГАНИ, ф. 5, оп. 28, д. 486, л. 23-26.

(221) 『労働新聞』1956年9月29日第1面.

(222) РГАНИ, ф. 5, оп. 28, д. 486, л. 26.

(223) РГАНИ, ф. 5, оп. 28, д. 486, л. 28-33.

(224) 九月総会の内部状況が伝わると，確かに多くの労働党員は困惑を感じた．ペリシェンコ(V. I. Pelishenko)と朴金喆との会談紀要(1956年11月22日)，サムソノフと李松雲との会談紀要(1956年11月23日)，Lankov, *Crisis in North Korea*, pp. 143-144から引用.

(225) РГАНИ, ф. 5, оп. 28, д. 410, л. 296-297.

(226) РГАНИ, ф. 5, оп. 28, д. 412, л. 344-347.

(227) РГАНИ, ф. 5, оп. 28, д. 411, л. 293-395.

(228) РГАНИ, ф. 5, оп. 28, д. 486, л. 23-26; д. 412, л. 344-347; д. 412, л. 366-370; д. 486, л. 28-33.

(229) РГАНИ, ф. 5, оп. 28, д. 411, л. 293-395.

(230) 筆者の金剛，金忠植に対する取材記録.

(231)　РГАНИ, ф. 5, оп. 28, д. 412, л. 344-347.
(232)　РГАНИ, ф. 5, оп. 28, д. 486, л. 1-17.
(233)　ポーランド・ハンガリー事件および中国共産党がソ連共産党に協力して危機を乗り越えた経緯について，沈志華「1956年十月危機：中国的角色和影響」，『歴史研究』2005年第2号，119-143頁.
(234)　毛沢東と金日成との会談記録(1960年5月21日)，未刊.
(235)　筆者の金忠植に対する取材記録.
(236)　『北韓総鑑(1945-1968)』，178頁；Lankov, *Crisis in North Korea*, pp. 148-149.
(237)　РГАНИ, ф. 5, оп. 28, д. 412, л. 344-347; д. 486, л. 1-17.
(238)　筆者の金剛，金忠植に対する取材記録；РГАНИ, ф. 5, оп. 28, д. 412, л. 373-374. 毛沢東は9月23日にミコヤンとの会談の中では15人という数字を挙げた.
(239)　РГАНИ, ф. 5, оп. 28, д. 412, л. 379-382.
(240)　РГАНИ, ф. 5, оп. 28, д. 411, л. 295-296.
(241)　『建国以来毛沢東軍事文稿』(中)，251頁；『抗美援朝戦争史』第3巻，474頁.
(242)　『中美関係資料匯編』第2巻，世界知識出版社，1960年，2312-2313，2362-2367頁.
(243)　АВПРФ, ф. 05, оп. 28, п. 103, д. 409, л. 139-140.
(244)　РГАНИ, ф. 5, оп. 28, д. 412, л. 341-342.
(245)　РГАНИ, ф. 5, оп. 28, д. 411, л. 301-302; АВПРФ, ф. 05, оп. 28, п. 103, д. 409, л. 139-141.
(246)　『周 恩 来 年 譜(1949-1976)』(上)，639頁；РГАНИ, ф. 5, оп. 28, д. 410, л. 322-325; д. 411, л. 301-302; д. 486, л. 1-17.
(247)　中共中央文献研究室編『鄧小平年譜(1904-1974)』，中央文献出版社，2009年，1330頁；中共中央文献研究室編『陳雲年譜(1905-1995)』(中)，中央文献出版社，2000年，351頁.
(248)　毛沢東とユージンとの会談記録(1956年11月30日)，未刊.
(249)　イワノフ日記(1955年10月1日，3日)，『俄国檔案原文復印件匯編：中朝関係』第3巻，854-859頁.
(250)　АВПРФ, ф. 0102, оп. 13, д. 5, л. 116-117.
(251)　АВПРФ, ф. 05, оп. 28, п. 103, д. 409, л. 141-142.
(252)　中国外交部檔案館，109-00743-10，第52-54頁. 実際にモスクワは毛沢東のスタンスを知った後，直ちに措置を取った. 12月3日，ソ連の朝鮮駐在大使館の臨時代理大使ペリシェンコはモスクワからの電報による要請に従って南日と面会し，朝鮮は当面，国連で朝鮮問題をめぐる会議を招集することに関する行動を見合わせるようにと申し入れた. 南日はソ連側の意見を受け入れた. ペリシェンコと南日との会談紀要(1956年12月3日)，『俄国檔案原文復印件匯編：中朝関係』第7巻，1916頁.

訳　注

プロローグ

〔1〕「天朝」とは中国語では朝廷に対する尊称を意味するが，本書では，中国皇帝を頂点とし，周辺諸国の支配者との間に宗主国と藩属国(服属国)の関係を結び成立させた国際秩序である朝貢体制をも意味している．「プロローグ」の他に，下巻第6章第2節の「投影された毛沢東の『天朝』思想」と「結び」の「『天朝』意識と革命理念の奇妙な結合」の箇所をも参照のこと．

序　章

〔1〕 1925年，ソ連と中国共産党がモスクワで開設した，中国人革命家を養成するための大学．

〔2〕 1940年後半，八路軍が起こした一連の対日本軍の戦闘．約百個の「団」(連隊に相当)が参加したため，こう名付けられた．

〔3〕 略称クートヴェ(KUTV)．コミンテルンが植民地や後発国の共産主義者を養成するため，1921年にモスクワに設立．

〔4〕 周保中(1902-64)は東北民主連軍の軍長．第88独立旅団の旅団長．戦後は東北人民自衛軍の総司令官などを歴任．

〔5〕 1936年6月，陝西省瓦《が》窰《よう》堡《ほ》(現子長県)で創設．正式名称「中国抗日紅軍大学」．1937年延安に移り，「抗日軍政大学」に改称．

〔6〕 中国共産党中央が1933年1月26日に発した，東北地区で全民族の反日統一戦線を推進することに関する指示書簡．

〔7〕 1920年代に孫文と蔣介石の軍事顧問を務めた「ガーリン将軍」として有名．

第二章

〔1〕 中国長春鉄道の略称．第二次世界大戦終結後，ソ連の主導による，旧満州全土の鉄道運営を担当した中ソ合弁会社．1955年，中国政府に路線を返還して解散．

第三章

〔1〕 ナジ・イムレ(Nagy, Imre, 1896-1958)は1953年から首相に就任し，ハンガリー動乱の中で社会主義陣営を裏切った首謀者とされ，1958年に処刑された．

〔2〕 ヴワディスワフ・ゴムウカ(Wladyslaw Gomulka, 1905-82)は1956年のポズナン暴動の最中に与党ポーランド統一労働者党第一書記に就任し，事態を鎮静化した．

〔3〕 コンスタンチン・ロコソフスキー(Konstantin Rokossovskij, 1896-1968)は，1956年当時にポーランドの国防大臣を務めたソ連国籍の将軍．

〔4〕 カーダール・ヤーノシュ(Kádár, János, 1912-89)はハンガリー動乱の中でハンガリー社会主義労働者党の書記長に就任，後に首相．ソ連に協力して情勢を安定化させた．